Klassiker der Sozialwissenschaften

Herausgegeben von
K. Lichtblau, Frankfurt a. M.

In den Sozialwissenschaften gibt es eine ganze Reihe von Texten, die innerhalb der Scientific Community seit vielen Jahren immer wieder gelesen und zitiert werden und die deshalb zu Recht den anerkannten Status des „Klassischen" für sich in Anspruch nehmen können. Solche fraglos gültigen Bezugstexte sind nicht das Privileg einer einzelnen theoretischen Strömung, sondern im Gegenteil: Man findet sie in allen Fraktionen und weltanschaulichen Lagern innerhalb der modernen Sozialwissenschaften, so dass intersubjektiv anerkannte Klassiker die Möglichkeit eines ökumenischen Dialogs zwischen den oftmals verfeindeten Schulen eröffnen. Man kann diese neue Schriftenreihe auch so verstehen, dass konfessionelle Zugehörigkeiten den Zugang zur eigentlichen „Sache" nicht verstellen dürfen, aufgrund der prinzipiellen Standortgebundenheit aller kultur- und sozialwissenschaftlichen Erkenntnis aber selbstverständlich als jeweils besondere „Perspektive" bei der Klärung der entsprechenden Sachverhalte eingebracht werden müssen. Diese neue Schriftenreihe ist deshalb darum bemüht, die unterschiedlichsten, oft zu Unrecht vergessenen Klassiker der Sozialwissenschaften anhand von ausgewählten Texten wieder einer breiteren Öffentlichkeit zugänglich zu machen.

Herausgegeben von
Klaus Lichtblau, Frankfurt a. M.

Ferdinand Tönnies

Studien zu Gemeinschaft und Gesellschaft

Herausgegeben von Klaus Lichtblau

 Springer VS

Ferdinand Tönnies

Springer VS
ISBN 978-3-531-16240-9   ISBN 978-3-531-94174-5 (eBook)
DOI 10.1007/978-3-531-94174-5

Die Deutsche Nationalbibliothek verzeichnet diese Publikation in der Deutschen National-
bibliografie; detaillierte bibliografische Daten sind im Internet über http://dnb.d-nb.de
abrufbar.

Einbandentwurf: KünkelLopka Medienentwicklung, Heidelberg

Gedruckt auf säurefreiem und chlorfrei gebleichtem Papier

Springer VS ist eine Marke von Springer DE.
Springer DE ist Teil der Fachverlagsgruppe Springer Science+Business Media
www.springer-vs.de

Inhalt

Einleitung

Überblick über das Leben und Werk von Ferdinand Tönnies

Ferdinand Tönnies wurde 1855 auf der zum Herzogtum Schleswig gehörenden Halbinsel Eiderstedt geboren und starb 1936 verarmt und zurückgezogen in Kiel, nachdem ihm die neuen Machthaber seinen dortigen Lehrauftrag entzogen und die ihm gesetzlich zustehenden Versorgungsansprüche auf ein Lebensminimum zusammengestrichen hatten. Sein Bildungsweg ist ähnlich komplex wie der von Georg Simmel und Max Weber und hat ihn wie diese durch eine Reihe von Fächern und Disziplinen geführt, die zwar die Hinwendung zu sozialwissenschaftlichen Fragestellungen begünstigten, jedoch noch genug Spielraum für darüber hinausgehende Forschungs- und Erkenntnisinteressen boten. Als Student ist er zeitweilig dem Einfluß der Schriften von Schopenhauer und Nietzsche erlegen, dem er sich allerdings bald wieder zu entziehen vermochte. Nach seiner Tübinger Promotion im Jahre 1877 wandte sich Tönnies auf Anraten des Berliner Philosophen und Pädagogen Friedrich Paulsen dann dem Studium der Schriften von Thomas Hobbes zu, das er bis zu seinem Tode betrieb und mit dem er sich den Ruf eines international angesehenen Hobbes-Forschers erwarb.

Parallel zu seinen Hobbes-Forschungen, die ihn auch für einige Wochen an das Britische Museum in London führten, nahm Tönnies ferner die Lektüre der nationalökonomischen Schriften von Adam Smith, David Ricardo, Wilhelm Roscher und Karl Marx auf, die sein Interesse für die Bevölkerungs- und Moralstatistik weckten und ihn zur persönlichen Kontaktaufnahme mit den Berliner ‚Katheder-Sozialisten' Karl Rodbertus und Adolph Wagner veranlaßten. Zur Vorbereitung seiner Habilitation las Tönnies ferner die Werke von Spinoza, Samuel Pufendorf, Christian Wolff, Rousseau, Kant, Adam Müller, Comte, Spencer, Lewis H. Morgan, Henry Sumner Maine, Fustel de Coulanges, Johann Jakob Bachofen, Otto von Gierke, Rudolf Jhering, Albert Schäffle, Eduard Meyer und Friedrich Engels, auf deren Grundlage er einen ersten Entwurf von *Gemeinschaft und Gesellschaft* ausarbeitete, der zusammen mit seiner Schrift *Anmerkungen über die Philosophie des Hobbes* im Sommer 1881 von der Philosophischen Fakultät der Universität Kiel als habilitationsadäquate Leistung angenommen wurde.

Seine dortige Lehrtätigkeit als Privatdozent war nicht gerade von überschäumendem Erfolg gekrönt, weshalb Tönnies schon früh das Leben eines Privatgelehrten und engagierten Publizisten führte, da an der offiziellen Übernahme eines Lehramtes aufgrund seiner stark sozialistisch und freidenkerisch geprägten Gesinnung ohnehin vorläufig nicht zu denken war. Erst vier Jahre nach der Veröffentlichung von *Gemeinschaft und Gesellschaft* erhielt er formell den Professorentitel an der Universität Kiel. Eine Berufung auf einen ordentlichen Lehrstuhl für Nationalökonomie scheiterte jedoch an den Bedingungen, die Friedrich Althoff als der damals für Berufungsfragen zuständige Ministerialbeamte im Preußischen Kultusministerium damit verknüpft hatte.

1894 besuchte Tönnies Friedrich Engels in London, nachdem er kurz zuvor geheiratet und seinen Wohnsitz nach Hamburg verlegt hatte. 1896 wurde er dort Zeuge des großen Hamburger Hafenarbeiterstreiks, über den er ausführlich berichtete und der ihm aufgrund seines damit verbundenen Engagements den damals noch berufsschädigenden Ruf einbrachte, ein ‚Sozialdemokrat' zu sein. Erst 1913 bekam Tönnies das planmäßige Ordinariat für Wirtschaftliche Staatswissenschaften an der Universität Kiel zuerkannt und hielt dort seitdem Vorlesungen über theoretische und praktische Nationalökonomie. Nachdem er bereits 1916 aus Altersgründen wieder von seinen Lehrverpflichtungen entbunden wurde, übernahm er 1921 einen Lehrauftrag für Soziologie in Kiel, den er bis 1933 ausübte. Obgleich er 1930 demonstrativ in die SPD eintrat und seitdem publizistisch gegen die NS-Bewegung zu Felde gezogen ist, gelang es ihm trotz des über ihn anschließend verhängten Berufsverbotes doch noch, 1935 sein Alterswerk *Geist der Neuzeit* zu veröffentlichen, bevor er ein Jahr später in Kiel verstarb.[1]

Wie bereits erwähnt war das umfangreiche wissenschaftliche Werk von Tönnies der Ausarbeitung eines grundlegenden Themas gewidmet, mit dem er sich seit seinen frühen Hobbes-Studien bis zum *Geist der Neuzeit* intensiv auseinandergesetzt hatte und das ihm den Rang eines ‚Klassikers' der Soziologie verschafft hatte: nämlich die Frage, wodurch sich die in Westeuropa und Nordamerika entstandene moderne Gesellschaft von allen übrigen Gesellschaften einschließlich den mit

---

1   Die meisten der hier aufgeführten biographischen Daten sind der Selbstdarstellung entnommen, die Ferdinand Tönnies Anfang der zwanziger Jahre verfaßt hat. Vgl. Ferdinand Tönnies, in: Raymund Schmidt (Hrsg.), *Die Philosophie der Gegenwart in Selbstdarstellungen*, Band 3, Leipzig 1922, S. 199-234. Siehe ferner ders., „Mein Verhältnis zur Soziologie" (1932), in: ders., *Gesamtausgabe*, Band 22, hrsg. von Lars Clausen, Berlin / New York 1998, S. 327 ff. (in der vorliegenden Ausgabe S. 263-280) sowie E. G. Jacoby, *Die moderne Gesellschaft im sozialwissenschaftlichen Denken von Ferdinand Tönnies. Eine biographische Einführung*, Stuttgart 1971.

ihnen verbundenen traditionalen Gemeinschaftsformen unterscheidet.[2] Mit dieser Fragestellung war sowohl ein typologisches als auch ein entwicklungsgeschichtliches Problem verbunden. In typologischer Hinsicht ging es ihm darum, den Gegensatz von *Tradition* und *Moderne* durch möglichst markante Grundbegriffe zu beschreiben und die beiden Seiten der dabei vorgenommenen Unterscheidung eindeutig voneinander abzugrenzen. In entwicklungsgeschichtlicher Hinsicht interessierte ihn dagegen die Frage nach der Herkunft und dem mutmaßlichen Schicksal der neuzeitlichen Gesellschaft, die für ihn mit dem Begriff der ‚Gesellschaft‘ schlechthin identisch war und der er die überlieferten Formen eines ‚gemeinschaftlichen‘ Zusammenlebens der Menschen gegenüberstellt hatte. Der historische Prozeß, den es zu begreifen galt, war also jene Entwicklung ‚von Gemeinschaft zu Gesellschaft‘, die das evolutionstheoretische Denken des 19. Jahrhunderts inspiriert hatte und die auch im Werk von Tönnies seinen nachhaltigen Niederschlag fand.[3]

Zwei Umschreibungen dieses universalgeschichtlichen Entwicklungsprozesses hatten dabei besonders Tönnies' Beachtung gefunden. Die eine stammt von dem englischen Rechtshistoriker Henry Sumner Maine und besagt, daß es sich hierbei um einen Übergang von statusbezogenen zu rein vertraglich geregelten Sozialverhältnissen handelt, das heißt um eine Entwicklung vom *Status* zum *Kontrakt*.[4] Die andere ist im Grunde mit der alten aristotelischen Unterscheidung zwischen der ‚Haushaltungskunst‘ und der ‚Erwerbskunst‘ identisch und besagt, daß es zwei völlig unterschiedliche Arten von ‚Ökonomien‘ gibt: nämlich eine, die mit der Verwaltung eines ‚Hauses‘ (*oikos*) identisch ist, und eine, in der der Erwerb von Reichtum zum Selbstzweck geworden ist.[5] Die erste Art von Ökonomie bezeich-

---

2   In der ersten Fassung von *Gemeinschaft und Gesellschaft*, die Tönnies 1881 bei der philosophischen Fakultät der Universität Kiel als Habilitationsschrift eingereicht hatte, ist der Geltungsbereich seiner diesbezüglichen Untersuchung folgendermaßen bestimmt worden: „Ich werde mich daher zunächst auf die historischen und gegenwärtigen Zustände der *arischen Völker* beschränken und werde mithin auf das, was dieselben mit anderen Völkern der Erde Gemeinsames und Ähnliches darbieten, nur geringe und gelegentliche Rücksicht nehmen, noch geringere aber auf dasjenige, was sich etwa mit quasi-sozialen Tatsachen unter den Tieren möchte vergleichen lassen." (Ferdinand Tönnies, „Gemeinschaft und Gesellschaft (Theorem der Kulturphilosophie)", in: ders., *Gesamtausgabe*, Band 15, hrsg. von Dieter Haselbach, Berlin / New York 2000, S. 67; (in der vorliegenden Ausgabe S. 58).

3   Vgl. Tönnies, *Gesamtausgabe*, Band 22, a.a.O., S. 31.

4   Henry Sumner Maine, *Ancient Law. Its Connection With the Early History of Society, and Its Relation to Modern Ideals*, New York 1864, S. 165; vgl. Ferdinand Tönnies, *Gemeinschaft und Gesellschaft. Grundbegriffe der reinen Soziologie*, 2. Auflage, Berlin 1912, Vorrede, in: *Gesamtausgabe*, Bd. 15, a.a.O., S. 81 und 95 ff.

5   Siehe hierzu auch Klaus Lichtblau, Art. „Ökonomie, politische", in: Joachim Ritter / Karlfried Gründer (Hrsg.), *Historisches Wörterbuch der Philosophie*, Band 6, Basel / Stuttgart 1984, Sp. 1163-1173; ferner ders., *Das Zeitalter der Entzweiung. Studien zur politischen Ideengeschichte des 19. und 20. Jahrhunderts*, Berlin 2001, S. 157 ff.

net also eine im Wesentlichen noch autarke Form der Hauswirtschaft, in welcher der Tausch beziehungsweise der Handel mit anderen Wirtschaftseinheiten nur eine marginale Rolle spielt. Letztere ist dagegen mit dem modernen industriellen Kapitalismus und der durch ihn geprägten Weltwirtschaft identisch.[6] Wenn Tönnies also den Begriff der Gemeinschaft dem der *Gesellschaft* antipodisch gegenüberstellt, so bezieht er sich in ökonomischer Hinsicht auf jene Tradition des ‚ganzen Hauses‘, die der konservative Kulturhistoriker Wilhelm Heinrich Riehl in seiner *Naturgeschichte des Volkes* ein bleibendes literarisches Denkmal gesetzt hat und die im Laufe des 19. Jahrhunderts im Gefolge des Siegeszuges der kapitalistischen Form der Arbeitsteilung und der mit ihr verbundenen Industrialisierung allmählich bedeutungslos geworden ist.[7] In der Beschreibung der Wirtschaftsordnung der ‚Gesellschaft‘ schließt sich Tönnies dagegen weitgehend Marx und Engels an, so daß sich der entsprechende Teil von *Gemeinschaft und Gesellschaft* streckenweise wie eine Paraphrase von deren Kapitalismusanalyse liest.[8]

Neben der ökonomischen Charakterisierung des Gegensatzes von ‚Gemeinschaft‘ und ‚Gesellschaft‘ sind für das von Tönnies entwickelte Geschichtsbild aber auch deren unterschiedliche *normative* Grundlagen von entscheidender Bedeutung. Zur Beschreibung vormoderner Formen des Rechts greift Tönnies dabei auf Autoren wie Maine, Otto von Gierke und Rudolf Jhering zurück, während für ihn der Inbegriff des ‚gesellschaftlichen‘ Rechts in der Tradition des rationalen Naturrechts zum Ausdruck kommt. Denn die von Hobbes bis Rousseau entwickelten Lehren vom Gesellschafts- und Staatsvertrag zeichnen sich ja gerade dadurch aus, daß in ihnen nicht eine überlieferte Form von Sittlichkeit, sondern eine ‚willkürliche‘ beziehungsweise *vertraglich* geregelte Konvention für das Zustandekommen und die Bestandssicherung einer gesellschaftlichen und staatlichen Ordnung verantwortlich gemacht wird. In der Sprache Max Webers liegen hier also zwei unterschiedliche Formen der ‚legitimen Ordnung‘ vor: nämlich eine, die auf Herkommen und Tradition beruht, sowie eine, die im Unterschied dazu

---

6   Vgl. Ferdinand Tönnies, „Zur Einleitung in die Soziologie" (1899), in: ders., *Gesamtausgabe*, Band 15, a. a. O., S. 117 ff. (in dieser Ausgabe S. 103 ff.).

7   Vgl. Wilhelm Heinrich Riehl, *Die Naturgeschichte des Volkes als Grundlage einer deutschen Social-Politik*, Band 3: *Die Familie*, Stuttgart / Augsburg 1855, S. 142 ff.

8   Tönnies hatte sich übrigens nicht nur in den einzelnen ‚Vorreden‘ zu den verschiedenen Ausgaben von *Gemeinschaft und Gesellschaft*, sondern auch in anderen Schriften immer wieder dazu bekannt, wieviel er den Begründern des ‚wissenschaftlichen Sozialismus‘ verdankt. Vgl. zum Beispiel Ferdinand Tönnies, *Gemeinschaft und Gesellschaft*. Vorrede der ersten Auflage (1887), in: *Gesamtausgabe*, Band 15, a. a. O., S. 81 (in dieser Ausgabe S. 68); ferner ders., „Zur Einleitung in die Soziologie", a. a. O., S. 123 (in dieser Ausgabe S. 107).

ausschließlich aufgrund der Existenz von rationalen Satzungen und Vereinbarungen als ‚legitim' gilt.[9] Tönnies hat sich jedoch nicht mit dieser typologischen Gegenüberstellung zweier unterschiedlicher Formen der sozialen Ordnung begnügt, sondern ihnen zugleich zwei unterschiedliche Formen des menschlichen Willens zugeordnet, um gleichsam eine ‚psychologische' Innenansicht der durch sie konstituierten Ordnungen zu ermöglichen: nämlich den *Wesenwillen* und den *Kürwillen*. Bei dem ‚Wesenwillen' handelt es sich um eine Form des Willens, bei der die gefühlsmäßige Seite gegenüber der kognitiven überwiegt. Die andere dagegen, die er ursprünglich als ‚Willkür' bezeichnet hatte und die er seit der dritten Auflage von *Gemeinschaft und Gesellschaft* ‚Kürwille' nannte, bezieht sich dabei nicht nur auf den ‚appetitus rationalis', wie er den individualistischen Vertragstheorien zugrunde liegt, sondern stellt zugleich eine Anspielung auf eine eigentümliche Rechtsform dar, die bereits im Rahmen der mittelalterlichen Städteverfassung entwickelt worden ist. Denn gemäß dem älteren deutschen Recht bezeichnet die ‚Willkür' das Recht auf eine autonome Gesetzgebung, das von den deutschen Städten als Teil ihrer Korporationsverfassung in Anspruch genommen worden ist, ohne daß dieses ausdrücklich von ihren jeweiligen Stadtherren verbrieft gewesen war.[10] Max Weber hatte diesen Tatbestand später am Beispiel der Eidverschwörung der Bürger durch eine rituelle ‚Verbrüderung' beschrieben, vermittels der sich die mittelalterliche Stadtgemeinde in Gestalt einer revolutionären Machtusurpierung als eigenständige rechtsfähige Korporation konstituiert hatte und in Konkurrenz zu den überlieferten ‚legitimen' Mächten trat.[11] Obgleich eine solche ‚Willkür' zum Ausgangspunkt einer historisch völlig neuen Form der Gemeindebildung werden konnte, wie sie für das okzidentale Bürgertum charakteristisch gewesen ist, nahm Tönnies diesen Begriff aufgrund der mit ihm verbundenen revolutionären Machtergreifung jedoch nicht zur Kennzeichnung der normativen Grundlagen der *Gemeinschaft*, sondern zur Kennzeichnung des in der *Gesellschaft* geltenden Rechts in Anspruch. Er wurde für ihn insofern zum Inbegriff einer ausschließlich durch rationale Erwägungen getroffenen Ver-

---

9   Vgl. Max Weber, „Die drei reinen Typen der legitimen Herrschaft. Eine soziologische Studie", in: Preußische Jahrbücher 187 (1922), S. 1-12: ferner ders., *Wirtschaft und Gesellschaft. Grundriß der verstehenden Soziologie*, 5. Aufl. Tübingen 1972, S. 16 ff., 122 ff. und 541 ff.

10   Vgl. Ferdinand Tönnies, *Gemeinschaft und Gesellschaft. Theorem der Kultur-Philosophie* (1881), in: ders., *Gesamtausgabe*, Band 15, a. a. O., S. 53 ff. (in dieser Ausgabe S. 45 ff.); ders., „Zur Einleitung in die Soziologie", a. a. O., 124 ff. (in dieser Ausgabe S. 108 ff.); siehe hierzu ferner Wilhelm Ebel, *Die Willkür. Eine Studie zu den Denkformen des älteren deutschen Rechts*, Göttingen 1953.

11   Max Weber, *Die Stadt*, in: ders, *Gesamtausgabe*, Abteilung I: Schriften und Reden, Band 22, Teilband 5, herausgegeben von Wilfried Nippel, Tübingen 1999, S. 20 ff. und 124 ff.

einbarung, wie sie auch der Beendigung des konfessionellen Bürgerkriegs durch jenen „Leviathan" zugrunde liegt, den der englische Philosoph und Theoretiker des Gesellschaftsvertrages Thomas Hobbes im 17. Jahrhundert so eindrucksvoll geschildert hatte. Die für die ‚Gemeinschaft' charakteristische Form der sozialen Ordnung ist Tönnies zufolge dagegen ausschließlich in Herkommen, Tradition und Sitte begründet, was patriarchalische Herrschaftsformen im Rahmen der häuslichen Gemeinschaft zugestandenermaßen nicht ausschließt. Die Gemeinschaft wird von ihm deshalb auch als „reales und organisches Leben" begriffen, die Gesellschaft dagegen als „ideelle und mechanische Bildung"; erstere ist ein „lebendiger Organismus", letztere dagegen ein „mechanisches Aggregat und Artefakt"[12]. Deshalb kann Tönnies auch sagen, daß alle Gebilde der Neuzeit die Züge des „Unlebendigen" tragen: „Es sind mechanische Gebilde: sie haben keinen Wert, außer in Bezug auf ihren Zweck, den äußeren Vorteil den sie gewähren; sie entspringen der kalten kalkulierenden Vernunft: der Nutzen ist, wie Schiller schon klagte, das große Idol der Zeit."[13]

In Tönnies' Bild der Neuzeit mischen sich insofern in eigenartiger Weise Motive, die sich der Kapitalismuskritik namhafter sozialistischer Theoretiker des 19. Jahrhunderts verdanken, mit jener Kritik an einer rein instrumentell verfahrenden Vernunft, wie sie bereits im Übergang von der Aufklärung zur Romantik unüberhörbar geworden ist. Entsprechend unerbittlich ist auch seine eigene Zeitdiagnose, die sich wie eine Vorwegnahme der Dialektik der Aufklärung von Max Horkheimer und Theodor W. Adorno liest: „Die moderne Kultur ist in einem unaufhaltsamen Zersetzungsprozeß begriffen. Ihr Fortschritt ist ihr Untergang."[14] Doch was versteht Tönnies unter dieser angeblich zum Untergang verurteilten ‚modernen Kultur'? Und ist sein Geschichtsbild tatsächlich so pessimistisch, daß dieses nicht nur als Präludium zu Oswald Spenglers Untergang des Abendlandes, sondern zugleich als Vorwegnahme jener ‚völkischen Bewegung' verstanden werden muß, die in der ersten Hälfte des 20. Jahrhunderts solch verheerende Auswirkungen gehabt hatte und die tatsächlich meinte, daß der ‚Geist der Gemeinschaft' auch unter spezifisch modernen Bedingungen eine Wiederauferstehung erfahren könnte?[15]

---

12 Ferdinand Tönnies, Gemeinschaft und Gesellschaft. Grundbegriffe der reinen Soziologie, Neudruck der 8. Aufl. von 1935, Darmstadt 1977, S. 3 f.
13 Ferdinand Tönnies, „Individuum und Welt in der Neuzeit" (1913), in: ders., Gesamtausgabe, Band 9, hrsg. von Arno Mohr in Zusammenarbeit mit Rolf Fechner, Berlin / New York 2000, S. 332.
14 Ebd.
15 Dieser Auffassung ist offenbar Stefan Breuer. Vgl. ders., „Von Tönnies zu Weber. Zur Frage einer ‚deutschen Linie' der Soziologie", in: Berliner Journal für Soziologie 6 (1996), S. 227-245. Etwas vorsichtiger argumentiert dagegen Arthur Mitzman, Tönnies and German Society, 1887-1914: From Cultural Pessimism to Celebration of the 'Volksgemeinschaft', in: Journal of the History of

Auf die erste Frage gibt uns Tönnies' Buch *Geist der Neuzeit* eine unmißverständliche Antwort, das kurz vor seinem Tod erschienen ist und dessen zentrale Themen bereits in dem 1913 erschienenen Aufsatz „Individuum und Welt in der Neuzeit" vorweggenommen worden sind.[16] ‚Neuzeit' ist für Tönnies ein weit gespannter Begriff. Insofern vermeidet er bewußt dessen Engführung auf jenes Verständnis von ‚Moderne', das den sozialwissenschaftlichen Modernisierungstheorien der zweiten Hälfte des 20. Jahrhunderts zugrunde liegt und das sich im Wesentlichen auf das Zeitalter bezieht, das durch die industrielle Revolution in England und der Französische Revolution von 1789 eingeläutet worden ist.[17] Tönnies arbeitet mit einer Unterscheidung von Antike, Mittelalter und Neuzeit, die sowohl die jeweilige Eigenart dieser Kulturepochen als auch das sie jeweils Verbindende hervorhebt. Im Mittelalter ist es die römisch-katholische Kirche, die das Erbe des Imperium Romanum antritt und insofern sowohl etwas Neues verkörpert als auch eine Kontinuität zur Alten Welt herstellt, der sie ihre eigene religiöse Überlieferung verdankt. Auch der zeitlich mit der Entdeckung Amerikas zusammenfallende Beginn der *Neuzeit* ist ihm zufolge gewissermaßen ‚organisch' aus dem Mittelalter herausgewachsen. Gleichwohl verkörpert die Neuzeit eine Reihe von aufeinanderfolgenden Revolutionen, so daß sich das Mittelalter und die Neuzeit wie der „Geist der Beharrung, der Überlieferung, der Erhaltung" und der „Geist der Veränderung, der Umgestaltung und Umwälzung" zueinander verhalten beziehungsweise wie *Gemeinschaft* und *Gesellschaft* einander gegenüberstehen.[18]

Unter den spezifisch ‚neuzeitlichen' Revolutionen, die Tönnies besonders hervorhebt, gehören neben der durch den wissenschaftlichen und technischen Fort-

---

Ideas 32 (1971), S. 507-524. Vgl. auch ders., *Sociology and Estrangement. Three Sociologists of Imperial Germany*. With a New Introduction by the Author, New Brunswick, N.J. 1987, S. 101 ff. Zur verhängnisvollen Wirkungsgeschichte des Gemeinschaftsbegriffs innerhalb der deutschen Rechtsgeschichte siehe auch Hubert Treiber, „Die (Wieder-)Geburt der nationalsozialistischen „Volksgemeinschaft" aus dem Geist der deutschen Rechtsgeschichte – Eine Skizze", in: Keebet von Benda-Beckmann / André Hoekema (Red.), Over de grenzen van gemeenschappen. Gemeenschap, staat en recht, ‚s-Gravenhage 1998, S. 93-108.

16 Vgl. Tönnies, „Individuum und Welt in der Neuzeit", a. a. O., S. 299 f. Tönnies hatte später darauf hingewiesen, daß ihm die Grundideen zu diesem Buch bereits zu diesem Zeitpunkt klar vor Augen lagen, daß aber der Ausbruch des Ersten Weltkrieges ihre Niederschrift verhindert hatte, so daß er sich noch im hohen Alter mit der Ausarbeitung dieses Buches befassen mußte, was ihm eingestandenermaßen sehr schwer fiel. Vgl. Tönnies, *Gesamtausgabe*, Band 22, a. a. O., S. 518 f. Die Umstände, unter denen das Buch dann doch noch erschienen ist, zeigen, daß Tönnies es als sein eigentliches intellektuelles Vermächtnis verstanden wissen wollte. Siehe hierzu auch Klaus Lichtblau, Wie viele Klassiker verträgt die Soziologie? Ferdinand Tönnies ante portas, in: Soziologische Revue 24 (2001), S. 401-407.

17 Siehe hierzu auch Klaus Lichtblau, *Transformationen der Moderne*, Berlin 2002, besonders S. 136 ff.

18 Vgl. Ferdinand Tönnies, *Geist der Neuzeit* (1935), in: ders., *Gesamtausgabe*, Band 22, a. a. O., S. 26.

schritt bedingten überseeischen Expansion Europas auch die konfessionelle Spal-
tung der römisch-katholischen Kirche sowie die Entstehung eines kapitalistisch
geprägten Weltmarktes. Obgleich Tönnies ebenfalls die wirtschaftliche Bedeutung von religiösen Minderheiten in der Neuzeit betont, geht er jedoch nicht so
weit wie Max Weber, der den ‚Geist' des modernen Kapitalismus aus einer religiös geprägten Berufsauffassung innerhalb des asketischen Protestantismus zu deduzieren versucht hatte. Tönnies zufolge ist es vielmehr der *fremde Händler*, dessen
spezifisches ökonomisches Gebaren überhaupt erst die kapitalistische Weltwirtschaft möglich gemacht hat. Denn nur eine kaufmännische Gesinnung, die ohne
Rücksicht auf die überlieferte Brüderlichkeitsethik in der Familie, Nachbarschaft
und Dorfgemeinschaft den jeweiligen Geschäftspartner wie einen Glaubens- und
Stammesfremden behandelt, war ihm zufolge in der Lage, jene gewaltige ökonomische Umwälzung einzuleiten, die schließlich zur industriellen Revolution in Europa und Nordamerika geführt hatte. Tönnies sieht den historischen Ursprung des
modernen Kapitalismus deshalb auch nicht in der *Produktion*, sondern im *Handel*
begründet. Letzterer ist es nämlich, der seiner Ansicht nach für die Auflösung der
mittelalterlichen Zunftverfassung mitverantwortlich ist und die damit verbundene
Neuorganisation der gewerblichen Arbeit selbst in die Hand genommen hatte.[19] Es
ist insofern kein Zufall, daß Tönnies in dieser Hinsicht nicht weiter zwischen der
ökonomischen Bedeutung des Judentums und dem wirtschaftlichen Gebaren der
radikalen protestantischen Sekten in Westeuropa und Nordamerika unterscheidet,
obgleich er ähnlich wie Max Weber einen engen Zusammenhang zwischen dem
„religiösen Befreiungskampf" und dem politischen und ökonomischen Liberalismus der Neuzeit gegeben sieht.[20]

Tönnies zufolge ist das Wesen der modernen Kultur aus diesem Grund auch
mit einem progressiven Individualismus identisch. Denn sie beruht nicht nur auf

---

19 Ebd., S. 98 f.
20 Tönnies, „Individuum und Welt in der Neuzeit", a. a. O., S. 318 ff. In dem zwischen Werner Sombart
    und Max Weber geführten Streit über die Ursprünge der modernen kapitalistischen Wirtschafts-
    gesinnung vertrat Tönnies gewissermaßen einen mittleren Standpunkt. Denn während Sombart
    in der jüdischen Wirtschaftsethik eine Vorwegnahme der puritanischen Berufsethik gegeben
    sah, hatte Max Weber demgegenüber gerade deren spezifische Differenz hervorgehoben. Weber
    zufolge läßt sich der ‚Geist' des modernen Kapitalismus deshalb auch nicht aus der religiösen
    Überlieferung des Judentums ableiten, während ‚Judaismus' und ‚Kapitalismus' für Sombart
    im Grunde genommen identische Begriffe sind. Tönnies zufolge verkörpert das Judentum dem
    gegenüber nur einen besonders markanten Fall jenes ökonomischen Gebarens von religiösen
    Minderheiten, das auch in den verschiedenen Strömungen des asketischen Protestantismus
    anzutreffen sei. Zur Rekonstruktion der entsprechenden Diskussionszusammenhanges, auf den
    sich Tönnies hierbei bezieht, siehe Hartmann Tyrell, „Kapitalismus, Zins und Religion bei Werner
    Sombart und Max Weber. Ein Rückblick", in: Johannes Heil / Bernd Wacker (Hrsg.), *Shylock?*
    Zinsverbot und Geldverleih in jüdischer und christlicher Tradition, München 1997, S. 193-217.

Religions-, Denk- und Gewerbefreiheit, sondern auch auf einer Reihe von politischen Freiheitsrechten, deren verfassungsmäßige Institutionalisierung zur Voraussetzung der staatsbürgerlichen Gleichheit wurde, die in den westlichen Demokratien zunehmend an die Stelle der alten ständischen Ordnung getreten ist. Tönnies kann in dem auf diesem Boden entstandenen modernen *Nationalstaat* deshalb auch nur ein künstliches Gebilde wahrnehmen, das im Unterschied zum *Volk* alle Züge der ‚Gesellschaft', nicht aber der ‚Gemeinschaft' trägt.[21] Dies ist auch der Grund, warum sein Verhältnis zum modernen National- und Verfassungsstaat durch eine tiefe Ambivalenz geprägt ist. Denn einerseits gehört dieses künstliche staatliche Gebilde, dessen Funktionsweise Hobbes mit der Schreckensherrschaft des alttestamentlichen Leviathans verglichen hatte, selbst zu jener neuzeitlichen gesellschaftlichen Ordnung, die nach Tönnies' Überzeugung unwiderruflich zum Untergang verurteilt ist. Andererseits greift Tönnies hinsichtlich der mit der modernen sozialen Frage verbundenen Probleme selbst immer wieder auf jenen Rechts- und Wohlfahrtsstaat zurück, dem bereits Hegel und Lorenz von Stein die Funktion eines Ausgleichs der in der bürgerlichen Gesellschaft zur Entfaltung kommenden Gegensätze zugesprochen hatten.[22] Nicht zufällig hatte Tönnies 1892 in einem anonym erschienenen Aufsatz die Ansicht vertreten, daß jene geschichtliche Bewegung vom Status zum Kontrakt, die Henry Sumner Maine so eindrucksvoll beschrieben hatte, ja noch gar nicht zu einem Abschluß gekommen sei und daß es zur Beseitigung der im preußischen Staat existierenden politischen und sozialen Ungleichheiten darum gehe, überhaupt erst einmal „die Grundlage unserer heutigen Gesellschaftsordnung, den contractus, in der Weise an(zu)erkennen, daß wir alle Bedingungen schaffen, die nöthig sind, um ihn zur Wahrheit zu machen"[23].

Der Kampf um soziale Gerechtigkeit ist also auch Tönnies zufolge zunächst ein Kampf um formale Gleichberechtigung, das heißt: ein *Kampf ums Recht*. Darüber hinaus greift Tönnies ähnlich wie die Kathedersozialisten immer dann auf die kameralwissenschaftliche Tradition des alten deutschen Polizei- und Wohlfahrtsstaates zurück, wenn es darum geht, den benachteiligten gesellschaftlichen Schichten auch im materiellen Sinne ein Stück ausgleichender Gerechtigkeit zukommen zu lassen. Die moderne *Konsum- und Genossenschaftsbewegung*, von der er sich einen so großen Beitrag zur gesellschaftlichen Reform erhofft hatte, stellt für ihn also nicht die einzige Möglichkeit dar, wieder ein Stück von jener bereits

---

21 Tönnies, „Zur Einleitung in die Soziologie", a.a.O., S. 122. (in dieser Ausgabe S. 106).

22 Vgl. Ferdinand Tönnies, „Rechtsstaat und Wohlfahrtsstaat" (1914), in: ders., *Gesamtausgabe*, Band 9, a.a.O., S. 413 ff.; ferner ders., „Hegels Naturrecht" (1932), in: ders., *Gesamtausgabe*, Band 22, a.a.O., S. 247 ff.

23 (Ferdinand Tönnies), „*Status* und *contractus*. Eine sozialpolitische Betrachtung", in: Die Zukunft 1 (1892), S. 257 (in dieser Ausgabe S. 77).

verloren gegangenen ‚Gemeinschaft' im Rahmen der kapitalistischen Wirtschaftsordnung wiederzubeleben. Denn auch die alte *wohlfahrtsstaatliche* Tradition, die
in dem von Bismarck geschaffenen Zweiten Deutschen Kaiserreich in Gestalt der
Sozialpolitik eine gewisse Renaissance erfuhr, hatte ihm zufolge „etwas von gemeinschaftlichem Charakter besessen, der in allgemeiner Wehrpflicht, allgemeiner Schulpflicht und allgemeiner Versicherungspflicht wenn auch mangelhaft zum
Ausdruck kam"[24]. Wenn sich Tönnies also vom Ausbruch des Ersten Weltkrieges
eine Wiedergeburt der verloren gegangenen :Volksgemeinschaft' erhofft hatte, so
lag das nicht nur an der kriegsbedingten Begeisterung für jenes nationale Einheits-
gefühl, dem zu dieser Zeit auch zahlreiche andere deutsche Wissenschaftler und
Intellektuelle zeitweise erlegen sind, sondern an jener grundbegrifflichen Unterscheidung, die ihn weltberühmt gemacht hatte und die sich jetzt auch vortrefflich
für die ideologische Auseinandersetzung mit der ‚westlichen Welt' instrumenta-
lisieren ließ. Denn war dies nicht auch ein Kampf zwischen den Resten der ‚Gemeinschaft' und der sich bereits am Horizont abzeichnenden modernen ‚Weltgesellschaft', deren Konturen bereits von Tönnies wahrgenommen worden sind und
die von der zeitgenössischen Soziologie eine Zeit lang zu einem zentralen Unter-
suchungsgegenstand der modernen sozialwissenschaftlichen Forschung erhoben
wurden?[25] Sozialismus und Staatssozialismus gingen in seinen Augen angesichts
des Verlaufs des Ersten Weltkrieges insofern ununterscheidbar ineinander über
und nährten in ihm zugleich die Hoffnung, daß nach dem Kriege im Gefolge der
anstehenden Sozialisierungen endlich das realisiert werden könnte, was er als die
eigentliche Idee der europäischen Arbeiterbewegung verstanden hatte: nämlich
die „Wiederherstellung der Gemeinschaft" und die „Schaffung einer neuen sozialen Grundlage, eines neuen Geistes, neuen Willens, neuer Sittlichkeit", wobei er
zugleich einschränkend die Frage hinzufügte, ob sich so etwas überhaupt bewußt

---

24   Tönnies, *Gemeinschaft und Gesellschaft*. Vorrede der dritten Auflage, a. a. O., S. 108 (in dieser
       Ausgabe S. 217).
25   Noch im Spätherbst 1918 schrieb Tönnies angesichts der Kriegsniederlage: „Deutschland legt
       nunmehr seine Waffen nieder, [...] aber Deutschland legt nicht die Waffen seines Geistes nieder,
       die es vielmehr verstärken und verfeinern wird, um der Welt das Verständnis eines Gemeinwesens
       und eines Kulturideals einzuflößen, die den Widerspruch gegen die Weltgesellschaft und ihren
       Mammonismus in wissenschaftlicher Gestalt darstellen, welche eben dadurch zu einer *ethischen*
       Macht wird, zur Macht des Gedankens der Gemeinschaft. Diesen *durch* den gegebenen – moder-
       nen – Staat in die gegebene – moderne – Gesellschaft hineinzutragen, liegt den Deutschen ob,
       bei Strafe des Unterganges." (ebd., S. 109; in dieser Ausgabe S. 218). Zur Karriere des Topos
       der ‚Weltgesellschaft' innerhalb der modernen Soziologie siehe Rudolf Stichweh, *Die Weltge-*
       sellschaft. Soziologische Analysen, Frankfurt am Main 2000; Theresa Wobbe, *Weltgesellschaft*,
       Bielefeld 2000; ferner Klaus Lichtblau, „Von der ‚Gesellschaft' zur ‚Vergesellschaftung'. Zur
       deutschen Tradition des Gesellschaftsbegriffs", in: ders., *Die Eigenart der kultur- und sozial-*
       wissenschaftlichen Begriffsbildung, Wiesbaden 2011, S. 11-36.

„schaffen" lasse? Denn schließlich war für ihn die ‚Gemeinschaft' etwas „organisch" Gewachsenes, nicht aber „künstlich" Geschaffenes.[26] Als jedoch im Umkreis der ‚völkischen Bewegung' Ernst zu nehmende Bemühungen unternommen wurden, nach dem verloren gegangenen Krieg den ‚Geist der Gemeinschaft' unter völlig veränderten Vorzeichen wieder auferstehen zu lassen, besann sich Tönnies darauf zurück, daß er diesen Begriff ja nur im Sinne einer ‚reinen Soziologie' verstanden wissen wollte und daß zumindest in seinem Sprachgebrauch mit ihm insofern auch kein‘ Werturteil' über die moderne Gesellschaft verbunden sei. Den Versuch, sein Denken in irgendeiner Weise mit der neuromantischen Bewegung in Deutschland in einen Zusammenhang zu bringen, fand er nun so abwegig, daß er diesem das von ihm eigentlich Gemeinte gegenüberhielt: „Es ist allerdings mein Gedanke, daß selbst in dem Falle, den ich als den günstigsten für die gegenwärtige Zivilisation schätze: daß es nämlich gelingen werde, sie in allmählichem Fortschritt durch sozialistische Organisation abzulösen, das Ende unabwendbar wäre, nicht das Ende der Menschheit, auch nicht das der Zivilisation oder Kultur, wohl aber das Ende dieser Kultur, deren Merkmale durch das Erbe Roms bezeichnet werden."[27] Und als dann die Stimme jenes österreichischen Gefreiten unüberhörbar wurde, der sich lautstark für die Errichtung eines völlig neuen Reiches auf deutschem Boden einsetzte, trat der alte Tönnies diesem „armseligen Judenfresser" mutig entgegen, weil er wußte, „daß der angebliche Retter uns in den Abgrund stoßen würde"[28]. Ihm war nämlich inzwischen klar geworden, daß die Verabschiedung der Neuzeit mit einer fürchterlichen entwicklungsgeschichtlichen Regression verbunden sein würde und daß die Beschwörung einer neuen *Gemeinschaft* noch keine Auskunft darüber gibt, durch welchen ‚Geist' diese dereinst beseelt sein würde. Vielleicht hatte Tönnies ja auch deshalb in einer bereits Jürgen Habermas' *Projekt der Moderne* vorwegnehmenden Weise davon gesprochen, daß „wir den Geist der Neuzeit als einen unvollendeten und noch werdenden erkennen müssen"[29].

---

26 Tönnies, *Gemeinschaft und Gesellschaft*. Vorrede der dritten Auflage, a. a. O., S. 106 (in dieser Ausgabe S. 215).
27 Ferdinand Tönnies, „Mein Verhältnis zur Soziologie", a. a. O., S. 336 (in dieser Ausgabe S. 270).
28 Ferdinand Tönnies, „Sie wissen nicht, was sie tun" (1932), in: *Gesamtausgabe*, Bd. 22, a. a. O., S. 267.
29 Tönnies, *Geist der Neuzeit*, a. a. O., S. 186. Vgl. entsprechend Jürgen Habermas, „Die Moderne – ein unvollendetes Projekt" (1980), in: ders., *Kleine politische Schriften (I-IV)*, Frankfurt am Main 1981, S. 444-464.

Zur vorliegenden Ausgabe

Die vorliegende Auswahl der Schriften von Ferdinand Tönnies ist dem Leitmotiv
seines philosophischen und soziologischen Denkens gewidmet. Sie bezieht sich
auf seine berühmte begriffliche Unterscheidung zwischen ‚Gemeinschaft' und ‚Gesellschaft', die ihm zu Recht einen weltweit unbestrittenen Platz in den Annalen
der Ideen- und Wissenschaftsgeschichte beschert hatte. Tönnies hat verschiedene
Anläufe unternommen, die Bedeutung des Gegensatzes zwischen Gemeinschaft
und Gesellschaft deutlich zu machen. Sein diesbezüglich erster Ansatz stammt aus
dem Zeitraum 1880/81, der 1881 von der Philosophischen Fakultät der Universität Kiel als Habilitationsanschrift anerkannt worden ist. Tönnies spricht in diesem
Zusammenhang noch von einem „Theorem der Kultur-Philosophie", was deutlich
macht, daß es ihm zu diesem Zeitpunkt offensichtlich noch selbst nicht ganz klar
war, welcher wissenschaftlichen Disziplin eigentlich sein diesbezügliches späte-
res Hauptwerk *Gemeinschaft und Gesellschaft* angehören würde. Bezieht es doch
bewußt rechts- und philosophiegeschichtliche, ethnologische, nationalökonomische und staats- beziehungsweise sozialwissenschaftliche Dimensionen ein. Heute würden wir sagen, daß es sich hierbei offensichtlich um ein ‚interdisziplinäres'
Werk handelt, das noch den Charme einer von den Zwängen der Departementa-
lisierung des modernen Wissenschaftsbetriebes unbekümmerten Vorgehensweise
ausstrahlt. Entsprechend zahlreich sind die disziplinären Verweise, die Tönnies in
diesem ersten Anlauf zu seinem späteren Hauptwerk angibt. Zu ihnen zählen neben der Kulturphilosophie unter anderem auch die Kulturgeschichte, die Kulturwissenschaften, die Philosophie, die Soziologie, die Völkerpsychologie und die
„Gesellschaftswissenschaft", wobei auffallend ist, daß er zu diesem Zeitpunkt gegenüber der Soziologie offensichtlich noch den Begriff der *Kulturphilosophie* zur
Beschreibung seines angestrebten Unternehmens vorgezogen hatte.[30]
   Die Realisierung der bereits in seinem Kieler Habilitationsverfahrens in Aus-
sicht gestellten umfangreichen Ausarbeitung dieser Schrift hat Tönnies jedoch erst
sechs Jahre später vornehmen können. Denn erst 1887 erschien eine ausführliche
schriftliche Fassung seines „Theorems der Kultur-Philosophie" im Buchhandel,
das sich inzwischen zu einer umfangreichen Abhandlung über den „Communismus und des Socialismus als empirischer Culturformen" entwickelt hatte. In der
berühmten ‚Vorrede' zu dieser ersten veröffentlichten Ausgabe von *Gemeinschaft
und Gesellschaft* weist Tönnies übrigens ausdrücklich darauf hin, daß von dem
Entwurf seiner Kieler Habilitationsschrift „kaum eine Spur übrig geblieben ist"
und daß er sich dennoch dazu verpflichtet fühle, darauf hinzuweisen, daß diese

---

30   Vgl. in dieser Ausgabe S. 27 ff.

Veröffentlichung auf einer entsprechenden Disposition beruhe, die ihm die Habilitation im Fach Philosophie ermöglicht hatte. Auch zu diesem Zeitpunkt war sich Tönnies noch bezüglich der disziplinären Zuordnung von *Gemeinschaft und Gesellschaft* unsicher, wobei in diesem Zusammenhang von ihm erstmals die Disziplinenbezeichungen „Social-Philosophie" und „Social-Wissenschaft" ins Spiel gebracht worden sind. Tönnies wies bei dieser Gelegenheit übrigens ausdrücklich darauf hin, daß es seiner Ansicht nach zwischen Wissenschaft und Philosophie keinen unüberbrückbaren Gegensatz gebe, wenn man den durch die Werke von David Hume und Immanuel Kant verkörperten Gegensatz zwischen dem empiristischen und dem ‚kritizistischen' Denken zugunsten einer Form von Wissenschaftlichkeit überwinden würde, die sowohl der Theorie als auch der Empirie ihr jeweiliges Recht einräumt.[31]

In dem 1892 anonym erschienenen Aufsatz „Status und contractus" spricht Tönnies dagegen erstmals von einer „sozialpolitischen Betrachtung", die mit seiner Gegenüberstellung von ‚Gemeinschaft' und ‚Gesellschaft' verbunden sei. Es handelt sich dabei um eine Kurzfassung seiner zentralen Überlegungen, die gewissermaßen einen Schnelleinstieg in *Gemeinschaft und Gesellschaft* ermöglicht, bevor man sich dem Werk selbst zuwendet. Mit der Gegenüberstellung von ‚Status' und ‚Kontrakt' hat Tönnies dabei eine grundbegriffliche Unterscheidung eingeführt, die zum einen als Paraphrase des Gegensatzes zwischen ‚Gemeinschaft' und ‚Gesellschaft' verstanden werden kann und die zum anderen vermittels des Werkes von Talcott Parsons seit Mitte des 20. Jahrhunderts Eingang in den internationalen soziologischen Sprachgebrauch gefunden hat.[32]

In seinem Aufsatz „Historismus und Rationalismus" von 1895 geht Tönnies dagegen auf den Streit zweier verschiedener Richtungen innerhalb der Rechtswissenschaften seiner Zeit ein, der auch in der damaligen deutschen Nationalökonomie eine zentrale Rolle gespielt hatte und der mit den unterschiedlichen Traditionen des römischen und des germanischen Rechts in einer engen Beziehung steht. Tönnies spricht in diesem Zusammenhang auch von einer „mechanischen" und einer „organischen Auffassung" des sozialen Lebens, wobei er darauf hinweist, daß letztere bisher noch keine allgemeine Anerkennung gefunden habe. Er konstatiert dabei eine universalgeschichtliche Tendenz der allmählichen Ausbreitung des Rationalismus als Denkweise und Lebensform, von der auch die moderne Gesellschaft und die staatliche Herrschaft sowie das wissenschaftliche Denken geprägt seien. Max Weber vorwegnehmend spricht er in diesem Zusammenhang ausdrücklich von einem gesellschaftlichen Rationalisierungsprozeß, der mit der Wissen-

---

31   Ebd., S. 59 ff.
32   Ebd., S. 71 ff.

schaft „innerlich verwandt" sei.[33] Noch vor dem Erscheinen von Georg Simmels bahnbrechender *Philosophie des Geldes* aus dem Jahre 1900 hat Tönnies damit ein Thema präludiert, das nicht nur für die Geschichte der deutschen Soziologie, sondern auch für die verschiedenen Strömungen des ‚westlichen Marxismus' und der ‚Kritischen Theorie' eine zentrale Rolle spielen sollte.

In seinem Aufsatz „Zur Einleitung in die Soziologie" von 1899 faßt Tönnies noch einmal die wesentlichen Gedanken seines 1887 erschienenen Hauptwerkes *Gemeinschaft und Gesellschaft* zusammen, um in diesem Zusammenhang sein eigentliches Anliegen besser zu verdeutlichen. Ausgehend von dem philosophiegeschichtlichen Gegensatz zwischen dem Nominalismus und dem Realismus beziehungsweise der Frage, ob das Ganze vor den Teilen oder aber die Teile vor dem Ganzen da gewesen seien, ordnet er seine Begriffe ‚Gemeinschaft' und ‚Gesellschaft' in jeweils verschiedener Art und Weise dieser „kardinalen Antinomie" zu. Die ‚Gemeinschaft' steht dem zufolge für eine Anschauungsweise, der gemäß das Ganze beziehungsweise das Kollektiv vor den Teilen beziehungsweise den Individuen existiert, die ‚Gesellschaft' dagegen für ein Gebilde, das erst durch das Zusammenwirken der einzelnen Individuen per *Tausch* und *Vertrag* konstituiert wird. Während die ‚Gemeinschaft' dabei einen „organischen" Charakter besitze, sei die Gesellschaft dagegen „ein reines Gedankending", dessen Geltung durch mannigfache historische Bedingungen eingeschränkt werde. Letzterem Begriff komme insofern eine universelle Bedeutung zu, die jedoch immer durch partikularistische Kräfte und Bestrebungen konterkariert werde. Tönnies sieht in dem modernen Begriff der ‚bürgerlichen Gesellschaft', wie er dem Werk von Georg Wilhelm Friedrich Hegel und Lorenz von Stein zugrunde liegt, dabei nichts anderes als eine Wiederaufnahme des bereits von Thomas Hobbes beschriebenen Naturzustandes in Gestalt eines Kampfes aller gegen alle. Insofern läßt sich ihm zufolge auch der neuzeitliche Staat nur als eine künstliche Einheit beziehungsweise juristisch gesprochen als eine ‚Person' deuten, nicht aber als ein ‚Organismus', wie dies die historische Schule getan hatte. Nicht die Begriffe ‚Gemeinschaft' und ‚Gesellschaft' seien deshalb neu, wie er sie in seinem eigenen Werk gebrauche, sondern nur die Art der von ihm gewählten Darstellung beziehungsweise entwicklungsgeschichtlichen Reihenfolge dieser Begriffe. Denn die moderne Gesellschaft steht ihm zufolge den „gesetzmäßig-normalen Prozeß des Verfalles aller ‚Gemeinschaft'" dar. Und der neuzeitliche Individualismus wird von ihm als ein Produkt von vormals gemeinschaftlichen Lebensformen gedeutet, das überhaupt erst die Entstehung der neuzeitlichen Gesellschaft ermöglicht habe.[34]

---

33 Ebd., S. 85.
34 Ebd., S. 101 ff.

In seinem 1907 vor der Gehe-Stiftung in Dresden gehaltenen Vortrag „Das Wesen der Soziologie" hat Tönnies erstmals sein eigenes Verständnis von Soziologie in Abgrenzung von verschiedenen anderen wissenschaftlichen Disziplinen einer breiteren Öffentlichkeit vorgestellt. Ihr zentraler Gegenstand seien „soziale Tatsachen" sowie die ihnen zugrunde liegenden menschlichen „Motive". Er unterscheidet dabei das „*soziale* Verhältnis" vom „*rechtlichen* Verhältnis", das er als einen besonderen Fall des sozialen Verhältnisses begreift. In diesem Zusammenhang geht Tönnies auch ausführlich auf die Eigenart von „*sittlichen* Verhältnissen" ein, die er in Abgrenzung von der vorherrschenden Moral und Ethik einer Epoche in ihrer Eigenart zu bestimmen versucht. Aufgrund des für sie charakteristischen Bezuges auf eine wie auch immer geartete Form von „Autorität" sei das sittliche Verhältnis mit dem rechtlichen Verhältnis verwandt. Beide seien insofern legitimer Gegenstand von *normativen* Disziplinen, während die sozialen Verhältnisse im engeren Sinn zu erforschen Aufgabe einer „rein theoretischen Wissenschaft" wie der Soziologie seien. Sitten und Gesetze stellen die Forderung nach einer ‚Geltung'. Das heißt, sie bringen zum Ausdruck, was *sein soll.* Der jeweilige Unterschied bestehe darin, daß die meisten privatrechtlichen Vereinbarungen auf ‚Gewohnheit' beruhen, während die eigentlichen ‚Gesetze' „der Form ihrer Entstehung nach *Beschlüsse* sind: und zwar vorzugsweise Beschlüssen von Versammlungen". Auch die Religion und die mit ihr verbundene spezifische Art der *Verehrung* sieht Tönnies in diesem Zusammenhang eng mit der Sitte verbunden. Sie stelle überdies ein Gegengewicht gegenüber der in der Moderne feststellbaren Tendenz dar, die ursprünglich organisch gewachsenen Gemeinschaftsformen dem Typus des *Vereins* anzunähren. Auch die *Konvention* grenzt Tönnies von der Sitte im engeren Sinne eindeutig ab. Erstere beruhe im Unterschied zu einer vertraglichen Vereinbarung nicht auf einer expliziten Übereinkunft, sondern auf der Unterstellung, *als ob* eine solche Übereinkunft stattgefunden habe. Im Unterschied zu den in der Jurisprudenz geläufigen Fiktionen beruhe die Eigenart der Soziologie jedoch darin, daß für sie der damit verbundene normative Geltungsanspruch nicht verbindlich sei. Vielmehr interessiere sie sich vornehmlich für „menschliche Verbände", bei denen es gleichgültig ist, ob sie bereits juristisch normiert sind oder aber nicht.[35]

In seinem Buch *Die Sitte*, das 1909 in der von Martin Buber herausgegebenen Schriftenreihe „Die Gesellschaft. Sammlung sozialpsychologischer Monographien" erschienen ist, stellt Tönnies das von ihm verwendete Verfahren der kontrastiven Begriffsbildung in einer meisterhaften Form unter Beweis. Denn für eine soziologische Theorie der Tradition ist diese Abhandlung von einer nicht zu unterschätzenden Bedeutung. Tönnies wehrt sich in ihr gegen die undifferenzierte

---

35 Ebd., S. 111 ff.

Gleichsetzung der Sitte mit ‚Gewohnheit' und ‚Brauch', ‚Herkommen' und ‚Überlieferung' sowie ‚Mode', Manier' und ähnlichen Begriffen. Zunächst stellt er eingangs fest, daß die Sitte im Unterschied zur *Gewohnheit* kein individualpsychologischer, sondern ein sozialpsychologischer Begriff sei, während der ‚Brauch' ebenso wie die Sitte sowohl auf einen sozialen Tatbestand als auch auf eine allgemeingültige Norm sowie einen sozialen Willen verweise, der diese Norm ‚setzt'. Von der Existenz einer ‚Sitte' läßt sich im Unterschied zu den begrifflichen Konstruktionen des modernen Zivil- und Staatsrecht also nicht in einer personifizierenden Art und Weise sprechen. Dennoch geht Tönnies davon aus, daß auch die Sitte als eine Art „gesetzgeberischen Willens" verstanden werden könne, der allerdings nicht auf einem bewußten ‚Beschluß', sondern auf dem ‚Herkommen' und der ‚Überlieferung' beruhe. Um die in der Sitte zum Ausdruck kommende eigentümliche Form der Normativität zu verdeutlichen, grenzt er sie nicht nur von einem ‚stillschweigenden Einverständnis' ab, wie es für die verschiedenen Erscheinungsformen des ‚natürlichen Rechts' charakteristisch sei, sondern auch von dem mit einer Rechtsnorm verbundenen Zwang. Denn *Recht* wird ‚gesprochen', Sitte hingegen ‚befolgt'. Gleichwohl haben sich ihm zufolge auch im modernen Rechtssystem in Gestalt des ‚Gewohnheitsrechts' und des ‚ungeschriebenen Gesetztes' ältere Formen der Obligation erhalten, wie sie für die Geltung der ‚Sitte' charakteristisch seien. Auch von der ‚Sittlichkeit' beziehungsweise der *Moral* grenzt Tönnies die Sitte ab. Denn erstere sei eine ‚Idee' mit einem normativen Geltungsanspruch, letztere dagegen eine normative ‚Tatsache'. Insofern ist mit der Sittlichkeit beziehungsweise der Moral ein länder- und kulturübergreifender Universalitätsanspruch verbunden, während die ‚vorwaltende Sitte' immer die eines besonderen Volkes ist und insofern auch nur einen partikularistischen Geltungsanspruch stellen kann. Sie ist also untrennbar mit der Existenz eines konkreten Stammes, einer besonderen Sprache sowie einer bestimmten Region verbunden. Tönnies grenzt ferner die Sitte von dem „Regime der *Mode*" ab. Die Mode sei zwar der Sitte ‚ähnlich', besitze im Unterschied zur Sitte jedoch einen *konventionellen* Charakter, der den ‚tonangebenden' Einfluß einer bestimmten sozialen Gruppe oder Schicht zum Ausdruck bringe. Sie ‚gilt' insofern, *als ob* sie auf einer bewußten Entscheidung der führenden Klasse beruhe. Auch wenn für ihn das Zeitalter einer ‚vorherrschenden Mode' mit dem der „vorherrschenden gesellschaftlichen Zivilisation" identisch geworden ist, will Tönnies das Rad der Geschichte dennoch nicht auf einen Zeitpunkt zurückdrehen, an dem noch die „Sittlichkeit der Sitte" maßgeblich das soziale Leben geregelt hatte. Vielmehr spricht er sich in diesem Zusammenhang für eine von der Tradition entkoppelte bewußte *Ethik* aus, die auf einer Selbstbejahung der menschlichen Vernunft beruht.[36] In seiner auf dem ersten deutschen Soziologentag im Oktober 1910 in Frankfurt am Main gehaltenen Eröffnungsrede „Wege und Ziele der Soziologie" setzt sich Tönnies ausführlich mit dem Postulat der ‚Wertfreiheit' der Wissenschaft auseinander, das aufgrund Max Webers Beharren offiziell Eingang in die Statuten der am 3. Januar 1909 in Berlin gegründeten *Deutschen Gesellschaft für Soziologie* gefunden hatte und später zu zahlreichen Auseinandersetzungen innerhalb dieses Berufsverbandes sowie im *Verein für Socialpolitik* führen sollte. Auch in dieser Rede betont Tönnies ausdrücklich, daß für ihn die Soziologie eine „philosophische Disziplin" sei, die in der Tradition des modernen Naturrechts stehe. Sie sei insofern viel älter als ihr Name, der auf Auguste Comte zurückgeht und dessen Berechtigung zum Zeitpunkt dieses ersten deutschen Soziologentages innerhalb einer breiteren wissenschaftlichen Öffentlichkeit immer noch umstritten war. Nicht die Idee einer ‚guten' Lebensführung sei es jedoch, welche die moderne Soziologie im Unterschied zu der auf Aristoteles zurückgehenden Tradition der Praktischen Philosophie kennzeichne, sondern die Entwicklung von Grundbegriffen der Vergemeinschaftung und Vergesellschaftung im Rahmen einer „reinen theoretischen Soziologie" beziehungsweise „Sozialphilosophie". Dies unterscheide die moderne Soziologie von normativen Disziplinen wie der philosophischen Ethik, der Rechtsphilosophie und der praktischen Nationalökonomie, die sich im Unterschied zur Soziologie nicht auf eine reine Tatsachenfeststellung beschränken würden, sondern darüber hinaus Gründe anzugeben versuchen, was ‚sein soll'. Tönnies Plädoyer für eine ‚theoretische Soziologie' stellt in diesem Zusammenhang jedoch keinen Rückzug von den Zwängen des praktischen Lebens dar, sondern versucht das eigentliche Potential der Soziologie im Rahmen ihrer Kooperation mit anderen wissenschaftlichen Disziplinen wie der Biologie, Anthropologie, Psychologie und Sozialpsychologie sowie den verschiedenen historischen Disziplinen zu verdeutlichen, ohne der Idee einer Einheit der Wissenschaft, wie sie innerhalb der philosophischen Tradition überliefert worden ist, gänzlich eine Absage zu erteilen.[37]

In seinem 1914 erschienenen Aufsatz „Gemeinschaft und Individuum" stellt Tönnies dem Begriff des *sozialen Verhältnisses* den des *sozialen Verbandes* gegenüber. Ersteres beinhalte neben seiner empirischen Faktizität immer zugleich auch die Vorstellung einer ‚Erwartung' beziehungsweise eines ‚Anspruchs', der sich an die in diesem Verhältnis involvierten Personen richtet. Diese normativen Implikationen jedes sozialen Verhältnisses können entweder rechtlicher oder aber sittlicher

---

36   Ebd., S. 131 ff.
37   Ebd., S. 185 ff.

Art sein. Im ersteren Fall ist es dabei ein *Vertrag*, dem dieses Verhältnis zugrunde liegt, im zweiten Fall dagegen ein *soziales Band*, das in der Treue, der Liebe, der Freundschaft, dem pädagogischen Eros und dergleichen verankert sein kann und das Tönnies in Analogie zur religiösen Sphäre bewußt als ein „Sakrament" bezeichnet. *Soziale Verbände* würden dabei als personenähnliche Wesen fingiert, die der „eigentlichen sozialen Handlung" fähig seien und ein solches Wollen und Handeln regelmäßig ausüben. Zu ihren bedeutendsten Formen gehören dabei die *Anstalt* und der *Verein*. Ersterer entspreche jede Art von ‚Korporation', letzterem dagegen eine Vereinigung, die durch eine einheitliche Zwecksetzung ‚fingiert' sei. Im ersten Fall handelt es sich also um etwas ‚organisch' Gewachsenes, im letzteren Fall dagegen um ein künstliches Gebilde, das die Eigenart des ‚Kürwillens' beziehungsweise der *Gesellschaft* zum Ausdruck bringe. Tönnies beschließt diesen Aufsatz mit der These, daß eine normative beziehungsweise „dialektische" Konstruktion zukünftiger Zustände der modernen Gesellschaft zwar einen möglichen, unter den gegebenen Bedingungen jedoch einen eher unwahrscheinlichen Entwicklungsverlauf der fortschreitenden Vergesellschaftung darstellen würde.[38]

In seiner Vorrede zur dritten Auflage von *Gemeinschaft und Gesellschaft* von 1919 sieht sich Tönnies dazu genötigt, seine eigenen soziologischen Grundbegriffe von denen der kommunistischen Bewegung seiner Zeit abzugrenzen. Dies betrifft insbesondere den Untertitel „Abhandlung des Kommunismus und des Sozialismus als empirischer Kulturformen" der ersten Auflage dieses Buches von 1887. In dieser Vorrede wird noch einmal die gesamte geschichtsphilosophische Konstruktion seines Hauptwerkes besonders deutlich. Von hoher Aktualität ist trotz aller nationalistischen Untertöne dieser Vorrede dabei seine Diagnose der Entstehung einer *Weltgesellschaft*, welche die in der deutschen idealistischen Tradition der Philosophie bereits vorweggenommene Idee eines ‚Weltstaatenbundes' beziehungsweise eines ‚ewigen Friedens' auch auf ökonomischem Gebiet zu verwirklichen imstande ist.[39]

In dem ebenfalls 1919 erschienenen Aufsatz „Der Begriff der Gemeinschaft" geht Tönnies zunächst auf den Gegensatz zwischen den Theorien des modernen Naturrechts und der historischen Rechtsschule ein, um das jeweils unterschiedliche Verständnis von Gesellschaft und Staat in diesen beiden Hauptströmungen des politisch-sozialen Denkens des 18. und 19. Jahrhunderts zu verdeutlichen. Er gibt dabei noch einmal die Gründe an, warum er seine eigenen Begriffe ‚Gemeinschaft' und ‚Gesellschaft' im Rahmen einer *Willenslehre* entfaltet hat. Hier argumentiert Tönnies in einer Weise, die deutlich macht, daß seinen Begriffen ‚We-

---

38   Ebd., S. 203 ff.
39   Ebd., S. 213 ff.

senwillen' und ,Kürwillen' dieselbe Funktion zukommt wie der von Max Weber entwickelten berühmten Typologie der vier verschiedenen Formen der sinnhaften Orientierung des menschlichen Handelns, die 1921 in der ersten Lieferung von *Wirtschaft und Gesellschaft* erschienen ist. Denn auch die entsprechende willensmäßige Bestimmung und Zuordnung der einzelnen sozialen Gebilde erlaubt es, sie gegenüber einer reinen ,Außenbetrachtung' gleichsam von ,innen' hinsichtlich der ihnen jeweils zugrundeliegenden Formen des ,sozialen Wollens' zu betrachten. Insofern müsse auch die unterschiedliche Beschaffenheit des menschlichen Willens als das „oberste Einteilungsprinzip" der sozialen Gebilde herangezogen werden.[40]

In dem 1931 erschienenen Wörterbuchartikel „Gemeinschaft und Gesellschaft" faßt Tönnies die von ihm in seinem Hauptwerk *Gemeinschaft und Gesellschaft* entwickelten Grundbegriffe der ,reinen Soziologie' noch einmal in systematischer Weise zusammen. Neu ist, daß er im Rahmen dieses Artikels drei Formen der „sozialen Wesenheit" voneinander unterscheidet, nämlich die *sozialen Verhältnisse*, die *Samtschaften* sowie die *Körperschaften* oder *Verbände* (Bünde, Vereine, Genossenschaften).[41] Hier wird deutlich, daß sich Tönnies' Konzeption einer ,reinen' beziehungsweise ,theoretischen' Soziologie gegen Ende seines Lebens immer stärker in Richtung eines ausdifferenzierten Begriffssystems entwickelt hat, wie es auch in seinem ebenfalls 1931 publizierten *Einführung in die Soziologie* sowie in den zu dieser Zeit erschienenen Werken von Alfred Vierkandt und Leopold von Wiese zum Ausdruck kommt.[42]

Sowohl in seinem 1932 erschienenen Beitrag „Mein Verhältnis zur Soziologie" zu dem von Richard Thurnwald organisierten Symposium *Soziologie von heute* als auch in dem 1955 anläßlich seines 150. Geburtstages posthum veröffentlichten Manuskript „Die Entstehung meiner Begriffe Gemeinschaft und Gesellschaft" aus seinem Nachlaß gibt Tönnies noch einmal einen prägnanten Überblick über jene wissenschaftlichen und intellektuellen Traditionen, die sein Denken sowie die es bestimmende grundbegriffliche Unterscheidung zwischen ,Gemeinschaft' und ,Gesellschaft' maßgeblich geprägt haben. Er erläutert hier noch einmal die Gründe, die ihn zu der nachträglichen Einführung der Begriffe ,soziale Wesenheit' und ,soziale Samtschaft' motiviert hatten und grenzt diese von den soziologischen Grundbegriffen ab, die der *Beziehungslehre* von Leopold von Wiese zugrunde liegen. Auch hier ist Tönnies darum bemüht, die Eigenständigkeit sei-

---

40 Ebd., S. 221 ff.
41 Ebd., S. 231 ff.
42 Vgl. Ferdinand Tönnies, *Einführung in die Soziologie*, Stuttgart 1931; Alfred Vierkandt, *Gesellschaftslehre* (1923); 2., völlig umgearbeitete Auflage Stuttgart 1928; Leopold von Wiese, *System der Allgemeinen Soziologie als Lehre von den sozialen Prozessen und den sozialen Gebilden der Menschen* (1924-1928); 2., überarbeitete Auflage Berlin 1933.

nes Denkens gegenüber konkurrierenden soziologischen Ansätzen zu betonen. Er weist ferner darauf hin, in welcher Weise er die *theoretische* beziehungsweise *reine Soziologie* von der *angewandten* beziehungsweise *empirischen Soziologie* abgegrenzt sehen möchte. Sein Bekenntnis zur Notwendigkeit einer strikt theoretischen Arbeit in der Soziologie schließt ihm zufolge jedoch nicht aus, daß ihr Gebrauch in der politisch-sozialen Praxis eine Wirksamkeit zu entfalten vermag, die unter bestimmten Voraussetzungen auch zur Entwicklung einer genuin *praktischen Soziologie* führen könne.[43]

* * *

In dieser Aufsatzsammlung wurde die noch zum Teil aus dem 19. Jahrhundert stammende Schreibweise von Ferdinand Tönnies behutsam modernisiert. Dies betrifft insbesondere grammatikalische Umstellungen seines heute eher als ungewöhnlich zu bezeichnenden Satzbaues sowie die Ersetzung zahlreicher der von ihm verwendeten Wörter und Begriffe durch heute übliche Ausdrucksweisen. Ferner wurden offensichtliche Rechtschreibefehler stillschweigend korrigiert. Das Leitmotiv des Herausgebers dieser Schriftensammlung war es nicht, eine sogenannte ‚historisch-kritische‘ Ausgabe dieser Schriften vorzulegen, die den entsprechenden Bänden der *Ferdinand-Tönnies-Gesamtausgabe* vorbehalten bleibt. Vielmehr ging es ihm darum, eine möglichst gut lesbare und verständliche Aufsatzsammlung vorzulegen, die dem heutigen Leser überhaupt erst einen Zugang zu dem umfassenden Werk von Tönnies ermöglicht. Denn als ‚Altmeister‘ der deutschsprachigen Tradition der Soziologie ist Tönnies im Vergleich zu Georg Simmel und Max Weber in den letzten Jahrzehnten zu Unrecht in den Hintergrund getreten. Ist er doch nicht nur der erste moderne Soziologe, der bleibende Maßstäbe für eine *Theorie der Gesellschaft* gesetzt hat, wie sie nach dem Zweiten Weltkrieg für eine gewisse Zeit international in Mode gewesen ist, sondern auch der erste überhaupt, der den Begriff der *Weltgesellschaft* in den sozialwissenschaftlichen Sprachgebrauch eingeführt hat. Insofern gibt es genügend Gründe, sich mit seinem Werk auseinanderzusetzen und dieses in einem Zeitalter des Verfalls der ‚großen Erzählungen‘ auch heute noch ernst zu nehmen.

---

43   In dieser Ausgabe S. 257 ff. und 263 ff.

Gemeinschaft und Gesellschaft

Theorem der Kultur-Philosophie

Finis in scientiis unicus est, ad
quem omnes sunt dirigendae
Spinoza

I.

1. Die Erörterung, deren einleitende Kapitel hier vorgelegt werden, bezieht sich auf die Tatsachen des menschlichen Zusammenlebens. Wir haben Kunde von solchen Tatsachen: teils aus der Vergangenheit, teils aus der Gegenwart oder der uns umgebenden Wirklichkeit. Der Begriff der *Geschichte* pflegt auf die erstere beschränkt zu werden; ohne daß aber dies Merkmal mit Strenge festgehalten würde. In der Tat scheint es kaum möglich, eine Grenzlinie zu ziehen; denn was ist gegenwärtig? Der verrinnende Augenblick; und indem ich ihn denke, ist er schon in der Vergangenheit. Ihr gehört alles an, was in der Erfahrung als *Ereignis* enthalten ist. Dennoch hat jene Unterscheidung einen Sinn: wenn sie nämlich nicht auf Ereignisse, sondern auf *Zustände* bezogen wird, d. h. auf die bleibenden *Bedingungen* gleichartig *sich wiederholender* Ereignisse. Demnach reden wir von *gegenwärtigen* Zuständen, wenn wir glauben erwarten zu dürfen, dass gewisse Ereignisse bis in unbestimmte Zukunft unserer Beobachtung, unter sonst günstigen Umständen, jederzeit sich darbieten werden. Und unter vergangenen Zuständen sind also solche zu verstehen, welche ehemals, in einer gewissen Zeitdauer, Bedingungen solcher gleichartiger Ereignisse gewesen sind, von denen angenommen wird, daß sie in dieser Art jetzt nicht mehr geschehen, so daß sie der Beobachtung unzugänglich sind.

Nun kann man mit gutem Grunde leugnen, daß es überhaupt solche bleibenden Bedingungen und gleichartige Ereignisse gebe: nichts sei bleibend, sondern alles in fortwährender Veränderung, kein Ereignis sei dem anderen gleich, sondern jedes neu und verschieden. Ich sage: mit gutem Grund, weil ich den Einwand in seinen beiden Teilen als richtig anerkenne, jener Betrachtung gegenüber, welche das Ruhende und Gleichmäßige der Begriffe auf die Wirklichkeit überträgt, deren

Erkenntnis in der Tat eben dadurch immer genauer wird, daß sie der Auflösung des scheinbar Ruhenden in Bewegung, des scheinbar Gleichen in Verschiedenes immer weitere Grenzen setzt; während zugleich freilich immer umfassendere und einfachere Formeln als Ausdrücke für das Verhalten der Erscheinungen gefunden und die qualitativen Verschiedenheiten immer mehr auf die quantitative der Zusammensetzung aus endlich gleich zu denkenden Elementen zurückgeführt werden; welche Tendenzen doch nicht mit den zuvor erwähnten in Widerspruch stehen. Im Angesicht dieser ist es notwendig, daß unser Denken die Begriffe nach der Wirklichkeit umbiegt. Es muß ihren absoluten und gegenständlichen Sinn, mit dem behaftet die Sprache und die in ihr ausgeprägte, uns natürliche Denkungsart sie überliefert, zerstören und einen relativen und subjektiven als den der Wissenschaft angemessenen herstellen; die Versuche, welche dahin zielen, bezeichnen den langen und schwierigen Weg von den Anfängen der *naiven* bis zur (ideellen) Vollendung der *kritischen* Betrachtung – in der Entwicklung der Einzelnen, der Völker und der Menschheit.

Hiernach unser Bestreben richtend, werden wir also Tatsachen im *Vergleich* zu anderen als bleibend (dauernd, ruhend, zuständlich) bezeichnen, insofern als gewisse Veränderungen, welche wir an diesen finden, an jenen nicht vorkommen, oder nur in soviel schwächerem Maße, daß wir sie nicht beachten *wollen*, und als wir auf andere Veränderungen gleichfalls keine Rücksicht nehmen *wollen*, ob wir es können oder nicht. Mit derselben Beschränkung nennen wir Dinge und Ereignisse *gleich*, nämlich immer mit bestimmter Beziehung auf andere, die wir dann in *dieser* Hinsicht verschieden nennen (während sie in anderer selbst gleich heißen möchten). Dieser Kautelen bedarf alle Begriffsbildung, aber ganz besonders bei der Auffassung *menschlicher* Verhältnisse, deren Wechsel sich um so rascher und deren Mannigfaltigkeit um so grenzenloser darstellt, als wir sie nicht bloß von außen, sondern auch von innen her, durch unser Selbstbewußtsein, zu erkennen und zu beurteilen vermögen. – Wenn wir also von einem gewissen Rechts-*Zustand* bei einem gewissen Volk sprechen, obwohl wir wissen, daß fortwährend die Abschaffung alter und die Einführung neuer Gesetze stattfindet, so meinen wir, daß nur die Masse der bleibenden Gesetze betrachtet werden solle, welche aber nur insofern bleiben, als sie, der Regel nach, bei gleichen Fällen gleichmäßig angewandt werden; wo aber wiederum die Begriffe „gleich" und „gleichmäßig" durch jenes Salzkorn gewürzt werden müssen, damit man sie richtig verstehe.

2. Nun sind die Zustände der Menschen, in solcher Bedeutung genommen, vielen verschiedenen Wissenschaften anheimgefallen, und zwar zwei verschiedenen Klassen, je nachdem es um vergangene oder um gegenwärtige sich handelt. Denn hier

pflegt wirklich der Begriff der Geschichte auf jene eingeschränkt zu werden, und die Disziplinen, welche sich auf sie beziehen, fassen sich als *Kultur*-Geschichte zusammen; solcher ist aber eine nicht geringe Zahl, als: Rechtsgeschichte, Wirtschaftsgeschichte, Sitten-, Kunst-, Religions-, Literaturgeschichte, Geschichte der Philosophie und der einzelnen Wissenschaften, bis hinab auf die Geschichte der Geschichtsschreibung und Geschichtsforschung. Gegenwärtige Zustände aber werden behandelt, wenn auch nicht nach durchgeführter Arbeitteilung, sondern in willkürlichen Grenzen – in den Gebieten der Anthropologie, der Ethnographie und Ethnologie, der vergleichenden Rechtswissenschaft, der Politik, politischen Ökonomie und Statistik, insbesondere in der Moral- und Sozialstatistik usw.[44]

Nun hat offenbar diese Trennung der Behandlung des Vergangenen und des Gegenwärtigen keine innere Bedeutung, sondern ist beinahe zufällig: die Untersuchungen, welche das Gegenwärtige angehen, sind jüngeren Ursprungs und sind unabhängig von ihren historischen Verwandten aufgetreten. Aus anderen Ursachen ist es gekommen, daß die historischen Disziplinen noch jetzt vielfach ihre Aufgaben in Erforschung und Beschreibung des Tatsächlichen für erschöpft halten und Erkenntnis des ursächlichen Zusammenhanges nicht als ihren Endzweck anerkennen, während einige der anderen Wissenschaften darunter leiden, daß in ihnen die Trennung rein begrifflichen oder ideellen Inhalts von dem auf Erfahrung der Wirklichkeit beruhenden nicht in gehöriger Weise vollzogen worden ist. Was nun diese empirische Seite angeht, in Bezug auf welche sie mit den historischen übereinkommen, so mag zwar, solange es sich um bloße Beschreibung handelt, die Arbeit in beliebiger Weise verteilt werden; nur würde es gut sein, wenn das Zusammenwirken anstatt eines zufälligen und blinden ein absichtliches und planmäßiges werden möchte. Diejenige Betrachtung aber, welche die ursächlichen Zusammenhänge finden und darstellen will, muß jene zeitliche Scheidung als unangemessen empfinden und darf sich nur eine gegenständliche gefallen lassen, da auf jedem Gebiet das Vergangene nur mit Hilfe des Gegenwärtigen verstanden und dieses nur aus jenem erklärt werden kann. So ist auch die Zoologie eine Wissenschaft, welche sich ebenso auf fossile Tiere als auf die jetzt vorhandenen Arten richtet; und die Geologie vermag die Veränderungen, die der Erdkörper in unvordenklicher Zeit erlitt, nur zu begreifen, indem sie annimmt, daß dieselben unter ähnlichen Bedingungen allmählich geworden sind, als sich bei gegenwärtigen Veränderungen beobachten lassen. In Wirklichkeit ist nun auch in jenen anderen Wissenschaften – die man, äußerlich zusammengefaßt, den Naturwissenschaften, mit analoger

---

44 Da der Name „Statistik" durch Mißbrauch dazu gekommen ist, bloß eine (selber viel mißbrauchte) *Methode* zu bezeichnen, so empfiehlt es sich, für die beiden Stücke des Begriffs nach dem Vorgang französischer Schriftsteller die Ausdrücke *Demographie* und *Demologie* einzuführen, oder verdeutscht: „Volksbeschreibung" und „Volkswissenschaft".

Wortbildung, als *Kulturwissenschaften* gegenüberstellen darf[45] – in neuerer Zeit
das Bestreben deutlich erkennbar, so sich auszubilden, daß jede ihren Gegenstand
als eine empirische Einheit zu begreifen und zu bearbeiten sucht. So macht es bereits die vergleichende Sprachwissenschaft, und die Wissenschaften der Religion
und des Rechts beginnen, auf ihrem Weg zu folgen.

3. Wie verhält sich nun Philosophie zu diesen Wissenschaften? Wie verhält sie sich
zur Wissenschaft überhaupt? Bei aller Vielheit der Ansichten über Zweck und Wert
der Philosophie scheint doch ein Gedanke fest im Mittelpunkte stehen zu bleiben:
der nämlich, daß Philosophie eine *Weltanschauung* hervorbringen und darstellen
solle und daß darunter eine zusammenhängende und widerspruchlose *Einheit* von
klaren und deutlichen Begriffen und fest begründeten Urteilen zu verstehen sei;
sei es nun, daß deren Ursprung (ganz oder zum Teil) aus den Formen der denkenden Vernunft selbst, oder bloß aus vernünftiger Betrachtung der Erfahrung hergeleitet werde. Jedenfalls wird es auch nicht als Erfordernis einer Weltanschauung
angesehen, daß sie alle möglichen Einsichten oder die Ergebnisse aller wirklichen
Wissenschaften in sich enthält; sie wäre dann längst unmöglich geworden. Vielmehr soll sie sowohl unter den Problemen als auch unter den Resultaten eine *Aus-
lese* treffen und dasjenige in sich aufnehmen oder erforschen, was ihr in *besonderer Weise*, d. h. zu einem besonderen Zweck wissenswürdig erscheint. Und dieser
Zweck ist nicht nur die Einheit, so daß ihr Inhalt bloß durch die Fassungskraft eines menschlichen Verstandes als solchen begrenzt wäre. Vielmehr meine ich einen
richtigen Begriff der Philosophie aufzustellen, wenn ich sage, daß ihr eigentliches
Ziel, nach welchem sie alle ihre Bemühungen zu richten habe, nicht theoretischer,
sondern durchaus *praktischer* Natur bzw. daß es die Begründung eines *Lebens-
Ideals* sei, welches der Philosoph für sich und für alle, die seine *Schätzung des Lebens* teilen, gültig und verbindlich erklärt. Dieser Begriff wird insofern ein richtiger genannt, als er durch altüberliefertes Einverständnis der *Sprache* beglaubigt
wird; wenigstens von seinem Hauptmerkmal darf dies behauptet werden.[46]

---

45   Denn dies ist ein wahrer Gegensatz (Natur und Kultur), während der andere: Natur und Geist,
      falsch oder wenigstens durch viele falsche Assoziationen im Laufe der Zeit verdorben ist.

46   Jedoch würden vermutlich die Philosophen selbst Einspruch dagegen erheben, daß die Gültigkeit
      ihres Ideals in so enge Grenzen eingeschränkt wurde. Beinahe jeder pflegt für *seine* Gedanken,
      wenn nicht die Katholizität des Christentums oder des Islam, so doch allgemeine Anerkennung
      und Aufnahme innerhalb seiner *Nation* zu verlangen. Freilich vergeblich, denn das Eine ist noch
      keinem (es sei denn eine Annäherung dahin im Zusammenhang mit religiösen Elementen), das
      Andere doch auch nur Vereinzelten zu erreichen vergönnt gewesen, wenn man unter der „Nation"
      eine sehr kleine Anzahl von Personen, welche die geistigen Bewegungen repräsentieren, verstehen
      will, und auch dann nur in beschränktem Maße. Nur sollte es, zumal in unserer Periode rapide
      fortschreitender Differenzierung der geistigen (wie aller anderen) Arbeit wohl erwogen werden,
      daß verschiedene Menschen nicht bloß in zufälliger Wirklichkeit, sondern gemäß bekannten

Wenn nun die Bildung eines Lebensideals zu einer *wissenschaftlichen* Erkenntnis nicht in notwendiger Abhängigkeit steht (was hier als zugestanden vorausgesetzt wird), so kann doch darum der objektive Wert einer Philosophie um so höher sein, je mehr sie auf umfassender und genauer Kenntnis der Wirklichkeit beruht, d. h. wenn man nicht annimmt, daß diese durch freies und reines Denken gewonnen werden könne, sondern auf dem von empirisch verfahrenden *Wissenschaften*. Und da es also dem Philosophen auf Beurteilung und Gestaltung des *menschlichen Lebens* ankommt, wird er am meisten Grund haben, diejenigen Wissenschaften zu pflegen, welche ihn *den Menschen kennen lehren*; und zwar den Menschen als empfindendes Wesen, als Seele, Geist, Wille. Insbesondere aber wird er sein Bemühen darauf richten, durch Einsicht in Ursprung, Formen und Grenzen des menschlichen Erkenntnisvermögens allen anderen Wissenschaften gegenüber eine feste Stellung zu gewinnen. Darum steht neben der Psychologie mit Recht die Logik an der Spitze philosophischer Wissenschaften. Sodann aber wird er versuchen, was ihm aus den Naturwissenschaften im Hinblick auf die Erkenntnis des Menschen das Bedeutendste erscheint, als Natur-Philosophie, und ebenso die Summe der Kulturwissenschaften unter diesem einheitlichen Gesichtspunkte zusammenzufassen. Dieses letztere ist früher, mit Beschränkung auf die historischen Disziplinen, als Philosophie der Geschichte erstrebt worden. In neuerer Zeit sind ohne diese Beschränkung Versuche aufgetreten, die sich als Soziologie, Völkerpsychologie oder Gesellschaftswissenschaft einführen wollen; diesen und anderen Na-

---

mächtigen Ursachen *verschiedene* Ideale des Lebens haben und selbst dem, was darin gleich ist, verschiedenen Wert beilegen; daß man dieser fortschreitenden Zersplitterung vielleicht durch großangelegte Institutionen, sicherlich aber sehr wenig unmittelbar durch Worte und Schriften begegnen kann, da sich ein Ideal nicht in die Seelen zwingen läßt wie eine Grammatik, und daß daher auch Philosophie, sofern sie von einem Ideal erfüllt ist, selbst unter günstigen anderen Umständen nur bei gleich gestimmten und wohlvorbereiteten Gemütern Eingang zu finden hoffen darf. Dennoch wird der Anspruch einer Lebensansicht, welche sich für gut und wahr hält, auch *möglichst große* Geltung zu erlangen, wahrscheinlich unausrottbar. Aber die Erfahrung sollte wenigstens lehren, mehr auf Wirkung in die Tiefe der Zeit als in die Breite des Raumes auszugehen, darum wenige ernste vielen oberflächlichen Anhängern vorzuziehen. Die Stoa war, in ihrem Anfang, eine kleine Sekte, aber sie wurde eine Macht im Leben und dauerte fast ein Jahrtausend. Die Lehre Kants fand Scharen von Verehrern, und nach einem Jahrhundert ist von ihrer Lebensansicht fast nichts mehr zu spüren. Wirklich sind auch die *praktischen Ideen* neuerer Denker (mit Ausnahme vielleicht der von Spinoza) niemals so ausgeprägt und so organisatorisch gewesen, als sie sich in den Schulen des Altertums betätigt haben. Freilich werden auch diese nicht einräumen, daß solche Ideale nicht aus gemeinsamen Gedanken, sondern aus gemeinsamen Gefühlen oder Willensrichtungen ihre meiste Kraft schöpfen und sich darin bewähren müssen. In der Tat aber ist dem so. Daß der eigene *besser* sei als das fremde, mag ein jeder behaupten. Die Kategorie der *Wahrheit* findet aber darauf ebenso keine Anwendung wie die der Güte auf die reine Wissenschaft. Den einzig möglichen Beweisgrund für den *objektiven* Wert eines philosophischen Lebensideals hat Platon in der *Republik*, B VII, zu geben versucht. Aber seine Schwäche charakterisiert das Unternehmen.

men möchte ich, um den Charakter der Sache richtig anzudeuten, den Terminus „Kultur-Philosophie" vorziehen.

4. Es wird mithin für die philosophische Betrachtung alle Naturerkenntnis hauptsächlich insofern bedeutend sein, als sie über das Verhältnis des Menschen zu den anderen Dingen Aufschluß gibt: und zwar was er mit allem Seienden gemeinsam hat; was insbesondere mit den organischlebendigen Wesen; was mit Pflanzen, was mit Tieren; und welches seine eigentümlichen Eigenschaften sind. Lassen sich die Ursachen jener Ähnlichkeiten und die Ursachen der Verschiedenheiten erforschen? Sind die Dinge aus *einer* Künstlerhand hervorgegangen, die aus dem gleichen Stoff die mannigfaltigen formte? Oder ist das Ungleich-Gleiche an ihnen Zeugnis gemeinsamer Abstammung, natürlicher Verwandtschaft? Und ist in allmählicher Entwicklung, durch unausmeßbare Zeit, Alles geworden, wie es ist? Und wenn nun diese Annahme, wie es ja der Fall ist, fortwährend an Wahrscheinlichkeit und Klarheit gewinnt: zu welchen ferneren Folgerungen nötigt sie? Was war vor dieser ungeheuren Entwicklung in der unendlichen Zeit geschehen? Und was ist außer ihren Produkten im unendlichen Raume der Welt vorhanden? Was sind Raum und Zeit? Was ist die Welt als ein Ganzes gedacht?

Das große Feld metaphysischer Geheimnisse tut sich hier vor unsern Blicken auf; und der Philosoph darf nicht des Mutes ermangeln, sich ihm sei es mit vorsichtigen Gedanken, sei es auch nur mit bewundernden Gefühlen zu nähern, wenn anders er eingesteht, daß sein Gemüt, und darum auch seine Philosophie, mit tiefer Teilnahme diesen Problemen gegenübersteht – einer Teilnahme, die nicht durch die Einsicht gemindert wird, daß sie selbst aus rohen Bedürfnissen ursprünglicher Menschenseelen entsprossen ist und sich durch lange Vererbung und Gewöhnung festgewurzelt und uns übertragen wurde; auch nicht durch die Erwägung, daß alle daraus hervorgegangenen Vorstellungen, so verschieden auch sonst ihr Wert und ihre Schönheit sind, fast gleichmäßig der sachlichen Wahrscheinlichkeit entbehren, obgleich es für die meisten Menschen wohl wahr ist und auch einen tiefen Grund hat, daß sie dasjenige, dessen Gewordensein sie zu erkennen meinen, aufhören mit Ehrfurcht zu betrachten und zu pflegen. Freilich aber bezieht sich alle mögliche Erkenntnis hier doch nur auf die Gefühle, nicht jedoch auf ihre Gegenstände. Denn es sind überall nur die Veränderungen der Welt, von denen wir ein kleines Stück unter Regeln der Wiederholung und zuhöchst unter ein allgemeines Gesetz des Werdens zu bringen und insoweit zu begreifen vermögen. Aber das Dasein selbst, des Ganzen und jedes seiner Teile, mithin auch die Veränderungen als Daseiendes (als Energie) gedacht, sind für jedes Erkenntnisvermögen, was der tiefsinnige Denker sie genannt hat: nämlich Ursache ihrer selbst (*causa sui*),

5. Von ganz anderer Art ist die philosophische Bedeutung, welche den Kulturwissenschaften zukommt. Während *Metaphysik* in ein Bereich von Raum und Zeit hinausführt, wo unsere *Vorstellungen* von Raum und Zeit wie ein Fischernachen auf dem Ozean verschwinden, setzt sich hingegen die *Ethik* auf den festen Boden der nächsten Umgebung mitlebender Menschen und des kommenden Tages. Und während das wirkliche *Sein* der Dinge, wie es sich nicht bloß unabhängig von unseren Vorstellungen darstellen möchte, alle Absicht immer gerichtet war und bleiben wird, so fragen wir hingegen bei der Betrachtung von Menschen und ihren Handlungen nicht weiter nach deren wahren Beschaffenheit, sofern wir aus dem Bewußtsein unserer selbst mit unwillkürlichen Schlüssen fortwährend von Äußerem auf Inneres schließen, welche aber das Denken planmäßig unter Regeln zu bringen vermag. So aber wird uns – wie der sich selbst Prüfende wissen muß – ein Jegliches um so mehr verständlich, je mehr es uns selbst ähnlich ist. Aber das Menschliche, wie alles, was unser Wollen angeht, sind wir nicht zufrieden zu verstehen, sondern seinen *Wert* wünschen wir zu erkennen und zu beurteilen. Was kann dies heißen?

Im Leben kommen die Dinge und ihre Bewegungen, wie die lebenden Wesen mit ihren Tätigkeiten, an uns heran und erregen Lust und Schmerz in uns; danach *beurteilen* wir sie in mannigfacher Weise und sagen, daß sie uns gefallen und mißfallen. Und unser Gefallen und Mißfallen hat viele Grade. Aber auch der Art nach muß es unterschieden werden. Da ist zuerst die große Masse des bloß utilitaristischen Urteilens, der Stamm, von welchem die übrigen Arten sich abgezweigt haben. In seiner Sphäre nennen wir Menschen und Dinge und deren Verhalten mit Namen, welche ein Gefallen ausdrücken (hier und im Folgenden ist das Gegenteil immer mit zu berücksichtigen), als nützlich, trefflich, angenehm, schön, gut, wenn wir sagen wollen, daß wir in diesen *Tatsachen* eine bestimmte Tendenz auf Vermehrung unserer Lustgefühle oder auf Verminderung der entgegengesetzten Gefühle erkennen – aber so, daß von diesen Gefühlen alle, die nur den Intellekt, d. h. die Vorstellungen und Gedanken angehen, ausgeschlossen sind, wie denn hierauf die Kategorien nützlich und schädlich anzuwenden unser Sprachbewußtsein sich sträubt. Diese Gefühle sind aber in den beiden anderen und besonderen Arten von Werturteilen gemeint, von denen die erste als die der ästhetischen Urteile zu unterscheiden ist: sie sagen aus, daß die bloße sinnliche Wahrnehmung eines Gegenstandes oder eines Vorganges von einem Lustgefühl begleitet ist, dessen Besonderes eben darin besteht, daß es keine Beziehung auf einen Nutzen, d. h. auf ein gemeineres Lustgefühl hat, das von dem Wahrgenommenen erwartet wird, insofern der Akt des Wahrnehmens selbst angenehm ist.

Endlich sind in eine dritte Klasse die ethischen Urteile zu stellen. Diese betreffen aber ausschließlich die innere, d. h. seelische Beschaffenheit von *Menschen* und deren Handlungen, insofern dieselben einen Schluß auf gewisse Wünsche oder Neigungen als auf ihre Ursache zulassen – ein Gebiet, vor welchem die
ästhetischen Urteile gerade ihre Grenze haben. Jene drücken ein Gefallen an solchen Wünschen oder Willenseinrichtungen aus und haben mit den ästhetischen im
Gegensatz zu den utilitaristischen Urteilen gemein, daß dieses Gefallen von jeder
Beziehung auf einen Nutzen losgelöst ist. Aber das Gefühl selbst ist von anderer
Natur. Es ist nicht an Wahrnehmung – der sich das Innere von Menschen, selbst
unser eigenes, völlig entzieht – geknüpft, sondern hat seinen Bestand in reinem
Denken, darüber, daß eine menschliche Seele – die eigene oder eine fremde – von
solcher und solcher Beschaffenheit ist, deren Wert nach einer Regel eingesehen
wird. Diese Gefühle sind also die *subjektivsten*, wenn dasjenige das objektivste
heißt, in welchem der Anteil des Gegenständlichen an der erregten Lust am größten ist. Das ethische Urteil kann von dem wirklichen Vorhandensein eines Gegenstandes völlig unabhängig sein, während das ästhetische durchaus eine Beziehung
darauf behalten muß und das utilitaristische in dieser Beziehung völlig aufgeht.
Diese Arten der Urteile und entsprechender Gefühle sind öfter vermischt als rein
anzutreffen, und es finden Übergänge mit nicht wenigen Abstufungen zwischen
ihnen statt. Gleichwohl bietet die Wirklichkeit Grund genug, sie begrifflich scharf
voneinander zu trennen.

Nun können einfache Aussage- oder Satzurteile, welche auf Vergleichung
(wenn auch noch so schwach bewußter) gegebener einzelner Vorstellungen mit
dadurch erregten, sonst in der Seele ruhenden Erinnerungsbildern gegründet sind,
nur so in eine wissenschaftliche Ordnung gebracht werden, daß man den von Natur
schwankenden Vorstellungsinhalt dieser Schemata fixiert und möglichst genau beschreibt und dann durch Verknüpfung der einzelnen Vorstellungen mit besonderen
Namen die Schemata zu definierbaren Begriffen ausprägt. Diese sind um so vollkommener, je mehr ihre Merkmale so beschaffen sind, daß sich das Verhältnis der
gegebenen Erscheinungen zu denselben genau feststellen läßt; daher je mehr sie
sich der Natur eines mathematischen Begriffs oder eines Maßes annähern. Werturteile aber enthalten nicht mit Apperzeptionsbildern Vergleichungen, die aus Vorstellungen bestehen, sondern mit reinen Gefühlen, die an sich schon unbestimmter
und in viel höherem Maße nach Zeit und anderen Umständen Schwankungen und
Veränderungen unterworfen sind, so daß um so größer auch die Schwierigkeit ist,
sie in Begriffen stabil zu machen. Und da die Gefühle der Menschen unter gleichen äußeren Umständen viel verschiedener sind als Vorstellungen, so muß erwartet werden, daß die begrifflichen Ergebnisse für eine weit geringere Anzahl von

Subjekten Gültigkeit in Anspruch nehmen können. Der Begriff eines rechtwinkligen Dreiecks wird wohl von jedem Menschen, der ihn kennt, auch anerkannt und von allen in nahezu gleicher Weise angewandt werden; so wenigstens, daß nach dessen Merkmalen abgeschätzt wird, ob eine gegebene Figur rechtwinkliges Dreieck zu nennen ist oder nicht. Denn es muß angenommen werden, daß die Vorstellungen dieser Merkmale und auch die Vorstellung, welche das Gegebene erregt, in jedem Bewußtsein hinlänglich gleichartig sind. Hingegen tritt, wo utilitaristische Begriffe aufgestellt werden, die Differenz der Gefühle oder Willensrichtungen sehr bald hervor; und zwar um so stärker, je reicher die Begriffe an Merkmalen werden.

Daß Essen und Trinken überaus nützliche Beschäftigungen sind, darüber läßt sich noch allgemeine Übereinstimmung erzielen. Diese ist schon beschränkt, wenn es heißt, daß Fleisch und Wasser vorzügliche Nahrungsmittel darstellen; und den Wert von Austern und Sekt zu diesem Zweck wissen nur wenige Auserlesene zu schätzen. In noch viel höherem Maße steigert sich die Differenz, je mehr wir uns von utilitaristischen Begriffen aus nach der einen Seite den ästhetischen, nach der andern den ethischen nähern. Es gibt ohne Zweifel zahlreiche Individuen und große Gruppen von solchen, bei denen weder die einen noch die anderen sich völlig von dem Grundstock losgelöst haben. Und der Philosoph kann nichts anderes tun, als seine *eigenen* Begriffe – wie auch immer dieselben entstanden sein oder welcher Art die Motive und Gründe seines Denkens sein mögen – in feste Begriffe und in systematischen Zusammenhang setzen, um dasjenige hervorzubringen, was als ein Lebensideal zu bezeichnen ist. Dieses kann sich aber folgerichtig so weit ausdehnen, daß seine Begriffe auch Gedanken und Urteilen insoweit einen bestimmten Wert beimessen, als sie einen Schluß auf gewisse Willensrichtungen zulassen; welches freilich mit rein theoretischen Urteilen fast gar nicht, jedoch in großem Umfang mit praktischen oder Werturteilen der Fall ist. Und so können utilitaristische, ästhetische und ethische Gefühle und Urteile selbst einer subjektiven ethischen Beurteilung unterworfen werden – hierdurch vermittelt also auch die Dinge und Vorgänge, welche den beiden ersten Klassen als ihre Gegenstände eigentümlich sind.

Aus all diesem geht nun die Theorie einer reinen Ethik hervor, welche die Anwendung von Grundsätzen auf Gegenstände von Wünschen und Handlungen lehren will, wie sie jedem Menschen fortwährend in seinem bewußten Leben entgegentreten. Wenn sie aber aufhört, bei der Betrachtung und Beurteilung möglicher Fälle zu verweilen und sich die Wirklichkeit zum eigentlichen Objekte nimmt, so erwachsen ihr verschiedene Aufgaben, welche teils der Unterstützung durch Wissenschaften von Tatsachen entraten können, teils dieselbe notwendig machen. Wenn sie nämlich die Wirklichkeit nach ihrem ethischen Wert beurteilen will und denselben ideellen Maßstab anlegt, so wird diese Beurteilung von der auf mögliche Fälle bezogenen ihrem Wesen nach nicht verschieden sein. Anders aber, wenn die Schätzung in der Weise geschieht, daß nach verschiedenen Zeiten und Umständen auch mit den Grundsätzen derselben gewechselt wird. Und zwar werden sich nur solche dafür eignen, die als in dem Bewußtsein von Menschen wirklich vorhandene oder vorhanden gewesen angesehen werden können, die also für die Beurteilung von Charakteren und Handlungen tatsächliche Gültigkeit hatten oder haben. Hier ergibt sich dann die Aufgabe, die *Ursachen* der Verschiedenheit ethischer Begriffe zu erkennen und schließlich ihr Verhältnis zu dem einheitlichen System der ideellen Normen darzustellen. Und indem auf dieses Verhältnis gebührende Rücksicht genommen wird, kann dadurch doch auch eine Vergleichung der wirklichen Charaktere und Handlungen mit denjenigen vorgenommen werden, welche dem Ideal gemäß sein würden und deren Ergebnis dann von dem der direkten Beurteilung sehr verschieden sein wird. Hieran knüpft sich aber der Wunsch, auch das Verhältnis, in welchem die *zukünftige* Wirklichkeit zu diesen Normen stehen wird, kennen zu lernen. Zu diesem Zweck ist es notwendig, die Bedingungen oder Ursachen zu wissen, von welchen überhaupt die Beschaffenheit von Charakteren und Handlungen abhängig ist – also eine Wissenschaft vom menschlichen Geist, nun aber nicht als einem Subjekt des Erkennens, sondern des Wollens. Was in dieser Hinsicht als allen gemeinsam, mithin als dem Begriff des Menschen zugehörig angenommen werden darf, lehrt wiederum die Psychologie oder (wenn ein eingeschränkteres Feld zugewiesen wird) die psychische Anthropologie. Alles Besondere aber findet sich auf die verschiedenen Gebiete verteilt, welche ich als Kulturwissenschaften bezeichnet habe. Denn auch die rein intellektuellen Geistestätigkeiten geben gewisse Willensrichtungen kund und stehen mit allen anderen Bestrebungen in so engem Zusammenhang, daß auch ihre Geschichte und Theorie in diesen Bereich mit einzubeziehen ist.

6. Hiermit ist der Zweck bezeichnet, durch welchen die Stellung der Kultur-Philosophie zu ihren einzelnen Wissenschaften bestimmt wird. Das Gebiet der ethischen Begriffe, insofern sie in menschlichen Gemütern vorhanden gedacht werden, sowie die Neigungen, solchen gemäß oder zuwider zu handeln, ist selbst Objekt theoretischer Erforschung. Der Philosophie aber ist daran gelegen, ihren ursächlichen Zusammenhang mit allen anderen Willensrichtungen kennen zu lernen, und wiederum dieser ihren mit anderen, menschlichen oder außermenschlichen Umständen.

   Nun ist für eine Philosophie in diesem Sinne, die nicht als eine besondere Einzelwissenschaft auftritt, die Deduktion von allgemeineren Erkenntnissen zu den besonderen die allein angemessene Methode. Und zwar zunächst, indem sie die

Methode der Einteilung ist und es darauf ankommt, den einzelnen Gegenständen, welche betrachtet werden sollen, ihre gehörige Stelle im System des Seienden anzuweisen; sodann auch, indem sie die Methode der *Darstellung* wissenschaftlicher *Ergebnisse* ist, wenn auf Grund der Induktionen, welche die einzelnen Wissenschaften darbieten, Ableitung von Wirkungen aus Ursachen oder Kräften stattfindet. Jedoch wird sie der Induktion nicht entraten können, so oft sich Erscheinungen entgegenstellen, deren Ursachen erst durch Analysis zu erforschen sein werden.

Somit soll der Gang dieser Erörterung folgender sein: Zuerst will ich die bei Menschen überhaupt vorhandenen Willens-Richtungen nach ihren wesentlichen Eigenschaften und Unterschieden kurz untergliedern und anschließend insbesondere die Beziehungen menschlicher Willen *zueinander* der Betrachtung unterwerfen, um aus diesen zwei große Gruppen herauszunehmen, deren eigentümliche Charaktere durch die hauptsächlichen Gebiete verfolgt werden sollen, in welchen sich die einzelnen Willens-*Richtungen* ausgeprägt haben. Hier werden sich dann die ursächlichen Verhältnisse, deren Feststellung das letzte Ziel ist, teils aus allgemeinen Gesetzen ergeben, teils durch besondere Untersuchungen wahrscheinlich gemacht werden.

II.

1. Geistige Tatsachen kann jeder allein an sich selbst erfahren, und daß sie bei anderen Wesen überhaupt vorhanden sind, nur durch Schlüsse erkennen. Diese Schlüsse sind aber in Hinsicht auf alle Menschen und Tiere durch lange Gewöhnung so sehr mit den Wahrnehmungen verschmolzen, daß ihre Gültigkeit erst unterhalb dieser Stufenleiter uns ähnlicher Wesen nicht mehr als zweifellos angesehen zu werden pflegt. Auf dieses bestrittene Gebiet will ich mich hier nicht hinauswagen; aber auch bei Menschen und Tieren glauben wir doch nur über das *Dasein* seelischer Vorgänge Gewißheit zu haben. Keineswegs aber stimmen über die Art derselben alle Urteilenden überein. Freilich leugnet niemand, daß innerhalb eines unermeßlichen Abstandes eine Stufenfolge von zahllosen Graden vorhanden ist. Und es scheint aus vielen Gründen (welche hier nicht aufgeführt werden können) sicher zu sein, daß in den untersten Anfängen alle Verschiedenheit dieser Vorgänge noch unentwickelt ruht, und daß sich ein Zustandsgefühl dort nur bei einer gewissen Stärke von Verletzung durch fremde Körper, als eine Art von dumpfem Schmerz kundgibt, der momentan über die Schwelle des Bewußtseins tritt. Denn ohne Setzung eines Bewußtseins, in welchem sie erscheinen, hat die Annahme seelischer Ereignisse überall gar keinen Sinn. Wenn man sich dennoch daran gewöhnt hat,

von unbewußten zu reden, so darf diese Negation nicht als eine absolute verstanden werden, sondern bezeichnet ein äußerst geringes, kaum merkliches Quantum. In diesem Sinne kann es dann auf alle Arten psychischer Tatsachen angewandt und muß jedesmal in Relation zu deutlich oder eigentlich bewußten Vorgängen derselben Gattung verstanden werden. Es ist aber ferner wahrscheinlich, daß in den frühesten Erscheinungen tierischen Lebens, als welche wir eben da zu erkennen glauben, wo eine räumliche Gesamtbewegung ohne unmittelbaren äußeren Anstoß auftritt, solcher Schmerz schon in einer kurzen Verharrung geblieben ist und sich nun mit der Gegenwirkung eine Regung von anderem Gefühl davon abhebt, das als Keim der Lust zu bezeichnen wäre.

Schmerz und Lust sind nun die allgemeinsten Kategorien, auf welche sich auch alles menschliche Wollen bezieht und mit denen wir eben daher eine so intime Bekanntschaft haben. Wir wissen auch, daß diese Beziehungen unseres Wollens selbst durchaus unwillkürlich sind. Wir *können* nicht anders als Schmerz vermeiden und Lust erstreben wollen, so sehr auch die Einsicht in diese Notwendigkeit durch das Hereinragen einer weit entfernten Zukunft in unsere Vorstellungen und durch anomale Wertschätzung der Gefühle verdunkelt werden kann. Jedenfalls sind wir uns aber im bewußten Wollen eines eigentümlichen Verhaltens anderer seelischer Elemente zu jenen Gefühlen bewußt. Wo die Gefühle selbst den ganzen Inhalt des Bewußtseins ausmachen, kann davon noch nicht gesprochen werden. Dennoch ist logisch ausgedrückt die Bejahung des einen und die Verneinung des anderen allem seelischen Leben gemeinsam. Wollen wir nun mit Rücksicht auf diesen Grundcharakter die gesamten Vorgänge dieser Art – d. h. alle, die nicht rein intellektueller Natur und als solche ohne Beziehung auf Schmerz und Lust sind – auf einen Nenner bringen, so scheint sich hierfür der Begriff des Willens besser zu eignen als der des Gefühls. Das leidende Fühlen steht am Fuß der Skala, auf dessen Höhe das tätige Wollen leuchtet. Mithin, wenn wir die Staffeln hinansteigen, was wir bei aller Entwicklungsbetrachtung tun, so ist das Element des Willens in stetigem Wachsen. Wir können daher einen unendlich geringen Anteil daran schon dem niedrigsten Verhalten zuschreiben und eben dieses als ein unbewußtes Wollen begreifen.

2. Diese ursprünglichen Gefühle sind auf Perzeption des Gewesenen beschränkt. Sie werden um so vielfacher und verfeinerter, je mehr sie sich von der Gebundenheit an räumliche und zeitliche Nähe ihrer Gegenstände befreien und je mehr sie sich auf einzelne Stellen des Leibes differenzieren. Aber eine neue Art des Willens entsteht, wenn auch das Werdende, Zukünftige ins Bewußtsein eintritt. Diese Art nenne ich Wunsch – mit dem Einen Namen Vieles umfassend. Der passiv-un-

bewußte Wille setzt noch gar keine Art des intellektuellen Lebens voraus, außer wenn er sich unmittelbar auf dasselbe bezieht, d. h. wenn Schmerz oder Lust gerade in dieser Sphäre gefühlt werden. Aber der Wille als Wunsch ist schon nicht ohne die dämmernde Form einer Vorstellung denkbar; diese Form würde man vielleicht richtiger Vorgefühl nennen. Eben dieses ist als der ursprünglichste Keim aller intellektuellen Tätigkeit anzusehen. Es ist aber zunächst nichts als der Rest eines früheren Gefühls, der durch ein gegenwärtiges miterregt wird, also schmerzliche oder lustvolle Erinnerung. Das Eigentümliche des Wunsches aber, nämlich das Gefühl oder ein wie auch immer geartetes Bewußtsein davon, daß das früher Geschehene von Neuem geschehen wird, also Erfassung des Zukünftigen, tritt um so deutlicher hervor, je mehr die Erinnerung gegenständlich wird oder Gestalt gewinnt, d. h. sinnliche Wahrnehmung reproduziert – also je ausgebildeter diese aktuell vorhergegangen ist.

Insofern zu dem gesamten Gefühl aus dem eigenen Besitz der Seele mehr hinzugetan wird, ist der Wille als Wunsch im Vergleich mit der Urform geistiger und aktiver. Wie aber diese in Lust und Schmerz, so scheidet sich der Wunsch in Begierde und Furcht. Es ist aber keine der beiden Arten ein noch so einfaches Gefühl wie Schmerz und Lust es sind, sondern jedes enthält eine Mischung dieser entgegengesetzten Elemente: die Furcht mit Überwiegen des Schmerzes, Begierde mit größerem Anteil von Lust. Die ursprünglichste und in Ansehung des ganzen Tierreiches gemeinste Furcht ist noch fast lauter Schmerz. Je mehr sich aber aus dem Vorgefühl Vorstellungen entwickeln, desto eher kann sich zu ihm ein Stück der Lust gesellen, welche die Überwindung des Furchtbaren verspricht. Und umgekehrt bildet sich Begierde aus. Sie ist zunächst Vorlust, auch wenn sie, was ihr jedoch nicht wesentlich ist, aus Schmerz entspringt. Denn dieser Schmerz, z. B. der des Hungers, ist durchaus von der Begierde selbst zu unterscheiden. Er kann vorhanden sein, ohne daß Begierde im Bewußtsein ist. Und gewöhnlich folgt sie ihm nach einem kleineren oder größeren zeitlichen Intervall, wobei dann aber jener fortdauern kann. Und von ihm verschieden ist der Schmerz der Furcht (daß das Begehrte nicht erreicht wird), welcher sich mit der Begierde um so mehr verbinden kann, je bedeutender die Teilnahme von Vorstellungen an ihr ist. In demselben Verhältnis aber, in welchem die Lust aktiver als der Schmerz ist, ist im Vergleich mit der Furcht auch die Begierde aktiver.

3. Einer neuen Stufe nähert sich der Wille, je mehr das äußere Verhalten des Leibes, der zu ihm gehört, von den gerade gegenwärtigen einfachen Gefühlen und auch von den das Gemüt erregenden Wünschen unabhängig wird. Dies geschieht aber, indem die in den Wünschen enthaltenen Vorstellungselemente sich freier loslösen

und deutlicher hervortreten. Denn diese Vorstellungen haben doch dieselbe Beziehung auf ein zukünftiges Verhalten, welche dem Wunsche eigen ist, so aber, daß dasselbe mit diesem unmittelbar und durch ein schmerzhaftes Gefühl (des Zwanges) verbunden ist, während es zu jenen in einem loseren Verhältnis steht, weil die Seele sie mehr als ihren eigenen Besitz empfindet – die Seele, d. h. das bewußte Denken. Dieses aber besteht eben in einem Wechsel von Vorstellungen; und es ist das tatsächliche Verhältnis, welches sich geltend macht, wenn Vorstellungen als dazugehörig empfunden werden. In dasselbe Verhältnis gehen dann aber auch, obgleich in minderer Stärke, die Tatsachen ein, welche von Vorstellungen abhängig erscheinen und somit in demselben Maße auch das äußere Verhalten, in welchem es so erscheint. Aus dem Gefühl hiervon entspringt aber wegen des raschen Wechsels von Vorstellungen im Bewußtsein ferner die Überlegung, daß ein anderes Verhalten als das geschehene, geschehende oder beabsichtigte *auch möglich* sei oder gewesen sei: nämlich nur an die so überaus leicht erscheinende Bedingung anderer auftauchender Vorstellungen gebunden. Dieser Gedanke und jenes Gefühl verschmelzen miteinander. Sie sind aber als verschiedene Elemente zu betrachten: das Gefühl, welches Vorstellungen und was daran hängt, als Besitz einbildet; der Gedanke, auf die Möglichkeit oder Leichtigkeit eines Anders-Geschehens sich beziehend. Ihre Verschmelzung stellt das scheinbar einfache Gefühl des freien Willens oder der Willkür her, welches aber dadurch seine Rätselhaftigkeit hat, daß es nicht einfach, auch nicht aus Gleichartigem bestehend, sondern aus einem Gefühl und einem Gedanken zusammengesetzt ist. Dieses Freiheitsbewußtsein (um es so zu nennen) ist nun wiederum stärker, wenn der entscheidende oder (scheinbar) durch Wahl des Denkens ergriffene Wunsch eine Begierde statt eine Furcht war, weil jene selbst aktiver ist. Und es ist überhaupt um so lebhafter und lustvoller, je mehr der Anteil der Vorstellungen über den der Gefühle im Bewußtsein überwiegt. Umgekehrt gilt: Je mehr von diesen dabei ist, desto heftiger wird das Freiheitsbewußtsein durch das schmerzhafte Gefühl des gewaltsam Bewegtwerdens oder Gefesseltwerdens (welches aber, wenn das Verhalten doch noch willkürlich ist, sich abgeschwächt als Nötigung darstellt) gehemmt.

4. Es ist klar, daß sich von diesen drei Willensbeziehungen die zweite zur ersten und die letzte zu den beiden früheren wie ein Teil zum Ganzen oder (in der Form der Vorstellung ausgedrückt) wie ein Mittel zum Zweck verhält, sofern auf eine möglichst große Summe möglichst angenehmer Lustgefühle und eine möglichst kleine Summe möglichst wenig unangenehmer Schmerzen alles Wollen, bewußtes, oder unbewußtes, zuletzt gerichtet ist. Gleich aber wie die höheren Formen des Willens sich loslösen und selbständig werden, so befreit sich auch seine Materie

von der ursprünglichen unmittelbaren Beziehung auf den eigenen Leib. Das Dasein desselben und bestimmte Zustände (das Wohlbefinden) des Ganzen und seiner einzelnen Teile werden in jenen drei Formen in je verschiedener Weise als Gut bewußt und umgekehrt sein Nichtsein und entgegengesetzte Zustände als Übel. Diese Werte und Unwerte werden dann vom eigenen auf fremde Körper übertragen. In individueller und in generischer Willensentwicklung sind zuerst wie ein Ganzes und seine Teile ein Zweck und seine Mittel, ungeschiedene Einheiten. Sodann lösen sich die Teile oder die Mittel los. Sie werden aber noch bloß im Verband mit dem Ganzen gewollt, bis sich endlich der Wille auf sie besonders bezieht, auch wenn das Bewußtsein sie nicht in diesem Verband festhält. Dieser Prozeß ist nun verschieden, je nachdem die intellektuelle Tätigkeit dabei beteiligt ist oder nicht.

Das auffallendste Beispiel einer dauernden starken und selbstlosen Willensbeziehung auf fremde Körper, welches in der Tierwelt vorkommt, ist offenbar in jener ganz objektiven Weise ohne Vermittlung von Vorstellungen entstanden: nämlich das Verhältnis der Mutter zu ihrer Leibesfrucht. Der Grund desselben ist nicht, daß die Jungen als Mittel zu einem Zweck vorgestellt, sondern daß sie als Teile des eigenen Leibes gefühlt werden. Anders mag schon der Ursprung des reinen Gattungsverhältnisses (Männchen zu Weibchen) zu denken sein. Es ist zu verstehen, daß auch hier zwischen den begrifflichen Gegensätzen die Wirklichkeit eine allmähliche Entwicklung, also vielfache Abstufung und Verzweigung darstellt. Vom menschlichen Willen läßt sich aber im Allgemeinen sagen – wenn von dem Erbe aus seiner tierischen Vorzeit abgesehen wird – daß äußere Gegenstände, auf welche er sich bezieht, ursprünglich Mittel für die rein subjektiven Beziehungen gewesen sind und nachher entweder mit dem Bewußtsein von diesem Verhältnis oder ohne solches Bewußtsein um ihrer selbst willen gewollt werden. Erst wenn das letztere der Fall ist, wird die Beziehung des Willens eine neue und besondere. So kann er nun, in seinen verschiedenen Formen – und zwar zunächst gleichsam als ein ruhender und relativ unbewußter – derart auf fremde Körper wie auf den eigenen gerichtet sein, daß er nur durch Hemmung oder Förderung deutlicher ins Bewußtsein tritt.

So verhält sich der Wille als *Besitz* zu äußeren Dingen. Dieser Begriff drückt ganz allgemein irgendwelche Beziehung aus, welche derjenigen zu den Gliedern des eigenen Leibes analog ist. Dies ist offenbar in sehr verschiedenem Maße möglich, kann sich aber ebensowohl auf lebende Wesen als auch auf Sachen erstrecken, und zwar auch auf Menschen und deren Willen. Es kann sich der Wille als *Wunsch* aber ferner auf solche Gegenstände beziehen, und zwar als Begierde auf den lustvollen Erwerb einer Besitzbeziehung abzielend, oder als Furcht gegen den schmerzlichen Verlust einer solchen sich wehrend. Diese Gefühle können in Tätigkeit übergehen, mit welchen sich der Wille noch als Wunsch zu diesen Gegenständen verhält, um derentwillen sie unternommen werden, wenn er sich auch vielleicht zugleich in willkürlichen Handlungen äußert. Dergestalt als Tätigkeit aufgefaßt heißt der Wunsch ein *Streben*. Sofern aber eine Tätigkeit nicht zum Zweck der Erhaltung oder Erlangung von Besitz, sondern an dem besessenen, d. h. dauernd im Bereich des Willens befindlichen Gegenstand selbst vorgenommen wird, so verhält sich der Wille zu dieser als *Willkür*. Auch als Objekt der Willkür und Macht – sei es nun, daß diese auf Beschädigung oder Zerstörung oder auf Erhaltung und Anpassung des fremden Körpers ausgeht – tritt derselbe mit der Tendenz in das Bewußtsein ein, das Lustgefühl des freien Willens zu erhöhen.

Wie weit nun an allen diesen Beziehungen der (eigentliche oder im engeren Sinne) tierische Wille beteiligt ist, soll hier nicht untersucht werden. Jedenfalls aber ist diesem ein drittes Gebiet völlig fremd, auf welches sich der menschliche Wille allein bezieht. Während nämlich bisher noch unter der Benennung von Gegenständen oder fremden Körpern Sachen sowohl als lebende Wesen zusammenbegriffen waren, so sondern sich jetzt diese ab – aber nicht mehr als wollende und handelnde (insofern sie durch das Merkmal der äußeren, sichtbaren Bewegung mit Sachen gleichartig sind), sondern bloß als vorstellende und denkende, d. h. als *Menschen*. Denn auf Menschen als handelnde konnte sich ebenso wie auf Tiere als frei sich bewegende Wesen auch der Wille der vorigen Kategorie als Besitz, als Streben und als tätige Einwirkung beziehen. Aber es ist keinem Menschen an den dauernden Vorstellungen und Gefühlen eines Tieres, also auch nicht an dessen Vorstellungen und Gefühlen *als solchen* gelegen (wohl gelegentlich als Mitteln zu anderen Zwecken), und er erwartet durchaus keine Meinung oder ein Urteil von einem Tier. Hingegen ist jedem Menschen an den Vorstellungen und Gefühlen anderer Menschen, insbesondere an ihren dauernden Meinungen *in Bezug auf ihn* und den Bereich seines Willens, in hohem Maße gelegen, d. h. an den Meinungen über seinen *Wert*, worin nun auch immer derselbe gesetzt sein möge. Da aber niemand das seelische Leben eines andern Wesens unmittelbar erkennen kann, so muß man sich mit bloßen Vermutungen, d. h. eigenen, durch Schlüsse gebildeten Meinungen darüber begnügen. Wenn aber der Wille bloß auf äußere Zeichen gerichtet und gegen die etwaige Gesinnung durchaus gleichgültig ist, so gehört er dem Obigen gemäß in die vorherige Kategorie. Die Beziehungen auf fremde Vorstellungen und Gefühle, wie sie nach eigener Meinung *wirklich sind*, bringe ich dieses besonderen Charakters wegen jedoch in eine eigene Klasse. Und zwar kann auch hier der Wille einmal als gleichsam ruhendes Wohlgefallen, nur durch Schmerz bei Störung und Lust bei Erhöhung deutlich ins Bewußtsein kommend, gestaltet sein; sodann als *Wunsch* (im allgemeinen als Begierde nach Ehre und Furcht vor Schande) und Streben; endlich als *Tätigkeit*, von welcher erwartet wird, daß sie auf solche Meinungen verändernd einwirkt.

5. Allen diesen Willensbeziehungen entsprechen in logischer Form die verschiedenen Arten der Werturteile, durch welche subjektive Zustände, äußere Gegenstände oder fremde Gesinnungen als gut oder übel ausgesprochen werden. Diese sind wiederum nur Menschen eigentümlich. Im ganzen Tierreich variiert aber und steigert sich die Mannigfaltigkeit jener Beziehungen mit der höheren Entwicklung und verschiedenen Ausbildung des Organismus in Struktur und Funktionen, bis sie im Menschen nicht nur die drei bezeichneten Arten umfassen, sondern innerhalb derselben wiederum eine unabsehbare Menge von Variationen enthalten. Je größer aber die Anzahl verschiedener Gefühle ist, welche ein Individuum in sich erfahren hat, desto ausgebreiteter ist seine Fähigkeit, verschiedene Wünsche zu hegen, und zu dieser steht wiederum, abstrakt betrachtet, die Variabilität der willkürlichen Handlungen in geradem Verhältnis. Dieselbe wird jedoch in der Wirklichkeit durch das Kraftverhältnis der Wünsche zueinander erheblich eingeschränkt. Und in diesem bildet (neben der größeren oder geringeren Wahrscheinlichkeit ihrer Erfüllung) die Intensität, mit der sich die einzelnen Lust- und Schmerzgefühle in dem bestimmten Organismus geltend gemacht haben und geltend machen, das bedeutendste Moment. Und diese ist teils von der ursprünglichen physisch-psychischen Anlage, teils von dem besonderen Eigentum abhängig, welches der Körper durch Anpassung und die Seele durch Gewöhnung erworben hat. Denn beide zusammen machen in jedem gegebenen Zeitpunkt das Wesen aus, wie es gerade ist; und jede Störung desselben wird als Schmerz empfunden, jede Förderung oder fernere Anpassung als Lust. Wenn wir daher wiederum den vorhandenen psychischen Zustand, als eine latente Aktivität aufgefaßt, Wille nennen, so wird der Wille um so empfänglicher für bestimmte Lustgefühle und um so empfindlicher gegen bestimmte Schmerzen sein, je mehr seine einmal *gegebene Richtung* durch dieselben gefördert oder gehemmt wird. In Wünschen aber leben die früheren Gefühle als Reste oder als Erinnerungen fort. Diese kämpfen gegeneinander, um das äußere Verhalten, soweit es ein freies (willkürliches) ist, zu bestimmen. Wünsche, welche gewöhnlich siegreich sind, machen zusammen das aus, was wir unter dem Charakter eines Menschen verstehen. Und die mannigfachen Kombinationen dieser Elemente begründen eine große Verschiedenheit hinsichtlich dieses wesentlichen Objektes aller ethischen Urteile. Jedoch hat auch diese Verschiedenheit einen festen Durchschnitt als Mittelpunkt, um welche sich ihre Schwankungen bewegen. Dieser kann aber hier nur durch die Bemerkung angezeigt werden, daß im Allgemeinen die in der Entwicklung der Gattung wie des Individuums früheren (älte-

ren) Beziehungen den relativ späteren (jüngeren) an Kraft überlegen sind, daher die auf den eigenen Zustand, wie er objektiv erkennbar ist, gerichteten denjenigen, welche den Besitz betreffen und diese wiederum den auf *Geltung* bezogenen vorangehen. Und innerhalb jener ersten und Hauptklasse muß wiederum als das Allgemeine und Natürliche angesehen werden, daß Gefühle um so heftiger sind und Wünsche um so schwerer wiegen, je näher und stärker ihre Verwandtschaft mit dem ursprünglichen Inhalt oder Zweck des gesamten Willens, d. h. mit der Erhaltung des Lebens ist. Und eine entsprechende Anwendung kann auch auf die beiden anderen Klassen gemacht werden.

6. Sind aber unter diesen Willensbeziehungen auch diejenigen begriffen, in deren Betrachtung alle Fäden der hier vorbereiteten Gedanken auslaufen sollen: nämlich die *moralischen* Gefühle, Neigungen und Entschlüsse? Oder müßte etwa aus diesen, als ganz und gar „unegoistischen", eine besondere Art gebildet werden? Hierauf erwidere ich, daß ich den Begriff von unegoistischen Willensbeziehungen als von solchen, durch welche das allgemeine Gesetz des Verhältnisses zu Lust und Schmerz aufgehoben würde, als einen widersprechenden nicht anerkenne. Der Erkenntnisgrund dieses Gesetzes liegt in unserem Selbstbewußtsein, d. h. in der intimen Bekanntschaft, welche wir mit unseren eigenen Willen haben und welcher gemäß wollen und wünschen nichts anderes ist als eben Lust wollen und Schmerz nicht-wollen – außer um endlicher Lust willen. Somit bewegt sich auch der moralische Wille in diese Richtung. Wenn aber die Eigentümlichkeit der Gefühle als unegoistisch bezeichnet werden soll, welche hier in die zweite und dritte Ordnung gestellt sind, und in denen sich äußere Gegenstände oder Tatsachen mit dem eigenen Inneren so verwachsen zeigen, daß deren Zustand und Verhalten unmittelbar und ohne bewußten Bezug auf die eigenen Zustände, um derentwillen jene *ursprünglich* gewollt worden sind, mit Lust oder Schmerz sich in der Seele geltend machen – so fallen diese doch mit·den als moralisch bekannten keineswegs zusammen. Sondern es wird sich ergeben, daß sich diese zu verschiedenen Stücken auf die Dreiheit der aufgestellten Ordnungen verteilen und aus der Masse der nichtmoralischen und unmoralischen nur wie Inseln aus dem Meer hervorragen. Es muß aber vielleicht hinzugefügt werden, daß die moralischen Gefühle durchaus auch von denjenigen unterschieden sind, welche ethischen Werturteilen zugrunde liegen, wenn dieselben mit Wahrhaftigkeit ausgesprochen werden. *Diese* Gefühle sind Beziehungen, und zwar entweder auf das eigene Selbst oder auf andere Personen als wollende und handelnde; die letzteren sind unter den Begriff der Besitzbeziehungen zu bringen, also in die zweite Ordnung einzureihen. Sie sind, unter sonst gleichen Umständen um so stärker, je näher diese Beziehung ist,

und verschwinden, sobald jede Art von „Recht" oder „Anspruch" an das Verhalten der Person (welches eben eine partielle Besitzbeziehung ist) aufhört. So mögen wir sehr lebhaften sittlichen „Unwillen" über eine grausame Handlung empfinden, die wir berichten hören, wenn der Täter unser Mitbürger ist; wir fühlen aber fast gar keinen, wenn es ein beliebiger Indianer-Häuptling war; über die Tat als solche aber nur, indem wir einen Täter subintelligieren, „der uns etwas angeht". Aber hiermit ist schon ein Stück der späteren Ausführung vorweggenommen[47].

III.

1. Willkürliche Handlungen, durch welche ein Mensch beabsichtigt, einem anderen Menschen Schmerz zu verursachen, nenne ich *Feindseligkeiten*; hingegen solche, die bestimmt sind, dem anderen Lust zu erregen, *Leistungen*. Als Leistungen sind auch absichtliche Unterlassungen solcher Handlungen anzusehen, die, obgleich nicht als Feindseligkeiten beabsichtigt, dennoch eine diesen ähnliche, den fremden Willen schädigende Wirkung haben würden. Der feindselige Wille, als Tendenz, die in allen menschlichen Verhältnissen ihre Wirksamkeit zeigt, ist eine mächtige Tatsache. Man kann sich nun des Begriffes halber einen Zustand denken, in welchem diese Tendenz *allein* wirksam wäre, so daß jeder Mensch den Willen jedes anderen, auf welchen er überhaupt sich zu beziehen Gelegenheit hätte, unbedingt und in jeder Hinsicht zu schädigen trachten oder (wie man mit einer Metapher aus dem logischen Gebiet sagen kann) *verneinen* würde. Dies wäre der berühmte Zustand des Krieges Aller gegen Alle. Jeder würde jedes anderen Feind sein, und wenn die Gesinnungen den Taten entsprächen, jeder jeden Anderen ohne Unterschied der Person hassen. Aber die freundliche Tendenz des Willens ist auch eine Tatsache und Ursache vieler Tatsachen. Im Gegensatz hierzu kann man sich daher einen Zustand denken, in welchem diese Neigung, alle Mitmenschen, die einem bekannt wären, durch Leistungen zu fördern, unumschränkte Geltung hätte. Dies wäre der Zustand des ewigen Friedens im höchsten Sinne: jeder würde jedes anderen Freund sein und ihn lieben, gleichfalls ohne Ansehen der Person. Zwischen diesen gedachten Extremen bewegt sich in mannigfachen Gestalten und mit großen Schwankungen die Wirklichkeit der Erfahrung. Wenn man das Verhältnis der Tatsachen zu Begriffen nach klassischem Vorgang, als ein Anteilhaben jener an diesen bezeichnen darf, so sind die meisten wirklichen Beziehungen der Menschen

---

47   Der Begriff der Besitzbeziehungen, der in seiner Weite und Unbestimmtheit zunächst paradox und fragwürdig erscheinen muß, wird erst, wenn die Rede auf Rechtsverhältnisse und deren Theorie gelangen wird, seinen Wert bewähren können.

zueinander Mischungen, welche in einem gewissen Maß an Feindschaft und in einem gewissen Maß an Freundschaft Anteil haben. Zwischen der allgemeinen Verneinung und der allgemeinen Bejahung liegt eine große Anzahl von Stufen, auf welchen partielle Verneinung mit partieller Bejahung verbunden ist; sodann kann an Stelle der unbedingten Verneinung oder ihres Gegenteils allgemeine oder partielle Bejahung an bestimmte Bedingungen geknüpft sein.

2. Es kommt in der Tat nicht vor, daß ein Mensch allgemeine und unbedingte Feindseligkeiten gegen *alle* Anderen ausübt; wohl aber, daß er es gegen die große Mehrzahl derer macht, auf welche er überhaupt einwirkt; so nämlich, daß sich deren Wahrnehmung und Vorstellung immer mit dem Willen und Wunsch verbindet, sie zu schädigen oder ganz und gar zu vernichten. Allgemeine und unbedingte Leistung, auch nur gegen Einzelne, ist eine viel seltenere Erscheinung; gegen Alle aber, oder als Gefühl ausgedrückt, allgemeine Menschen-*Liebe*, eine für sehr wenige Menschen faßbare Idee, der sich sehr viel Wenigere in ihrem tatsächlichen Verhalten auch nur angenähert haben. Die Masse der wirklichen Handlungen, Beziehungen und Verhältnisse sowie Geschehnisse und Zustände in diesem Gebiet können wir um zwei mittlere Linien gruppiert denken. Beide sollen wiederum nur Tendenzen bezeichnen und die Wirklichkeit derselben bloß ihrer ideellen Essenz nach betrachtet werden, d. h. die Zustände, welche als deren Verwirklichung gesetzt werden, eine bloß imaginäre Existenz behalten.

A.   Die eine Tendenz ist die, daß innerhalb einer Mehrheit von Menschen Enthaltung von (gewissen) Feindseligkeiten und Ausübung (gewisser) Leistungen um bestimmter dauernder Beziehungen willen stattfindet, welche zwischen den Willen dieser Menschen derart obwalten, daß sie in Hinsicht auf diese Ausübung und jene Enthaltung eine dauernd gleiche Richtung haben. Denkt man sich diese Tendenz in vollkommener Ausführung, so würde der Wille jedes Menschen zu dem Willen jedes Anderen, auf den er überhaupt einzuwirken die Gelegenheit hat oder erlangt, sich in irgendeiner solchen Beziehung befinden. Und diese könnten von verschiedener Stärke sein – etwa dermaßen, daß sie sich in einer Anzahl konzentrischer Kreise würden darstellen lassen, zu deren Radienlänge ihre Zahl und Stärke in umgekehrtem Verhältnis steht; es würde mithin im äußersten Kreis die Neigung zur Feindseligkeit und die Abneigung gegen Leistungen am Bedeutendsten sein und umgekehrt.

B.   Die andere Tendenz enthält aber Folgendes: Jeder Mensch ist bereit, sich genau in dem Maße jedem anderen gegenüber der Feindseligkeiten zu enthalten, als dieser sich derselben enthält; und jedem anderen unter der Bedingung Leistungen zu gewähren, daß dieser ihm entsprechende Gegenleistungen gewährt. Die vollkommene und ausschließliche Verwirklichung dieser Tendenz wird einen Zustand zeigen, welcher – gleichfalls in konzentrischen Kreisen dargestellt – so beschaffen sein würde, daß wenn der innerste die geringste, der äußerste die größte auf der Gegenseite dargebotene Enthaltung und Leistung bezeichnet, Zahl und Stärke der freundlichen Beziehungen mit den Radien in *geradem* Verhältniß wachsen müßte. In A sind die Beziehungen das Vorhergehende; die Verhältnisse in Hinsicht auf Feindseligkeiten und Leistungen ergeben sich daraus. In B sind diese das Gegebene und fest Bestimmte; sie erzeugen erst die (persönlichen) Beziehungen. Indem ich nun die Idee eines gegenseitigen Verhaltens zwischen Menschen, wie sie im Falle A gesetzt werden, *Gemeinschaft,* diejenige aber, welche durch B hervorgebracht würde, *Gesellschaft* nenne und demnach gemeinschaftliche Beziehungen und Verhältnisse von den gesellschaftlichen unterscheide, gebe ich damit die vorläufige Bestimmung der Begriffe, an welche diese Abhandlung alle Erscheinungen anknüpfen wird, die sie zu erörtern bestimmt ist.

3. Zunächst aber sollen sich einige Erläuterungen der Begriffe selbst anschließen. Was nun als das wesentliche Merkmal des Begriffes der Gemeinschaft allen seinen Formen zukommt, kann auch als der einer gewissen Dauer nach gemeinsame, d. h. gleichgerichtete Wille der Menschen aufgefaßt werden. Wie erkennt man den Willen eines anderen Menschen? Nicht unmittelbar, wie man sich des eigenen bewußt ist, sondern man muß ihn aus Zeichen erschließen. Der Schluß beruht darauf, daß man dieselben Zeichen als Ausdrücke des eigenen Willens kennt. Nun wurden als Kundgebungen eines relativ unbewußten oder verborgenen Willens die Gefühle von Schmerz und Lust aufgefaßt. Da aber diese Gefühle gleichfalls jedem nur aus eigener Erfahrung bekannt sind, müssen die Zeichen, aus denen man auf diese schließt, zugleich als Zeichen des entsprechenden Willens gedeutet werden. Solche Zeichen sind nun immer gewisse Veränderungen; Veränderungen erscheinen als Bewegungen. Ob diese Bewegungen mehr oder minder *willkürlich* sind, kann ebenfalls nur erschlossen und ihnen nicht angesehen werden. Nun gibt sich aber auch der in höherem Grade bewußte Wille in unwillkürlichen und in willkürlichen Bewegungen kund. Die äußeren Zeichen der verschiedenen Willensbeziehungen sind also insofern dieselben. Das strenge Erfordernis zum Erkenntnisgrund eines gemeinsamen Willens wird mithin darin bestehen, daß gemeinsame Bewegungen wahrgenommen werden, welche auf gemeinsame Gefühle schließen lassen.

Man kann aber auch mit schwächeren, auch mit bloß negativen Kriterien sich zu begnügen genötigt sein. Solches ist nun vor allen das *Verharren* in einem gegebenen Zustand, wenn Grund zu der Annahme besteht, daß derselbe durch eigene Aktion verändert werden *könnte*: vorausgesetzt, daß der Wille dazu vorhanden und stärker als der Wille zur Verharrung ist. Die Tatsache des Verharrens in einer gegebenen Willensrichtung ist aber das, was wir unter Gewohnheit verstehen. Die am meisten gewohnte Richtung ist die Richtung des geringsten Widerstandes und folglich des geringsten Kraftmaßes, mithin (psychisch) des geringsten Schmerzes der Anstrengung. Und die Tendenz zum geringsten Schmerz kann – wie bereits früher gesagt wurde – als Prinzip des Willens überhaupt angesehen werden. Wo wir daher in Handlungen, die ihrer Natur nach willkürliche sind, oder auch in Duldung und Unterlassung möglicher Reaktionen, aus äußeren Zeichen auf Gewohnheit zu schließen einen Grund haben, müssen wir auch auf einen *Willen* dazu schließen – und zwar indem wir setzen, daß derselbe, wenn er auch nicht unmittelbar bewußt sein sollte, durch Störung oder Hemmung als Schmerz bewußt werden würde. Ein Verhältnis zwischen Menschen, als ihr persönlicher Stand oder Zustand aufgefaßt, muß demnach immer als ein von Allen gewolltes angesehen werden, die sich darin befinden.

4. Demnach sage ich nun, daß ein gemeinsamer Wille überall vorhanden ist, wo eine Menge von Menschen sich dauernd in Herrschende und Gehorchende scheidet. Als Gehorchende müssen aber Alle angesehen werden, welche nicht einen Willen durch Willkür (in Handlungen oder Unterlassungen) kundgeben, der dem herrschenden Willen zuwider ist. Der Wille der Herrschenden gibt sich aber eben darin kund, daß der Wunsch, es mögen gewisse Handlungen durch die Gehorchenden geschehen oder nicht geschehen, durch willkürliche und wahrnehmbare Zeichen mitgeteilt wird. Je nach seiner Stärke und nach der Art seiner Mitteilung kann sich dieser Wunsch in verschiedenen Formen ausprägen: als Bitte, Ermahnung, Forderung, als Schieds- oder Richterspruch, als Befehl, als Gesetz. Und er kann seine Wirkungsfähigkeit durch Anhängung von Versprechen (Verheißung) oder Drohung verstärken, d. h. durch die Vorhersagung, daß etwas geschehen oder nicht geschehen wird, wenn die Erfüllung des kundgegebenen Wunsches erfolgen oder nicht erfolgen sollte – sei es nun, daß dieses Geschehen als von der Willkür des Versprechenden (Drohenden) abhängig oder sonst als sichere bzw. wahrscheinliche Folge hingestellt wird.

Diejenigen nun, welche in irgendwelchem Stück und bei irgendwelcher Gelegenheit *nicht* gehorchen, während es von ihnen erwartet wurde, nehmen insofern nicht an dem gemeinsamen Willen teil. Sie nehmen aber doch daran teil, insofern sie nicht etwa das ganze Verhältnis, nach welchem sie den Gehorchenden gleich sind – wie sie denn auch bisher (der Voraussetzung nach) selbst den Gehorsam ganz oder doch zum Teil zu leisten pflegten –, durch ihr Verhalten zu ändern versucht haben. Und sie gehen nachträglich auch in den Willen, der sich auf das Stück bezog, wovon sie sich ausgeschlossen hatten, wieder ein oder „fügen sich darin", wenn sie dem Willen der Herrschenden, indem dieser alle seine Kräfte aufwendet, um sich durchzusetzen, am Ende doch gehorchen; sei es auch, daß dieses dann nicht mehr aus freien Stücken, sondern auf unmittelbare Nötigung hin geschieht. Denn es erfolgt dann doch noch durch Willkür, wenn auch durch Willkür geringen Grades. Nur wenn der Wille hierbei ganz untätig bleibt und bloß Schmerz erleidet, muß er als *ganz und gar* dem herrschenden Willen entgegengerichtet angesehen werden.

Übrigens kann die Gewohnheit des Gehorchens sowohl durch anders gerichtete Gewohnheiten als auch durch besondere Wünsche gehemmt worden sein. Der aktuelle Gehorsam zeigt entschieden, daß die erstere Willensrichtung für sich oder mit Wünschen, welche sie unterstützen, die stärkste gewesen ist. Der Gehorsam kann sich nun teils im Tun, teils im Unterlassen ausdrücken. Im ersten Fall besteht der entsprechende Ungehorsam in einer Unterlassung. Hiergegen kann sich der herrschende Wille, obgleich er das Geschehene nicht ungeschehen zu machen vermag, durch Einwirkung auf die Willkür oder durch Nötigung durchsetzen, indem er verursacht, daß nachträglich ein dem geforderten ähnliches und dasselbe ersetzendes Tun erfolgt – wenn nicht gerade an dem versäumten Zeitpunkt die ganze Bedeutung des Befehles gelegen war – *oder* indem er die Differenz der Willen (seinen Un-Willen) und zugleich *seine Überlegenheit* durch Einwirkung auf den Willen überhaupt fühlen läßt: nämlich durch Zufügung von irgend etwas (vermutetermaßen) Ungewolltem oder Schmerzlichem, d. h. durch Feindseligkeit, welche jedoch mit freundlicher Endabsicht zusammen bestehen kann. Es ist aber leicht zu folgern, daß auch beide Arten des Drucks verbunden werden können. Wenn aber der Gehorsam durch ein Tun verletzt worden ist, so mag zwar auch eine Nötigung zu einem neuen Tun erfolgen, welches die Wirkungen des früheren, soweit es möglich ist, wieder aufheben soll; jedoch kann hierdurch die *aktive Willkür*, welche sich im Ungehorsam ausgedrückt hat, nicht getroffen werden. Und es bleibt diesem gegenüber nur das andere Mittel, den herrschenden Willen nachher als solchen geltend zu machen – sei es auch, daß die Art desselben durch die Absicht mitbestimmt wird, von künftigem Tun, das jenem ähnlich ist, oder überhaupt von künftigem Ungehorsam abzuhalten. In diesen Merkmalen kommen die Begriffe Zwang, Züchtigung, Schande, Strafe u. a. überein.

5. Von den verschiedenen Äußerungsformen eines Wunsches entsprechen dem Begriff des Herrschens am meisten diejenigen des Befehls und des Gesetzes (Gebot oder Verbot), welche sich unmittelbar darauf richten, daß etwas geschehen oder

nicht geschehen *soll*. Hierin liegt schon der Nebensinn angedeutet, daß der Wünschende seinen Willen auch durch Willkür durchzusetzen gesonnen ist, welcher Nebensinn sich dann entfaltet, wenn die Androhung eines durch seine Willkür zu verhängenden Übels für den Fall, daß der Gehorsam nicht erfolgt, ausdrücklich daran gcknüpft wird. Dcnn hicr ist dic Trcnnung der oberen und der unteren Willen – um so den Gegensatz zu bezeichnen – am deutlichsten, indem auf etwaige andersgerichtete Wünsche der letzteren gar keine Rücksicht genommen wird, während der sich geltend machende Wunsch durch andere Formen als ein minder starker und nicht unbedingt darauf bestehender Wunsch, daß er sich durchsetzt, eingeführt wird. Je weiter er hiervon entfernt ist, desto mehr würde es ihm widersprechen, von solcher Androhung begleitet zu werden, während er sich um so eher durch das Gegenteil, nämlich durch die Verheißung einer Wohltat für den Fall seiner Erfüllung, zu verstärken versucht. Denn hierdurch wird in dem Maße weniger Nötigung ausgeübt, als Begierde freier denn Furcht ist. Und indem die Verheißung erfüllt wird, gibt der herrschende Wille um so weniger seine Überlegenheit kund, als Gewährung von Wohltat ein geringeres Zeichen davon denn Verhängung von Übel ist.

Geht aber die Verheißung dahin, ein Übles, dessen man mächtig ist, unterlassen zu wollen, so ist die Wirkung noch fast dieselbe, als die der Androhung (deren bloße Umkehrung sie eigentlich ist). Ebenso ist die Androhung, Gutes *unterlassen* zu wollen, *logisch* der Verheißung gleich, es im entgegengesetzten Fall tun zu wollen, obgleich auch hier sowohl die beabsichtigte als auch die erfolgende Wirkung nicht notwendig dieselbe ist. Androhung von Übel an eine Bitte anzuknüpfen (welches die schwächste Kundgebung eines Wunsches und einem herrschenden Willen am wenigsten eigentümlich ist, ja ihm leicht ganz unangemessen werden kann), ist sinnlos. Denn die Bitte sagt: Ich wünsche, daß das und das geschieht (oder nicht); es hängt von *Deiner* Willkür ab. *Wenn* Du sie meinem Wunsch gemäß anwendest, so wirst Du mir ein Lustgefühl erregen. Aber nur mein Wunsch, nicht meine Willkür hat damit etwas zu tun. Keine Rücksicht auf mich, außer darauf, daß ich diesen Wunsch ausspreche (worin freilich Mehreres oder Minderes enthalten sein kann), möge Dich abhalten, unwillfährig zu sein. Damit ist wohl vereinbar, hinzuzufügen Aber die Rücksicht auf Gutes, was ich Dir erweisen werde, möge Dich zu gehorchen *antreiben*, d. h. die Antriebe dazu vermehren, jedoch nicht die Drohung: Wenn *nicht*, so werde ich Dir Schmerz erregen; laß also die *Furcht* vor meiner Willkür in deine Überlegung eingehen!

Aufgrund dieses Unterschiedes wird auch die Kombination von Verheißung und Drohung zur Verstärkung eines Wunsches leicht als unvernünftig empfunden. Sie ist logischerweise wohl möglich. Aber sie wird gehemmt, indem mit dem durch Drohung verstärkten strengen Geheiß, wegen der Nötigung, die dadurch ausgeübt wird, sich die sichere *Erwartung* des Gehorsams assoziiert. Hingegen geht die Verheißung sehr häufig gerade aus *Zweifel* über den Erfolg hervor und drückt dann nur die *Hoffnung* aus, daß die Hinzufügung des Reizmittels die Erfüllung des Wunsches fördern werde. Sie *kann* sehr häufig ihrer Natur nach auch mit der sicheren Erwartung verknüpft sein. Aber durch die Gewohnheit jener anderen Assoziation wird dieses um so schwieriger, wenn gerade der Fall ihrer Vereitlung als Ausnahme besonders ins Auge gefaßt wird, wie es durch Drohung geschieht. Nun folgt ferner: Wenn die Form, in welcher der Wunsch geäußert wird, alle Beziehung auf Gewohnheit des Gehorchens und alle Forderung persönlicher Rücksicht abstreift, sich dagegen mit der Verheißung einer der gewünschten entsprechenden Leistung (um diesen Ausdruck in umfassendem Sinne zu gebrauchen) aber ganz und gar erfüllt, so wird aus dem *Bitten* ein *Bieten*. Und wo dieses die dauernde Art des Verkehrs ist, da geht für unsere Betrachtung mit dem Begriff des Herrschens auch derjenige der *Gemeinschaft* gänzlich verloren und das Gebiet der *Gesellschaft* nimmt seinen Anfang.

6. Es ist aber klar, daß der Herrscherwille eine oder mehrere Personen, welche der Gemeinschaft angehören, zu seinen Trägern haben muß und daß die mehreren auch die *gesamte* Anzahl ausmachen können. Wiederum gilt: Sind es mehrere, so kann nur deren gemeinsamer Wille als Herrscherwille und daher als Wille der Gemeinschaft gelten. Ihr gemeinsamer Wille mag aber dahin gehen, daß dasjenige, worin eine gewisse Anzahl von ihnen übereinstimmt, Alle als Inhalt ihres Willens anerkennen wollen. Ist dieses eine·Anzahl, welche größer als die Hälfte der Gesamtheit ist, so verhält sich die geringere Zahl zu dem Willen jener schon gehorchend. Ferner: Da der Einzelne hier überhaupt nur insofern Herrscher ist, als sich sein Wille unter gewissen Umständen mit anderen zum herrschenden vereinigen kann, folgt daraus, daß außerhalb dieser Umstände kein Einzelner ein Herrschender, sondern jeder ein Gehorchender ist. Ist es aber nur ein einzelner Mensch, der den herrschenden Willen darstellt und gewohnheitsmäßig Gehorsam findet, so ist er auch fortwährend ein herrschender, insofern er fortwährend seinen Willen kundgeben kann – ob er tatsächlich, nicht bloß dem Inhalt desselben, sondern auch der Form seiner Kundgebung nach durch andere Willen, also etwa auch durch das, was als Wille der Gemeinschaft anzuerkennen wäre, bestimmt oder gehemmt werden mag, ob nun dieser in Gewohnheiten, welche mit der Gewohnheit des Gehorchens zusammen bestehen, gefunden werden oder sich in besonderen Wünschen ausdrücken mag, deren Anspruch, für den Willen der Gemeinschaft zu gelten, aus irgendwelchen Gründen, richtiger- oder unrichtigerweise erschlossen wird.

7. Es kann aber der Wille einer Gemeinschaft nicht bloß in der Gestalt, in welcher er als Herrschen der Herrschenden und Gehorchen der Gehorchenden sich kundgibt, sondern in jeder anderen, sei es als Gewohnheit oder als Wunsch, ebenso wie ein einzelner Wille, von Lust und Schmerz getroffen werden und mit unwillkürlichen Bewegungen oder willkürlichen Handlungen auf diese Gefühle reagieren, und zwar insbesondere auf die Erfüllung oder Vereitlung von Wünschen, unabhängig davon ob dieselben vorher kundgegeben waren oder nicht. Überhaupt ist aber die Scheidung des gemeinschaftlichen Willens in einen herrschenden und in einen gehorchenden dem Begriff der Gemeinschaft keineswegs wesentlich. Alle ihre Formen werden sich aber in dieser Hinsicht zwischen den beiden Extremen bewegen: erstens daß die gemeinsame Willensrichtung *bloß* gewohnheitsmäßig und gelegentlich ist, in allen Beziehungen, welche überhaupt Folgen des gemeinschaftlichen Verhältnisses sind, oder zweitens daß dieselben *insgesamt* von den kundgegebenen Wünschen eines herrschenden Willens *bis auf die eine* darunter ruhende Gewohnheit abhängig sind, welche sich in der gemeinsamen Bejahung dieses Zustandes ausdrückt. Wiederum aber können innerhalb des ganzen Gebietes, wo ein herrschender Wille vorkommt, die Wünsche desselben in größerer oder geringerer Übereinstimmung mit demjenigen sein, was die Gehorchenden, sei es alle oder irgendwelche Anzahl von ihnen, auch ohne dieselben wünschen oder tun würden: hier ist eine Reihenfolge von voller Übereinstimmung mit Allen bis zu voller Entgegensetzung gegen Alle denkbar. Der Grenzfall auf jener Seite ist nur minimal von einem herrscher*losen* Zustand verschieden. Hingegen ist derjenige diesseits dieser Seite kaum noch von einem rein *feindseligen* Verhältnis zu unterscheiden. Denn je mehr dem Gehorchenden der Gegensatz gegen seine Wünsche bewußt wird, desto weniger wird sein Gehorsam mehr ein gewohnheitsmäßiger, d. h. relativ schmerzloser und leichter sein, sondern um so mehr aus lästiger *Furcht* vor den Übeln geschehen, durch welche der herrschende Wille sich gegen den Ungehorsam geltend machen würde. Sobald aber *Furcht allein* das Verhältnis trägt, so ist es nur noch an die *Fähigkeit* des herrschenden Willens gebunden, jene Übel und etwaige andere, objektive oder subjektive Ursachen solcher Furcht zu verhängen. Sobald diese aufhören, und insbesondere, wenn jene Fähigkeit bezweifelt und durch Feindseligkeit auf die Probe gestellt wird, ist das ganze Verhältnis aus dem Bereich des Gemeinschafts-Begriffs herausgefallen. Auf der anderen Seite wird ein Verhältnis gegenseitiger Leistung, welches nicht auf gemeinsamen Gewohnheiten beruht und nicht in besonderen, gegebenen Beziehungen zwischen den Teilhabern seinen Grund hat, sondern allein durch die bewußten gemeinsamen Wünsche (Neigungen) derselben getragen wird, als ein rein freundschaftliches zu bezeichnen sein. Wenn das feindselige unterhalb der Gemeinschaft steht,

so ist dieses gleichsam über dieselbe hinausgewachsen. Aber erst wenn später die verschiedenen Arten der Gemeinschaft behandelt werden, kann sich das Eigentümliche der Freundschaft deutlicher herausstellen.

8. Durch das Merkmal, nur in freien Neigungen zu wurzeln, stimmen alle drei nicht-gemeinschaftlichen Verhältnisse überein, wie sie hier sind begriffen worden. Jene mögen nun dahin gehen, des eigenen Vorteils oder der eigenen Annehmlichkeit halber den Willen des Anderen zu *verneinen* (Feindschaft), ihn gelegentlich und bedingt zu bejahen (Gesellschaft), oder aber dauernd und unbedingt zu bejahen (Freundschaft). Dagegen ist es der Gemeinschaft eigentümlich, die Bejahung, außer daß sie sich in (subjektiven) *Gewohnheiten* betätigt, auch noch in einer besonderen Weise, nämlich durch das Pflicht-Gefühl zur Geltung zu bringen. Sehen wir zu, was dieses bedeutet. *Ich fühle* die Pflicht, etwas zu tun. Dies ist (hierüber darf allgemeines Einverständnis vorausgesetzt werden) dasselbe, als wenn ich dabei einen *Willen* denke, in dessen Wunsch es so gelegen ist, daß er es *gebietet, befiehlt*. Dies kann in den Grenzen unseres Vorstellungsvermögens nur der Wille eines Menschen oder eines menschenartig gedachten Wesens sein. Solche Wesen, welche mit einem gebietenden Willen und gegründetem Anspruch auf Gehorsam über den Menschen waltend, daher auch als Urheber von Normen des Verhaltens gedacht werden, die als Pflichten bewußt im Bewußtsein auftreten, sind unter den Vorstellungen anzutreffen, welche sich die Menschen von *Göttern* gebildet haben. Es ist eine natürliche Folgerung, daß zu diesen gedachten Personen ihre Urheber – die Menschen – ihren eigenen Gefühlen und Handlungen nach, und jene zu den Gefühlen und Handlungen gemäß, welche ihnen durch Fiktion zugeschrieben werden, in denselbigen verschiedenen Verhältnissen stehen können wie wirkliche Menschen zueinander. Nun ist aber ein Verhältnis von herrschenden und beherrschten Willen erst, wo es ganz und gar auf *Furcht* der letzteren beruht, als ein solches von gegenseitiger Feindschaft anzusehen (wie oben festgesetzt wurde). Hieraus folgt, daß der Gehorsam aus Pflichtgefühl dasselbe innerhalb des Begriffes der Gemeinschaft erhält. Denn dieses Motiv nimmt *zwischen* Furcht und bloßer Gewohnheit einen mittleren Rang ein und die genauere Untersuchung würde ergeben, daß es in individueller wie in generischer Entwicklung aus einer Mischung von beiden seinen Ursprung nimmt.

In der Tat gibt es kein Pflichtgefühl – wie man mit der Sicherheit, die in diesem Gebiet möglich ist, aus dem eigenen Selbstbewußtsein schließen darf – das nicht zuletzt auf den Willen eines Menschen – sei es den eigenen, sei es fremden – oder eines Gottes zurückbezogen werden könnte. Aber das Gefühl der *Furcht* vor den Übeln, die ein solcher Wille verhängen mag, ist von dem reinen Pflichtgefühl streng zu unterscheiden, das aus einer Mischung von beiden seinen Ursprung nimmt. Jedes Pflichtgefühl ist ein moralisches Gefühl, jedoch nicht umgekehrt jedes moralische Gefühl ein Pflichtgefühl. Das Pflichtgefühl ist zugleich ein ethisches *Wert*gefühl, auf das eigene Subjekt bezogen. Wie jedes von dieser Art läßt es sich unmittelbar in ein Wert-*Urteil* auflösen und ist zumeist auch im Bewußtsein eng damit verbunden. Ein freies Schätzungsgefühl und die objektive Betrachtung des Denkens sagen zugleich, daß die Neigung, das Seinsollende zu erfüllen, wenn sie auch an und für sich im Streit der Wünsche geringe Kräfte habe, dennoch den größten *Wert* vor allen anderen besitze. So dient denn das Pflichtgefühl, wenn es nötig ist, dazu, jene Neigung in ihrem Kampf ums Dasein zu unterstützen oder sogar sie erst im Bewußtsein hervorzurufen. Das Pflichtgefühl aber, welches fortdauert, *nachdem* das tatsächliche Verhalten ihm entgegen gewesen ist, , also ohne die ihm zukommende Wirkung ausgeübt zu haben oder noch ausüben zu können, ist dasselbe, was unter Gewissensbiß zu verstehen ist.

Indem ich nun einstweilen von dem Pflichtgefühl absehe, welches auf die Vorstellung von einem *göttlichen* Willen zurückgeht, und ebenso von dem möglicherweise vorkommenden Fall einer bloßen Beziehung desselben auf den individuell eigenen Imperativ, so sage ich: Das Pflichtgefühl bezieht sich in der Regel da, wo es in den Kampf von Wünschen eintritt, auf einen fremden *herrschenden* Willen, also mittelbar auf den Willen einer *Gemeinschaft*, welcher der Pflichtige selbst angehört oder unter deren Einfluß er steht, als gehöre er ihr an. Denn es ist diesem Gefühl nicht wesentlich, daß der *Urheber* des Sollens, das mit ihm bewußt wird, zugleich erkannt werde. Es kann auch mit anderen Gefühlen, als Furcht und Hoffnung aller Art, im Bewußtsein vermischt sein, so daß es dann nur durch den Prozeß der *Besinnung* ausgeschieden und in Reinheit dargestellt wird. Überall aber, wo es vorhanden ist, drückt sich also der Wille der Gemeinschaft *nicht* unmittelbar als Gewohnheit aus, was jedoch nicht daran hindert, daß der *Inhalt* des Sollens in einer überlieferten gemeinsamen Gewohnheit besteht. Also kann in anderen Dingen als auch dem Herrscherwunsch gegenüber, wo die Gewohnheit versagt, Pflichtgefühl an die Stelle treten und die Versuchung, *nicht* gehorsam zu sein, überwinden. Hier ist also das Gefühl zunächst auf Herrscherwillen, mittelbar aber auf den Willen der Gemeinschaft bezogen.

9. Für das Vorhandensein einer Gemeinschaft (als dauerndem Verhältnis) wird sich demnach eine sichere Vermutung ergeben, wenn sich innerhalb einer Anzahl von Menschen gewisse Normen des gegenseitigen Verhaltens mit Worten und Taten regelmäßig entdecken lassen, welche gerade *für* diese Gruppe *besondere* Pflichten ausmachen und als solche, sei es durch Gewohnheit, sei es durch Vermittlung

jenes Gefühls, im Durchschnitt der Fälle befolgt werden.[48] Obwohl ich nun besonders hervorheben muß, daß ich unter Gemeinschaft nicht ein Ding, einen Organismus oder etwas in irgendeinem Sinne Lebendiges verstehe, sondern nichts weiter als ein dauerndes Verhältnis zwischen Menschen, das sich in bestimmten Tatsachen ausprägt, so läßt sich doch bildlich die Gemeinschaft als Trägerin *eines* Willens und insofern als eine dem einzelnen Menschen gleichartige *Person* auffassen, obgleich ihr andere wesentliche Merkmale dieses Begriffes fehlen. So können denn Gemeinschaften, als Einheiten gedacht, zueinander wieder in denselben Verhältnissen wie einzelne Menschen stehen: in feindseligem, gesellschaftlichem, gemeinschaftlichem und freundschaftlichem. Ebenso kann es aber *innerhalb* jeder Gemeinschaft Willensbeziehungen geben, welche gänzlich oder zum Teil dem Einfluß des Willens entrückt sind, mithin rein feindselige, rein freundschaftliche, aber auch solche, welche ein *gesellschaftliches* Verhältnis darstellen. Und gerade die Stellung und Bedeutung, welche diese letzteren innerhalb der verschiedenen Gemeinschaften und in wechselnden Zeiten einnehmen, werden einen vorzüglichen Gegenstand der gegenwärtigen Erörterung ausmachen.

10. In den Begriff der *Gesellschaft* wird aber das Verhältnis der Indifferenz (welches richtigerweise ein Nicht-Verhältnis heißen müßte) oder der Feindseligkeit, als ein vorher gegebener Zustand angenommen, welcher sich dann in gewissen einzelnen Fällen zu einer Übereinstimmung verschmilzt oder ausgleicht. Dieser Begriff soll nur die Tatsachen dieser einzelnen Fälle, in welchen sich schneidende Willen gleichsam in einer Diagonale resultieren, *nach ihrer Gleichartigkeit* zusammenfassen. Der einzelne Akt, in welchem dies geschieht, heißt ein *Vertrag*. Ein Vertrag drückt den Inhalt zweier voneinander unabhängiger Willen in Bezug auf gegenseitige Leistung aus. Dagegen ist Wille zur Enthaltung von Feindseligkeit gegen Willen zur Leistung kein Vertrag und begründet kein gesellschaftliches Verhältnis, da es einen überlegenen, d. h. durch Erregung von Furcht wirksamen Willen auf der einen Seite impliziert; es bleibt also innerhalb eines Verhältnisses von Feindseligkeit.

Ein Vertrag über Gewährung von Leistungen kann immer als ein *Austausch* betrachtet werden; die Leistungen selbst können aber auf beiden Seiten in der Hin-

---

48 Die Pflichten aber, deren sich ein Mensch etwa gegen Menschen *als solche*, d. h. gegen *jeden* anderen Menschen bewußt ist, führen schon darum nicht zur Statuierung einer allgemeinen Menschen-Gemeinschaft, weil sie tatsächlich sehr fern von Allgemeinheit sind und deshalb notwendigerweise der Gegenseitigkeit entbehren. Denn solange dies der Fall ist, kann man nur das Bruchstück einer Gemeinschaft, mithin vielleicht die Tendenz zur Bildung derselben erkennen, wenn nicht (in anderen Fällen) ihre vergehenden Reste. Aber ohnehin ist unser Begriff durch wirklichen regelmäßigen Umgang bedingt, der zumindest ein gegenseitiges Wissen voneinander, wenn nicht gar ein persönliches Kennen, zur Voraussetzung hat.

gabe von *Gegenständen* aus dem Bereich des einen Willens in das des anderen oder aber in willkürlichen *Tätigkeiten* zum Besten des Anderen bestehen. Oder eine Gegenstands-Leistung auf der einen Seite kann gegen eine Tätigkeits-Leistung auf der anderen ausgetauscht werden. Der einfachste Fall ist Austausch von Gegenständen, wenn er unmittelbar geschieht. Hier erschöpft sich der Ausdruck des gerade vorhandenen Willens sogleich durch die Übergabe oder Überlassung aus der eigenen Hand in eine fremde, wobei freilich für eine gewisse Zeit die Enthaltung von Feindseligkeiten die tatsächliche Voraussetzung bildet. Anders ist es, wenn die Übergabe von der einen Seite bloß durch ein *Versprechen* von der anderen erwidert wird. Ein Versprechen gibt einen *Vorsatz* kund, d. h. einen Wunsch bezüglich zukünftiger Bestimmung der eigenen Willkür, diesen Wunsch aber selbst als Ergebnis der Willkür hinstellend, so daß dadurch auch die zukünftige Bestimmung als von der gegenwärtigen Willkür abhängig bezeichnet wird. Hier ist es also möglich, daß der Vorsatz kundgegeben wird, ohne daß er vorhanden ist oder daß doch der wirkliche von dem kundgegebenen verschieden ist; sodann aber, auch wenn beide übereinstimmen, daß in Wirklichkeit die Willkür später anders, als vorher angenommen wurde, bestimmt wird – also nicht in entscheidender Weise durch die Tatsache des gehegten und ausgesprochenen Vorsatzes. Die Meinung auf der Gegenseite, daß der Vorsatz wahr sei und daß er sich erfüllen werde, ist – außer der Schätzung solcher Ursachen (bezüglich des zweiten Punktes), die nicht in der fremden Willkür liegen – *Vertrauen* zu der Person, welche das Versprechen geleistet hat. Dieses Vertrauen kann (subjektiv) sicher oder mehr oder minder unsicher, (objektiv) unbegründet oder in vielen Graden besser oder schlechter begründet sein. So gut wie auf der einen Seite kann auch auf beiden bloße Versprechung geleistet und in verschiedener Weise beglaubigt werden, wodurch sich mannigfache Modalitäten ergeben.

Eine Tätigkeits-Leistung kann nicht in derselben Weise gegen eine andere noch gegen eine gegenständliche wie Gegenstände um Gegenstände ausgetauscht werden, weil jene immer eine längere Zeit zu ihrer Erfüllung in Anspruch nimmt, innerhalb derer die Gegenleistung entweder schon gewährt – so ist auf *jener* Seite das Vertrauen gewesen – oder bloß versprochen worden ist – dann ist es auf *dieser* Seite; oder endlich zugleich geschieht – dann ist es auf *beiden* vorauszusetzen. Lautet aber ein Vertrag auf gegenseitige Enthaltung von Feindseligkeiten, so kann er sich auf bestimmte oder auf unbestimmte Handlungen beziehen, und jedes entweder auf eine gewisse Zeit oder für unbegrenzte Dauer. In jedem Fall werden aber von beiden Seiten bloße Versprechungen kundgegeben; das Ganze ist also auf Vertrauen gegründet.

11. Wie nun Gemeinschaft auf Gewohnheit und Pflichtgefühl, so beruht Gesellschaft durchaus auf Begierde und Furcht oder auf Wünschen; aber nicht auf Wünschen schlechthin, sondern die mit der Überlegung verbunden sind, daß Enthaltung bzw. Leistung für ihre Erfüllung das Nützlichste sind. Der Wille selbst, als Gefühl oder als Wunsch, hat hier mit einer anderen menschlichen Person als der eigenen gar nichts zu tun; ob er nun auf ein *Haben* (fremde Gegenstände) oder auf ein Geschehen-Machen (fremde Tätigkeiten) ausgeht: er ist durchaus *sachlich* und nicht persönlich. Nur die akzessorische Reflexion *bejaht* hier den fremden Willen so weit und so lang, als der im Bewußtsein vorgestellte *Zweck* es notwendig macht oder zu erheischen scheint, während es an und für sich jenem durchaus gleichgültig ist, ob dieser vorhanden ist und ob er Lust und Schmerz empfindet. Er betrachtet ihn ganz und gar nicht als Zweck, sondern allein als Mittel und Werkzeug, dessen zufälliges Belebtsein und Menschsein eine eigentümliche Art der Behandlung notwendig macht. Die *feindselige* Tendenz empfindet den Anderen als *Hindernis* zu ihrem Zweck. Sie versucht ihn daher zu vernichten oder wünscht ihm seinen Schmerz als Selbstzweck zuzufügen. Die *gesellschaftliche* verzichtet auf beides. Sie setzt sich auf den Fuß der Gleichheit. Sie entdeckt an dem Anderen, daß er nicht *unbedingt* hinderlich ist, sondern unter Umständen sogar schon dadurch *dienlich* sein mag, daß er aufhört, selbst einen durchaus feindseligen Willen zu zeigen; um so mehr aber, wenn er Leistungen um Leistungen gewährt. Sie will ihn also erhalten oder gar fördern, insoweit es nötig ist, um seine Willkür zu solchem Verhalten zu bestimmen. Dieses Verhältnis, in einem vollkommenen Typus gedacht, ist ein rein *rationales*, d.h. auf vernunftmäßiger Berechnung von Nutzen und Annehmlichkeit gesetztes. Je mehr es von diesem Typus abweicht, desto weniger ist es ein gesellschaftliches. Es nähert sich dem feindseligen, je mehr das Gefühl der Überlegenheit oder (auf der Gegenseite) der Furcht an der Überlegung Anteil hat und das tatsächliche Verhalten mitbestimmt: dem freundschaftlichen, je mehr reines Wohlwollen und Liebe sowie sympathische Neigungen des Menschen zu Menschen mit einhergehen; und der Gemeinschaft in dem Verhältnis, wie Gewohnheit in gleicher Willensrichtung und Pflichtgefühl des Einen dem Andern gegenüber unter den Motiven mitspielen. Jedoch ist bereits verständlich geworden und wird sich noch deutlicher ergeben, daß wie Gemeinschaft der Freundschaft, so Gesellschaft der Feindschaft verwandter ist und daß in diesem Maße die Entstehung des einen aus dem anderen leichter ist.

Schlußbemerkung und Übergang

In der Fortsetzung dieser Abhandlung werde ich mit den hier gegebenen Begriffen an die historische und gegenwärtige Wirklichkeit menschlichen Zusammenlebens herantreten und jeden so als Maßstab an dieselbe anlegen, daß die Tatsachen der Erfahrung, in Verhältnissen zu ihnen (die freilich von der Genauigkeit mathematischer Formeln weit entfernt bleiben werden) ausgedrückt, wenigstens ihren Umrissen nach die erste Bedingung wissenschaftlicher Betrachtung, nämlich Vergleichbarkeit, erlangen sollen. Zu diesem Zweck werde ich zunächst dem Gebiet dieser Erfahrung eine feste Grenze geben, welche weit genug ist, um sehr mannigfaltige Erscheinungen zu umfassen und die doch verhindern wird, daß sich die Erörterung gleich bei ihrem ersten Ausflug in unbekannte Gegenden verliert. Die Ausdehnung auf alle hauptsächlichen Arten jener Tatsachen, von denen irgendwelche Kunde vorhanden ist, wird zwar nötig sein, wenn die allgemeine Bedeutung jenes Gegensatzes nachgewiesen werden soll; und vollends, wenn sich am Ende die Aufgabe herausstellen wird, den Ursprung jener Tatsachen im Zusammenhang der gesamten menschlichen und weltlichen Entwicklung zu erkennen. Hier ist aber noch der nächste Gedanke darzulegen, daß jenen Begriffen überhaupt eine bedeutende Wirklichkeit entspricht und, wenn es möglich ist, innerhalb derselben eine ursächlich bestimmte Entwicklung nachzuweisen. Ich werde mich daher zunächst auf die historischen und gegenwärtigen Zustände der arischen Völkerschaften beschränken und mithin auf das, was dieselben mit anderen Völkern der Erde Gemeinsames und Ähnliches darbieten, nur geringe und gelegentliche Rücksicht nehmen; noch geringere aber auf dasjenige, was sich mit quasi-sozialen Tatsachen unter den Tieren vergleichen läßt. Sondern vorläufig sollen sich unsere Begriffe nur in jenem näheren Gebiet als geeignet betätigen, einer wissenschaftlichen und philosophischen Erkenntnis der Tatsachen förderlich zu sein.

Gemeinschaft und Gesellschaft

Vorrede der ersten Auflage

Der Gegensatz der historischen gegen die rationalistische Auffassung ist im Laufe dieses Jahrhunderts in alle Gebiete der Sozial- oder Kultur-Wissenschaften eingedrungen. Derselbe trifft an seiner Wurzel mit dem Angriff des Empirismus und der kritischen Philosophie auf das stabilisierte System des Rationalismus zusammen, wie es in Deutschland durch die *Wolf*ische Schule seine feste Darstellung gefunden hatte. Ein Verhältnis zu diesen Methoden zu gewinnen, ist daher auch für den gegenwärtigen *Versuch einer neuen Analyse der Grundprobleme des sozialen Lebens* von nicht geringer Bedeutung.

Es ist paradox zu sagen, daß der Empirismus ungeachtet des Sieges, welchen diese Ansicht in so entscheidender Weise davongetragen hat, zugleich die formelle Vollendung des Rationalismus sei. Und doch ist dies gerade bei der *Kant*ischen Erkenntnislehre am deutlichsten, welche mit dem Anspruch auftretend, die Gegensätze zu vereinen, ihrem Inhalt nach ebensosehr modifizierter Empirismus wie modifizierter Rationalismus ist. Dies wird schon im reinen Empirismus von *David Hume* deutlich. Denn auch er untersucht nicht, ob es eine allgemeine und notwendige Erkenntnis in Bezug auf Tatsachen und Kausalität in Wirklichkeit *gebe*, sondern er deduziert ihre Unmöglichkeit aus Begriffen, wie später *Kant* ihre Wirklichkeit und folglich ihre Möglichkeit deduzieren zu können glaubt. Beide *verfahren* auf rationalistische Weise mit entgegengesetzten Ergebnissen. Den Empirismus in Bezug auf die Wahrnehmung hatte *Hume* noch in dem Sinne vorausgesetzt, als ob die Erkenntnis die Wirkung von objektiven Qualitäten und Zuständen der Dinge auf eine *carte blanche* der menschlichen Seele sei. Nach *Kant* ist sie, wenn auch den Dingen ihr Dasein und Mitwirkung gelassen wird, wesentlich Produkt von Tätigkeiten des Subjekts wie das Denken selbst. Die Übereinstimmung in Bezug auf die Wahrheit – so mögen wir in seinem Sinne erklären – wird bedingt durch die gleiche Beschaffenheit der Erkenntnisgeräte, welche, wo es über Anschauungsformen und Verstandeskategorien hinausgeht, nichts als Komplexe von Ideen sind, insbesondere die Assoziationen von Wahrnehmungen und Vorstellungen mit Namen und Urteilen, solange es sich um die Auffassung von Tatsachen handelt. Wenn hingegen die *Ursachen* gegebener Effekte aufgesucht werden, so müssen schon bestimmte Begriffe über die Beschaffenheit der Agentien (Wesen, Dinge oder Kräfte) und über ihre Art zu wirken vorausgesetzt werden, um aus den Möglichkeiten die Notwendigkeiten oder Gewißheiten auszulesen. Diese aber sind nach dem durchgeführten (*Hume*schen) Empirismus nicht anders erreichbar als durch ein erworbenes Wissen von regelmäßigen zeitlichen Folgen, so daß sich in der Tat alle Zusammenhänge von gleicher Art zuerst lose, endlich durch häufige Wiederholung als Gewohnheiten festigen und als notwendige, d. h. kausale, gedeutet werden. Die Kausalität wird hierdurch aus den Dingen herausgenommen und in den Menschen versetzt, und zwar nicht anders, als es durch *Kant* geschieht, wenn er sie als Kategorie des Verstandes behauptet. *Kant* aber verwirft die Erklärung, welche *Hume* aus der bloßen individuellen Erfahrung unternommen hatte. Die *Kant*ische Fassung, in welcher sie aller Erfahrung vorausgeht, zeigt in Wahrheit den Weg zu einer tieferen Erklärung. Denn das psychologische Gesetz, dessen Entdeckung bei Hume vorliegt, bedarf allerdings der Ergänzung und folglich sogar seiner eigenen Begründung durch die Idee des aus seinem Keime werdenden, mithin mit bestimmten Anlagen als Kräften und Tendenzen ausgestatteten Geistes.

Daß sich das menschliche Denken von den „consécutions des bêtes" unterscheidet, kann (in physiologischer Bestimmung) allein aus der Essenz der menschlichen Großhirnrinde verstanden werden, vermöge deren eine bestimmte Tätigkeit der Koordination gefaßter Eindrücke notwendig ist und sich mit ihrem Wachstum ausbildet, und ein bestimmtes Verhältnis, in welches sich der empfundene *innere* Gesamtzustand zu diesen besonderen Empfindungen setzt. Denn jener ist das absolute Apriori. Und er kann nur als die Existenz der gesamten Natur durch allgemeine und dunkle Beziehungen auf sich involvierend gedacht werden, von welchen dann einige durch Entwicklungen und Aktionen des Gehirns und der Sinnesorgane, d. h. des verstehenden (davorstehenden) Geistes allmählich klarer und deutlicher werden. Jede folgende Erfahrung, gleich jeder anderen Tätigkeit, geschieht durch das ganze Wesen mit seinen bis dahin ausgebildeten Organen dafür. Aber hieraus ergibt sich ein *regressus in infinitum*, zu den Anfängen des organischen Lebens hinaufführend, welche auch, als psychische begriffen, die Inkorporierung einer gewissen Erfahrung genannt werden müssen, da jede Tätigkeit und jedes Leiden (denn Leiden ist nur die andere Art des Tuns), mithin das Leben selbst Erfahrung *ist*, wie alle Erfahrung Tätigkeit oder Leiden ist.

Tätigkeit ist die Veränderung des Organismus. Sie hinterläßt irgendwelche Spuren, sei es in gleicher, in entgegengesetzter oder in indifferenter Richtung zu der Tendenz seines Wachstums und anderen Entwicklung. Und dies ist das, was als *Gedächtnis* verstanden wird, insbesondere sofern es die bleibende Arbeit und Kraft (denn Kraft ist nur vorrätige Arbeit) sinnlicher, d. h. schon in Gestalt von koordinierten Komplexen, fertiger Empfindungen ist, welche doch selbst erst durch das Gedächtnis geleistet werden. Jede mögliche Veränderung eines Organs ist aber allerdings wesentlich durch den Zusammenhang und Zustand des bestehenden Organs bedingt, insofern es dieselbe anzunehmen *geneigt* ist, also wahrscheinlich ist oder nicht. In diesem Sinne lehre ich (im zweiten Buch dieser Schrift) die Einheit und Verschiedenheit von Gefallen, Gewohnheit und Gedächtnis als von elementaren Modifikationen des Willens und geistiger Kraft in Bezug auf *alle* mentale Produktion. Und diese Ausführung soll sich auch auf das Problem des Ursprungs und der Geschichte menschlicher *Erkenntnis* erstrecken. Dies ist mithin nur eine Auslegung, teils im *Spinozistischen* und *Schopenhauerischen* Sinne, teils mit den Mitteln der diese Philosopheme erläuternden, wie auch durch dieselben verdeutlichten biologischen Deszendenz-Theorie – eine Auslegung des Gedankens, mit welchem *Kant* die *Hume*sche Darstellung wirklich überwunden hat. Weil aber dieselbe richtig ist, so ergibt sich nicht allein die Tatsache, sondern auch die Ursache, warum wir ein Seiendes nicht anders denn als wirkend, ein Geschehendes nicht anders denn als bewirkt denken *können*. Denn dies sind ehemalige, ja ewige Funktionen, welche in die Struktur unseres Verstandes hineingewachsen sind. Und das Nicht-anders-können ist eine Notwendigkeit, auf welche sich darum unsere *Gewißheit* bezieht, weil tätig sein und gemäß seiner Natur tätig sein nach formal identischem Satz dasselbe ist.

Wenn aber wir Menschen eine natürliche Denkgemeinschaft bilden, insofern als uns die Kausalität wie die Sinnesorgane innewohnt und wir folglich auch notwendigerweise irgendwelche Namen bilden, um Wirkendes und Bewirktes zu bezeichnen, so kann die Differenz in Bezug auf dieselben Vorgänge sich nur aus dem Denken ergeben, *welche* Subjekte die wirkenden, also die eigentlich wirklichen Dinge sind. Und hierüber gehen allerdings Völker, Gruppen und Individuen auseinander, wenn auch den meisten gemeinsam bleibt, daß sie die Agentien der Natur nach Art von Menschen und Tieren in mythologischen und poetischen Bildern vorstellen, was sich fortwährend in den Sprachformen ausprägt, obgleich die Unterscheidung der toten (als der nur bewegbaren) und der lebendigen (als der sich selbst bewegenden) Massen eine frühe Erwerbung des Denkens gewesen ist. Überwiegend bleibt doch die Anschauung aller Natur als einer lebendigen, alles Wirkens als eines freiwilligen, an welchem neben den sichtbaren Subjekten die Götter und Dämonen teilnehmen.

Wenn aber so zuletzt die Welt und alle ihre Schicksale in Haupt und Hand eines einigen Gottes gelegt werden, welcher sie aus nichts hervorgebracht habe und nach seinem Wohlgefallen erhalte, ihr Ordnungen und Gesetzte gegeben habe, nach welchen ihr gesamter Verlauf als regelmäßiger und notwendiger erscheint, so verschwinden dagegen alle untergeordneten Willen und Freiheiten in der Natur. Sogar der freie Wille des Menschen und nur als unerklärliche Neigungen und Kräfte werden noch diejenige Tendenzen verstanden, welche nicht aus empfangener anderer Bewegung hergeleitet werden können. Und auch das „liberum arbitrium indifferentiae" mag alsdann nicht als Tatsache der Erfahrung, sondern als notwendige Annahme selbst in Gestalt einer solchen unerklärlichen Kraft und geheimnisvollen Qualität wiederhergestellt werden, um den Allmächtigen und Allwissenden von der Urheberschaft der Verletzung seiner eigenen Ordnungen zu entlasten.

Diese ganze Betrachtung wie auch die Einzigkeit des göttlichen Willens gehört aber schon einem Denken an, welches seinen Prinzipien nach dem religiösen Glauben und volkstümlichen Anschauungen entgegengesetzt ist, so sehr es auch noch die Spuren seiner Herkunft aus diesen Quellen tragen mag. Diese Prinzipien entwickeln sich, bis sie auf sich selbst gestellt sind und gänzlich von ihrem Ursprung unabhängig zu sein scheinen, mit ihresgleichen sich begegnend, welche auf den natürlichen Gebieten dieses Denkens von seinen Anfängen her frei geschaltet haben. Es ist *wissenschaftliches* Denken. Dieses hat dort, wo es zuerst und am leichtesten in seiner Reinheit erscheint, nicht mit den Ursachen der Erscheinungen und am wenigsten mit menschlichem und göttlichem Willen zu tun. Sondern es geht aus den Künsten des Vergleichens und Messens von Größen und Mengen, als ihre allgemeine Hilfs-Kunst – die des Rechnens – hervor, d. h. des Trennens und Zusammensetzens, des Teilens in gleiche Stücke, der Vervielfältigung gegebener Stücke, welche Operationen darum so leicht im bloßen Gedanken vollzogen werden, weil dieser ein geordnetes System von Namen dafür bereit hat und keine Verschiedenheit der wahrgenommenen Objekte die gedachte Setzung gleicher Einheiten als beliebig kombinierbarer stört.

Daher nimmt, sofern doch die Beherrschung eines solchen Systems an irgendwelchen Objekten eines Haltens bedarf, der Rechnende dazu nach Möglichkeit gleiche, leicht übersehbare, leicht handhabbare Objekte. Und wenn sie nicht zur Verfügung stehen, so wird er sie machen und mit solchen Eigenschaften ausstatten. Denn wenn auch unzählige Körper in der Natur vorhanden sind, die einander nach ihren wahrgenommenen Qualitäten *ähnlich* gefunden werden und es in mehr oder weniger hohem Grade sind, sodaß der vollkommene Grad endlich als *Gleichheit* bezeichnet wird, und wenn auch diejenige Gleichsetzung eine natürliche ist, durch welche sie auf einen *Namen* bezogen werden, so wird doch die-

selbe eine künstliche und gewaltsame in dem Maße, als sie auf bewußte und willkürliche Weise Namen bildet und die gegebenen Unterschiede nicht bloß in dieser
Bezeichnung außer Acht läßt, sondern sie mit Bedacht aus der Beobachtung aus-
scheidet oder zu dem bestimmten Zweck, eine brauchbare, möglichst vollkommene
Gleichheit herzustellen, sogar wirklich vernichtet. Alles wissenschaftliches Denken wie das Rechnen *will* aber Gleichheit zum Zweck irgendwelcher Messungen,
da Messung entweder Gleichheit oder das Allgemeine, wovon die Gleichheit ein
besonderer Fall ist, nämlich ein exaktes *Verhältnis* ergeben muß, welchem wiederum die Gleichheit als Maßstab dient.

So sind wissenschaftliche Gleichungen die Maßstäbe, auf welche die wirklichen Verhältnisse zwischen den wirklichen Objekten bezogen werden. Sie dienen
der Ersparung von Gedankenarbeit. Was in unzähligen Fällen immer von Neuem
ausgerechnet werden müßte, wird an einem ideellen Fall ein für allemal ausgerechnet und bedarf dann der bloßen Anwendung. In Bezug auf den ideellen Fall sind
alle wirklichen Fälle entweder gleich oder stehen in einem bestimmbaren Verhältnis zu ihm und folglich zueinander. So sind allgemeine oder wissenschaftliche Begriffe, Sätze und Systeme Werkzeugen vergleichbar, durch welche für besondere
gegebene Fälle ein Wissen oder wenigstens Vermuten erreicht wird. Das Verfahren
des Gebrauches ist die Einsetzung der besonderen Namen und aller Bedingungen
des gegebenen für diejenigen des fiktiven und allgemeinen Falles: das Verfahren
des Syllogismus. Dieses ist in aller angewandten Wissenschaft mit höchst mannigfacher Ausbildung (als das Denken nach dem Satz vom *Grund*) enthalten, wie
aller reinen Wissenschaft die Beziehung auf ein System von Namen (eine Terminologie) eigentümlich ist, welches auf die einfachste Weise durch das Zahlensys-
tem dargestellt wird (als das Denken nach dem Satz der Identität). Denn alle reine
Wissenschaft bezieht sich ausschließlich auf solche Gedankendinge, dergleichen
das allgemeine Objekt ist oder die Größe, wo es sich um Rechnung schlechthin
handelt, oder der ausdehnungslose Punkt, die gerade Linie, die Ebene ohne Tiefe,
die regelmäßigen Körper, wo es um die Bestimmung von Verhältnissen der räumlichen Erscheinungen geht. Ebenso werden endlich imaginäre Ereignisse der *Zeit*
als Typen wirklicher Ereignisse genommen, wie der Fall eines Körpers im luftlee-
ren Raum, dessen Geschwindigkeit als in willkürlich gesetzter Zeiteinheit durch-
messene Raumeinheit nach gewissen Voraussetzungen als gleiche oder veränder-
liche berechnet wird.

Die *Anwendung* gestaltet sich immer um so schwieriger, je mehr der bloß
denkbare allgemeine von den wahrnehmbaren besonderen Fällen verschieden ist,
daher je mannigfacher und unregelmäßiger diese sein mögen. Aus der Ansicht getrennter Körper, welche durch ihre Bewegung in einen momentanen räumlichen

Zusammenhang kommen, entspricht aber der *wissenschaftliche* Begriff der *Ursache* als einer Quantität von geleisteter Arbeit (welche in der Bewegung enthalten ist), die einer anderen – der Wirkung – gleich und damit nach dem Prinzip der Gleichheit von Aktion und Reaktion vertauschbar ist. Es handelt sich hierbei um eine Vorstellung, welche erst ganz und gar sie selbst ist, nachdem aus dem Begriff der *Kraft,* welcher sie zunächst umfaßt, alle Konnotation der Realität und Produktivität entfernt worden ist. Und so entsteht jenes große System der reinen Mechanik, als dessen Anwendungen sich sodann alle konkreten Naturwissenschaften, d. h. zuerst die Physik und Chemie darstellen müssen.

Indessen erhält und bildet sich neben und in dieser wissenschaftlichen Ansicht der Kausalität als ihre letzte Steigerung und Kritik zugleich diejenige aus, welche wir die *philosophische,* aber auch entgegen der mechanischen die organische, gegen die physikalische die psychologische heißen mögen, nach welcher vielmehr nichts als die produktive Kraft vorhanden ist, die wirkliche und bleibende Einheit eines konservativen Systems allgemeiner Energie, aus welcher alle ihre Besonderheiten zugleich als ihre Teile und Wirkungen hergeleitet werden sollen. Dem Lebensgesetz des Universums dienen alle übrigen Naturgesetze wie dem Lebensgesetz jedes lebendigen Teiles (eines Individuums oder einer Gattung) die auf Mechanik zurückführbaren Gesetze, in welchen es sich verwirklicht. Je mehr Wissenschaft einerseits universell wird und andererseits ihre Methoden auf die Organismen ausdehnt, desto mehr muß sie in diesem Sinne philosophisch werden. Dagegen kann auch eine philosophische Naturansicht, deren Hauptinhalt einfach und notwendig ist, zu mannigfachen und relativ-zufälligen Wahrheiten nur in dem Maße hinabführen, als sie die Prinzipien der Wissenschaft in sich aufgenommen hat. Sie muß das Leben und seine Arten an *Typen* demonstrieren, welche jedoch wenigstens realen Allgemeinheiten (Ideen) nachgebildet werden, weil alles Leben die Entwicklung des Allgemeinen zum Besonderen ist.

Alle Wissenschaft und mithin alle Philosophie ist *rationalistisch.* Ihre Gegenstände sind Gedankendinge, sind Konstruktionen. Aber alle Philosophie, mithin Wissenschaft als Philosophie ist empiristisch – und zwar in dem Sinne, nach welchem alles Sein als Wirken, Dasein als Bewegung und die Möglichkeit, Wahrscheinlichkeit, Notwendigkeit der Veränderung als eigentliche Wirklichkeit aufgefaßt werden muß, das Nicht-Seiende als das wahrhaft Seiende, also durch und durch auf dialektische Weise. Die empiristische und die dialektische Methode fordern und ergänzen einander. Beide haben es mit lauter Tendenzen zu tun, sich begegnenden, bekämpfenden, verbindenden Tendenzen, welche doch zuletzt nur als psychologische Realitäten begriffen werden können oder vielmehr bekannt sind. Denn da wir den menschlichen Willen als unseren eigenen wissen und die Geschicke des menschlichen Lebens als ein Ganzes aus solchen Willen, wenn auch in fortwährender und strenger Bedingtheit durch die übrige Natur, so finden sie erst in der menschlichen generellen und individuellen *Psychologie* ihre Bewährung. Die Tatsachen der generellen Psychologie sind die historische und aktuelle Kultur, d. h. menschliches Zusammenleben und seine Werke.

Geschichte für sich allein als eine Sammlung von Tatsachen ist weder Wissenschaft noch Philosophie. Aber sie ist beides zugleich, sofern in ihr die Lebensgesetze der Menschheit entdeckt werden mögen. Sie ist ein Ganzes von Ereignissen, dessen Anfang und Ende nur höchst unbestimmten Vermutungen offen liegt. Die Zukunft ist uns beinahe nicht dunkler als die Vergangenheit. Was wir als Gegenwart empfinden, müssen wir *zuerst* beobachten und zu verstehen uns bemühen. Aber ein großer Teil der ernsten und achtenswerten Arbeiten, welche sich in dieses Gebiet hineinbegeben haben, welches so offenbar und so geheimnisvoll wie die Natur selbst ist, wird in seinem Wert oft durch die Schwierigkeiten eines unbefangenen und genauen theoretischen Verhaltens in solcher Beziehung beeinträchtigt. Das Subjekt steht den Gegenständen seiner Betrachtung allzu nah. Es gehört viele Anstrengung und Übung, vielleicht sogar eine natürliche Kälte des Verstandes dazu, um solche Phänomene mit derselben sachlichen Gültigkeit ins Auge zu fassen, mit welcher der Naturforscher die Prozesse des Lebens einer Pflanze oder eines Tieres verfolgt. Und selbst das gelehrte und kritische Publikum will in der Regel nicht erfahren, wie nach der Ansicht eines Schriftstellers die Dinge sind, geworden sind und werden, sondern lieber wie sie nach seiner Ansicht nach sein *sollen.* Denn man ist ja gewohnt zu sehen, daß nach dieser sich jene richtet, was bis zu einer gewissen Grenze unvermeidlich sein mag. Aber man nimmt nicht wahr, daß die geflissentliche Vermeidung dieser Gefahr den wissenschaftlichen Habitus bildet. Man erwartet und fordert beinahe den Standpunkt und die heftige Rhetorik einer Partei statt der gelassenen Logik und Ruhe des unparteiischen Zuschauers. So wird den in der heutigen und besonders in der deutschen *Sozial-Wissenschaft* ein Kampf von Richtungen um die Fundamente der Theorie vollzogen, welche man sich als entgegengesetzte Tendenzen in den Verhandlungen über Praxis und Gesetzgebung wohl gefallen läßt, wo sich dann die Vertreter streitender Interessen und Klassen mit größerer oder geringerer *bona fides* als Vertreter entgegengesetzter Überzeugungen und Doktrinen gleichsam als technologischer Prinzipien der Politik bekennen mögen. Auch haben diese Differenzen hier und da einen tieferen Grund in der Sphäre moralischer Empfindungen und Neigungen des Subjektes, welche so wenig als andere Leidenschaften den objektiven Anblick der Dinge stören dürfen.

Übrigens erscheint mir aber die Wichtigkeit, welche (um das bedeutendste Beispiel zu geben) dem Antagonismus der Lehren des *individualistischen* und des *sozialistischen* Typus für die Erkenntnis und Theorie der wirklichen Tatsachen des gegenwärtigen Produktions- und Handelswesens beigelegt wird, ähnlich als ob die Mediziner den Widerspruch alloiopathischer und homöopathischer Heilmethode in die Physiologie übertragen wollten. Es gilt vielmehr, sich von dem Qualm aller solcher Überlieferung zu befreien. Es gilt, sich völlig außerhalb der Dinge hinzustellen und wie mit Teleskop und Mikroskop Körper und Bewegungen zu beobachten, welche innerhalb der *Kultur* so weit voneinander unterschieden sind, auf der einen Seite nur ganz im Allgemeinen und Großen, auf der anderen ganz im Kleinen und Besonderen erforschbar, wie in Natura rerum die Bahnen der Himmelskörper und hingegen Teile und Lebensprozesse des elementaren Organismus. Für die universale Betrachtung ist die *Geschichte* selbst nichts als ein Stück der Schicksale eines Planeten und bildet einen Abschnitt in der durch zunehmende Abkühlung möglich gewordenen Entwicklung des organischen Lebens. Für die engste Betrachtung ist sie die Umgebung und Bedingung meines täglichen Lebens, Alles, was als der Menschen tun und Treiben sich vor meinen Augen und Ohren vollzieht.

Diese Betrachtung versucht die empirische und dialektische Philosophie in einen einzigen Brennpunkt zu bringen. Die Notwendigkeit des Lebens, die Leidenschaften und Tätigkeiten der menschlichen Natur sind in ihrem Grundbestand hier und dort dieselben. Auf ihre Allgemeinheit beziehen sich auch, aber zunächst ohne alle zeitliche und örtliche Bestimmung, die *rationalen* Disziplinen, welche von der natürlichen Voraussetzung durchaus getrennter und je für sich auf vernünftige Weise strebender (willkürlicher) Individuen aus teils die ideellen Verhältnisse und Verbindungen ihrer Willen, teils die Veränderungen gegebener Vermögens-Zustände durch solche Berührungen im Verkehr zu bestimmen unternommen haben. Jene, den *formalen* Konsequenzen solcher Beziehungen zugewandt, ist die reine Rechtswissenschaft (das Naturrecht), welche mit der Geometrie, diese, ihrer materiellen Beschaffenheit sich widmend, die politische Ökonomie, welche mit der abstrakten Mechanik verglichen werden kann. Ihre Anwendungen gehen auf die Bedingungen der sozialen Wirklichkeit ein und erweisen sich um so fruchtbarer für Verständnis und Behandlung derselben, je mehr ent- und verwickelt die Geschäfte und Verhältnisse der Menschen durch die Kultur geworden sind. Dennoch hat fast alle bisherige „organische" und „historische" Ansicht sich beiden verneinend entgegengestellt. Die gegenwärtige Theorie versucht sie in sich aufzunehmen und von sich abhängig zu erhalten. Aber in dieser wie in jeder anderen Hinsicht hat sie sich nur in Skizzen anzudeuten vermocht. Die Komplikationen des Gegenstandes sind überwältigend. Gegebene schematische Gedankenbildungen müssen nicht so sehr daraufhin angesehen werden, wie sehr sie richtig, sondern wie sehr sie brauchbar sind. Dies wird aber nur eine zukünftige Ausführung zeigen können, wozu ich mir Kraft und Ermutigung wünsche. Für mißverständliche Auslegungen und sich klug dünkende Nutzanwendungen halte ich mich nicht für verantwortlich. Leute, die an begriffliches Denken nicht gewöhnt sind, sollen sich des Urteilens in solchen Dingen enthalten. Aber diese Enthaltung darf fast noch weniger als irgendwelche andere im gegenwärtigen Zeitalter erwartet werden.

Ich könnte leicht ein besonderes Kapitel über die *Einflüsse* schreiben, denen ich die Förderung meiner Gedanken schuldig bin. In der eigentlichen Sozialwissenschaft sind dieselben mannigfach. Erwähnen will ich aber auch, daß mich die großen soziologischen Werke von *Auguste Comte* und *Herbert Spencer* oft auf meinen Wegen begleitet haben, von welchen jenes mehr in den prähistorischen Grundlagen, dieses in der historischen Ansicht seine Schwäche hat, welche aber beide auf zu einseitige Weise die Entwicklung der Menschheit als durch ihren intellektuellen Fortschritt unmittelbar bedingt darstellen (wenn auch *Comte* in seinem späteren Werk die tiefere Betrachtung gewonnen hat). Erwähnen will ich ferner, daß ich die energischen Bemühungen der Herren *Albert Schaeffle* und *Adolph Wagner* und ihre bedeutenden Bücher mit Eifer verfolgt habe und ferner verfolge, welche jedoch beide, soviel ich sehe, sonst mit den tieferen Einsichten von *Karl Rodbertus* übereinstimmend, weniger als dieser (durch allen theoretischen und gesetzgeberischen guten Willen nur modifizierbaren) pathologischen Gang der modernen Gesellschaft zu erkennen scheinen.

Übrigens verhehle ich aber nicht, daß meine Betrachtung die tiefsten anregende, belehrende und bestätigende Eindrücke von den unter sich gar sehr verschiedenen Werken dreier ausgezeichneter Autoren empfangen hat, nämlich 1. *Sir Henry Maine*'s Bücher "Ancient Law", Village Communities in the East and West", "The Early History of Institutions" und "Early Law and Custom", des philosophischen Rechtshistoriker von weitestem Horizont, an dessen lichtvollen Aperçus nur zu bedauern ist, daß er den ungemeinen Aufschlüssen, welche er von *Johann Jakob Bachofens* Buch "Das Mutterrecht" bis auf *Lewis Morgans* Buch „Ancient Society" und ferner, in die Urgeschichte der Familie, des Gemeinwesens und aller Institutionen eingedrungen sind, einen ungerechten Widerstand entgegensetzt; denn die optimistische Beurteilung der modernen Zustände halte ich ihm zugute; 2. *Otto Gierkes* „Das deutsche Genossenschaftsrecht" (3 Bände), dazu sein Buch „Johannes Althusius" und mehrere Aufsätze in Zeitschriften, dessen Gelehrsamkeit mir immer neue Bewunderung, dessen Urteil immer neue Achtung einflößt, so wenig ich die für mich wichtigste (ökonomistische) Ansicht in seinen Schriften antreffe; 3. des eben in dieser Hinsicht merkwürdigsten und tiefsten Sozial-Philo-

sophen *Karl Marx* („Zur Kritik der politischen Ökonomie" sowie „Das Kapital"),
dessen Namen ich um so lieber hervorhebe, da ihm die angebliche utopistische
Phantasie, in deren definitive Überwindung er seinen Stolz gesetzt hat, auch von
Tüchtigen nicht verziehen wird (daß aber der Denker an den praktischen Arbei-
terbewegungen einen Anteil genommen hat, geht doch seine Kritiker nichts an;
wenn sie dies für unmoralisch halten: wer kümmert sich um ihre Immoralitäten?).
    Der Gedanke, welchen ich für mich ausdrücke: daß die natürliche und (für
uns) vergangene, immer aber zugrunde liegende Konstitution der Kultur kommunistisch ist und die aktuelle und werdende sozialistisch, ist, wie ich glaube, jenen
echten Historikern, wo sie sich selbst am schärfsten verstehen, nicht fremd, wenn
auch nur der Entdecker der kapitalistischen Produktionsweise ihn auszuprägen und
deutlich zu machen vermocht hat. Ich sehe darin einen Zusammenhang von Tatsachen, der so natürlich ist, wie Leben und Sterben. Mag ich mich des Lebens freu-
en, das Sterben beklagen: Freude und Traurigkeit vergehen über der Anschauung
göttlicher Schicksale. Ganz und gar allein stehe ich mit Terminologie und Defini-
tionen. Man versteht aber leicht: es gibt keinen *Individualismus* in Geschichte und
Kultur, außer wie er aus Gemeinschaft ausfließt und dadurch bedingt bleibt, oder
wie er Gesellschaft hervorbringt und trägt. Solches entgegengesetzte Verhältnis
des einzelnen Menschen zur Menschheit ist das reine Problem.
    Da ich dieses Gedankens als meines eigenen gewiß bin, so brauche ich für
die Hauptsache an diesem höchst unvollkommenen Werk keine Kritik zu fürchten.
Meiner persönlichen Empfindung werden persönliche Mitteilungen bekannter oder
unbekannter Leser angelegener sein, welche sich etwa in irgendwelchem sympathischen Sinne berührt oder gefördert finden. Hieraus kann sich Vieles ergeben:
für mich wenigstens Lohn und neue Anregung. Denn es bleibt dabei, so sehr man
sich um die Wahrheit Mühe geben mag: „Alles, was Meinungen über die Dinge
sind, gehört dem Individuum an, und wir wissen nur zu sehr, daß die Überzeugung
nicht von der Einsicht, sondern von dem Willen abhängt, daß niemand etwas begreift, als was ihm gemäß ist und was er deswegen zu geben vermag. Im Wissen
wie im Handeln entscheidet das Vorurteil Alles, und das Vorurteil, wie sein Name
wohl bezeichnet, ist ein Urteil vor der Untersuchung. Es ist eine Bejahung oder
Verneinung dessen, *was unserer Natur* entspricht oder ihr widerspricht; es ist ein
freudiger Trieb unseres lebendigen Wesens nach dem Wahren, wie nach dem Fal-
schen, nach Allem, was wir mit uns im Einklang fühlen."[49]
    Bezüglich des Zweiten Buches von *Gemeinschaft und Gesellschaft* („Wesen-
willen und Willkür") muß ich anmerken, daß dasselbe in systematischer Hinsicht

---

49   Johann Wolfgang Goethe, *Der Farbenlehre polemischer Theil.* Sämtliche Werke in vierzig
      Bänden, Stuttgart und Tübingen 1840, Band 38, S. 16.

seine richtigere Stelle *vor* dem Ersten Buch („Allgemeine Bestimmung des Gegensatzes") haben würde. Ich habe diese Ordnung bewußt gewählt. Beide Bücher ergänzen und erklären sich wechselseitig. Sodann habe ich einem Versprechen gemäß hinzuzufügen, daß ein erster Entwurf dieser Schrift (von dem jedoch kaum eine Spur übrig geblieben ist) im Jahr 1881 der philosophischen Fakultät der Kieler Universität zum Zweck meiner Habilitation vorgelegen hat.

Status und contractus

Eine sozialpolitische Betrachtung

Der ausgezeichnete Rechtshistoriker Sir Henry Sumner Maine hat den Gegensatz zwischen der mittelalterlichen und modernen Gesellschaftsordnung in die Worte *status* und *contractus* zusammengefaßt.

Die mittelalterliche Gesellschaft war eine Hierarchie von besser und minder Berechtigten, die durch Abhängigkeit und Treue miteinander verbunden waren. Es gab Adlige, Freie und Unfreie, und innerhalb eines jeden dieser Stände eine Fülle von Unterarten des Stands. Ein jeder Stand hatte seine Ehre und sein Recht, und zwar ein Recht, das auch die wirtschaftlichen Verhältnisse seiner Angehörigen bestimmte. Denn das ganze Leben des Einzelnen war innerhalb der Grenzen gebunden, die seinem Stand gezogen waren. Alles, was der Einzelne galt, war, hatte, haben und werden konnte, war durch den Stand bestimmt, dem er angehörte. Die Folge war: Da der Stand für die öffentlichen wie die privaten Lebensansprüche des Einzelnen maßgebend war, richtete sich das Streben der Einzelnen auf die Besserung der Ehre und des Rechtes des Standes. Und die Besserberechtigten? Die Verfolgung der wirtschaftlichen Interessen des Tages führte sie dazu, die steigenden Ansprüche der Minderberechtigten Schritt für Schritt anzuerkennen, während die nach Schrankenlosigkeit strebenden Träger der Staatsgewalt in dem Verlangen, die ihr gefährlichen Besserberechtigten zu vernichten, sich mit den Aufstrebenden sogar häufig verbanden. So getragen von der wirtschaftlichen Entwicklung und geführt von der entstehenden modernen Fürstengewalt trat die Gleichberechtigung aller derselben Souveränität Unterworfenen an die Stelle des gotischen Bauwerks der Standesvorrechte. Die Gleichberechtigung aller Staatsangehörigen – dies hieß: die gegenseitige Abhängigkeit und Treue – waren als das rechtliche Band, das die Gesellschaftsordnung zusammenhielt, beseitigt; denn unter Gleichberechtigten werden die Einzelnen durch keine anderen Verpflichtungen mit einander verbunden als durch solche, welche sie freiwillig auf sich nehmen. An die Stelle des *status* ist der *contractus* getreten.

Diese Entwicklung ist allen modernen Kulturstaaten gemein. Sie bedeutet für jedes Land den Ausgang des Mittelalters und den Beginn der Neuzeit. Auch in Deutschland war die wirtschaftliche Entwicklung im 15. Jahrhundert so weit, daß in gleicher Weise wie in anderen Ländern, z. B. in England, im 16. Jahrhundert der *contractus* die Stelle des *status* hätte einnehmen können. Allein der Umschwung, der seit dem Ausgang des 15. Jahrhunderts im Welthandel eintrat, warf die wirtschaftliche Entwickelung in Deutschland zurück; die Besserberechtigten suchten die emporstrebenden Bauern aufs Neue zu knechten. Und die Reichsgewalt? Man sagt, der Kanzler Granvella habe Karl V. geraten, sich auf die Seite der die Stärkung von Kaiser und Reich verlangenden Bauern zu stellen. Allein Karl V. auf Seite der Bauern! Statt dessen kam es zu jenem Heilmittel, das Fürst Bismarck nach einer der vielen über seinen Abschied umlaufenden Versionen 1989 dem Kaiser angeraten haben soll. Man schlug die Bauern tot. Und wie nachdrücklich das Mittel zur Anwendung kam, zeigt das Schreiben des Markgrafen Georg von Brandenburg an seinen Bruder Kasimir: „Sollten die Bauern alle erstochen werden, wo nähmen wir andere Bauern, die nähren; deshalb ist wohl von Nöten, weislich in der Sache umgehen." Wirklich waren die auf den weißen Schrecken der Niederwerfung des Bauernaufstandes folgenden Jahre solche großer Teuerung. Es fehlte an Händen, um zu säen und zu ernten. Aber das war das Wenigste. Nichts gibt es, so schreibt Sebastian Münster um die Mitte des 16. Jahrhunderts von den Bauern, was man diesen nicht zumutet, nichts Zugemutetes, was dieses ärmste Volk zu verweigern wagen würde.

Nicht viel Besseres aber widerfährt dem Bürger von dem siegreichen Junker. Hören wir den drastischen Dialog zwischen Edelmann, Bürger, Bauer und Doktor, den ein Anonymus des 17. Jahrhunderts verfaßt hat. Es ist die Rede davon, daß dem verschuldeten Edelmann und den Seinigen „an gutem Essen, Trinken und schönen Kleidern" kein Mangel entstehen dürfe, auch wenn der Gläubiger „wegen vorenthaltener schuldiger Bezahlung an den Klauen saugen, zerrissen, zerlumpt, in Spott und Schande umherziehen müsse". Da fragt der Bauer, ob dem Edelmann, „wenn er seinen Stand ändern und aus sich einen Freiherrn und Grafen machen ließe, alsdann doppelt oder dreifach mehr gebühre." Der Doktor erklärt dies für richtig, „denn der Schuldner muß haben und behalten, was zu seinem Stand gehört; hat er an vier Pferden vor die Kutschen nicht genug, lasse er sechs einspannen". Bauer: „Wenn aber nur der Stand, nicht das Einkommen größer werden?" Doktor: „Hat nichts zu bedeuten; die Erhaltung des Standes geht allen Schulden vor." Bürger: „Dagegen werden ehrliche Leute, so das Ihrige so treulich hergeliehen, zu Bettler gemacht, und dies solle die Billigkeit sein?" usw. So ist denn der *status* wieder das ausschließlich Herrschende geworden; vom *contractus* ist noch weit weniger wie zweihundert Jahre früher die Rede. Das deutsche Volk aber, dem die Verjüngung mit neuer Lebenskraft, welche das gesetzmäßige Aufsteigen der Gesellschafts-Klassen mit sich bringt, mit Gewalt versagt war, versiechte im Innern wie nach Außen. In Politik wie Kultur wurde es von den westlichen Nationen weit überflügelt. Es ist die unerfreulichste Periode deutscher Geschichte. Und erst danach beginnt ein neues Aufsteigen, nachdem die von der Reichsgewalt nahezu unabhängig gewordenen Territorialherren nun ihrerseits innerhalb ihrer Territorien die selbe Politik wie früher die englischen und französischen Könige aufnahmen und unter Beseitigung der Vorrechte der Privilegierten durch Emanzipation von Bürger und Bauer auch in Deutschland den *contractus* an die Stelle des *status* setzten.

So sind wir erst recht spät in Deutschland zur Anerkennung der Gleichberechtigung gekommen. Vielleicht erklärt sich daraus, daß sie bei uns nur erst zu Recht besteht, während das Gemüt der oberen Klassen gegen die praktische Verwirklichung dieses Rechts noch hartnäckig Widerstand leistet. Denn was heißt Gleichberechtigung? Was heißt Herrschaft von *contractus* an Stelle von *status*? Die Worte haben eine politische, eine rechtliche und eine soziale Bedeutung. Politisch heißen sie einmal gleiches Recht, – dies aber heißt nicht bloß das Recht aller Staatsbürger zur Teilnahme an Gesetzgebung und Verwaltung, sondern auch, daß Niemand dem Anderen zu weiterem rechtlich verpflichtet ist, als wozu er selbst sich vertragsmäßig bindet, und daß für den Inhalt der Verträge, durch die er sich bindet, rechtlich nichts anderes als sein freier Wille maßgebend sei. Somit heißt Gleichberechtigung aber auch zweitens gleiches Recht in wirtschaftlicher und kultureller Beziehung. Alle Ansprüche auf Teilnahme an wirtschaftlichen und ideellen Gütern der Nation sind berechtigt, die ich mir nach Lage der Marktverhältnisse kontraktmäßig zu sichern im Stande bin, ohne die gleiche Rechtssphäre eines Anderen zu verletzen.

Nun weiß heute Jeder, daß diese Gleichberechtigung allein noch Niemand auch nur so viel sichert, als er braucht, um nicht Hungers zu sterben, und wir werden hierauf zurückkommen. Allein wir protestieren dagegen, daß dieser Einwand von denen geltend gemacht wird, welche in Wirklichkeit an der Gleichberechtigung nur aussetzen, daß sie ihnen Manches nimmt, was sie bisher als Vorrecht besessen haben.

Da ist das allgemeine Stimmrecht. Wir besitzen es jetzt seit fünfundzwanzig Jahren in Bund und Reich. Allein haben wir die politische Gleichberechtigung aller Staatsbürger etwa innerlich anerkannt? Warum weigern wir uns denn so hartnäckig, sie unserem Landtagswahlrecht zu Grund zu legen? Trotzdem ist kein Zweifel, daß die wirtschaftliche Entwicklung es unentbehrlich macht, heute auch den Untersten Einfluß auf Gesetzgebung und Verwaltung zu geben. Hat sie, – um von Frankreich zu schweigen, – doch selbst im ehemals aristokratischen England zum Erlaß von Wahlgesetzen geführt, deren Wahlrecht dem allgemeinen Stimmrecht nahezu gleichkommt; hat doch die holländische Regierung sich soeben genötigt gesehen, eine auf das allgemeine Stimmrecht basierte Reformvorlage in ihrem Parlament einzubringen; ja selbst in der Hochburg des Zensus, in Belgien, sieht es aus, als könne man dem Druck der Verhältnisse nicht länger widerstehen. Und angesichts solcher Zeichen der Zeit, die selbst dem Stumpfsten Logik der Geschichte einpauken könnten, erörtern unsere Zeitungen offen die Beseitigung des bestehenden Reichstagswahlrechts! Woher aber die Unzufriedenheit mit diesem Recht? Etwa, weil politische Gleichberechtigung nicht im Stande ist, die Lage der unteren Klassen zu heben, – oder weil sie den Fortbestand unserer Kornzölle gefährdet und wirksame Arbeiterschutzgesetze zu schaffen im Stande ist?

Unser Unglück ist, daß unser Reichstagswahlrecht unter demselben Fluch leidet, der die wohltätigen Wirkungen eines großen Teils der während der letzten fünfundzwanzig Jahre erlassenen Gesetze vereitelt: es wurde erlassen, nicht, weil man seine Prinzipien für gut hielt, sondern weil man es unter den gegebenen Verhältnissen für geeignet hielt, eben diese Prinzipien zu vernichten. Nicht deshalb wurde das allgemeine Stimmrecht eingeführt, um dem Bedürfnis der breiten Schichten des Volkes nach Freiheit und Selbstbestimmung entgegenzukommen, sondern weil die Bildungsstufe des Volkes in vielen Gegenden Deutschlands noch so tief war, daß man hoffen konnte, mittelst seiner Stimmen, die man beherrschte, die Herrschaft der liberalen Partei zu brechen. Und nun kommt die Strafe für die frühere Unwahrhaftigkeit. Das Volk schickt sich an, noch mehr für sie zu stimmen, welche die Klasseninteressen der früher Bevorrechteten einseitig verfolgen. Und da beginnen wir gegen die politische Gleichberechtigung zu eifern, nicht weil das Volk seine Lage durch sie nicht bessern kann, sondern weil es sie mehr zu bessern droht, als uns lieb ist!

Nicht als ob wir das allgemeine Stimmrecht für eine an sich geistreiche Methode hielten, die beste Gesetzgebung ausfindig zu machen, obwohl wir, abgesehen vielleicht vom Proportionalwahlrecht, auf der Entwicklungsstufe, auf der wir angelangt sind, keine bessere kennen. Allein es wohnt dem Stimmrecht die geheimnisvolle Kraft inne, die Regierenden zu zwingen, sich um diejenigen zu kümmern, die ihre Stimme in die Waagschale werfen, und auf diese Weise führt es auf die Dauer notgedrungen zur Teilnahme der Massen an den sittlichen und geistigen Gütern der Nation. Bevor 1867 das Wahlrecht den englischen Arbeitern zuteil wurde, hatte die Reform keinen heftigeren Gegner als Robert Lowe, den kürzlich verstorbenen Lord Sherbrook. Als aber die Reform trotz seines Widerstandes Gesetz wurde, rief er trotzig: Laßt uns unsere Herren nun erziehen! Und mit welchem Erfolg die oberen Klassen Englands diese ihre Aufgabe ergriffen, zeigt – ein in diesem Punkt unverdächtiges Zeugnis – der Bericht der Abgesandten des *Zentralverbandes deutscher Industrieller* über ihre Reise nach England, den das *Berliner Volksblatt* veröffentlicht hat. Mit Staunen wird da erzählt, wie bei Dr. Spence Watson Arbeiter Besuche machten, die über die neuesten Erscheinungen auf allen Gebieten der Literatur und Wissenschaft unterrichtet seien und treffend urteilten. Allein freilich, eine solche Entwickelung setzt obere Klassen voraus, die, um zu herrschen, sich bemühen, zu überzeugen. Das aber ist der Fluch unseres zusammenregierten und zusammenkommandierten Landes, daß wir den Kadaver-Gehorsam der Jesuiten dem vorziehen, der aus der Erkenntnis der Gehorchenden fließt.

Und so zeigt sich bei uns abermals die Wirkung der Unwahrhaftigkeit, von der wir bei der Einführung des allgemeinen Stimmrechts ausgingen. Wir hatten es ja nicht eingeführt, um die Massen zu heben, sondern um die Freiheit desto besser zu knechten! Wir erinnern uns eines kulturkämpferischen Magnaten, der sich rühmte, einen altkatholischen Geistlichen durch Abonnieren auf eine größere Anzahl Exemplare des von ihm herausgegebenen religiösen Agitationsblattes veranlaßt zu haben, auf die Verbreitung des Blattes unter seinen Arbeitern zu verzichten! Wir kennen einen jüdischen Großindustriellen, der wie er sagt, doch noch heute der katholischen Geistlichkeit seines Bezirks jedwede für fromme Zwecke erbetene Summe zur Verfügung stellt, damit sie seine Arbeiter vor dem Gift des Selbstdenkens bewahre! Das aber sind keine vereinzelten Fälle. Mit dem Anspruch auf überlegene Weisheit wird fortwährend gepredigt, daß es zweierlei Weltanschauung geben müsse: eine wissenschaftliche für die Gebildeten und eine autoritäre für die Massen. Und dem entsprechend kümmern wir uns um die Fortbildung der erwachsenen Arbeiter nur, um sie in den uns bequemen Vorstellungen zu erhalten. Wir verbreiten Schriften und Traktätchen, die mehr der Versimpelung als der Bildung zu dienen geeignet sind. Kein Wunder, daß sich die Arbeiter von einer Lehre abwenden, die nicht von der Überzeugung der Lehrenden getragen ist; daß dagegen die *Norddeutsche Allgemeine Zeitung* mit unberechtigt angefochtenem Nachdruck auf die merkwürdige Einheit der Gesinnung verwies, die als das Bindemittel aller Schichten, vom Arbeiter bis zum Magnaten, auf dem Mainzer Katholikentag hervorgetreten sei; daß wir dem engen Zusammenhalten der sozialdemokratischen Partei nichts anderes als Neid und Schrecken entgegenzustellen haben! Denn sowohl die Katholiken als auch die Sozialdemokraten bemühen sich ehrlich in ihrer Weise um die Bildung ihrer Parteigenossen. Was immer die Mängel ihrer Lehren sein mögen: sie haben den Vorzug, daß ihre Lehrer das Beste geben, was sie haben. Nur der Überzeugte kann Überzeugung hervorrufen. So lange wir dagegen in rudimentären Statusgefühlen befangen den Massen die Berechtigung zur Teilnahme an dem, was wir für das Höchste halten, mit der oft widerlegten Behauptung verweigern, daß sie dazu unfähig seien, werden weder Kriegervereine noch selbst die Beseitigung des allgemeinen Stimmrechts – wenn sie wirklich Jemand wagen wollte – eine glückliche soziale und politische Entwicklung unseres Volkes zu gewährleisten imstande sein.

Nicht anders aber steht es mit unserer inneren Anerkennung der Gleichberechtigung auf wirtschaftlichem Gebiet. Die Belege sind hier so zahlreich, daß es schwer fällt, die Auswahl zu treffen. Am naivsten tritt hier das Statusgefühl hervor, wenn Personen, deren ganzes Leben in keiner Weise ihre Existenzberechtigung dartut, bei Gelagen von einer Üppigkeit, wie sie ihre Väter nicht geahnt hatten, über die steigenden Ansprüche der arbeitenden Klassen klagen, die heute nach Fleischkost oder gar statt nach Dünnbier nach Doppelbier verlangen. Allein weit ernster tritt es hervor, wo die Festsetzung der Arbeitsbedingungen in Frage steht. Daß die bloße rechtliche Freiheit und Gleichheit beim Abschluß des Arbeitvertrags den vereinzelten Arbeitern keine Besserung ihrer Lage zu bringen vermag, ist heute sattsam bekannt. Allein bitter rächt es sich, daß die Sozialisten nun einfach die Freiheit des Arbeitsvertrages verwarfen und, statt nach Schaffung der Bedingungen, welche die rechtliche Freiheit zu einer wirklichen machen, nach Einmischung des Staats nicht bloß in die sittlichen, sondern auch in die wirtschaftlichen Bedingungen des Arbeitvertrages verlangten. Dies hätte ihrerseits noch einen Sinn, wenn die Staatsgewalt sich in ihren Händen befände. Nur zu willig aber haben in einem bürokratisch regierten Staat, dessen Beamtentum in den Status-Vorstellungen der Kapitalistenklasse befangen ist, die Herrschenden diesen Ruf aufgenommen. Mit Geschick hat man die Versicherungsgesetzgebung so zu gestalten gewußt, daß Organisationen zur Verwirklichung der gesetzlich anerkannten Freiheit und Gleichheit beim Abschluß des Arbeitvertrages der Anlehnung an freie Hilfskassen entbehren müssen und somit nur möglichst schwer sich entwickeln können.

Eine nationalökonomische Doktrin, die sich ethisch nennt, plädiert für Festsetzung der Arbeitbedingungen nach dem Maße dessen, was jenem Beamtentum als dem *status* der Arbeiter gebührend erscheint. Eine neue Fesselung des Arbeiters an den einzelnen Arbeitgeber will man in der Industrie mittelst Wohlfahrtseinrichtungen und Gewinnbeteiligung herbeiführen, in der Landwirtschaft mittelst Ausbildung des sogar von den Wortführern jener Doktrin früher lebhaft verurteilten Instituts der Inst- oder Dienstleute. Und aus der Rumpelkammer des preußischen Polizeistaats scheint diese auch „historisch" sich nennende Schule den neuesten Gedanken gezogen zu haben, wonach Fachvereine der Arbeiter anerkannt werden sollen, wenn sie sich verpflichten, erstens erst dann zu Arbeitseinstellungen zu schreiten, wenn sie die neuen Gewerbegerichte als Einigungsämter angerufen haben, und zweitens den Polizeiorganen jederzeit Einsicht in ihre Bücher und Zutritt zu ihren Beratungen gestatten. Die erste Bedingung wäre, selbst wenn jene Gewerbegerichte als Einigungsämter nicht so völlig unbrauchbar wären, wohl geeignet, dem ganzen Einigungsverfahren für immer jede Zukunft zu nehmen. Die zweite erscheint als eine Reminiszenz aus der Zeit, da der preußische Staat durch ähnliche Bestimmungen die Zünfte des 18. Jahrhunderts des letzten Schimmers von Selbständigkeit und Handlungsfreiheit beraubte. Allein der Historismus jener Schule, aus deren Ideenschatz, dieses Projekt hervorgegangen ist, übersieht den Unterschied zwischen einer absterbenden und einer neu aufsteigenden Klasse. Den Zünften des 18. Jahrhunderts konnte man solche Bedingungen zumuten. Sie waren ohnedies am Verenden und wären ohne den Staat, der sie schützte, überhaupt nichts gewesen. Die Arbeiterorganisationen aber haben ohne und gegen die Anerkennung des Staates bestanden. Sie haben gezeigt, daß sie sich ohne sie behelfen können. Bei allen Vorteilen, welche ihnen die staatliche Anerkennung bringen würde, sind nicht sie es, die dieser zu ihrer Existenz bedürfen, sondern der Staat ist es, dessen gedeihliche Zukunft erheischt, daß die neu aufsteigenden Klassen sich mit ihm befreunden. Dies kann aber nicht geschehen, indem diese bestehende Ordnung ihren Lebensbedingungen Gewalt antut, sondern nur, indem sie den Organisationen der Arbeiter denselben Spielraum zur legitimen Geltendmachung von deren Interessen gewährt wie den Organisationen der übrigen Klassen.

So sind denn rudimentäre Status-Vorstellungen heute das Haupthindernis einer glücklichen sozialpolitischen Entwicklung in Deutschland, – einerlei, ob sie sich in dem Verlangen nach Kanonen gegen die Arbeiter äußern, oder ob sie – „ethisch" und „historisch" – die Erreichung der legitimen Ziele der Arbeiterbewegung zu vereiteln suchen. Es ist aber nicht ethisch, zu proklamieren, daß es in unserer Wirtschaftsordnung zuletzt überall die größere *persönliche* Leistungsfähigkeit sei, die zu den höheren Stellungen an die Spitze der Unternehmungen führe, und die Arbeiter auf das Maß des ihnen nach ihrem Status Zukommenden zu verweisen. Und es ist nicht historisch, die Zukunft des deutschen Reiches in den Klassen zu sehen, die in der Vergangenheit den preußischen Staat angeblich gemacht haben. Wohl aber ist es Beides, das Streben der neu aufsteigenden Klassen nach einem Dasein, das ihnen eine sittliche Existenz als Mensch und eine wachsende Teilnahme an der Kultur ermöglicht, zu erleichtern und so aus diesem Jungbrunnen dem deutschen Reich die Kräfte zuzuführen, deren Grünen und Gedeihen ihm für die Zukunft dauerndes Leben verspricht. Der einzige Weg dazu aber ist, daß wir zunächst die Grundlage unserer heutigen Gesellschaftsordnung, den *contractus*, in der Weise anerkennen, daß wir alle Bedingungen schaffen, die nötig sind, um ihn zur Wahrheit zu machen. Daß dies das letzte Stadium der Entwicklung sein werde, schließt schon der Begriff der Entwicklung aus. Allein für das, was spätere Jahrhunderte nötig machen werden, haben wir heute nicht zu sorgen. Und einerlei, was dies sein mag, die Entwicklung wird um so gesetzlicher und daher um so segensreicher sein, je wahrhaftiger, aufrichtiger, hinterhaltloser wir in der Durchführung der Prinzipien werden, auf denen heute unser gesamtes gesellschaftliches Dasein beruht.

Historismus und Rationalismus

Im Gebiet der *Rechtslehre* hat seit Anfang dieses Jahrhunderts die historische Auffassung die rationale verdrängt; hauptsächlich in Deutschland ist dies geschehen, unter dem Protest gegen ein „Allgemeines bürgerliches Gesetzbuch", wonach damals das neue und befreite nationale Bewußtsein verlangte. Der Gedankengang, den Friedrich Carl von Savigny geltend machte, als er seinem Zeitalter den Beruf für Gesetzgebung absprach, war ein seltsam inkonsequenter. Er vertrat, im Sinne Schellingscher Naturphilosophie, die Auffassung, das Recht sei durch einen „organischen Zusammenhang" mit dem Wesen und Charakter eines Volkes verbunden, und auch hierin sei es der *Sprache* zu vergleichen, mit der es wie mit der Sitte und der Verfassung durch die gemeinsame Überzeugung des Volkes, das gleiche Gefühl innerer Notwendigkeit, zu einem Ganzen verknüpft werde. Von diesem Gedanken aus hätte Savigny für die reine Darstellung *deutschen* Rechtes, für seine Erneuerung und Fortbildung im einheimischen Geiste, streiten müssen. Da aber die Kenntnis des römischen Rechtes seine Domäne war und er dessen Studium zu vertiefen für die wichtigste Aufgabe des praktischen Juristen hielt, so wies er die „bitteren Klagen über dies fremde Element unseres Rechtes" zurück; den neueren Völkern scheine, wie ihre Religion nicht ihr Eigentum sei, wie ihre Literatur ebensowenig frei von den mächtigsten äußeren Einflüssen, auch ein fremdes und gemeinsames bürgerliches Recht „nicht unnatürlich". Savigny bejahte also die Rezeption und gewahrte nicht, daß sie durchaus in derselben Richtung lag, wie die Tendenz des von ihm verachteten Naturrechts, nämlich in rationalistischer und nicht in historischer Richtung; daß ein fremdes Recht so wenig wie eine fremde Sprache mit dem Wesen und Charakter eines Volkes organisch zusammenhängen kann. Die Nachfolger Savignys tun das Werk, das er (am liebsten für immer) verwehren wollte; sie machen – für das heutige Deutsche Reich – ein bürgerliches Gesetzbuch, gegen dessen Entwurf jene bitteren Klagen als über ein durch und durch „römisch" gedachtes Werk von neuem laut werden, das begreiflicherweise gebilligt werde durch die „alte und unausrottbare *naturrechtliche* Denkweise, welche stets die große Masse der ‚Gebildeten' beherrschen wird und auch in den

Köpfen unserer Juristen immer wieder die mühsam angequälten geschichtlichen Allüren durchbricht."[50]

Das Naturrecht, das als *naturalis ratio* in der Entwicklung römischen Rechtes selbst eine gleiche Wirkung gehabt hatte, wie sie das so zum Weltrecht gewordene römische in der Entwicklung des deutschen Rechtes ausübte – wobei dem neuen Naturrecht außer für Umwälzung der *öffentlich-rechtlichen* Begriffe nicht viel zu tun übrig blieb – erhebt den Anspruch, ein Privatrecht darzustellen, das nicht bloß auf die gegenseitigen Verhältnisse und Geschäfte zufällig in einem Staatsgebiet zusammenwohnender, sondern zivilisierter Menschen schlechthin anwendbar sei. In der Tat wird schwerlich ein Institut oder ein Satz in dem neuen Entwurfe gefunden werden, der für „Deutsche" tauglich, aber dem Volksgeist der Österreicher, Italiener, Franzosen, Engländer zuwider sich behaupten ließe. Gewohnheiten sind dort wie hier entgegen, aber wenige Gewohnheiten sind – im Sinne moderner Nationen – von nationaler Art, am meisten wohl die der angelsächsischen Rasse, die sich bisher einige Grundsätze altgermanisch-gemeinen Rechtes zu erhalten gewußt hat; aber auch hier die meisten territorial und lokal differenziert. Es ist daher kein Wunder, daß sich, wie Otto von Gierke bemerkt, bei uns heute vielfach „national" *nennt*, was im Grunde „kosmopolitisch" *ist*.[51] Denn die heutigen nationalen Tendenzen sind insgesamt nur vorläufige Begrenzungen der internationalen Ideen, die der „Weltverkehr" hervorruft. Auch ist die Ausbildung eines „internationalen Privatrechts" in fortschreitendem Gang durch das praktische Bedürfnis dringlich geboten.

Das römische Recht gilt noch heute[52] in deutschen Landesteilen als gemeines Recht. Es wird subsidiarisch angewandt, wo immer partikulares Landes- oder Ortsrecht versagt. Es wird also fingiert, daß jenes als das Allgemeine zugrunde liege und sich je nach den Bedürfnissen mannigfach entwickelt habe. Das besondere gilt also als das höhere Recht. Hingegen wenn durch Gesetzgebung ein neues allgemeines Recht geschaffen wird, so ist dies das höchste, und der Grundsatz steht: Reichsrecht *bricht* Landesrecht, das allgemeine bricht das besondere. Nur durch ausdrückliche Bestimmung kann hier besonderen Rechtssätzen noch eine Geltung *belassen* werden.

In Wahrheit hat aber das gemeine Recht immer brechend gewirkt: darum weil es das Recht war, das die *Juristen*, als Advokaten und als Richter, als das wahre und richtige geltend machten, als die *ratio scripta*, wie man das römische Recht

---

50 Otto von Gierke, „Der Entwurf eines bürgerlichen Gesetzbuches und das deutsche Recht", in: Jahrbuch für Gesetzgebung, Verwaltung und Volkswirtschaft im Deutschen Reich, Band XIII (1889), S. 929.

51 Ebd.

52 Gemeint ist das Jahr 1895.

wohl genannt hat. Savigny erkannte nicht einmal, daß die Juristen, von welchen, nach ihm, bei steigender Kultur das Volk in der Funktion der Rechtsbildung „repräsentiert" wird, eben durch Anwendung römischen Rechtes in demselben Sinne revolutionär und gleichmachend tätig gewesen sind, wie er es von einer Gesetzgebung des bürgerlichen Rechtes befürchtete. Die Richtung, welche Savigny nicht wie sein Vorgänger Hugo Grotius skeptisch betrachtete und nicht zu hemmen gedachte, lag und liegt noch in der Entfesselung des Privatrechtes, des willkürlichen Eigentums, der vollkommenen Freiheit aller Kontrakte. Ob die Fortbildung des Gewohnheitsrechtes in diesem Sinn durch wissenschaftliche Behandlung, Auslegung, Umdeutung oder durch gesetzgeberische Aufhebung und Verallgemeinerung geschieht, ist eine Frage von untergeordneter Bedeutung. Und wie es denkbar ist, daß die Vernunft des Juristen unter anderen Umständen in anderem Sinne wirksam würde, so kann auch die Vernunft des Gesetzgebers dahin tätig sein, jene gesamte Entwicklung wieder aufzuheben.

Auch in der *politischen Ökonomie* hat sich längst eine „historische" Richtung gegen die rationalistische erhoben; und zwar anfänglich mit dem Anspruch, dasselbe in ihrem Feld zu leisten, was die historische Rechtswissenschaft geleistet habe. Die Analogie ist aber sehr unzulänglich. Zu einer deutlichen Formulierung des Gemeinsamen ist man niemals gelangt; und die historische Nationalökonomie ist noch früher an sich irre geworden – ihr hervorragendster lebender Vertreter bezeichnet die Schilderungen der Wirtschaftsgeschichte nur noch als „Bausteine zu einer nationalökonomischen Theorie" und statuiert, daß die allgemeine Nationalökonomie von heute „philosophisch-soziologischen Charakters" sei[53] – als die historische Jurisprudenz. Beide haben hin und wieder versucht, die von ihnen bekämpften Theorien als „mechanische" Ansicht durch eine „organische" Auffassung" des sozialen Lebens zu ersetzen; aber „die philosophische Durcharbeitung dieses Gedankens (der historisch-organischen Rechtsidee) blieb bis heute eine unvollkommene"[54] und „die Begründung dieser Anschauung – den Staat, die Volkswirtschaft als Organismus zu betrachten – hat bisher noch keine allgemeine Anerkennung zu erringen vermocht"[55].

Wenn nun die historischen Doktrinen nichts weiter wollten, als Recht und Volkswirtschaft historisch darzustellen, so würde man ihnen nicht bestreiten, daß sie sehr bedeutsame Arbeit leisten. Ihre eigentliche Schärfe liegt aber darin, daß

---

53 Gustav Schmoller, Artikel „Volkswirtschaft, Volkswirtschaftslehre und -methode", in: Handwörterbuch der Staatswissenschaften, Band 6, Jena 1894, S. 527-563.
54 Otto von Gierke, *Johannes Althusius und die Entwicklung der naturrechtlichen Staatstheorie*, Berlin 1880, S. 317.
55 Hans von Scheel, „Die politische Ökonomie als Wissenschaft", in: Gustav Schönberg (Hrsg.), *Handbuch der Politischen Ökonomie*, 3. Aufl. Tübingen 1890, Band I, S. 104.

sie – auf Begriffsbildung und Theorie mehr oder weniger ausdrücklich verzich-
tend – zu behaupten scheinen, eine andere Behandlung der Gegenstände überall
nicht möglich oder nicht ersprießlich sei. Und doch wollen sie selbst aus ihren historischen Auffassungen praktische Folgerungen ableiten, merkwürdigerweise von
entgegengesetzter Art. Die historische Rechtsschule hatte ihre – nunmehr verleug-
nete – historische Bedeutung darin, daß sie die Willkür des Staates verneinte, daß
sie die Bildung des Privatrechts in allen wesentlichen Stücken dem Volk und seinem natürlichen Organ, dem Juristenstand allein überlassen wollte. Die historische Nationalökonomie hingegen ist wesentlich eine sozial*politische* Schule; sie
ist aus der Opposition gegen die Lehre erwachsen, daß der Nationalreichtum am
besten gedeihe, wenn der Staat sich in die natürlichen Bewegungen des Handels
und Verkehrs *nicht* hineinmische, wenn er das Volk, und insbesondere dessen Organ, die Unternehmer von Geschäften, gewähren lasse, da jeder am besten seine
eigenen ökonomischen Vorteile kenne, aus der natürlichen Opposition der Anbie-
tenden und der Begehrenden sich ein immer neues Gleichgewicht ergebe, aus der
freien Konkurrenz der Verkäufer die beste und wohlfeilste Ware, d. h. das größte
wirtschaftliche Glück hervorgehen müsse.

Nach der historischen Seite will Savigny den Irrtum zerstören, daß „im normalen Zustande alles Recht aus Gesetzen, d. h. ausdrücklichen Vorschriften der
höchsten Staatsgewalt entstehe". Wenn solche Meinung einmal gegeben ist, so folgt
als notwendige Forderung, die besonderen und mangelhaften durch ein allgemeines und vernünftiges Recht von Staats wegen zu ersetzen. Die Nationalökonomen
wollen nach der historischen Seite den Irrtum widerlegen, daß zu allen Zeiten die
freien Individuen in der Lage waren – wenn der Staat nur Schutz ihres Lebens und
Eigentums gewährte – sich in Handel und Wandel selbst zu regulieren; vielmehr
sei *relativ* zur jeweiligen Stufe der Kultur das, was geschah, nämlich obrigkeitliche Einschränkung, in der Regel auch nützlich gewesen. Von diesem historischen
Verständnis führt dann ein leichter Schritt zu der Forderung, auch für die gegenwärtige Volkswirtschaft die Zweckmäßigkeit der Staatstätigkeit in jedem gegebenen Fall als Problem anstatt ihre Verneinung als Axiom aufzustellen; als solches
wird sie bezeichnet, weil ein Beweis für die Richtigkeit nur empirisch-induktiv,
also nur historisch geführt werden könne. Die historische Jurisprudenz legt daher das „Organische" in das Volk – „die stillwirkenden Kräfte" – und erkennt im
Staat und seiner Willkür eher eine mechanisch wirkende Macht. Umgekehrt: Die
historische Nationalökonomie ist geneigt, in den auf Kontrakten gegründeten Beziehungen der isolierten Individuen bloß mechanische Verhältnisse zu erblicken.
Sie besteht dagegen auf der „organischen Staatstheorie" und sympathisiert mit der

Lehre, daß das Individuum „nur im Staate leben" könne, was dann regelmäßig mit dem Aristotelischen ζῷου πολιτιχόυ konfundiert wird. Man bemerkt also eine Paarung über Kreuz. Das Werk von Savigny wie das von Adam Smith und der Physiokraten entsprang aus der Gegenwirkung gegen die Weisheit der Staatsmänner, die im fürstlichen wie im parlamentarischen Regime, in der Revolution wie im *Empire*, das Volk nach Grundsätzen der Vernunft zu regieren meinten. Beide treten für *gesellschaftliche* Potenzen ein. Savigny will die Vernunft der Juristen, Adam Smith die der Kaufleute und Industriellen – worunter er die Landwirte mitbegreift – ihnen entgegensetzen. Savigny wähnte, daß die sich selbst überlassene Vernunft der Juristen, wenn sie nur durch das Studium des römischen Rechtes sich vertiefe, wesentlich konservativ, nämlich der „Idee der Gleichförmigkeit", die „eine unbeschreibliche Gewalt nach allen Richtungen nun schon solange in Europa ausübe" und „auf Vernichtung aller individuellen Verhältnisse" ausgehe, entgegenwirken werde. Adam Smith hielt die gesamte historische Entwicklung des wirtschaftlichen Lebens für „unnatürlich". Ganz unter dem Einfluß von François Quesnay bildete er sich ein, daß das Aufhören aller Begünstigungen und Einschränkungen in erster Linie der Agrikultur als dem produktivsten Gewerbe zugute kommen werde. Und er läßt durchblicken, daß er die Beschäftigung damit auch für moralisch edler hält als die mit Manufakturen und Handel. Auch Adam Smith will in diesem gewissen Sinne als konservativ verstanden werden; auch für ihn ist der Staat die revolutionäre Macht. Und doch beruhen seine Gedanken, wie die der Physiokraten, im Naturrecht, dem die historische Schule sich so heftig entgegenwandte. Das Wesentliche des Naturrechts ist, daß es die freien Individuen einander gegenüber und über ihnen den aus ihrem Willen hervorgehenden Staatswillen setzt, und daß es bei jenen, wenn sie Verträge schließen, bei diesem, wenn er Gesetze gibt, eine richtig rechnende Vernunft postuliert. Die Lehren gehen auseinander über die Grenzen zwischen Gesellschaft – dem Ensemble der Individuen – und Staat, der kollektiven Person. Was die historischen Schulen bekämpfen, sind teils historische Meinungen, die sie in dem System enthalten finden – das ist eine Sache für sich – teils diese (von ihnen so genannte) *rationalistische* Konstruktion. Hierbei wird nicht zwischen dem Rationalismus im Gegenstand, dem objektiven, und dem Rationalismus in der Methode, dem subjektiven Rationalismus unterschieden. Die Nationalökonomen bezweifeln den Rationalismus der Gesellschaft, die Juristen kritisieren den Rationalismus des Staates. Ob eine andere (wenn nicht bloß beschreibende) *Wissenschaft* von diesen Gegenständen möglich sei als eine rationalistisch konstruierende – diese Frage ist kaum aufgeworfen, geschweige denn gelöst worden.

Ich aber will behaupten: daß die Tendenz zum Rationalismus, d. h. zu einem – individuellen oder kollektiven – freien utilitaristischen Denken, der Gesellschaft und dem Staat wesentlich ist; daß dieselbe Tendenz, als zu einer frei-
en Bildung zweckmäßiger Begriffe, der Wissenschaft wesentlich ist; und daß das
„historische" Denken, außer dem, was es sonst bedeutet, auch den Übergang zu
einer neuen Gestalt des rationalistischen Denkens in Bezug auf die Tatsachen des
sozialen Lebens darstellt. Als gemeinsam finde ich in allen Formen der rationalistischen Art des Denkens und Wollens, daß sie ein Prinzip der *Herrschaft* bedeutet, daher in jedem Gebiet auf dessen Vergrößerung, ja Verallgemeinerung, sei es
extensive oder intensive, ausgeht; ferner ist dadurch notwendig gegeben, daß sie,
um sich die Herrschaft zu erleichtern, ihr Gebiet einteilt, daß sie die Objekte ihrer
Herrschaft so sehr als möglich *gleich* und in Bezug aufeinander *frei* macht, so daß
die Einheiten beliebig kombiniert und in *Systeme* gebracht werden können. Zuerst aber muß sie selbst, die willkürliche Vernunft, sich frei machen und über alle
Relationen, die ihr anhaften, sich siegreich und absolut erheben.

I.

Die rationalistischen Tendenzen sind also selbst Tatsache der Historie, und zwar
unter den bedeutendsten. Sie sind Ausdruck der Bewegung, die durch die gesamte
soziale Entwicklung der neueren Völker gleichmäßig, wenn auch in mannigfachen
Gestalten, hindurchgeht. Über die Hemmungen, die ihr in ihrem eigentümlichsten
Gebiet, dem der Wissenschaft, begegnen, schreitet sie am leichtesten hinweg. Mit
anderen Widerständen hat sie schwerer zu kämpfen. Alle Gefühle und alle Interessen, die jedesmal an Erhaltung eines „historischen" Zustandes hängen, muß sie
überwinden. Sie ist immer revolutionär; und ihre eigenen Gebilde verhalten sich
zu ihr als konservative, sobald sie sich befestigt haben, und in dem Maße, wie es
geschehen ist. Da andererseits die rationalistischen Tendenzen niemals ganz fehlen, wo überhaupt soziale Entwicklung stattfindet, so sind fast alle stabil gewordenen Mächte einmal revolutionär gewesen. Der große Gegensatz der Zeitalter ergibt
sich aber aus den überwiegenden Tendenzen. So lange als die Tendenz zur festen
Ansiedlung, zur Bildung und Erhaltung von Gewohnheiten, zum Glauben an die
Wirklichkeit von Phantasiegebilden überwiegt, solange werden alle rationalistischen Tendenzen assimiliert. Wenn diese aber die größere Stärke gewinnen, frei
und herrschend werden, so nehmen jene ab. Und gegenüber allen vereinzelten Anwendungen rationalistischer Tendenzen erheben sich in gesetzmäßigem Fortschritt
die Mächte, welche die soziale Vernunft schlechthin darstellen: die Gesellschaft,

der Staat, die Wissenschaft. Alle drei sind bloß begriffliche Ausdrücke, wodurch die Tendenzen bezeichnet werden, die auf den unterscheidbaren Gebieten des sozialen Lebens: auf dem ökonomischen, auf dem politischen und auf dem geistigen Gebiet hervortreten.

Auf dem ökonomischen Gebiet ist es das bei allen Menschen mehr oder minder starke Verlangen nach Reichtum, d. h. nach Verwertung und Ausdehnung vorhandener Güter, was die Vernunft der Individuen entfesselt. Auf dem politischen Gebiet wirkt ebenso das natürliche oder auferlegte Bedürfnis, zu regieren, genauer: die Verwertung und Ausdehnung vorhandener Macht über Menschen als gestellte Aufgabe. Im geistigen Gebiet nimmt Wißbegierde am unmittelbarsten das Denken in Anspruch. Verwertung und Ausdehnung der Berechenbarkeit von Ereignissen, der Macht über die Natur ist die bedeutendste Aufgabe.

Diese Aufgaben und Tendenzen hängen untereinander zusammen; sie befördern einander in gewissem Grade und vorzugsweise; sekundär sind die Widersprüche, in die sie zueinander geraten.

Der gesellschaftliche Prozeß ist seinem Wesen nach eine Rationalisierung und insofern der Wissenschaft innerlich verwandt. Er erhebt die rationalen, rechnenden Individuen, die sich der wissenschaftlichen Kenntnisse und ihrer Träger wie anderer Mittel und Werkzeuge bedienen. Ein Geschäft oder ein Etablissement ist selbst einem Mechanismus ähnlich, dessen Motor der kaufmännische Wille ist. Den Mechanismus kennzeichnet die relative Unabhängigkeit der Teile und ihr Zusammenwirken zu einer einheitlichen Leistung. Der Umfang, worin planmäßig geordnete Werkzeuge so vereinigt werden und zusammenwirken können, ist ideell unbegrenzt; die Erfahrung zeigt sein fortwährendes Wachstum. Ebenso – und im Gebiet der produktiven Arbeit eng zusammenhängend damit – ist das Wachstum der Kooperation von menschlichen Willen und Kräften. Vergrößerung der Maschinerie wie der Geschäfte und Etablissements ist Ursache und Folge des Sieges der mächtigsten Willen im Konkurrenzkampf, wobei es gleichgültig ist, ob diese mächtigste noch individuelle oder ob es assoziierte Willen sind, die gleich individuellen agieren. Denn wie die Partikeln der unorganisierten Materie sich teils frei zu mechanischen Wirkungen verbinden, teils dazu (vorzugsweise durch menschliche Kräfte) verbunden *werden*, so die menschlichen Willen oder Kräfte selbst, sofern sie außerhalb alles organischen Zusammenhanges betrachtet werden. Ihre abhängige – subordinierte, regulierte – Kooperation ist jene in der Fabrik, im Geschäft; die freie – koordinierte, sich zusammenfügende – kann auf beliebige Zwecke gerichtet sein; als die von kaufmännischen Willen ist sie wesentlich auf kaufmännische Zwecke gerichtet. Daneben die Vergrößerung bestehenden Geschäftes oder Etablissements durch Erwerb – regelmäßig durch Ankauf – anderer. Die As-

soziation tritt in dreifacher Gestalt auf: erstens als Fusion ganzer Geschäfte oder
Etablissements, die oft nur der Form nach eine freie Verbindung ist, in Wirklichkeit Aufsaugung kleinerer durch ein größeres bedeutet; zweitens als Verbindung
ganzer (vermögensrechtlicher) Persönlichkeiten für gemeinsame Unternehmungen; und drittens als Verbindung von Personen mit begrenzten Teilen ihrer Vermögen, die eine gemeinsame Bestimmung erhalten.

Der individuelle oder kollektive Kaufmann ist hauptsächlich Urheber von *Bewegungen* als Veränderungen des Ortes. Er bewegt sich selbst, Sachen aller Art,
Menschen aller Art. Besonders sind ihm die Bewegungen zum Hin- und Herbrin-
gen von Nachrichten, von Bestellungen, von Proben usw., auf Land· und Wasser-
straßen wichtig. Die größte Geschwindigkeit ist sein Ziel, weil zuvorzukommen
sein Gewinn ist. Er ist aber auch Urheber von Bewegungen an Ort und Stelle blei-
bender Menschen, die er Arme und Beine bewegen läßt; er wird Leiter von Arbeits-
prozessen, indem er nämlich getrennte Arbeiter unter sein Kommando sammelt,
nach seinem Zweck richtet und ordnet; ferner, indem er sie in eine gemeinsame
Werkstätte zusammenbringt, um sie unter einen einheitlichen Produktionsprozeß
zu verteilen. Dies ist nur eine besondere Gestaltung des *Einkaufs* von Waren: Vo-
rauseinkauf ist die Bestellung, aus Bestellung wird Auftrag, endlich Herstellung
im eigenen Namen; Herstellung der *eigenen Ware.*

Der erste gesellschaftliche Rationalismus hat die Entbindung und Beförde-
rung der Warenproduktion sowie des Verkehrs unter allgemeinem Rechtsschutz
zum Inhalt. Sein Träger ist die besitzende Klasse. Diese ist überall aus drei Ab-
teilungen zusammengesetzt: erstens der Klasse, die Grund und Boden, zweitens
der Klasse, die Arbeitsinstrumente und drittens derjenigen, die Geld, d. h. Kapital besitzt. In allen drei kommen hauptsächlich diejenigen Personen in Betracht,
die solche Mittel in ausgezeichnetem Umfang oder in überragender Menge besitzen; daneben die nach Vermehrung ihrer geringeren Mittel mit Entschiedenheit Strebenden. Die dritte Abteilung drückt den allgemeinen Begriff der ganzen
Klasse aus; denn Geld kann sich in Grund und Boden oder in Arbeitsinstrumente
verwandeln. Geld ist das absolute Mittel, und jene werden gleich einer gewissen
Menge Geldes gedacht, insofern sie als Mittel zur Erwerbung von Geld berechnet
werden. Daher ist der Kaufmann, neben dem der Leihkapitalist als minder aktiver
und mehr verborgener Begleiter einhergeht, historisch der eigentliche Träger des
gesellschaftlichen Rationalismus und Fortschritts. Er ist zugleich der allgemeine
Ausdruck des vernünftigen Menschen schlechthin, insofern es für diesen als wesentlich gedacht wird, daß er dem klar begriffenen Zweck seines persönlichen Vorteils alle seine Tätigkeiten als Mittel anpaßt, daher auch alle Gegenstände – Sachen
und Menschen – zu seinen Mitteln erniedrigt. Ihm nähern sich der Grundbesitzer

oder Gutspächter und der Fabrikant an, je mehr sie sich die Produktion von Waren sich zum Ziel setzen und je mehr sich ihre Tätigkeit insofern als Geschäft darstellt. Und der Kaufmann geht in beide Gestalten über, aber viel leichter in die des Fabrikanten, weil sie ihm sozial näher steht – in der Regel gleich ihm städtischen Charakters – und weil die Produktion von Waren in diesem Gebiet sich eher ins Grenzenlose ausdehnen läßt.

Die Verallgemeinerung des kaufmännischen oder geschäftlichen Typus hat aber für die Geschichte des sozialen Lebens eine besondere Bedeutung. Sie bezeichnet eine Gegentendenz gegen die Teilung der Arbeit, wie diese sich in ihrer ursprünglichen Gestalt als Scheidung der Stände darstellt. An die Stelle herrschender Stände tritt eine herrschende Klasse. Die alte Bodenaristokratie, das *landed interest*, verschmilzt mit der neuen Kapitalaristokratie, dem *monied interest*.[56] Die geistliche Aristokratie wird in die Mitte genommen und hinabgedrückt; Priesterherrschaft wird um so mehr lästig, je weniger sie noch an weltlichem Patriarchalismus ein Gegengewicht hat. Sie erhält sich gleichwohl in Kraft, je mehr sie durch Bodenbesitz mächtig bleibt oder selbst kaufmännisch und kapitalistisch wird.

II.

Die kaufmännische und kapitalistische Leitung der ökonomischen Prozesse verändert ferner und verkehrt zuletzt in dreifacher Weise die Teilung der *produktiven Arbeit*, wie diese bis dahin historisch überliefert ist.[57]

---

56   „Der Landjunker ... strebt nach Reichtum neben der Macht; und wenn er nun erst recht den Städter, und in der Stadt den Kaufmann verachtet, so ist es begreiflich, denn er ist ihm innerlich näher gerückt, hat sich also stärker gegen die neue unbequeme Verwandtschaft zu wehren." (Georg Friedrich Knapp, *Die Landarbeiter in Knechtschaft und Freiheit*, Leipzig 1891, S. 54, wo von der Umwandlung der Grundherrschaft in die Gutsherrschaft in deutschen Territorien gehandelt wird.)

57   Während der letzten Jahre, die an sozialwissenschaftlichen Untersuchungen und Erörterungen reich gewesen sind, ist auch von neuem die Rede auf das Thema der Arbeitsteilung gefallen, das seit Adam Smith einen *locus communis* der politischen Ökonomie gebildet hat. Es war längst bemerkt worden, daß unter diesem Namen sehr verschieden geartete Erscheinungen des sozialen Lebens zusammenkommen; man hat sich bemüht, den Begriff fester zu stellen, seine Arten zu unterscheiden usw. Hervorzuheben sind Gustav Schmoller, „Die Tatsachen der Arbeitsteilung" und „Arbeitsteilung und soziale Klassenbildung" in dem von ihm herausgegebenen Jahrbuch für Gesetzgebung, Verwaltung und Volkswirtschaft im Deutschen Reich, Band XIII und XIV; ferner Karl Bücher, *Die Entstehung der Volkswirtschaft*, 2. Aufl. Tübingen 1898, S. 119 ff. Keiner von beiden hat, soviel ich sehe, die hier behandelte Involution der Arbeitsteilung auch nur angedeutet. Ebensowenig ist aus dem Buch *De la division du travail social* von Emile Durkheim hierfür zu entnehmen, wo in breiten Ausführungen über die Moral der Arbeitsteilung geredet wird.

1. Soweit als jene Tendenz sich verwirklicht, tritt der Kaufmann oder Fabrikant als allgemeiner Meister an die Spitze aller Betriebe, die sonst von ihrem je besonderen Meister geführt wurden. Die Übung, die den Meister machte, der Geschmack und die Kultur des Geistes, die ihn in den edleren Zweigen der Arbeit zum Künstler erhob, sind nicht mehr nötig. Der Kaufmann ist der wahre *„Jack of all trades"*. Seine Kunst ist, die Arbeit zu „geben", d. h. sie in flüssiger oder geronnener Gestalt aus Künstlern und anderen Arbeitern herauszulocken. Tatsächlich ist aber sehr oft der individuelle Unternehmer, der als solcher ein Kaufmann wird, seiner wahren Qualität nach technischer Leiter der von ihm in Bewegung gesetzten Arbeiten. Insofern er als solcher agiert, ist er auch im Sinne dieser besonderen Arbeit tätig. Hierbei ist aber zu unterscheiden, was er für die Herstellung der (besonderen) Gebrauchswerte, mithin in Richtung auf ihre so sehr als möglich vollkommenen *Qualitäten als Güter*, und was er für die Herstellung derselben Güter als (allgemeiner) Tauschwerte, also in Richtung auf möglichst große, möglichst absatzfähige *Quantitäten von Waren* innerhalb des Produktionsprozesses bewirkt. Die Tätigkeiten des Technikers (Ingenieure und dergleichen) sind als solche höchst qualifizierte geistige Arbeit, aber in dem zweiten Sinne sind sie nur eine Dependenz der kaufmännischen Tätigkeit, die auch ihrerseits eine Menge von Gedankenarbeit enthalten kann. Aber sie ist niemals per se eine soziale Tätigkeit, wie – *auch im System entwickelter Tauschwirtschaft* – die Produktion von Gütern als Gütern, die Leistung von Diensten als Diensten es ist, welche Produktionen und Leistungen insgesamt ihre natürliche Qualität in dem Maße verlieren können, wie sie als Hervorbringungen von Waren oder Quasiwaren in den Dienst der „Spekulation"[58] gezwungen werden; und dies eben ist der Gang ihrer rationalen Entwicklung. Die Spekulation ist aber keine besondere Kunst, sondern ist nichts als egoistisches Denken, eine allgemein menschliche Kunst.

2. Eben dadurch ist die ausgebildete Warenproduktion Ursache einer *verwandelten*, einer *neuen* Teilung der Arbeit und trägt durch diese Verwandlung die Tendenz zu ihrer Negation in sich. Die unter 1. behandelte Gegentendenz richtet sich gegen die *subjektive* Seite der Teilung der Arbeit; sie läßt deren *objektive* Seite nicht nur bestehen, sondern verbindet sich tatsächlich mit deren Weiterführung und Steige-

---

58   „Spekulation ist dem Handel wesentlich […] so daß dann der Handel in der Regel *nur* um des Gewinnes willen betrieben wird. […] Daher die Ausdrücke Spekulation, Spekulant, bei anderen Erwerbstätigkeiten und Berufszweigen gebraucht, den sittlichen Vorwurf des Hinüberziehens desselben in die Handelssphäre, d. h. in die Sphäre der reinen Gewinnsucht, in sich zu schließen pflegen!" (Levin Goldschmidt, *Handbuch des Handelsrechts*, 2. Aufl. Stuttgart 1875, Band 1, S. 408 und 412). Vgl. auch die entsprechenden Stellen bei Karl Marx, *Das Kapital*, Band 1, 4. Aufl. Hamburg 1890, S. 113, Anm. 4.

rung. Der Fabrikant, der als Kaufmann und Spekulant nicht mehr ein „geteilter",
d. h. differenzierter und qualifizierter Urheber von *Gütern* ist, wirft gleichwohl
alle seine Kräfte auf die Produktion einer höchst differenzierten, speziellsten Gattung von Waren, um diese in möglichst großer Menge, sei es (was unwesentlich
ist) so vollkommen als möglich oder (was wesentlich ist) so absatzfähig als möglich auf den Markt zu werfen. Nicht seine *Fähigkeit*, Waren hervorzubringen, ist
begrenzt (diese kann, je nach der Auffassung = 0 oder = ∞ gesetzt werden), wohl
aber ist sein Kapital begrenzt, und die Produktion von Spezialitäten ist in dem
Maße zweckmäßiger, als sie dem Konkurrenzkampf ausweicht und sich den spezialisierten Bedürfnissen anpaßt. Die so vermehrte objektive Arbeitsteilung wird
aber als rationale und neue von der historischen und alten wesentlich verschieden.
Diese entspringt aus einer von Natur *ganzen* Arbeit, die *sich teilt* und gliedert und
sich eben dadurch in ihrer Einheit erhält. Jene entspringt aus den Köpfen der Unternehmer, die sich je einen Teil erwählen, ohne um das Ganze anders bekümmert
zu sein, als daß sie darauf bedacht sind, ihre Ware in Geld zu verwandeln, das die
Möglichkeit aller anderen Waren bedeutet; und alle zusammen ergänzen sich, so
daß man ihre Vereinigung *als ein Ganzes betrachten* kann. Dieses Ganze ist ideeller Natur, es ist die Vereinigung der Waren auf dem Markt. Das natürliche Ganze hingegen ist ein Tätiges; es ist die reale *Wirtschaft* eines gemeinen Wesens, sei
dieses nun eine Haus- oder Hofhaltung, eine Dorf- oder Stadtgemeinde oder ein
ganzes Volk und die Wirtschaft eine Volkswirtschaft.

Was heute Volkswirtschaft *genannt* wird, „beruht … auf einer Abstraktion";
diese Volkswirtschaft ist „subjektlos"[59] (was nicht verhindert, daß der richtig ge-
faßte Begriff brauchbar, ja notwendig sein mag). Das wahre Verhältnis der objektiven Arbeitsteilung in ihr wird durch die Einsicht deutlich, daß gerade die großen
und bedeutenden Volkswirtschaften keine Autarkie besitzen, sondern notgedrungen einem größeren ideellen Ganzen, der *Weltwirtschaft* angehören, daß erst auf
dem *Weltmarkt* die Waren ihre entscheidenden und maßgebenden Versammlungen
abhalten, daß die *internationale Arbeitsteilung* diejenige ist, die sich aus der kapitalistischen Produktionsweise gesetzmäßig entwickelt. In dem Maße, als in einer Volkswirtschaft die industrielle Arbeit das Übergewicht erhält, bedarf sie der
primär auf Landwirtschaft beruhenden Volkswirtschaften zu ihrer Ergänzung. Bei

---

59 Die Ausdrücke stammen von Adolph Wagner, *Grundlegung der politischen Ökonomie*, 3. Aufl.
Leipzig 1892-93, Band I, S. 354. Wenn Wagner „trotzdem [...] die Volkswirtschaft als ein reales
Ganzes, welches sich in entscheidenden Punkten als ein Organismus darstelle" behauptet und
noch S. 770 ff. diese Ansicht in sehr ausführlicher Weise begründet, so muß ich mir hier ver-
sagen, auf den Gedankengang des ausgezeichneten Gelehrten kritisch einzugehen. Ich glaube
aber, daß bei ihm der objektive Anblick der Tatsachen durch die ethischen, patriotischen, *aber
auch* national-ökonomischen Postulate beeinträchtigt wird, die er mit großer Energie in seine
Betrachtung hineinzwingt.

der internationalen Arbeitsteilung springt aber der Kontrast gegen alle natürliche Arbeitsteilung in die Augen, die dem organischen Lebensprozeß mit Recht verglichen wird: „Die physiologische Teilung der Arbeit wird, wie bekannt, sowohl im phylogenetischen als im ontogenetischen Zusammenhange, aus einer ursprünglichen Einheit von Organ und Funktion entwickelt. [...] In diesem Sinne kann von einer internationalen Teilung der Arbeit, *als einer vordem ungeteilten*, fürwahr nicht geredet werden. Wenn wir der Deutlichkeit halber als ein typisches Verhältnis den Austausch zwischen England und China nehmen, so geht ihrer Zweiheit nicht die Einheit vorher, welche etwa zugleich Tee gebaut und baumwollene Waren fabriziert hätte, wenn auch beides in minder vollkommener Weise, um alsdann alle ihre Kräfte für Tee in China zu versammeln, alle für Baumwollenwaren in England – nichts dergleichen; sondern wenn wir auch die gesamten Länder als Subjekte ihres Austausches denken mögen (was noch am günstigsten für die Vorstellung ist), so bleiben sie doch durchaus selbständig *gegen*einander und ohne jedes *organische* Verhältnis zueinander. Sie *machen* den Tausch aus Einsicht in seinen Nutzen und machen ihn als einen regelmäßigen zu einem dauernden Verhältnis, das als eine Einheit und gleich eine Sache begriffen werden kann, deren Teile aber nicht die Länder, sondern ihre einzelnen Akte sind, welche sie wie Bausteine zu diesem Gebäude zusammensetzen.“[60]

Die internationale Teilung der Arbeit ist in Wahrheit nicht eine solche zwischen den Ländern, sondern zwischen den Kapitalien. Für die objektive kapitalistische Spezialisierung der Arbeiten ist aber die Ausscheidung der spezialisierten Betriebe als isolierter Wirtschaften, die mit allen übrigen nur durch den Markt zusammenhängen, keineswegs wesentlich; sie ist historische Anknüpfung an die vorkapitalistische Phase; aber das Kapital tendiert zur *Integration* der differenzierten Betriebe, je mehr es als einheitliches anwächst und je mehr es sich von seinen individuellen Eigentümern ablöst. Mit der Verwandlung des individuellen in den gesellschaftlichen Kapitalisten – durch Aktienvereine – verschwindet (wo immer sie Platz greift) die letzte Spur der *subjektiven* Teilung der Arbeit; zugleich ist sie der einfachste Weg, die Masse des in gleichem Sinne wirksamen Kapitals ins Unendliche zu vermehren, und eben dadurch, der objektiven Teilung der Arbeit entgegen, heterogene Betriebe in ein System zu bringen, worin sie ihre Selbständig-

---

60   Siehe Ferdinand Tönnies, „Herbert Spencers soziologisches Werk“, in: Philosophische Monats-
      hefte (1888), S. 71 f. Vgl auch Gustav Ruhland: „Das Ziel, dem wir entgegenstreben, ist ja die
      internationale Arbeitsteilung“ (Zeitschrift für die gesamte Staatswissenschaft, Band L, S. 660).
      Über die Konsequenzen, die hier ein gründlicher Kenner der Landwirtschaft aller Länder aus
      dieser Tatsache zieht, vgl. das *Jahrbuch für Nationalökonomie und Statistik*, 3. Folge, Band VII,
      S. 864 ff.: „So droht also ein doppelter Zusammenbruch in nicht zu ferner Zukunft“ (dort S. 893).
      Mit ähnlicher Prognose sind Friedrich Engels, Paul Lafargue und Rudolf Meyer vorangegangen.

keit verlieren. Verschieden von diesem Prozeß, wenn auch in ähnlicher Richtung sich bewegend, ist die *Koalition* homogener Betriebe (Trusts, Kartelle); verschieden, insofern nicht geteilte Arbeit, sondern konkurrierende aufgehoben wird (nachdem die Konkurrenz der Großbetriebe die äußerste Zuspitzung erfahren hat, wird sie als unsinnig und schädlich aufgegeben); in ähnlicher Richtung, weil auch hier die Selbständigkeit der Betriebe in einem System aufgeht, so daß innerhalb dessen die – vielleicht erleichterte – Spezialisierung nicht mehr als Arbeitsteilung innerhalb der Volks- und Weltwirtschaft auftreten würde, sondern nur als differenzierter Teil des Systems, dem sie angehört. Jener kombinatorische Prozeß selbst ist erst in bedeutenden *Anfängen* wahrnehmbar, wenn auch längst durch die Gleichgültigkeit des Kapitals gegen seine Anwendungen angebahnt.

Zum Teil auf älteren Voraussetzungen beruht die Verbindung industrieller Betriebe mit der Landwirtschaft in großen Herrschaften. „Ein Großgrundbesitzer ist der vielseitigste Industrielle. Er ist Bierbrauer und Glasfabrikant, Spiritus- und Branntweinbrenner, er besitzt Mühlen und Brettsägen, Eisenwerke und Zuckerfabriken, Bergwerke und Ziegeleien, Knochenstampfen und Kalköfen, Leinenbleichen und Holzschleifereien, er erzeugt Käse und Butter, Faßdauben und Teer, Hobel und Kisten so gut wie Dampfmaschinen, Schindel, Papier, und versteht sich überdies vorzüglich auf das Bankgeschäft."[61] Auch wo es nicht Latifundien sind, die durch ihre Üppigkeit der Arbeitsteilung spotten, verwischen sich durch die Anpassung der Landwirtschaft an den Weltmarkt und durch gesteigerte Arbeitsteilung innerhalb ihrer die Grenzen zwischen ihr und der Industrie. Sie wird, je mehr sie sich auf die Kultur von Handelsgewächsen wirft und diese Produkte (z. B. Kartoffeln und Rüben) so sehr als möglich in exportfähige Warenform gießt, selbst zu einer Art der Industrie und sogar ihrem ursprünglichen Beruf entfremdet, wenigstens ihre eigenen Arbeiter zu ernähren. Aber für den angezogenen Gesichtspunkt ist die Tendenz des zentralisierten Kapitals merkwürdiger, den Grundsatz der freiwilligen Beschränkung aufzugeben, der der modernen objektiven Arbeitsteilung zugrunde liegt. Schon wird er an vielen Stellen durchbrochen. Anstatt wie bisher zu sagen: „Mache nie etwas, was du anderswo kaufen kannst", bildet man die Maxime: „Kaufe nie von Anderen, was du selbst fabrizieren kannst"[62]; eine

---

61 T. W. Teifen, „Das soziale Elend und die ‚Gesellschaft' in Österreich, in: Deutsche Worte XIV (1894), S. I.

62 Sidney Webb hat in der ökonomischen Sektion der *British Association* (Oxford 1894) hierüber eingehend berichtet. Seine Illustrationen beziehen sich hauptsächlich auf englische Eisenbahn-Gesellschaften, Schiffbau- und Ingenieurfirmen, die alle besonders darauf ausgehen, ihre eigenen Produktionsmittel selbst herzustellen; eine Tendenz, die Karl Marx schon im I. Band von *Das Kapital* (4. Aufl., S. 312) für den vormaschinellen Betrieb signalisiert hat. Sorgfältigen Auszug aus dem Vortrag Webbs, durch eigene Bemerkungen vermehrt, gibt Eduard Bernstein in der Wochenschrift „Die Neue Zeit" (1894/95), S. 22 ff. Vgl. auch J. A. Hobson, *The evolution of*

Maxime, die, einmal wirksam, grenzenloser Konsequenzen fähig ist. Sie würde
am letzten Ende zu einer Vereinigung aller hauptsächlichen Industrien eines engeren oder weiteren Wirtschaftsgebietes unter dem Kommando eines Kapitals führen, wodurch die Absurdität des Privateigentums an diesem Kapital so hoch erhoben würde, daß sie auch dem unaufmerksamen Zuschauer in die Augen spränge.
Sie arbeitet der planmäßigen Ordnung einer gesellschaftlichen Gesamtprodukti-
on *durch* die Gesellschaft vor, dem Willen ihrer natürlichen „Vorgesetzten" zum
Trotz, die auf diese Weise selbst einleiten, was sie verabscheuen.

3. Die endliche und mächtigste Wirkung des Kapitals auf die Teilung der Arbeit
geht *innerhalb des Werkes* vor sich, das es unter seinem Kommando hat. Sie geht
neben der gesamten *sozialen* Teilung der produktiven Arbeit einher; und was diese in ihrer Entwicklung wird, das ist sie fast von vornherein: *künstlich*, d. h. hier:
durch ausdrückliche menschliche Willkür hervorgebracht oder doch angeeignet und
befestigt. Dieses Mindere – die Aneignung – ist die Form des einfachsten Überganges und begegnet hauptsächlich, wo die Produktion von Gebrauchswerten, die
schon umfangreiche Kooperation erheischten, in Warenproduktion übergeht. Karl
Marx, der den „doppelten Ursprung der Manufaktur" in klassischen Zügen schil-
dert, nimmt als Beispiel eines solchen Produktes die Kutsche, „das Gesamtprodukt
der Arbeiten einer großen Anzahl unabhängiger Handwerker"[63]. Er hätte auch das
Haus, wie es als Ware oder als Komplex von Waren hergestellt wird, nennen können, wenngleich hier keine Vereinigung in einer dauernden Werkstätte stattfindet.
Solange wie ein Bauherr eine Gemeinde und dergleichen für sich bauen läßt, gehen die geteilten Arbeiten unmittelbar in den Genuß des Konsumenten ein; sie verharren auf der Stufe, die Karl Bücher schicklich „Kundenproduktion" genannt hat.
Die Teilung der Arbeit ist hier nicht nur *sozial*, d. h. trägt selbständige Geschäfte,
sondern sie ist auch noch wesentlich gemeinschaftlich, d. h. nicht durch entfes-
selte Warenproduktion bedingt. Die spekulative Produktion von Häusern macht
die Bauhandwerker aus Versorgern von Haushaltungen zu Dienern des Kapitals.
Sie behalten ihre geteilten Funktionen, aber diese gehen – insoweit als jene Form
vorherrscht – die soziale Teilung der Arbeit nicht mehr an. Für den Markt ist nur
noch die Bauunternehmung vorhanden.

---

modern capitalism, London 1894, S. 93 ff. Erst indem ich dieses schreibe, lerne ich Ludwig
Sinzheimers Abhandlung *Über die Grenzen der Weiterbildung des fabrikmäßigen Großbetriebes
in Deutschland* (Stuttgart 1893) kennen, wo auf S. 20–30 in gründlicher Weise über die Kombination und ihre technischen wie ökonomischen Vorteile gehandelt wird. Auch finde ich richtig
hervorgehoben (S. 30), daß die Spezialisierung und die Kombination keine entgegengesetzten
Formen der Weiterbildung des Großbetriebes bilden.
63   *Das Kapital*, Band I, a. a. O., S. 300.

Viel wichtiger ist der andere Ursprung der Manufaktur, der eine neue und künstliche Teilung der Arbeit ganz eigentlich hervorbringt. Sie dient hier als Mittel der bewußten Absicht, die Wirkung der Kooperation zugunsten der Quantität oder, was dasselbe sagt, zur Verminderung der für den einzelnen Gegenstand notwendigen Arbeitsmenge – die an der kostenden Zeit gemessen wird – zu erhöhen. Der Fabrikant betrachtet die von ihm angeworbenen Arbeiter, die er in *seiner* Werkstätte vereinigt hat, als sein Werkzeug und bemüht sich, dieses so wirksam als möglich zu machen. Er zieht es daher zusammen und gibt ihm, so sehr es geht, eine Einheit. Da er nicht die Leiber der Arbeiter zu vereinigen und einen hundertarmigen Briareus daraus zu machen vermag, muß er sich damit begnügen, sie ideell zu verschmelzen und sie wenn nicht zu einem Gesamtmenschen, so doch zu einem Gesamtarbeiter zu machen. Und dies geschieht durch Richtung auf die Einheit eines gemeinsamen Objektes, nämlich die möglichst geschwinde Anfertigung eines Gegenstandes. Diese selbst hat teils ihre natürlichen Abschnitte, teils wird sie künstlich geteilt; ihre Teile werden teils den natürlichen Teilen des Gesamtarbeiters (den Individuen), teils dessen künstlichen Teilen (Gruppen von Arbeitern) zugewiesen. Dasselbe Individuum – folglich die Gruppe – vollzieht immer aufs neue die gleiche Teiloperation, wofür es sein Geschick zur Virtuosität ausbildet. Von Natur selbst ein Gesamtarbeiter, der aber die Teile des Werkes nur *nach*einander machen konnte, wird nun der Einzelne Stück eines kollektiven Gesamtarbeiters, der die nacheinander gehörigen Teile gleichzeitig anfertigt.

Die Unterschiede dieser von der natürlichen Arbeitsteilung, die Adam Smith noch fast übersah – was nicht verhinderte, daß sein Kapitel über die Arbeitsteilung berühmt wurde –, sind von den Neueren wohl bemerkt worden. Aber nur Marx hebt, so viel ich sehe, ausdrücklich hervor, daß beide nicht nur graduell, sondern wesentlich unterschieden sind.[64] Er findet den wesentlichen Unterschied darin, daß der Zusammenhang zwischen unabhängigen Arbeiten (von Handwerkern) durch „das Dasein ihrer respektiven Produkte als Waren" hergestellt werde, während die manufakturmäßige Teilung der Arbeit dadurch charakterisiert sei, daß der Teilarbeiter keine Ware produziere. So richtig dies bei ausgebildeter Warenproduktion ist, so findet doch – wie Marx selbst ausführt – natürliche *soziale* Arbeitsteilung auch vorher statt, wo sich die geteilten Arbeiten auf die Einheit einer Haushaltung oder Gemeinde beziehen, ohne Warenform anzunehmen. Den wesentlichen Unterschied möchte ich vielmehr darin setzen, daß hier die geteilten Arbeiten, wenn auch Teile, doch zugleich Ganze sind –, indem sie ein fertiges Produkt hervorbringen, auch wenn dies nur ein Stufenprodukt ist, das einem anderen Produzenten als Produktionsmittel dient –, dort aber die geteilten Arbeiten nichts als Teile

---

64   Ebd., S. 319.

und *wesentlich* künstliche Teile sind, d. h. aus einer Zerlegung des Arbeitsprozes-
ses entspringend, die nur einem Zweck dient, der ihm als äußerliche Bestimmung
anhängt, nämlich seine möglichst *geschwinde* Vollendung um der Warenform des
Produktes willen. Auch wenn die Zerlegung an die natürliche Gliederung der Arbeit sich anschmiegt, auch wenn sie einer Tendenz zu ihrer natürlichen Teilung
zuvorkommt, so bleibt doch dies, daß die Teile nur Teile und nur Mittel sind, ihnen als auszeichnendes Merkmal anhaften.

Während nun der manufakturmäßig geteilte Arbeiter regelmäßig mit speziali-
siertem Werkzeug seine besondere Arbeit verrichtet, so tritt im Fortgang der kapitalistisch bestimmten Produktion dadurch eine weitere Veränderung ein, daß dem
Gesamtarbeiter ein Gesamtwerkzeug, die Maschine, oder endlich ein Maschinen-
system gegenübertritt: nicht als sein eigenes, aber als das seines Anwenders, dem
auch seine Arbeitskraft gehört. Voraussetzung dessen ist die *Analyse* der Arbeit
in ihre elementaren Bestandteile und die daraus folgende *Reduktion* der Teilarbeit
auf Führung einfachster Werkzeuge: „Die Vereinigung aller dieser Werkzeuge
und ihre Unterwerfung unter eine motorische Kraft konstituiert eine Maschine."[65]
Der Maschine gegenüber, die der Einzelne – nachdem sie einen gewissen Umfang
überschritten hat – nicht mehr handhaben, sondern woran er nur einen besonderen
Dienst verrichten kann, verschwindet die künstliche Teilung der Arbeit, weil die
Arbeit verschwindet, die von der Maschine übernommen wird. Ihre Heizung, Beaufsichtigung, Regulierung, Speisung, Reinigung – kurz Bedienung – mag noch
Arbeit genannt werden. Aber sie ist ihrem Wesen nach allgemeine, unqualifizierte
Arbeit, die sich subjektiv von („persönlichen") Dienstleistungen nicht unterscheidet. Aber kein lebendiger Herr zwingt zu so regelmäßiger Aufmerksamkeit, zu so
gleichmäßigen Bewegungen, wie das „mechanische Ungeheuer, dessen Leib ganze
Fabrikgebäude füllt, und dessen dämonische Kraft, erst versteckt durch die fast fei-
erlich gemessene Bewegung seiner Riesenglieder, im fieberhaft tollen Wirbeltanz
seiner zahllosen eigentlichen Arbeitsorgane ausbricht"[66]. „Die Hauptschwierigkeit
(für den Erfinder der Spinnmaschine) ... lag darin, menschliche Wesen dahin zu
erziehen, daß sie ihren desultorischen Arbeitsgewohnheiten entsagen und sich mit
der nie variierenden Regelmäßigkeit des komplizierten Automaten identifizieren
lernten."[67] „In der Fabrik kommt die Teilung oder vielmehr die Anpassung der Arbeit an verschiedene menschliche Begabungen wenig in Betracht; im Gegenteil, so
oft ein Prozeß besondere Gewandtheit und Festigkeit der Hand erfordert, so wird
er so schnell als möglich dem *kundigen* Arbeiter entzogen, der zu Unregelmäßig-

---

65   Charles Babbage, *On the economy of machinery and manufacures*, 3. Aufl. London 1832, S. 172.
66   In Bezug auf das gegliederte System von Arbeitsmaschinen, „worin der Maschinenbetrieb seine
      entwickeltste Gestalt besitzt", vgl. Karl Marx, *Das Kapital*, Band 1, a. a. O., S. 345,
67   Andrew Ure, *The Philosophy of manufactures*, London 1835, S. 15.

keiten vieler Art geneigt ist, und einem besonderen Mechanismus übertragen, der so sich selbst reguliert, daß ein Kind ihn überwachen kann."[68] „Es ist tatsächlich das beständige Streben jeder Verbesserung in der Maschinerie, menschliche Arbeit völlig überflüssig zu machen, oder ihre Kosten zu vermindern durch Einsetzung der Arbeit von Frauen und Kindern für die von Männern; oder der von gewöhnlichen Arbeitern für die von geschulten Handwerkern. [...] Diese Tendenz, zuletzt bloß Kinder mit wachsamen Augen und gelenkigen Fingern, anstatt alterfahrener Gesellen, anzuwenden, zeigt, wie *das scholastische Dogma der Arbeitsteilung* von unseren aufgeklärten Fabrikanten über Bord geworfen ist."[69] „Die Arbeitsteilung ist vom Arbeiter auf die Werkzeugmaschine übergegangen. Je automatischer sie wird, desto gleichartiger wird die Arbeit ihrer Beaufsichtigung."[70] „Es wird oft behauptet, daß die Tendenz der Maschinerie nicht allein dahin gehe, die Tätigkeit des individuellen Arbeiters monoton zu machen, sondern die individuellen Unterschiede zwischen den Arbeitern zu verringern. Diese Kritik findet in dem Wort ‚Alle Menschen sind gleich vor der Maschine' ihren Ausdruck. Insofern Maschinerie tatsächlich den Naturkräften Arbeit zuschiebt, die sonst Muskelkraft erfordern würde, tendiert sie unzweifelhaft dahin, Arbeiten von verschiedener Muskelfähigkeit zu nivellieren. Und ferner dadurch, daß sie Arbeit übernimmt, die große Präzision der Bewegung erfordert, ist es in einigem Sinne wahr, daß Maschinerie dahin tendiert, die Arbeiter auf ein gemeinsames Niveau des Geschicks oder sogar des Ungeschicks zurückzubringen."[71] „Eben die Eigenschaften: eng beschränkte Sorgfalt und Urteil, detaillierte Aufmerksamkeit, Regelmäßigkeit und Geduld, die wir als charakteristisch für Maschinenarbeit erkennen, sind allgemein menschliche Eigenschaften in dem Sinne, daß sie innerhalb der Fähigkeit aller liegen. [...] Allgemeines Können gelangt dahin, eine wichtigere Rolle in der Industrie zu spielen als spezialisiertes Können."[72] Mehr als eine starke und allem Anschein nach siegreiche *Tendenz* wird hiermit nicht bezeichnet; es widerspricht ihrer Wahrheit nicht, daß, wie Schmoller bemerkt, „in der Bergwerks-, Maschinen-, Metall-, Holz-, Möbel-, Lederindustrie, in der ganzen Kunst- und Bekleidungsindustrie die arbeitsgeteilte Spezialisierung auch heute überwiegt"[73]. Auch kommt diese, wie schon angedeutet, auf dasselbe Ergebnis hinaus; sie ist wesentlich, was sie im vorigen

---

68   Ebd., S. 19.
69   Ebd., S. 23.
70   Gerhard v. Schulze-Gävernitz, *Der Großbetrieb. Ein wirtschaftlicher und sozialer Fortschritt*, Leipzig 1892, S. 166.
71   Hobson, a. a. O., S. 258.
72   Ebd., S. 259. Schon Ure nennt das mechanische System *equalization of labour* im Gegensatz zum *graduation system* der Manufaktur (a. a. O., S. 21 f.).
73   Jahrbuch für Gesetzgebung, Verwaltung und Volkswirtschaft im Deutschen Reich, Band XIII, S. 1051.

Jahrhundert genannt wurde, nämlich Simplifikation.[74] Die analysierte und zersplitterte Kunst geht zuletzt in Nichtkunst über.

III.

Also bewirkt der gesellschaftliche Rationalismus, wie ihn das Prinzip des Handels ausdrückt, nach zwei Seiten hin die Verminderung – zuletzt also Aufhebung – der subjektiven Arbeitsteilung und Differenzierung, eine Rückkehr zur Einfachheit und Gleichheit der Menschen in Hinsicht auf das, was sie können; auf dem einen Pol zur Einfachheit und Gleichheit von Kapitalisten, auf dem anderen zur Einfachheit und Gleichheit von Arbeitern. Beide können – wenn die Tendenzen sich erfüllen – „alles": jene durch ihr Vermögen, diese durch ihre Person, d. h. die davon ablösbare Arbeitskraft. An beider Gleichheit haben Frauen und Kinder ideell vollkommenen Anteil, wenn auch tatsächlich modifizierten oder beschränkten. Zwischen beiden Gruppen stehen aber die wirklichen *Leiter* der produktiven Arbeit in der Mitte, insoweit sie nicht zur ersten gehören. Ihrer Natur nach gehören sie zur Arbeit und stellen deren höchste Potenz und natürliche Autorität dar. Durch die soziale Verfassung stehen sie im Dienst des Kapitals und ihre Träger wirken als dessen Beauftragte. Als *aktuelle* Dirigenten gehen sie mit den Herren des Kapitals der Arbeiterklasse voran, beherrschen diese im Interesse jener. Als *ideelle* Dirigenten *dienen* sie dem Arbeitsprozeß, mithin der Arbeiterschaft selbst, und hängen ihr an und würden aus ihr wie ein Organ hervorgehen, wenn sie ein unmittelbares Verhältnis zur Produktion hätte. Hierbei ist aber zu unterscheiden. Die tatsächliche Leitung zerfällt in die kaufmännische und technische Leitung; sie entsprechen den beiden Seiten des Produktionsprozesses, insofern er Tauschwert und insofern er Gebrauchswert hervorbringt. Der größte Teil der kaufmännischen Direktion ist nur durch seine kapitalistische Form bedingt. Solange diese besteht, herrscht die kaufmännische Direktion über die technische (auch wo das eigentliche Handelsgeschäft von der Fabrik abgesondert ist und in anderen Händen liegt, bleibt sie der Technik von Warenproduktion inhärent). Wenn jene Form gesprengt werden könnte, so würde das umgekehrte Verhältnis eintreten: die kaufmännische Leitung würde auf die Technik der Buchführung und der Korrespondenz zwischen den kooperierenden Produktionsstätten reduziert werden. Die ganze Gruppe, die so zwischen den Klassen schwankt, kann die der geistigen Arbeiter heißen. Sie sind neu qualifiziert, aber nicht nur nach der Seite des Könnens, son-

---

74   Vgl. z. B. Justus Möser, *Patriotische Phantasien* (1774), in: Sämtliche Werke, Band 1, Berlin 1868, S. 32.

dern auch nach der des Wissens. Der gesellschaftliche Rationalismus, der sonst die allgemeine Ausgleichung bewirkt, hat in ihnen seinen eigentümlichen Ausdruck innerhalb des ökonomischen Prozesses dargestellt, der sich durch innere Bedeutung über beide Klassen erhebt.

Von hier aus möge der gesellschaftliche Rationalismus in seiner anderen Gestalt, die bis jetzt wesentlich idealler Natur ist, betrachtet werden. Sie verhält sich zur ersten zugleich als logische Konsequenz und als zeitliche Folge. Jene hat mit der Begründung des gezeichneten Zustandes, mit Anbahnung der Koalition konkurrierender, der Kombination zusammenhängender Geschäfte, mit der technischen Überwindung des alten Systems der Teilung der Arbeit innerhalb der Werkstatt, gleichsam ihr letztes Wort gesprochen. Die kapitalistische Klasse tendiert nicht dahin, sich zu erweitern, sondern sich zu verengern. Zwar vermag die Theorie ihre eigenen Verallgemeinerung zu bilden und zu erhalten. So lange die gesellschaftliche Bewegung noch langsam fortschreitet, entsteht neues Leben, so oft diese ihr Tempo wechselt. Sowohl wenn es retardiert als auch wenn es beschleunigt wird, kann es in diesem versöhnenden Sinn auf die Gedanken wirken. Parzellierung des großen Grundeigentums, genossenschaftliche Beteiligung Vieler an Fabrikunternehmungen, Hebung der materiellen Lage der Arbeiter durch Sparsamkeit, durch Einschränkung der Kindererzeugung, endlich durch Lohnkämpfe vermöge ihrer Gewerkschaftsvereine und dergleichen mehr werden, mehr oder minder in gutem Glauben, als Heilmittel gegen die absolute Plutokratie in Vorschlag gebracht. Alle solche Ideen haben für die gegenwärtige Ansicht keine Bedeutung, weil sie ein Prinzip entscheidender Veränderung nicht enthalten, wie es im Rationalismus als solchem vorhanden ist, insofern als er die Linie einer rücksichtslosen Bestrebung anzeigt.

Die Bestrebung der Arbeiterklasse geht auf ihre eigene Verallgemeinerung, indem sie die Ergebnisse der kapitalistischen Entwicklung in ihre Konsequenzen verfolgen und dadurch umkehren will. Sie denkt das fortgeschrittenste Verhältnis der Kapitalisten zur Produktion verallgemeinert. Das Einkommen dieser ist purer Rentenbezug oder Handelsgewinn; auch ein erheblicher Teil des Einkommens, das die technischen Leiter der Werke beziehen, ist daraus ableitbar. Die Geschäfte sind gegen ihre Eigentümer durchaus selbständig geworden, was insbesondere an den Aktiengesellschaften wahrnehmbar ist. Gleichwohl werden sie so geführt, als ob die Vermehrung von deren Vermögen und Einkommen ihr eigentlicher Zweck, hingegen ihr Objekt, auch die Produktion von Gütern, nur Mittel dazu wäre. Von einem ganzen Volk oder einer internationalen Arbeiterschaft aus gesehen existiert dies Verhältnis von Zweck und Mittel nicht. Die Produktion von Gütern hat vielmehr ihren unmittelbaren Wert insofern, als diese Güter menschli-

chen Bedürfnissen entsprechen. Sie haben die Verwandlung in Geld und Rückver-
wandlung des Geldes in sie nicht nötig – diesen schweren Umweg, auf dem sich
eine Verteilung vollzieht, die von der Kapitalistenklasse so sehr als möglich zu
ihrem Vorteil gelenkt wird, so daß eben darum die Verflechtung aller produktiven
Arbeit in die grenzenlose Weltwirtschaft immer notwendiger wird. Die bloße Ernährung der großen Menge findet ihre einzige Sicherheit in den Bewegungen des
leicht erschütterten Welthandels, während für ein denkendes *Volk* die erste wirtschaftliche Sorge sein sollte, das Notwendige durch seine Arbeit selbst und zuerst
hervorzubringen. Trotz der vermehrten, wenn auch noch zunehmenden Volksmenge würden die technischen und wissenschaftlichen Hilfsmittel, welche die bisherige Kultur gezeitigt hat, erlauben, dem Grund und Boden so große und regelmäßige Erträge abzugewinnen, daß alle Befriedigung finden. Die industrielle Tätigkeit
würde zum Teil unmittelbar in den Dienst dieser Aufgabe treten, teils sich ihr anschließen und sich über ihr erheben.

Für alle Gegenstände, die nicht in so großer Menge hergestellt werden müssen, um dem vernünftigen Leben aller seine Grundlagen zu gewähren, tritt wieder die Arbeit der Hand und damit die Kunst in ihre Rechte ein. An Arbeitszeit
wird es dafür nicht mangeln, da die „grobe" Arbeit insgesamt von der Maschine
übernommen wird, deren vermehrte Anwendung nur noch im Geschmack und in
ethisch begründeter Meinung, aber nicht mehr in Erwägungen privater Rentabili-
tät ihre Grenzen findet. Die *Verteilung* der nicht mehr als Waren produzierten und
nicht mehr nach den Gebrauchs- und Tauschbedürfnissen einer kleinen genießenden Minderheit vervielfachten Genußwerte – denn die Produktionsmittel verharren
im gemeinsamen Eigentum – würde nach dem Maßstab der Gerechtigkeit, daher
vom Grundsatz der Gleichheit zur Angemessenheit fortschreitend, so geschehen,
daß jede als werktätig angestellte Familie jährlich den Anspruch auf eine bestimmte Menge von Gütern erwürbe, die ihren Anteil an dem *gemeinsamen* Jahrespro-
dukte darstellt. Es bleibt jeder überlassen, was sie darüber hinaus zum Schmuck
des Lebens mit eigenen Mitteln und Werkzeugen, aus ihrem eigenen Geiste heraus, herstellen oder auch eintauschen will. Die Volksarbeit, die seither auf den
Kopf gestellt war, nämlich auf die Vernunft der Egoisten, die ihr das Blut entzogen, wird durch die eigene Vernunft des Volkes wieder auf die Füße gestellt und gewinnt wieder die Sicherheit des Stehens und Gehens auf ihrem natürlichen Boden.

Diese Gedanken und das ungeheure Problem, das sie aufgeben, knüpfen überall an die gegebenen Tatsachen an, deren Konsequenzen sie ziehen wollen – und
zwar nicht allein an die der Technik und der wissenschaftlichen Herrschaft über
Naturkräfte, sondern auch an die schon dadurch umgestaltete soziale Verfassung,
die durch ihre eigene Steigerung ihre Aufhebung vorbereitet. Die selbständigen

Unternehmungen, auf deren Recht und Nützlichkeit sie beruht, werden durch den Sieg des Großbetriebes verhältnismäßig immer geringer an Zahl. Die wenigen verlieren ihre Abhängigkeit vom Unternehmungsgeist und der Tüchtigkeit des isolierten Geschäftsmannes; sie verlieren ferner ihre eigene Individualität, teils indem sie von Kartellen sich abhängig machen, teils durch Kombination Teile von größeren Systemen werden. Da die große Mehrheit der Menschen – in der Nation oder dem Kulturgebiet – nicht mehr durch geschäftliche und Konkurrenzinteressen getrennt ist – denn die Konkurrenz im Verkauf der Ware „Arbeitskraft" wird am leichtesten als absurd erkannt und aufgegeben –, so ist um so freiere Bahn für Erwägung der *gemeinsamen* Interessen, die zu verfolgen nun alle Vernunft angespannt wird.

Je mehr die Teilung der Arbeit als Besonderung der Geschicklichkeit zurücktritt, um so mehr wird die lebenslänglich gleiche Tätigkeit und die willkürliche Festschmiedung an eine einzelne Verrichtung technisch unnötig, wird Abwechslung ein psychologisches Bedürfnis und ein moralisches Gebot. Die temporäre Rückkehr des Industriearbeiters zur Landwirtschaft, die durch Scheidung der Berufe unmöglich gemacht war, wird zu seinem Heil ganz selbstverständlich, je mehr auch die Landwirtschaft Anwendung von Maschinerie wird, und sich „die Vertrautheit mit den verschiedenen Maschinen als der einzige industrielle Beruf" entwickelt.[75] Eine charakteristische Kontroverse besteht über die Wirkung, welche die durchgebildete Maschinenarbeit auf den menschlichen Geist hat. Das Zugeständnis überwiegt, daß sie durch ihre Monotonie ermüdend wirkt, daß sie die künstlerische Volkskraft verderbe, daß ihre moralischen Gebote im günstigsten Fall höchst einseitig im Sinne von Ordnung, Genauigkeit, Ausdauer und Anpassung an zwingende Regelmäßigkeit seien. Auf der anderen Seite wird aber doch ein günstiger Einfluß auf den Intellekt behauptet. Durch zunehmenden Umfang, Kraft, Geschwindigkeit und Kompliziertheit der Maschinen werde auch die Aufsicht und Bedienung schwieriger; sie erfordere Urteil, Aufmerksamkeit und mechanisches Verständnis: „Die Maschinen erfordern eine gewisse liebevolle Behandlung, ein verständnisvolles Eingehen auf die in ihnen niedergelegten Gedanken der Technik seitens des Arbeiters. [...] Selbst Wunderwerke des menschlichen Geistes, liefern sie dort das beste Erzeugnis, wo der an ihnen beschäftigte Arbeiter selbst zu der Höhe geistiger Arbeit aufsteigt." Mit der Steigerung der Produktivität des einzelnen Arbeiters „wächst seine Verantwortlichkeit. [...] Die Notwendigkeit einer allmählichen Hebung der Lebenshaltung der arbeitenden Klassen ist damit gegeben."[76] Es

---

75   Paul Lafargue, „Das Proletariat der Handarbeit und Kopfarbeit", in: Die Neue Zeit, Band VI (1888), S. 138.

76   v. Schulze-Gaevernitz, *Der Großbetrieb*, S. 167 f. und 171. Vgl. auch Schoenhof, *The Economy of High Wages*, New York 1892 und Lujo Brentanos daran anknüpfende Schrift *Über das Verhältnis von Arbeitslohn und Arbeitszeit zur Arbeitsleistung*, Leipzig 1893.

ist klar, daß die intellektuell günstigen Wirkungen *der Sache nach* möglich, daß sie im System latent, aber durch die kapitalistische Form, die es – durch die ökonomische Entwicklung selbst mit dem immer mehr sich gebietenden Prinzip hoher Löhne und kurzer Arbeitszeit – abzustreifen tendiert, gebunden sind. In jeder Hinsicht gebietet also die Vernunft, daß die Menschheit, nachdem sie der Naturkräfte in so hohem Maße Herr geworden ist, auch ihrer eigenen Werke Herr werde, denen sie bisher zu dienen gezwungen war.

Zur Einleitung in die Soziologie

Die Einheit mehrerer Menschen kann wie jede Einheit auf doppelte Weise begriffen werden. Sie ist entweder vor der Vielheit, welche aus ihr entspringt, oder die Vielheit ist früher und die Einheit ist ihr Gebilde. In der wahrnehmbaren Natur ist jene das Wesen des Organismus, diese bezeichnet das anorganische Aggregat sowie das mechanische Artefakt. Dort ist die Einheit Realität; sie ist das Ding an und für sich selbst. Hier ist sie ideell, d. h. sie wird durch menschliches Denken bedingt, das (sei es nun aufgrund der Wahrnehmung oder nicht) die Vorstellung und endlich den Begriff eines solchen Ganzen gestaltet. Insofern aber als die Teile das Ganze zusammensetzen, kann, ja muß die Einheit allerdings auch als ihr Gebilde gedacht werden – selbst dann noch, wenn diese Zusammensetzung selbst wieder durch menschlichen Willen erzwungen worden ist. Im letzteren Fall *Zweck*, im ersteren wenigstens Folge der Zusammensetzung ist das Zusammen*wirken* der Teile in gleicher Richtung zu einheitlicher Bewegung oder Arbeit. Diese ist als selbst schon etwas Immaterielles daher das Gemeinsame und der objektiven Realität Zugehörige, was hier zugrunde liegt und für das Denken maßgebend ist.

Derselbe Gegensatz aber wiederholt sich, wenn die Betrachtung von Einheiten in Frage kommt, die als solche für die sinnliche Wahrnehmung gar nicht (nämlich etwa bloß als Mehrheit einander ähnlicher Gegenstände) gegeben sind, sondern die eigentümliche Energie des Denkens erfordern, um erkannt zu werden und so ein quasi-objektives Dasein zu gewinnen. Solches ist das Allgemeine (*Universale*), das sich zu den besonderen und einzelnen Dingen wie ein Ganzes zu seinen Teilen verhält. In dieser Sphäre hat sich die berühmte Kontroverse zwischen Realismus und Nominalismus bewegt, deren gänzliches Verschwinden (durch den vollkommenen Sieg des Nominalismus) für das wissenschaftliche, d. h. naturwissenschaftliche, insbesondere aber mathematisch-physikalische oder mechanische Gepräge der gesamten modernen Philosophie im höchsten Grade bezeichnend ist. Und doch muß einmal die Wahrheit des Realismus wiederhergestellt werden, welche – dem Anschein nach – durch die Kritik des Artbegriffes in der Entwicklungstheorie ihre letzte Zuflucht verloren hat, in Wahrheit aber durch eine tiefere biologische Betrachtung neues Leben gewinnt. Denn die Einsicht in ihre Entstehung tut dem Dasein der Art keinen Abbruch, so wenig wie einer höheren oder einer niedrigeren Gruppe. Und in ihrem Wachstum, dem Erwerb neuer Kräfte und dem Verlust untauglicher, so auch in ihrer fortschreitenden Differenzierung, zeigt sich jede als ein Lebendig-Tätiges, ihr Wesen erhaltend, gleich jedem individuellen Organismus, trotz des Wechsels der Teile, durch diesen Wechsel der Teile.

In noch ganz anderen, wenn auch hier schon vermittelten Gebieten, wird dieselbe kardinale Antinomie durch unsere Abhandlung verfolgt.[77] Die soziale Einigkeit der Menschen kann nur psychologisch verstanden werden. Als ein Dingliches wird sie nach Analogie des individuellen Willens aufgefaßt, welcher jedoch selbst sein substantielles Wesen nur aus der Analogie eines materiellen Gegenstandes entlehnen kann. Auf der anderen Seite ist aber schon die beharrende Form des organischen Leibes ein Substantielles, das nur dem Denken zugänglich ist und ebensowohl der psychischen als auch der physischen Wirklichkeit angehört. Der soziale Wille oder Körper ist jedenfalls ein Ganzes, dessen Teile die menschlichen Individuen als vernunftbegabte Wesen ausmachen. Auch dieses Ganze besteht aber entweder vor den Teilen oder wird erst aus ihnen zusammengesetzt. Alle Gebilde von der einen Art nenne ich „Gemeinschaft", alle von der anderen „Gesellschaft".

Die Keimformen der „*Gemeinschaft*" sind durch mütterliche, geschlechtliche und geschwisterliche Liebe gegeben. Die elementare *gesellschaftliche* Tatsache liegt im Tauschakt vor, der sich am reinsten darstellt, insofern als er sich zwischen Individuen vollziehend gedacht wird, die einander fremd sind und nichts miteinander gemein haben, also wesentlich antagonistisch oder einander geradezu feindlich gegenüberstehen. Beide Verbindungen sind ihrer Natur nach universal, und zwar je in zweifachem Sinn: A. Durch die Einheit der Art sind alle Menschen „Brüder" und in einem gemeinsamen Stammvater („Adam") geeint – diese Idee gewinnt jedoch nur in ihrer Einschränkung auf gewisse Völker oder Völkergruppen und in Verbindung mit religiösen Ideen eine reale Bedeutung. B. Die wirklichen und engsten gemeinschaftlichen Verhältnisse sind durch das Wesen des Menschen als allgemeine und notwendige gesichert. Sodann Gesellschaft: (a) So wie Jeder Jedes Feind sein kann, so kann Jeder mit Jedem tauschen und sich vertragen. (b) Daher muß eine Vereinigung, welche aus diesem Prinzip sich entwickelnd die Feindseligkeiten negiert, zuletzt alle Menschen umfassen und als ihre Subjekte haben. Man sieht, wie die Ideen A und b einander berühren, während B und a sich abstoßen.

---

77   Vgl. Ferdinand Tönnies, *Gemeinschaft und Gesellschaft. Abhandlung des Communismus und des Socialismus als empirischer Culturformen*, Leipzig 1887.

Die begrifflichen Konstruktionen sind durchaus getrennt und unabhängig voneinander. „Theorie der Gemeinschaft" ist hauptsächlich eine genetische Klassifikation ihrer Gestalten, als deren merkwürdigste in aufeinandersteigender Reihe die Typen von Haus, Dorf und Stadt aufgestellt werden – eine Einteilung, die an wissenschaftlichem Wert nicht darum geringer ist, weil sie, in neueren Zeiten vernachlässigt, regelmäßig den sozialphilosophischen Erörterungen der griechischen Philosophen zugrunde gelegt wurde. In der Tat: so sehr die *politischen* Lebensformen verwickelt, ja verworren sein mögen, treten jene sozialen, d. h. vornehmlich ökonomischen Einheiten als die von der Natur gegebenen überall deutlich genug hervor. *Sie sind* lebendigen Organismen in dem besonderen Sinne vergleichbar, den wir sogleich anzeigen wollen. Ihr Werden und Vergehen macht den eigentlichen Inhalt jeder Kulturhistorie aus.

„Theorie der Gesellschaft" stellt hingegen ein reines Gedankending dar, dessen Begriff nur an die Tatsache und Notwendigkeit des Daseins auf dem Erdboden gebunden ist. Aber indem sich dieser Begriff zu verwirklichen strebt, wird er durch historische Bedingungen eingeschränkt. Sein erster Schauplatz ist die Stadt selbst, indem der Warentausch in ihr herrschend wird und dessen Subjekte sich als freie Individuen erheben, abgelöst von dem Mutterstock des gemeinschaftlichen Lebens und Denkens ihre eigenen Zwecke verfolgend. Dies gilt ebenso für die sich anschließenden Verbände von Städten, von Städten und Landschaften und sich zu immer größeren Kreisen erweiternde *Territorien*. Der Prozeß der Gesellschaft, durch das Prinzip des Austausches gegeben, ist zunächst die Herrschaft der Menschen, welche den Austausch um seiner selbst willen, als ihre Kunstfertigkeit betreiben: der Handelsklasse, deren Macht das Geld als allgemeines Werkzeug des Kaufens ist. Die Arbeit selbst wird sodann – als Industrie – ein Zweig des Handels, der in ihr seinen Grundgedanken: die Selbstverwertung des Geldes, am reinsten von allen zufälligen Bedingungen entkleiden kann (Einkauf von Arbeitskräften, Inkorporierung von Arbeit in Waren, Verkauf der Waren nach ihrem Wert). Hier stehen wir vor der „sozialen Frage", d. h. vor einem Zustand, der die Auflösung eines rätselhaften Widerspruchs gebietet. Alle Individuen sind gleich in der Gesellschaft, sofern sie zu tauschen und Kontrakte zu schließen fähig sind: dies ist ihr Begriff. Die handelnden, leihenden, unternehmenden Individuen sind als Kapitalistenklasse die Herren und aktiven Subjekte der Gesellschaft, welche sich der arbeitenden Hände als ihrer Werkzeuge bedienen. Dies ist Ihre Wirklichkeit, wenn sie sich in dieser Richtung entwickelt. Ob und inwieweit es irgendwo und irgendwann der Fall sei, daß die Beschreibung der Gesellschaft überhaupt – und insbesondere eines solchen Zustandes – zutreffe, wird einer anderen Untersuchung und Diagnose anheimgestellt.

Inhalt und Anspruch dieses gesamten Theorems kann nur durch seine historischen und polemischen Bezüge verstanden werden. Diese mußten in dem Buch selbst, um seinen lehrbuchartigen Charakter zu erhalten, als dem Leser gegenwärtig vorausgesetzt werden. Aber es gibt einigen Grund zu der Annahme, daß nur Wenige unter denen, die es des Lesens gewürdigt haben, wirklich mit dem Zustand und der Vergangenheit rechts- und sozialphilosophischer Lehren hinlänglich vertraut waren, um hier ein Kontrastierendes und Neues zu bemerken. Darum scheint es dem Autor geboten, ausdrücklich und mehr, als es in der Vorrede dieses Buches geschehen ist, auf diese Punkte hinzuweisen.

Die Neueren meinten, in ihrer Abhängigkeit von Hegel, dessen Einfluß alle Quellen der Tradition verschüttet hatte, wunder was getan zu haben, als sie den Begriff der Gesellschaft neben dem des Staates aufstellten. In Wahrheit ist dieser Begriff nur eine neue Fassung des alten „Natur-Zustandes" (*status naturalis*), der immer als unterhalb des Staates verharrend gedacht wurde. Und auch die Benennung der „bürgerlichen Gesellschaft" ist im letzten Viertel des vorigen Jahrhunderts in keinem der drei Hauptländer irgendwie fremd. Man wußte wohl, daß sie es war, die sich in der großen Revolution wider den Staat empörte und einen neuen Staat herstellen wollte. Und so ist Sache und Name auf die Erben der Revolution, die Sozialisten, übergegangen. Ihnen wird eine Verbindung der sonst getrennten Betrachtungen des Naturrechts und der politischen Ökonomie verdankt, zusammen mit der verbesserten historischen Ansicht, die sich zu gleicher Zeit auf allen Gebieten immer weiter ausbreitet. Im gleichen Sinne haben auch die Bemühungen Lorenz von Steins ihren Wert, welche für die staatswissenschaftliche Denkungsart in Deutschland maßgebend geworden sind. Aber seine eigentliche Theorie wird am besten als eine Erneuerung und prinzipiell richtige Auslegung der schroffen Prinzipien des Thomas Hobbes verstanden: Die Gesellschaft, oder die Menschheit im Naturzustand, ist in sich zerspalten und feindselig; der Staat ist dazu da, Frieden und Ordnung hineinzubringen und gegenüber der Unfreiheit (der Person) und Ungleichheit (des Vermögens), welche sich aus der gesellschaftlichen Eigenbewegung ergeben, die ideelle Gleichheit und Freiheit wiederherzustellen.

Daß nun jeder empirische Staat durch die Gesellschaft und ihre Klassen selbst bedingt ist und daraus hervorgeht, ja daß auch die dem Prinzip des Staates widersprechende Gestaltung der Gesellschaft den Staat als ihr Instrument gebraucht – und zwar gebrauchen muß –, sind Erkenntnisse, in denen sich (bei Stein) das moralische Postulat der sozialen Reform mit der Einsicht in die Zustände des gegenwärtigen Zeitalters verbindet. Hingegen fehlt es jenem Autor, trotz aller Kreuz- und Quersprünge der Begriffe, an den einfachen Schemata der Konstruktionen, welche die Rechtstheorie erfordert, da es doch klar ist, daß Gesellschaft und Staat unter den umfassenden Begriff der Verbindung fallen und nach ihren Zwecken, als allgemeinen oder besonderen, verstanden werden müssen. Der Hauptfehler beruht aber darin, daß Gesellschaft und Staat als *Erfahrungs-Tatsachen* genommen werden, welche vermeintlich den ganzen Bereich unserer historischen Kenntnis gleichmäßig erfüllen, während sich vielmehr der empirische Standpunkt gegen diese Begriffe mit Recht auflehnen kann, wie es ja in allem Ernst die *historische Schule* und die theoretische Politik der *Restaurationszeit* getan haben, deren Einflüsse auch heute noch mächtig sind. Die Gesellschaft, möge sie im eigentlichen Sinne oder im engeren als die der freien und vermögenden Personen begriffen werden, ist eine Menge von Individuen über ein beliebig großes Gebiet hin ausgebreitet, die friedlich miteinander verkehren und die Beobachtung gewisser Regeln erzwingen. Die Erfahrung kann schlechthin sagen: solche Gesellschaft gibt es nicht. Wir sehen die Menschen in Häusern, in Dörfern und Städten, in Genossenschaften und religiösen Gemeinden, in Ländern und Reichen verbunden, geordnet nach Alter und Geschlecht, nach angeborenem oder erworbenem Stand oder Beruf. Wir gewahren nicht die mechanische Einheit, welche ein solcher allgemeiner Verein darstellen würde, worin die Individuen alle ihre Unterschiede aufgehoben haben, sondern wir gewahren eine zusammenhängende Gliederung von organischen Einheiten, deren Ursprung in einer letzten, etwa der Volks- oder Rassen-Einheit, gar nicht in deutlichen Umrissen erkennbar zu sein braucht, wenn er nur als ein Vernunft-Ideal lebendig bleibt. In analoger Weise läßt sich gegen die Definition des Staates operieren, obwohl hier schon an dem *Namen* in seiner allgemeinen Bedeutung krampfhaft festgehalten wird und man das schreckliche Wort „Stadtstaat" im Deutschen nicht vermeidet. Allerdings liegt jene Opposition (gegen den Begriff) nämlich in den Versuchen, das Wesen des Staates als einen Organismus zu erklären, und folglich in der leidenschaftlichen Kritik verborgen, durch welche man die *Vertrags-Theorie* zu zerstören glaubte, welche dieser Wirklichkeit doch so natürlich angemessen ist, die wir (der Unterscheidung halber) den „modernen" Staat nennen mögen – eine durch und durch künstliche, durch hohe wissenschaftliche Bewußtheit getragene Bildung.

Mit gutem Grund hat man daher in neuester Zeit wiederum die siegreich gewordene „organische Staats-Theorie" angegriffen und als juristisch unbrauchbar zu stürzen versucht. Dies ist sie ohne Zweifel – nicht in jedem Sinne, wohl aber in demjenigen, worin die ganze wissenschaftliche Jurisprudenz beruht: nämlich dem individualistischen Sinn, der zuerst nötigt, den Staat als eine *Person*, eine bloß gedachte oder fingierte, nach Analogie der in Erfahrung gegebenen *individuellen* Personen, zu konstruieren. In der römischen Jurisprudenz war freilich von einer Konstruktion der *res publica* nicht die Rede. Dies ist aus historischen Ursachen erklärbar. Denn hier überlebte noch die Idee des städtischen Gemeinwesens (wie bekannt ist, bis tief ins „*heilige* römische Reich" hinein), das sich durch die Gesamtheit seiner Familien und durch den Schutz seiner Götter als ein lebendiges, ja ewiges darstellt. Hingegen sind die Staatsgebilde der neueren Zeit, wenn auch zuerst in freien Städten bis zu mäßiger Höhe entwickelt, wenn auch nachher vielfach an das Vorbild des römischen Reiches angelehnt, hauptsächlich doch aus der Macht der *Fürsten* – und zwar zuerst der italienischen Stadt-Tyrannen – entstanden, welche sich als unbedingte, nach freier Willkür Gesetze gebende, Recht zerstörende und Recht setzende, über alle ihnen untertane Willen, Gewohnheiten und Überzeugungen zu erheben versuchte. Dies erfolgte einerseits aus der Bestrebung, diese Macht zu begründen – nicht als eigene (privatrechtliche), auch nicht als göttliche (dies hatte nur dann einen juristischen Sinn, wenn es hieß: durch die Kirche bedingt, womit also die Absolutheit gerade aufgehoben wurde), sondern als *allgemeine und notwendige* (öffentlich-rechtliche). Andererseits sind aber aus dem Willen, sie zu bedingen und zu beschränken, im 17. und 18. Jahrhundert die wichtigeren Theorien des Staates hervorgegangen.

Allerdings bleibt auch hier immer der Staat etwas von allen privaten Vereinen spezifisch Verschiedenes. Er ist die *einzige* öffentlich-rechtliche Person (und daher der Bundesstaat eine bloße Anomalie), weil diese Qualität aus Willen und Recht der Privaten hergeleitet werden muß und nur *einmal* darin vorhanden ist: nämlich als der allgemeine Wille, sich zu verteidigen und Gewalt dafür anzuwenden – die „natürlichen Zwangs-Rechte", deren alleiniger Inhaber zu sein das wesentliche Merkmal des Staates bleibt. Insofern als dies die einfache Bestimmung der Gesellschaft ist, den friedlichen Verkehr der Menschen zu ermöglichen, ist der Staat daher nichts als die Gesellschaft selbst, welche sich als eine einzelne Person den (natürlichen) einzelnen Personen gegenüberstellt.

Meine Theorie stellt sich äußerlich als eine Verbindung der entgegengesetzten organischen und mechanischen, der historischen und rationalen Theorien dar. Jedoch ist mein Absehen zunächst nur dahin gerichtet gewesen, beide als *möglich* zu behaupten. In der Tat beweisen sie ja ihre Möglichkeit durch ihre Wirklichkeit. Keine von beiden ist neu (wenn auch vielleicht ihre Entwicklung niemals in dieser Allgemeinheit geschehen ist).[78] Meine Darstellung ist neu, in welcher ich sie nebeneinander stelle, ohne die eine als falsch zu bezeichnen und für die andere ein ausschließliches Recht in Anspruch zu nehmen. Also hat jede in ihrer Weise

---

78 In der Tat ist es die Schwäche der ganzen historischen Schule in der Rechtsphilosophie wie in der Nationalökonomie, daß sie sich niemals zu einer psychologischen Ableitung ihrer sozialen und ebensowenig zu einer soziologischen Vertiefung ihrer psychologischen Begriffe aufgeschwungen hat. Wo sie dies versucht hat, ist sie regelmäßig in theologisches oder mythologisches Dunkel zurückgeglitten.

recht: jede enthalte ein Stück der Wahrheit und die ganze sei in einer vermittelnden höheren Ansicht zu suchen? In meiner Vorrede habe ich mich anders ausgesprochen: „Die gegenwärtige Theorie versucht sie – (nämlich das Naturrecht und die individualistische politische Ökonomie, in welchen getrennten Disziplinen die Konstruktion der Gesellschaft ihre empirischen Ausdrücke hat) – *in sich aufzunehmen und von sich abhängig zu erhalten.*"[79] Womit gesagt ist, daß die „organische" Ansicht zugleich die ursprüngliche und die umfassende ist, insofern also die allein rechthabende. Dies ist durchaus meine Meinung; wie ich auch gesagt habe, daß „die Kraft der Gemeinschaft innerhalb des gesellschaftlichen Zeitalters, wenn auch abnehmend, sich erhält und die Realität des sozialen *Lebens* bleibt."[80]

Der Begriff der „Gesellschaft" bezeichnet also den gesetzmäßig-normalen Prozeß des Verfalles aller „Gemeinschaft". Dies ist seine Wahrheit. Und um sie auszudrücken ist er unentbehrlich und müßte gebildet werden, wenn er nicht schon ausgebildet vorläge, obwohl seine Ausbildung ohne die Ahndung seiner Bedingtheit und echten Bedeutung geschehen ist. In der Darstellung des Prozesses der Gesellschaft hat der Verfasser aber die *moderne* Gesellschaft im Auge gehabt und sich dabei die Enthüllung ihres „ökonomischen Bewegungsgesetzes" durch Karl Marx in gebührender Weise zunutze gemacht, wie der Kenner leicht bemerken wird und wie es in der Vorrede ausdrücklich anerkannt ist.[81] Ferner ergibt sich aus meiner Darstellung, daß auch die „organische" Theorie ihre richtige Begrenzung nur empfängt, wenn sie *psychologisch* verstanden wird. Was einer menschlichen Verbindung *quasi*-organischen Charakter gibt, kann nur die eigene Empfindung, das Gefühl, das *Wollen* der verbundenen Menschen selbst sein. Durch diese Begründung unterscheidet sich mein Theorem scharf von den sonst umlaufenden „organischen" Doktrinen, die nicht merken, daß sie mit ihren biologischen Ana-

---

79 Tönnis, *Gemeinschaft und Gesellschaft*, S. XXVII (in diesem Band S. 66).
80 Ebd., S. 290.
81 Ich rühme mich dessen, da es im Jahr 1887 noch unerhört war – außerhalb einer spezifischen Literatur – die Bedeutung von Marx für die theoretische Soziologie anzuerkennen, ja hervorzuheben. Wenn infolgedessen eine späte, aber wohlmeinende Anzeige der *Zeitschrift für die gesamte Staatswissenschaft* (Tübingen 1892, S. 559) „eine nicht schwache Dosis von Marxomanie" in meiner Schrift bemerkte, so lag wohl dem Verfasser dieser Anzeige jede denunziatorische Absicht, aber nicht eine gewisse Nachlässigkeit und Flüchtigkeit der Apperzeption fern. In der viel früheren Anzeige von Gustav Schmoller (Jahrbuch für Gesetzgebung und Verwaltung im Deutschen Reich 1888, S. 727 ff.) heißt es dagegen einfach und richtig: „*Anklänge an Marx* charakterisieren diese Ausführungen" (über die „Theorie der Gesellschaft"). Schmollers Anzeige, die der Schrift mit Lebhaftigkeit gerecht zu werden versucht, verkennt deren Beziehungen zu den bestimmtem wirklichen Problemen, die sich als wesentliche und notwendige in die Geschichte des Denkens eingegraben haben. Und doch sagt Schmoller im Eingang dieser Anzeige: Nur der wird es (das Buch) ganz genießen können, dem die philosophische Literatur, wie die historischstaatswissenschaftliche, auf der es ruht, geläufig ist." Womit sich der Verfasser vollständig einverstanden erklären darf.

logien, soweit diese Grund haben, innerhalb der – wenn auch erweiterten – Biologie verharren und die spezifischen Merkmale der soziologischen Tatsachen verfehlen. Die bleibende Bedeutung und der *allgemeine* wissenschaftliche Wert der *naturrechtlichen* Ansicht bestehen hingegen darin, daß sie sich allen *übernatürlichen* Erklärungen entgegensetzt und das eigene Gebilde erkennt. Sie irrt sich aber darin, daß sie den *rationalen Willen*, der Mittel und Zweck scharf auseinanderhält, als den *einzigen* Typus des menschlichen Willens darstellt und daher auch alle Verbindungen nur als Mittel zu individuellen – zufällig zusammentreffenden – Zwecken begreifen kann.

Ich habe es deshalb für notwendig erachtet, eine Theorie des menschlichen *Willens* als Ergänzung und zugleich als Parallele der sozialen Theorie zu entwerfen. Als „Wesenwillen" habe ich definiert, was dem Begriff der Gemeinschaft entspricht und ihrem Wesen zugrunde liegt. Als „Willkür"[82] verstehe ich, was dem Begriff der Gesellschaft entspricht und ihrem Wesen – d. h. ihrer ideellen Wirklichkeit – zugrunde liegt. Beide Arten beziehe ich durchaus auf den denkenden Menschen und begreife also das Denken als entscheidendes Merkmal des menschlichen Willens überhaupt. Aber der Wesenwille ist ein Wille, der das Denken involviert; die Willkür ist dagegen ein Wille, der *nur als gedachter* vorhanden ist. Gemeinsames Merkmal ist die denkende („bewußte") Bejahung oder Verneinung des Objektes, d. h. eines Gegenstandes oder einer Tätigkeit. Bejahung (und Verneinung) eines Gegenstandes kann immer auf Bejahung (und Verneinung) einer Tätigkeit zurückgeführt werden. Sie (Bejahung) ist der Wille, den Gegenstand zu erhalten (*conservandi*) oder zu erobern, zu setzen oder zu besitzen – daher auch der Wille, ihn zu erzeugen, zu schaffen oder zu bewirken, zu bilden oder zu machen. Die Verneinung ist also der Wille, den Gegenstand zu vernichten oder abzustoßen, aufzulösen oder seiner wesentlichen Qualitäten zu berauben.

Denken ist selbst eine Tätigkeit – und zwar eine bejahende oder verneinende, Zusammensetzung oder Scheidung, vereinend oder entzweiend. Denkende Bejahung (oder Verneinung) eines Gegenstandes ist Bejahung (oder Verneinung) *in Bezug auf* einen anderen Gegenstand. D. h. die Gegenstände werden in ein Verhältnis zueinander gesetzt; die Ideen („Denkbilder", Vorstellungen) der Gegenstände sind miteinander assoziiert. Die Ideen-Assoziation ist ein Gleichnis der Assoziation von Menschen. Jene ist am bedeutendsten und für uns als Assoziation von Mittel und Zweck am wichtigsten. Der Zweck ist das am Ende Erstrebte (Endzweck). Mit der Idee des Zweckes ist die Idee des Mittels oder der Mittel notwendig verbunden. Nun ist die Frage: Schließen sich Mittel und Zweck ein? Oder schließen sie sich aus? Gesetzt, sie schließen sich ein: Alsdann gehören sie einer wesentlichen

---

82   Seit der dritten Auflage „Kürwille".

Einheit an, die als Ganzes *vor* ihnen, den Teilen, ist und sich durch einen Prozeß der spontanen Differenzierung in sie auflöst. Eine solche wesentliche Einheit stellt jede schöpferische Idee und alles, was ihr verwandt ist, dar

Das Ende ist hier die Vollendung. Die Mittel, die dahin führen, sind die Sache selbst in ihrer Entwicklung. Das Werk und die Tätigkeit bedingen einander und schließen sich ein. Die Tätigkeiten werden bejaht, weil das Werk bejaht wird. Und das Werk wird bejaht, weil die Tätigkeiten – die bejahende Freude und daher das Wollen – auf das *Ganze* gerichtet ist. Dies ist eine Idee, die am vollkommensten in der reinen künstlerischen Tätigkeit verwirklicht wird. Wenn sich die Vorstellungen des Zwecks und Mittels dagegen ausschließen und einander verneinen, muß erst eine Einheit aus ihnen *gebildet* werden. Dies ist am deutlichsten der Fall, wenn der Zweck ein Geschehnis ist, das allerdings in meiner Macht steht. Sie stehen sich fremd und verschieden geartet gegenüber. Ja, sie stehen sich insofern feindlich gegenüber, als das eine Geschehnis eine Bewegung ist, die an der Lage oder Bewegung des anderen ihr Hemmnis hat, so daß sie einander Widerstand leisten. Sie wirken mit mechanischem Zwang aufeinander. Das Erstreben des Zweckes wird Ursache dessen, daß das Mittel gewollt wird, das der Voraussetzung nach nicht spontan gewollt wird. Und das Wollen des Mittels wird Ursache, daß der Zweck erreicht wird. Im ersten Fall ist das gedachte Geschehnis B Ursache des wirklichen Geschehnisses A; im zweiten Fall wird dagegen das wirkliche Geschehnis A Ursache der Verwirklichung des Geschehnisses B.

So ist das Verhältnis von Mittel und Zweck am deutlichsten im *Tausch* ausgeprägt, wo sich zugleich die antagonistische Natur solchen Wollens personifiziert. Die fremde Sache wird als fremde – d. h. daß sie dem Anderen gehöre – verneint und als mögliche eigene bejaht. Die eigene Sache wird bejaht und daher ihr Verlust verneint. Aber ihre Hingabe, ihr Übergang aus eigenem in fremden Besitz wird nicht als Zweck, sondern als Mittel zum Zweck bejaht. Noch vollkommener stellt sich der Begriff der Willkür dar, wenn der Tausch als Glied einer Kombination mehrerer Akte erscheint, wie dies im Handel, der Spekulation, der kapitalistischen Produktion, kurz: in allem Streben nach Mehr-Wert oder Rein-Ertrag der Fall ist.

Es ist die natürliche Entwicklung des menschlichen Denkens, die dahin führt, daß der Typus Willkür über den Typus Wesenwillen das Übergewicht erlangt. Denn wenn schon die sinnliche Wahrnehmung im Vergleichen besteht, so sind es die Arten der exakten Vergleichung und die höchst vernünftigen Tätigkeiten des Messens, Wägens und Rechnens, die der Willkür zugrunde liegen. Ich habe daher die Willkür als charakteristische Denkungsart der Männer im Unterschied zu der von Frauen, der bejahrten im Unterschied zu jüngeren Menschen und der Gebildeten im Unterschied zum Volk dargestellt.

Dieser Gegensatz der Arten des Wollens, den meine Schrift vielfach ins Einzelne ausführt, hat bisher in der Sprache, der Dichtung, der Biographie und Geschichte unsystematisch seine Geltung gehabt. Ich habe ihm zum ersten Mal eine begriffliche Fundierung gegeben. Ich behandle ihn ohne Ansehung aller ethischen Konsequenzen, so nahe diese ihn auch berühren mögen.[83] Es war mir nur daran gelegen, festzustellen, daß das Verhältnis des Menschen zu anderen Menschen und zu den Dingen, eben daher auch das menschliche Wollen, umgewandelt wird, wenn sich die einzelnen Ideen scharf voneinander abgrenzen, d. h. wenn sie ganz individuell werden, was sie nie in der Anschauung sind, sondern nur dadurch werden, daß sie als abstrakte gedacht werden.

Hier liegt die Anwendung und Parallele der soziologischen Ansicht auf der Hand: wie die Ideen, so die Menschen. Das richtige Verständnis meiner Schrift hängt an diesem psychologischen Verständnis und daher am Verständnis des Satzes, worin die Vorrede den Grundgedanken resümiert: „Es gibt keinen *Individualismus* in Geschichte und Kultur, außer wie er ausfließt aus Gemeinschaft und dadurch bedingt bleibt, oder wie er Gesellschaft hervorbringt und trägt."

---

83   Die eingehendste Besprechung und sorgfältigste Prüfung, die das Buch erfahren hat, stammt von Prof. Harald Höffding (neuerdings abgedruckt in dessen *Mindre Arbejer*, Kopenhagen 1899, S. 142-157). Darin wird die objektive Ruhe und Unbeirrtheit (*Uforstyrrethed*) in Betrachtung der Phänomene des menschlichen Lebens als Merkmal des Buches hervorgehoben und zugleich die „eigentümliche Verbindung von Soziologie und Psychologie" unterstrichen. Gegen die Kritik des dänischen Philosophen habe ich nun einzuwenden, daß sie sich zu sehr auf das bezieht, was er (schon in der Überschrift) als den „sozialen Pessimismus" des Verfassers bezeichnet. Dies erklärt sich aber völlig daher, daß dem Artikel ein vor Studenten gehaltener Vortrag zugrunde liegt. Mein „Pessimismus" betrifft höchstens die Zukunft der gegenwärtigen Kultur, aber nicht die Zukunft der Kultur überhaupt.

Das Wesen der Soziologie

Die Tatsachen des menschlichen Zusammenlebens unterliegen einer dreifachen wissenschaftlichen Betrachtung und Erkenntnis. Diese Arten pflegen nicht auseinandergehalten zu werden, und dies ist freilich auf vollkommene Weise nicht möglich. Sie pflegen aber auch nicht begrifflich unterschieden, also in ihrem Wesen nicht gehörig erkannt zu werden, und dies ist allerdings möglich; es ist auch geboten und notwendig. Man muß nämlich unterscheiden: A. die biologische, B. die psychologische und C. die eigentlich soziologische Ansicht der Tatsachen des menschlichen Zusammenlebens.

Es ist nicht schwer zu verstehen, wie die biologische und die psychologische Ansicht dieser Tatsachen voneinander verschieden sind. Wir sind es durchaus gewohnt, den *Menschen* und wir lernen mehr und mehr, alle organischen Wesen, einerseits als Physis, anderseits als Psyche zu betrachten. So ist auch das „Zusammenleben" der Menschen, wie anderer Organismen, zugleich Gegenstand der Naturbeschreibung und Gegenstand der Geistbeschreibung (wenn das Wort gestattet ist). Bei niederen Organismen wird die „Symbiose" so gut wie ausschließlich als Naturereignis, nämlich als Tatsache wechselseitiger Ernährung, Stütze usw. begriffen; mit dem *Seelenleben* der Tiere und Pflanzen pflegt der Naturforscher sich ohnehin nicht eingehend oder gar nicht zu befassen. Dies hängt damit zusammen, daß man von Alters her die *Erkenntnisfunktionen* als die primäre Erscheinung des Geistes und dazu gar die menschliche Seele als Normalseele aufzufassen gewohnt ist – Denkformen, von denen wir schwer und langsam uns ablösen. Aber mehr und mehr dringt der „Voluntarismus" durch, der das Trieb- und Gefühlsartige als das allgemeine Erbteil der organischen Wesen auch bei den Elementarorganismen und den Pflanzen anzunehmen als notwendig einsieht und der die Seele nicht für ein Wesen hält, das auf irgendeine rätselhafte Art mit dem Leib „verbunden" ist, sondern für das Wesen des Organismus selbst, insofern als er an und für sich und nicht bloß für die Erkenntnis anderer Seelen vorhanden ist.

Das Leben der Menschen, und somit auch ihr Zusammenleben, können wir zwar „von außen" betrachten; aber wir können es nur „von innen" verstehen. D. h.

wir müssen es von unserer Selbsterkenntnis aus deuten, wodurch wir wissen, daß die Menschen von gewissen heftigen Trieben notwendig bestimmt werden, von starken Gefühlen, die das Gefördert- und das Gehemmtwerden dieser Triebe begleiten, und daß sie ihre Sinnesempfindungen und den Verstand, worin diese sich sammeln, als Führer, Spürer und Warner gebrauchen, um Freundliches und Feindliches, Günstiges und Gefährliches auch aus der Ferne voraus zu unterscheiden. So sind es auch Komplexe von Gefühlen und Empfindungen, was die Menschen zusammenhält und zusammenführt, was sie aneinander „bindet" und miteinander „verbindet". Denn sie sind nicht durch ein „äußeres", physisches Band verbunden, wie etwa zwei Gefangene, die, am Handgelenk gefesselt, zusammen transportiert werden, sondern nur im bildlichen Ausdruck sprechen wir von psychischen Bindemitteln, von Banden der Liebe und Freundschaft, von Verbindungen und Verbänden der Menschen.

Wir wissen, daß die sozialen oder menschenfreundlichen Antriebe und Gedanken in fortwährendem Widerspruch und Streit mit solchen von entgegengesetzter Art leben, daß Liebe und Haß, Vertrauen und Mißtrauen, Dankbarkeit und Rachgier einander kreuzen, daß aber auch Furcht und Hoffnung und, auf Grund dieser Affekte, die menschlichen *Interessen* und Pläne einander teils harmonisch, teils disharmonisch begegnen, daß also Gefühle *und* Erwägungen die Menschen, sowohl einzelne als auch Gruppen aller Art, teils verknüpfen, teils entzweien.

Der psychologischen Ansicht des menschlichen Zusammenlebens sind die Anziehungen und Abstoßungen, die Hilfeleistungen und die Kämpfe, friedliche Vereinigungen und kriegerische Konflikte an und für sich gleich wichtig und interessant. Die biologische Ansicht beachtet diesen Unterschied überhaupt nur in seinen Wirkungen: sofern Leben vermehrt oder vermindert, gefördert oder gehemmt wird. Die *soziologische* Ansicht, im Unterschied von beiden, hat es wesentlich und in erster Linie mit den Tatsachen zu tun, die ich Tatsachen gegenseitiger *Bejahung* nenne. Sie untersucht diese im engeren und eigentlichen Sinne *sozialen* Tatsachen und analysiert ihre *Motive*. Sie muß, wie ich behaupte, vor allem ihre Aufmerksamkeit auf den bedeutenden Unterschied richten, ob gegenseitige Bejahung auf dem Grund vorwiegender Gefühls- oder vorwiegender Denkmotive vorliegt. Sie muß den Prozeß verfolgen, den ich in dieser Hinsicht als die Entwicklung von Wesenwillen zu Kürwillen bezeichne. Wesenwille ist der gewordene Wille, Kürwille ist der gemachte Wille. Der Mensch ist zur Bejahung des Menschen und also zur Verbindung mit ihm von Natur „geneigt": nicht bloß durch „Instinkte", wenn sie auch die stärksten Antriebe ergeben, sondern auch durch „edlere" Gefühle und ein vernünftiges Bewußtsein. Aus dem Geneigtsein erwächst das Wollen und die ausgesprochene Bejahung, die den „Wert" des bejahten Gegenstandes kennt und sich in Bezug darauf sowohl als ganze wie auch als dauernde richtet. In den mannigfachen Formen dieser Bejahung wird der Gegenstand immer direkt, oder wie wir sagen, als Zweck, d. h. um seiner selbst willen bejaht. Dies schließt nicht aus, daß er *zugleich* um eines anderen Zweckes willen bejaht wird, wenn nur diese Zwecke sich miteinander vertragen und selbst einander bejahen. So liebt der Reiter sein Pferd. Er liebt es, weil es seinem Nutzen und seinem Vergnügen dient. Er liebt es aber auch, weil er ein unmittelbares Gefallen an ihm hat. Andererseits kann aber der Gedanke an den *äußeren* Zweck so stark werden, daß er die Bejahung eines „Mittels" trotz völliger Gleichgültigkeit gegen dessen Beschaffenheit, also trotz mangelnden Gefallens daran, bewirkt. Endlich wird der „Widerwille" ungeachtet des entschiedenen *Mißfallens* überwunden. Der Mensch „zwingt sich", etwas zu tun, zu nehmen, zu geben, obgleich er es nicht „mag". Er entschließt sich dazu, weil es ihm „vernünftig" scheint. Es ist durchaus richtig und wird oft genug erörtert, daß sich in weitem Umfang eine *Assoziation* und Vermischung der „Ideen" bildet, vermöge deren das Gleichgültige und sogar das Widrige, eben weil es nützlich ist, auch „angenehm" *werden kann* und, wie ich sage, auch durch den Wesenwillen bejaht wird. Hier liegt eben die höchst wichtige Gestaltung des Wesenwillens, die ich mit dem wohlbekannten Namen der „*Gewohnheit*" bezeichne und auf das „Gedächtnis" beziehe.

Aber dies ist eine sekundäre Erscheinung; und es bleibt ein weites Gebiet offen, worin sich jene Assoziation nicht vollendet, sondern die ursprüngliche Relation *beharrt*, so daß sogar aus einem einfachen Element, das der Kürwille bejaht, ein höchst kompliziertes Gebilde, ein *System* wird, ein Mechanismus, der aus vorgestellten, vorgedachten Kürwillens*akten* besteht. Aber der Begriff des Kürwillens erschöpft sich so wenig wie der des Willens überhaupt nicht in Akten. Er erstreckt sich auf alles, was als Mittel für menschliche Zwecke gedacht werden kann, daher möglicherweise auf das gesamte „Nicht-Ich" als Material für das Begehren, das Streben und die Interessen eines „Ich". Im Verhältnis des Menschen zu anderen Menschen ist aber der so verstandene Kürwille uns vorzugsweise wichtig, wenn er als *gegenseitig* wirksam gedacht wird. Einseitig behandelt er den Anderen als Sache, oder wie ich lieber sage und schon gesagt habe, als Material. Aber in gegenseitigem Verhältnis heben sich diese Tendenzen insoweit wechselseitig auf, als die Person als Person, d. h. eben als Willkür-Subjekt, erkannt und anerkannt wird und folglich zwar eine für die andere bloßes Mittel zu ihren Zwecken darstellt, aber doch diesen Zwecken nicht unterworfen ist, sondern sie in Bezug aufeinander *frei* bleiben und in ein *freies* Verhältnis gegenseitiger Bejahung zueinander treten können.

Bis zur Ermüdung finden wir, auch von bekannten Soziologen, die alte These wiederholt, daß der Mensch von Natur ein *soziales Wesen* sei. Und doch ist sie *nur ebenso* richtig, wie die entgegengesetzte These, daß er, von Natur egoistisch, also unsozial, ausschließlich durch Vernunft, durch sein wohlverstandenes Interesse sozial würde und sich mithin auch nur je nach den Umständen so verhalte: nämlich wenn und in dem Maße, als er glaubt, daß es seinem Vorteil entspricht, sich mit dem Gegner – und in gewissem Grad ist eben jeder des anderen Gegner – wenigstens möglicherweise zu vertragen und einen *Modus Vivendi* zu suchen.

Ich sage, daß diese beiden entgegengesetzten Thesen nebeneinander bestehen, daß jede in ihrem Gebiet richtig und anwendbar ist, daß sie einander ergänzen. Die eine liegt dem Begriff *Gemeinschaft*, die andere dem Begriff *Gesellschaft* zugrunde.

Man hat das Theorem mehrfach dahin verstanden und ausgelegt, daß es diese Arten „unterscheide", etwa wie der Botaniker Bäume und Gräser, der Zoologe Wirbeltiere und Wirbellose unterscheidet. Diese Auslegung ist nicht die meine. Ich vergleiche das hier angewandte Verfahren vielmehr dem Verfahren des Chemikers als dem der beschreibenden Naturwissenschaft. Es handelt sich vielmehr um Scheidung als um Unterscheidung. Es gilt die Erscheinung des *sozialen Verhältnisses* in seine *Elemente* zu zerlegen und diese Elemente begrifflich darzustellen, unabhängig davon, ob ihre reine Gestalt in der Wirklichkeit vorkommt oder nicht.

I.

Das soziale Verhältnis zu begreifen ist die *erste* wissenschaftliche Aufgabe, die zum Wesen der Soziologie gehört. Wir können diese Aufgabe nicht erörtern, ohne auf diejenigen Verhältnisse Bezug zu nehmen, die als *rechtliche Verhältnisse* Gegenstand einer reinen Theorie des Privatrechts oder, wie es seinem alten und echten Sinne nach zu verstehen ist, des „Naturrechts" sind.

Der Begriff des sozialen Verhältnisses ist *weiter* als der des Rechtsverhältnisses. Das Rechtsverhältnis ist ein besonderer Fall des sozialen Verhältnisses. Merkel in seinem trefflichen Büchlein „Juristische Encyclopädie" und andere Neuere nennen als die Hauptteile des Privatrechts das Vermögensrecht und das Familienrecht.[84] Diese Einteilung ist nicht haltbar. Das Familienrecht, soweit es privatrechtlichen Charakter hat, besteht fast ganz und gar aus vermögensrechtlichen Bestimmungen und Regeln.

Der wirkliche und fundamentale Unterschied liegt in den *Ursachen* der rechtlichen Verhältnisse. Die eine große Hauptursache der rein privatrechtlichen Ver-

---

84   Adolf Merkel, *Juristische Encyclopädie*, Berlin 1885.

hältnisse ist der Vertrag. Er ist der Typus der Rechtsgeschäfte, und diese sind der regelmäßige Gegenstand rechtlich wirksamer Handlungen (Obligationen, die aus unrechtmäßigen Handlungen entstehen – *ex delicto* – würde ich nicht als unmittelbare rechtliche Verhältnisse verstehen). Die andere große Ursache liegt in dem natürlichen Zustand, dem „*Status*" des Menschen, der heute nur noch in engsten Familienverhältnissen förmliche Bedeutung hat: nicht durch Vertrag, sondern durch *Status* sind wir Vater oder Sohn, Bruder oder Schwester, Monarch oder Staatsbürger und haben darauf sich gründende subjektive Rechte oder rechtliche Verpflichtungen, denen subjektive Rechte anderer entsprechen.

Zum Wesen des rechtlichen Verhältnisses gehört eben dies, daß „das Recht" oder „die Rechtsordnung" darin begründete Rechte gibt und daraus entspringende Pflichten auflegt. Aber ganz nach Analogie der rechtlichen denken wir *sittliche* Verhältnisse und sprechen von sittlichen (oder moralischen) Verpflichtungen und berechtigten Annsprüchen. Indessen ist dieser Begriff nur scheinbar ebenso einfach und klar wie der des rechtlichen Verhältnisses. In Wahrheit wissen wir bei allem, was sittlich genannt wird, ohne bestimmte Erklärung niemals, ob gemeint ist, es sei durch die Sitte geboten oder durch die ihr allerdings nahe verwandte positive Sittlichkeit – die herrschende Moral – oder endlich nur durch ein mehr oder weniger anerkanntes theologisches oder philosophisches System der *Ethik*. Aus dieser Diskrepanz ergeben sich mindestens drei verschiedene Arten oder doch Nuançen sittlicher Verhältnisse, wenngleich die meisten den drei Autoritäten gleichmäßig unterliegen und wenn auch diese zumeist in Bezug auf die Normen übereinstimmen mögen, die sie diesen Verhältnissen geben. Und doch braucht man nicht lange nach Beispielen zu suchen, worin die genannten Regulatoren (wie wir sie auch nennen können) weit auseinandergehen. Was im besonderen Sinne „ein Verhältnis" zwischen Personen verschiedenen Geschlechtes heißt, wird von der Sitte einfach verneint und sozusagen totgeschwiegen. Die Rechtsordnung ignoriert ebenfalls das „unsittliche" Verhältnis. Die herrschende Moral, soweit sie der Sitte gegenüber selbständig ist, duldet es wenigstens, wenn beide Personen nicht verehelicht sind, leitet aber so gut wie keine sittlichen Rechte und Pflichten daraus ab. Besonders dem Mann, der einer höheren sozialen Schicht angehört, gewährt sie in dieser Hinsicht eine Freiheit und Frechheit, die ihr – der herrschenden Moral – zur Schande gereicht. Die theologische Ethik verhält sich am liebsten wie die Sitte zu solchen Dingen. Aber eine *philosophische Ethik* von freiem Charakter wird erkennen, daß das „unsittliche" Verhältnis, das grundsätzlich der Ehe nachzustellen und neben ihr verwerflich ist, gleichwohl unter besonderen Umständen seinem sittlichen Wesen nach der Ehe gleichwertig sein kann und tatsächlich in einzelnen Fällen den meisten Ehen an sittlichem Wert überlegen ist. Sie wird aber für *alle* Fälle strenge und bedeutende Forderungen in Bezug auf die Pflichten erheben, die namentlich dem Mann, zumal wenn er einer begünstigten Schicht angehört, aus solchem Verhältnis erwachsen – Pflichten gegen die Frau, selbst wenn er gewahr wird, daß sie seiner „unwürdig" sei; ganz besonders aber Pflichten gegen die mit ihr erzeugten Kinder.

Wie auch immer als ein sittliches Verhältnis verstanden wird: Immer besteht eben diese Analogie zum rechtlichen Verhältnis, daß eine *Autorität* – auch wenn es philosophischer Ethik gemäß die Autonomie unserer praktischen Vernunft wäre – ein *Sollen* daran anknüpft und daraus entwickelt. Sittliche und rechtliche Verhältnisse sind daher Gegenstände *normativer* Disziplinen. Soziale Verhältnisse zu begreifen stellt hingegen die nächste Aufgabe einer rein theoretischen Wissenschaft dar, die sich von den Naturwissenschaften nur dadurch unterscheidet, daß ihre Objekte weder durch Teleskop, noch durch Mikroskop sichtbar werden und auch durch andere Sinne nicht wahrnehmbar sind. Nur der Gedanke vermag sie zu erkennen. Sie werden eben dadurch gedacht, daß sie aus den *Tatsachen*, aus dem wirklichen Verhalten der Menschen zueinander, abgezogen werden. Wenn wir erwägen, daß in allem friedlichen, oder wie ich sage, positiven Verhalten zwischen Menschen wenigstens die Keime eines sozialen Verhältnisses liegen, und daß schon die bewußte Enthaltung von Feindseligkeiten einen solchen Keim darstellt, so haben wir die ganze Mannigfaltigkeit des Stoffes der Soziologie in Gedanken vor uns. Aber die Begrenzung durch friedliches Verhalten kann nicht heißen, daß den Soziologen die feindseligen Verhaltungen nicht interessieren. Sie interessieren ihn so gewiß, wie den Biologen die unorganisierte Materie, wie den Chemiker die physikalischen Aggregatzustände interessieren. Die Objekte der Forschung sind in jedem Falle etwas anderes.

Es bedarf nur geringer Überlegung, um zu gewahren, daß sich die sozialen Verhältnisse in weitem Umfang mit rechtlichen Verhältnissen decken, und daß sowohl diese, als auch die außerhalb ihrer gelegenen in mehr als einem Sinne eine sittliche Seite haben. Aber zunächst und unmittelbar gehen auch Rechte und Pflichten den Soziologen nur insofern etwas an, als sie tatsächlich von den Personen, die in den Verhältnissen stehen, als solche empfunden und gedacht werden. Und doch ist auch diese Betrachtung sekundär gegenüber der Betrachtung des wirklichen Verhaltens, worin die Tatsachen der sozialen Verhältnisse begründet liegen.

II.

Gestatten Sie mir nun, hochgeehrte Zuhörer, auf den *zweiten* Hauptgegenstand der Soziologie, wie ich sie auffasse, Ihre Aufmerksamkeit zu lenken. Es ist das große Gebiet des *sozialen Willens* und seiner Produkte, das ich im Auge habe. Denn für sich allein stellt der Wille bloß den Gegenstand einer psychologischen Betrachtung dar. In jedem sozialen Verhältnis ist wenigstens der Anlage nach etwas von sozialem Willen vorhanden, aber dessen Bereich geht weit darüber hinaus. Der Bereich des sozialen Willens ist die Atmosphäre, durch die unser gesamtes soziales Leben bedingt ist. Sitte und Gewohnheitsrecht, Religion und Gesetzgebung, Konvention und öffentliche Meinung, Stil und Mode sind lauter Ausdrücke für verschiedene Gestalten sozialen Willens. Am einfachsten und klarsten tritt uns sozialer Wille entgegen, wenn mehrere gemeinsam einen *Beschluß* fassen. Der nächste Inhalt eines gemeinsamen Beschlusses ist: wir wollen das und das *tun*. Der Inhalt kann aber auch sein: wir wollen, daß dies und das geschehe, daß es wirklich sei oder werde. Und dies Geschehen oder Wirklichwerden kann auch sein, daß *andere* etwas tun oder unterlassen. Aber hier tritt uns sogleich ein großer Unterschied im Sinne des Wollens entgegen. Die Sprache vermischt fortwährend eigentliches Wollen, das sich auf eigenes Tun bezieht, mit bloßem Wünschen. Daß etwas geschehe, was ich nicht durch mein Tun unmittelbar bewirke, kann ich nur wünschen. Aber ich mag dies Wünschen ein Wollen nennen, wenn ich es mittelbar zu bewirken, d. h. zu erzwingen entschlossen bin, und zwar um so mehr, wenn ich dessen auch *fähig* bin. Der Wunsch geht hier in einen Befehl über. Befehle können sowohl von Einzelnen als auch von Mehreren ausgehen, die etwas zusammen beschließen. Sie haben aber nur dann die Natur des sozialen Wollens, wenn die Mehreren auch etwas zusammen bewirken, also erzwingen wollen; vollends wenn sie es auch *können*. Dann ist es zunächst gleichgültig, aus welchen Beweggründen die „Anderen" gehorchen; ob sie in einem sozialen Verhältnis zu den Befehlenden stehen, oder bloß unterjochte Feinde, d. h. Sklaven sind. Aber die Anderen können auch selbst einzelne Personen sein, deren vereinigtes Wollen das soziale Wollen bildet, das sich als Befehl kundgibt. Und dies ist der für die soziologische Betrachtung wichtigste Fall: daß Menschen sich selbst befehlen und sich selbst gehorchen – als Befehlende sozial, als Gehorchende individuell agierend.

Wenn dieser Fall aber am durchsichtigsten ist, wo das soziale Wollen die Form des Beschlusses hat, so ist er doch in den übrigen Formen des sozialen Wollens nicht minder bedeutend. Wie ich den Beschluß als Typus des rationalen Wollens verstehe, so die *Gewohnheit* als Typus des irrationalen Wollens. Daß Beschließen sowohl einen sozialen als einen individuellen Sinn hat, liegt auf der Hand; aber

es ist nicht minder offenbar an Gewohnheit: der einzelne Mensch folgt seinen
Gewohnheiten. Diese haben „Macht" über ihn; oft ist er ihr „Sklave". Und nicht
minder sind die Menschen, in Masse betrachtet, aber auch hier *als Individuen* von
Gewohnheiten *sozialen Inhaltes* abhängig, die wir als Brauch, als Sitte, als Gewohnheitsrecht in um so größerer Ausdehnung und Gewalt kennenlernen, je tiefer wir in das Volksleben irgendwo forschend hinabsteigen. Aber Gewohnheit –
inwiefern ist denn Gewohnheit Wille? Es gibt zwei Hauptursachen, daß dies nicht
erkannt und nicht als von selbst einleuchtend zugegeben wird. Die eine ist darin begründet, daß unsere Selbstbesinnung uns das Wollen als ein *rationales* kennen lehrt, wodurch es sich gleichsam als etwas Gemachtes und eben dadurch als
etwas Helles und Klares vom dunklen unwillkürlichen Begehren und Wünschen
abheben soll. In der Tat ist es nicht meine Absicht, den Begriff des Wollens so zu
fassen, daß das Wort auch die Triebe und Regungen der Seele, sogar solche, die
unbewußt bleiben, mit einschließt. Ich halte mich viel näher an dem Sprachsinn,
betone aber auch die in diesem gelegene *perfektische* Natur des Wollens: Wollen
heißt in den Sprachen so viel, als sich vorgenommen *haben,* beschlossen haben,
den Vorsatz gefaßt *haben,* entschlossen *sein.* Und wie lebendig das Bedürfnis, ja
die Notwendigkeit *dieses* Begriffes ist, zeigt die Sprache, nachdem der Gehalt des
Wortes Wollen wie so vieler Wörter, nachdem es ein gewöhnliches Zeitwort geworden ist, durch Neubildungen wie „willens sein", „gewillt sein", „gesonnen sein"
verschlissen und abgegriffen ist, die doch nur den ursprünglichen Sinn des alten
Wollens wieder auffrischen und etwas anderes gar nicht bedeuten *können.* Und
diesen ursprünglichen Sinn erweitere ich nur dahin, daß ich auch das Gewohntsein oder Pflegen in meinen Begriff des Wollens mit einschließe, weil es mit dem
„Gewilltsein" dessen wesentliches Merkmal gemein hat: nämlich die *nötigende*
Bestimmung zum Tun, der die eigene Neigung, der eigene Wunsch zugrunde liegt,
also das autonome Moment,. Dies führt aber sogleich zu der anderen Hauptursache, aus der ich erkläre, daß dies verkannt wird: nämlich auf die Abhängigkeit des
Denkens vom Sprachgebrauch, auch wo dieser schlaff, unklar und zweideutig ist.
In der Tat unterscheidet nämlich die Sprache nicht die Gewohnheit als eine objektive oder wie man sagt, äußerliche Tatsache von der Gewohnheit als einer subjektiven, psychischen oder „innerlichen" Tatsache. In jener ist nichts enthalten als
die häufige Wiederholung, d. h. die Regelmäßigkeit eines Tuns und Geschehens.
In dieser aber ist das enthalten, was wir ausdrücken, d. h. wenn wir die Gewohnheit als mit uns verwachsen, uns in Fleisch und Blut übergegangen erkennen und
wenn wir von dem unermeßlichen Einfluß sprechen, den die Gewohnheit jedes
Menschen auf sein Tun, aber auch auf sein Wünschen und auf sein Denken, auf
seine Gefühle, wie auf seine Meinungen ausübt. Ebenso pflegen wir, ohne uns des

Unterschiedes bewußt zu werden, von Volksgewohnheiten, von Bräuchen und Sitten zu sprechen, die allerdings auch als bloße Tatsachen der Praxis, als materielle Vorgänge interessant sind. Aber für den Soziologen sind sie auch noch in einer ganz anderen Weise von Interesse: nämlich als autoritative Ausdrücke des Volksgeistes, d. h. als sozialer Wille.

In diesem Sinne sind Sitten immer mit *Gesetzen* verglichen worden. Denn die einen wie die andern haben eine *Geltung.* D. h. sie sind ihrem Wesen nach ideell und stellen eine Forderung. Sie sagen nämlich, was *sein soll.* Und nur ein Wille kann sagen, was sein soll. Sitte und eigentliches Gesetz unterscheiden sich vorzugsweise durch ihre Gründe. Die Sitte sagt: weil es immer so gewesen und geschehen ist, immer geübt, immer für gut gehalten wurde; das Gesetz sagt: weil der Gesetzgeber es befiehlt, und warum er befiehlt, weil er es für richtig und für zweckmäßig hält, weil er etwas dadurch erreichen will.

Der Gegensatz und Streit zwischen Sitte und Gesetz wird am meisten als Kampf zwischen den Gebilden des Privatrechts durch Gewohnheiten einerseits und durch den Gesetzgeber andererseits offenbar. Ich brauche nicht daran zu erinnern, daß die eigentlichen Gesetze der Form ihrer Entstehung nach *Beschlüsse* sind: und zwar vorzugsweise Beschlüsse von Versammlungen. Den Gegensatz von Beschluß und Gewohnheit habe ich meiner Betrachtung zugrunde gelegt. Die Formen des sozialen wie des individuellen Willens reichen aber viel weiter. Als Gegenstand soziologischer Untersuchung ist vor allen der mit der Sitte so innig zusammenhängende *religiöse* Glaube von größter Bedeutung. Die Götter selbst sind nicht bloß vorgestellte und gedachte Wesen, sondern sie sind als solche auch, und vor allem, gewollte Wesen. Der soziale Wille, der sie setzt, prägt sich nicht nur im *Glauben* an ihr Dasein, ihre Macht, ihren Zorn und ihr Wohlwollen aus, sondern besonders auch in der *Verehrung*, die ihnen gewidmet wird, in den Altären und Tempeln, die ihnen gebaut werden, im Opfer und in allem Kultus. Sie sind Geschöpfe der Volksphantasie; und wie könnte etwas ohne das schöpferische Wollen geschaffen werden? Sie sind aber nicht nur Objekte, sondern werden eben dadurch, d. h. durch die Fülle und Glut des Volksgeistes, die gleichsam in sie hineingegossen wird, selbst Subjekte und Träger sozialen Willens. Sie werden regelmäßig als die eifrigen Hüter der Sitte gedacht – vor allem in mehr barbarischen Ideen, weil sie streng darüber wachen, daß sie selbst empfangen, was ihnen zukommt – die Abbilder der Despoten und Heerführer; sie werden aber auch als *Gesetzgeber* oder doch als Inspiratoren des Gesetzgebers gedacht. Wenn die Gewohnheiten und Rechte sonst für unabänderlich gelten, so kann die der Gott doch ändern und erneuern. Im Namen des Gottes, also seiner Stellvertreter auf Erden, heißen sie Hohepriester oder König, Papst oder Kaiser, geschieht die freie Auslegung und deutende Umgestaltung des Überlieferten, wie heilig dies auch an und für sich gehalten wird. Henry Sumner Maine, ein soziologisch denkender Jurist, hat darüber wertvolle Ausführungen gemacht.[85] Aber auch ihm fehlte die wichtige Erkenntnis, daß es nur verschiedene Ausdrücke des sozialen Wollens sind, die sich in dem Gewohnheitsrecht und in heiligen Rechten wie in freier, planmäßiger und an wissenschaftliche Theorien angelehnter Gesetzgebung niederschlagen.

Für unser naives Bewußtsein ist das Seiende und eigentlich Wirkliche unauflösbar mit dem verknotet, was *gilt*. Und alles was gilt, gilt entweder für ein Individuum allein durch seinen individuellen Willen; oder es gilt für Mehrere durch ihren sozialen Willen. Letzteres ist aber von weit überwiegender Bedeutung. Ich habe kürzlich eine schon vor neun Jahren verfaßte Schrift herausgegeben, worin ich diese Wahrheit auf die Wortbedeutungen der Sprache anwende und sie mit dem Gelten von Münzzeichen vergleiche.[86] Aber es ist ebenso wahr für Maß und Gewicht, für Zeitrechnung und Ära, für Schriftzeichen und andere „Symbole", für Grenzen und Titel, für geltende Ansichten und Urteile, insbesondere für sittliche Maßstäbe, für Umgangsformen und Etikette – wir können kurz sagen für alles *Konventionelle*. Denn das Konventionelle und dessen Bereich erkennen, heißt wenigstens eine bedeutende Seite des Wesens und der Macht des sozialen Wollens verstehen. Wir wissen wohl, daß nur in wenigen und vergleichsweise unbedeutenden Fällen eine wirkliche Übereinkunft, etwas Vertragshaftes, dem, was konventionell gültig ist, zugrunde liegt; aber wir sagen und denken, daß es sehr vieles gibt, was so beschaffen ist, *als ob* es durch Übereinkunft festgesetzt wäre. Und eben dies wollen wir mit dem Wort „konventionell" bezeichnen. Das Wort führt aber den Nebensinn des Starren und Steifen, Gekünstelten, daher Kalten und Frostigen mit sich, und dies weist auf einen höchst bedeutsamen Unterschied im sozialen Wollen, sofern es gültige Werte etabliert. Dieser Unterschied entspringt aus dem Prozeß vom Innerlichen zur Veräußerlichung, vom organischen zum mechanischen Mittel, von Wesenwillen zu Kürwillen, der im sozialen wie im individuellen Willen stattfindet. Denn in Sitte und Religion ist die lebendige Wärme der Phantasie und des Gefühls, die jugendlich-naive Frische, aber auch die Einfalt und kindische Torheit des Volksgeistes, deren Gebilde im Laufe einer Kulturentwicklung durch reifere Erfahrung, vermehrtes Wissen, zunehmende Bewußtheit in Verfolgung äußerer Ziele, daher besonders auch durch den Einfluß einzelner Personen, freier Geister und mutiger Charaktere, teils fortwährend verrändert und umgewandelt, teils direkt bestritten und abgeschafft werden. Die Widersprüche und Kämpfe zwischen

---

85   Vgl. Henry J. Sumner Maine, *Ancient Law. Its Connections with the Early History of Society, and its Relation to Modern Ideas*, London 1861.

86   Ferdinand Tönnies, *Philosophische Terminologie in psychologisch-soziologischer Ansicht*, Leipzig 1906.

Religion und Wissenschaft, Aberglaube und Aufklärung sind nicht minder als diejenigen zwischen Sitte und Polizei, Gewohnheitsrecht und Gesetzgebung, Widersprüche und Kämpfe zwischen verschiedenen und zwar entgegengesetzten Arten oder Richtungen sozialen Wollens. Jene bezeichnen *scheinbar* nur verschiedenes Denken und Meinen. Aber hinter dem Denken und Meinen stehen nicht nur Interessen von Klassen und Parteien, sondern andere Wertschätzungen, die durch veränderte Umstände des Lebens notwendig gemacht werden; und in den Wertschätzungen kristallisiert sich ein mehr oder weniger allgemeines Wollen.

III.

Von Bedeutung und Ausdehnung der hier gelegenen Probleme kann ich in dieser Skizze nur eine schwache Vorstellung vermitteln. Aber das Wesen der Soziologie vollendet sich erst in ihrem dritten Hauptgegenstand, in Bezug worauf sie sich noch entschiedener als in Bezug auf die beiden ersten von der Biologie und Psychologie losreißt und ihre eigene Sphäre für sich allein hat. Diesen dritten Hauptgegenstand bilden die menschlichen Verbindungen und Vereine, Genossenschaften und Gesellschaften, Gemeinden und Assoziationen – um nicht alle Namen aufzuzählen, die *allgemeine* Namen von Einheiten sind, in denen sich die Vielheiten menschlicher Individuen darstellen. Was sind sie ihrem Wesen nach? Sind sie etwas Wirkliches oder etwas Unwirkliches? In welchem Sinn können sie Gegenstände wissenschaftlicher Erkenntnis sein? Wie verhalten sich solche Wesenheiten als eine Rasse, ein Volk, eine Nation, ein Stamm, ein Geschlecht und eine Familie, die gleichfalls Einheiten in und über den Vielheiten bedeuten, zu jenen Kategorien? Wie andererseits Begriffe, wie der des Staates und der der Kirche, die eine so unermeßliche Wichtigkeit in allem sozialen Leben und in seiner Geschichte erworben haben? Was sind alle diese Gebilde?

Vor allem ist hier ein sehr bedeutsamer Unterschied zu beachten: nämlich der Unterschied zwischen den verschiedenen Betrachtungsweisen des menschlichen Zusammenlebens, von dem meine gesamte Darstellung ausgegangen ist. Einige gehören nämlich den genannten Einheiten der biologischen Betrachtung an, weil sie Einheiten sind, deren Grund durchaus in den natürlichen Tatsachen der Zeugung und der Geburt, der Abstammung und der erblichen Merkmale gelegen ist, wenn sie auch teilweise zu gleicher Zeit als Einheiten, die Träger sozialen Geistes sind, einen psychologischen Wert erhalten haben. Die Frage nach *ihrer* Realität aufwerfen, heißt die alte Kontroverse von Realismus und Nominalismus erneuern, die man allgemein durch die moderne Wissenschaft in dem Sinn für endgültig erledigt und entschieden hält, daß der Nominalismus die Wahrheit sei: nur die sogenannten einzelnen Dinge seien wirklich. Auf diese Frage einzugehen liegt außerhalb meines Planes. Aber mit allem Nachdruck betone ich die Unterscheidung zwischen solchen biologischen und höchstens psychologischen Gesamtheiten und Gruppen einerseits, den wirklichen sozialen Ganzen oder wenn man will, „Körpern" andererseits, weil sie gar zu oft verkannt und gröblich vernachlässigt wird. Nur mit diesen haben wir es nunmehr zu tun, auch wenn wir allen Grund dazu haben, auf jene gelegentlich Rücksicht zu nehmen und gewisse Zusammenhänge zwischen den beiden sehr verschiedenen Gattungen zu beachten.

Eine soziale Verbindung hat zunächst und unmittelbar nur durch den vereinigten (also sozialen) Willen der Menschen so etwas wie ein „Dasein", die ihr angehören, indem diese es setzen und denken. Die hierin enthaltene Wahrheit pflegt wohl so ausgedrückt zu werden, daß man sagt, es handle sich hierbei um *Fiktionen*. Aber diesem Gedanken wird regelmäßig nur eine *juristische* Anwendung gegeben. Der Jurist spricht nur von juristischen Personen als solchen, die es neben den natürlichen Personen, d. h. den Individuen gebe, und erklärt sie für eine vom „Recht" oder vom „Gesetzgeber" für bestimmte Zwecke hergestellte *Fiktion*. Den Soziologen interessiert aber ein viel weiterer Kreis von menschlichen Verbänden. Und es ist ihm zunächst gleichgültig, ob sie von einer Rechtsordnung als Träger von Rechten und Verbindlichkeiten anerkannt sind, oder nicht; wie es uns auch nicht von wesentlicher Bedeutung war, ob ein soziales *Verhältnis* zugleich als rechtliches Verhältnis ausgeprägt erscheint oder nicht. Die Gewerkschaften und Gewerkschaftsvereine haben bisher *nicht* die Rechte juristischer Personen; geschweige politische Vereine und dergleichen. Sind sie darum überhaupt nicht vorhanden? Sind sie nicht höchst bedeutende Gebilde des heutigen sozialen Lebens? Und wodurch sind sie vorhanden? Sie sind erstens hauptsächlich durch den Willen ihrer Mitglieder vorhanden, die einen solchen Verein entweder begründet haben oder doch gleich den Urhebern sein Dasein setzen und es durch Leistungen bejahen. Sie sind zweitens durch die Erkennung und Anerkennung vorhanden, die ihnen von anderen Individuen sowie von Vereinen, namentlich von ihresgleichen, zuteil wird. Und sie sind drittens für den Zuschauer und Theoretiker vorhanden, indem er eben diese Daseinsweisen wahrnimmt und sie von anderen Daseinsweisen unterscheidet. Aber offenbar ist die erste *Ratio essendi* die wesentliche; von ihr sind die anderen abhängig. Wir wissen, daß irgendwelche Menschen einen Verein „ins Leben rufen" können, wenn sie gemeinsam wollen und sich darüber einig werden. Und immer vollziehen sie damit einen Akt des Fingierens. Denn zunächst ist der Verein *nur* in ihrer Vorstellung, d. h. ideell vorhanden, aber bedingt durch ihr Wollen. Sie haben einen gemeinsamen *Zweck*, dem der Verein dienen soll. Der Verein kann diesen Zweck durch sein bloßes Dasein, d. h. Gedachtwerden erfüllen. Und weil er gedacht wird, erhält er einen Namen. In der Regel muß er aber selbst auch einen Willen haben können. Eine Vertretung und die Abmachung, die im Recht ein Gesellschaftsvertrag heißt, muß ferner festsetzen, wie dieser Wille gebildet werden *soll* – d. h. der Verein erhält eine „Verfassung".

Dieser einfache und logisch klare Fall ist uns allen durch viele Erfahrungen bekannt. Die Frage ist jedoch, ob an dem Begriff des Vereins alle Arten der menschlichen Verbände gemessen werden können. Und bezüglich dieser Frage hat am meisten die Unterfrage Staub aufgewirbelt, ob auch der *Staat* als ein Verein begriffen werden könne und müsse – das Problem des sozialen Kontraktes. Das Zeitalter der Aufklärung glaubte daran einmütig – nein, es glaubte, es zu *wissen*, es klar und deutlich erkannt zu haben, daß der Staat auf Verträgen beruht. Das 19. Jahrhundert, das im Denken nach so vielen Richtungen hin ein Zeitalter der Restauration gewesen ist, hat diesen Glauben und diese Gewißheit zerstört. Es hat aber wiederum keine allgemein anerkannte Theorie des Staates hervorgebracht. Man berief sich von Anfang an auf die *Geschichte* – die *historische Rechtsschule* machte ihre Ansprüche gegen das Naturrecht geltend. Die Staaten seien in Wirklichkeit überall oder doch mit verschwindenden Ausnahmen anders als durch Verträge entstanden. Und noch heute wird diese einleuchtende Wahrheit lebhaft genug wiederholt. Man kann sich demgegenüber auf Kant berufen, der mit Schärfe betont hat, daß es sich bei dieser Vertragstheorie um die Idee der Sache und nicht um den realen Ursprung handelt. Für jeden, der das Naturrecht und die Denkungsart *kennt*, worin es wurzelt, ist dies schlechthin selbstverständlich. Aber man wird uns erwidern, daß die Entstehung, die Entwicklung, das historische Gewordensein doch allein wichtig und das eigentliche Mittel sei, um das *Wesen der Sache* zu verstehen. Welcher Sache? Nun, eben des Staates. Was ist denn der Staat für eine Sache? Nun, eine Sache, die sich entwickelt hat, eine lebendige Sache also, ein *Organismus*.

In diesem Punkt trifft die Reaktion gegen den naturrechtlichen Staatsbegriff mit einer starken, wenn auch jetzt fast nur noch in den Köpfen von Naturforschern fortlebenden Richtung der modernen Soziologie zusammen; nur daß diese lieber „die Gesellschaft" oder den „sozialen Körper" als den Staat in den Vordergrund ihrer Betrachtung stellt. In jeder Gestalt richtet sich diese Auffassung gegen die „individualistische" Ansicht des sozialen Lebens. Ich verteidige diese individualistische Ansicht nicht, aber ich behaupte, daß in der Subsumtion, sei es der Gesellschaft oder des Staates, unter dem Begriff des Organismus ein Knäuel von Verwechselungen enthalten ist. Und ich muß hier erneut auf die von mir bereits hervorgehobene Unterscheidung zwischen der biologischen und der soziologische Betrachtung hinweisen. Ich behaupte allerdings, daß der *Begriffsrealismus*, wie man ihn neuerdings nennt, in Bezug auf organische Wesen nicht so einfach zu verwerfen ist, wie es sonderbarerweise regelmäßig von denselben Naturforschern geschieht, die ihre Übertragung des Organismusbegriffes auf die sozialen Gebilde für die einfachste und einleuchtendste Sache der Welt halten. Ich lasse es gelten, ja ich lege Wert auf die Erkenntnis, daß ein Volk, ein Stamm, eine Familie (als biologische Erscheinung) in einem bestimmten, wenn auch schwer abzugrenzenden Sinne Realitäten *sind*, d. h. als reale Wesen begriffen werden müssen oder wenigstens dürfen, weil man ihnen wesentliche Merkmale des *Lebens*, namentlich die Selbsterhaltung ihres Ganzen unter Ausscheidung alter und Reproduktion junger Teile, zuzuschreiben Grund hat, ja genötigt ist. Aber mit um so größerer Energie und Entschiedenheit muß ich die Lehre hervorheben, daß die *sozialen* Gebilde, die menschlichen Verbindungen, *ideeller* Natur sind, daß sie ihr Wesen ganz und gar in den Seelen derer haben, die ihnen angehören und daß für sie ganz gewiß gilt, was der Bischof Berkeley auf die gesamte äußere Welt anwandte: *Esse = percipi*.[87] Ich schreibe ihnen dennoch, so gut wie der metaphysische „Idealist" es in Bezug auf die Materie tut, eine bestimmte empirische Realität zu: nämlich eine *soziale Realität*, die für mich insgesamt *ideellen* Wesens, d. h. in den Seelen der Menschen begründet ist, weshalb ich die soziologische Betrachtung des menschlichen Zusammenlebens der psychologischen folgen und auf ihr beruhen lasse – ebenso wie diese auf der biologischen Betrachtung beruht. Auch die sozialen Verhältnisse, auch die Formen sozialen Willens und die dadurch gesetzten Werte existieren nur, indem und insofern sie empfunden, gefühlt, vorgestellt, gedacht, gewußt und gewollt werden – und zwar *zunächst* von Individuen. Gibt es denn nicht so etwas wie eine Volksseele, ein nationales Bewußtsein, ein gemeinschaftlich-einheitliches Fühlen und Denken? Ob es dergleichen anders als Individuen übereinkommen und in ihrem Fühlen und Denken übereinstimmen „gibt", ist eine Frage, die abermals auf den Begriffsrealismus zurückführt, dessen Problem wiederum ein anderes in Bezug auf materielle Dinge, ein anderes in Bezug auf „Seelen" ist. Aber wenn man ihn in Bezug auf Organismen bejaht, so wird man kaum umhin können, ihn auch in Bezug auf Seelen zu bejahen. Denn schon eingangs wurde betont, daß Organismen lebende Wesen Seelen *sind*. Anstatt daß sie mit Seelen verbunden seien, muß man deshalb sagen, daß Seelen ihren Sitz in ihnen haben. Die Sache ist die: sie müssen als Materie und als Seele *zugleich* gedacht werden. Ich meine aber allerdings, daß es ein gemeinsames Denken und Wollen auch als *objektive* Realität gibt. Aber

---

87 Vgl. George Berkeley, *A Treatise concerning the Principles of Human Knowledge* (1719), in: Alexander Campell Fraser (Hrsg.), *The Works of George Berkeley*, Band 1, Oxford 1901, S. 270 ff.

auch die Formen des sozialen Willens, die dieser ganz nahestehen – soziale Gewohnheiten und sozialer Glaube, Sitte und Religion –, sind etwas ganz anderes, wenn sie in ihrer objektiven Realität (die sie gerade als *subjektive* Wesenheiten besitzen) und wenn sie in ihrer subjektiven oder, wie wir nun dafür lieber sagen sollten, *sozialen* Realität (d. h. als *ideell-objektive* Wesenheiten) betrachtet werden. Bei diesem etwas intrikaten Punkt will ich indessen nicht länger verweilen.

Ich komme darauf zurück, daß der Staat jedenfalls wie alle Verbindungen der Menschen, Gemeinden, Genossenschaften, Körperschaften oder wie sie heißen mögen, etwas *Ideelles* ist; und die Frage kann nur sein, welcher Art dieses Ideelle sei, wie dieses Ideelle *gedacht werden* muß. Und diese Frage führt uns wieder auf den Gegensatz der Begriffe Wesenwille und Kürwille sowie Gemeinschaft und Gesellschaft zurück. Der Staat kann von seinen Subjekten, d. h. von den Staatsbürgern oder dem Staatsvolk als wesentlicher Zweck empfunden und gedacht werden; daher auch nach Art eines Organismus bzw. eines natürlichen Ganzen, das sie in sich einschließt und von dem sie sich abhängig und bedingt wissen, dessen Mitglieder sie sind, d. h. als ein Wesen vorgestellt werden, das von Natur aus „früher" als sie selbst existiert. Und hier befindet sich der Zusammenhang mit der biologischen Betrachtung, mit dem Begriffsrealismus und mit der „organizistischen" Theorie. Denn es liegt auf der Hand, daß diese Denkungsart, dieses psychische Verhältnis sich viel leichter und wahrscheinlicher bildet, wenn die so gedachten Verbände mit *natürlichen* Gesamtheiten äußerlich identisch oder ihnen doch so sehr als möglich ähnlich sind, wenn – um es mit einem deutlichen Worte zu charakterisieren – z. B. der *Staat* möglichst einer Familie – diese als soziales Gebilde begriffen – ähnlich aussieht, die Familie aber als soziales Gebilde einigermaßen an die Familie erinnert, wie wir sie aus der Naturgeschichte kennen. Und diese letzte Bedingung ist ja bei jeder auf Blutsverwandtschaft, besonders auf gemeinsamer Abstammung beruhenden sozialen Verbindung erfüllt. Die Familie in ihren zwei Gestaltungen – als patriarchalische oder matriarchalische *Herrschaft* und als fraternal-egalitäre Genossenschaft – ist daher der Typus der im menschlichen Wesenwillen beruhenden *Gemeinschaft*. Aber diese entfernt sich in ihrer höheren Entwicklung, zumal unter den Einflüssen städtischer Kultur, weit von diesem Typus. Sie hört auf, einer Familie ähnlich zu sein, die in ihrer Natürlichkeit und Notwendigkeit ihren Zweck in sich hat. Sie wird einem Verein ähnlicher, der seinen Zweck außer sich hat, der wesentlich Mittel zu ausgesprochenen oder nicht ausgesprochenen, offenen oder verborgenen Zwecken seiner Begründer und Mitglieder ist und von dem unsere Betrachtung als von dem klarsten und rationalsten sozialen Gebilde ausgegangen ist.

Der Verein ist der Typus der *Gesellschaft*, die aus freiem Kürwillen, sei es wirklich, entsprungen ist oder doch ihrem Wesen nach hervorgeht. Ich sage: Gemeinschaft wird dem Verein, der rationalen Zweck-Gesellschaft ähnlicher. Aber ich sage dagegen: sie kann gleichwohl Gemeinschaft bleiben, sich als Gemeinschaft entwickeln, wenn die entsprechende Denkungsart, wenn der soziale *Wille* anderer neuer Hilfsmittel und Stützen teilhaftig wird, wenn sich das Ganze, das Gemeinwesen, obgleich es nicht mehr, oder doch viel weniger, wirklich einem natürlichen Verband, einer *quasi*-organisch zusammenhängenden Gesamtheit ähnlich ist, dennoch für Gefühl, Phantasie, Gedanken als eine solche sich darstellt, d. h. wenn der Gesamtgeist es als solches behauptet. Und hierin ganz vorzugsweise liegt die unermeßliche soziale Bedeutung der *Religion* im sozialen Leben – sagen wir bestimmter noch: in der *Politik* – welche Bedeutung gewahrt bleibt, wenn sie auch regelmäßig, bei zunehmendem *wissenschaftlichen* Bewußtsein und eben dadurch, aber auch aus vielen anderen Ursachen, verfallendem *Glauben*, sich mit einer bloßen *Rolle* begnügen muß, die sie hinter den Masken ihrer Priester und anderer Würdenträger spielt. Die Idee bleibt dieselbe: Das Gemeinwesen wird geheiligt und über die Kritik erhoben. Es wird gleich einem Gott oder der speziellen Emanation eines Gottes gedacht: sei es nun, daß diese göttliche Hoheit und Gnade zugleich über die Person und das vererbte Recht eines Herrschers ausgegossen wird oder daß sie in dem Schutzgeist der Stadtgemeinde wohnt. Die Hauptsache ist, daß mit dem Gesetz und Recht auch seine Urheber, Ausleger und Umbildner in das überirdische Licht Verehrung heischender Wesen empor getragen werden; daß also die soziale Verbindung, möge sie nun Staat heißen oder anders, gegenüber den Individuen, ihren Untertanen oder Bürgern jene Autorität ausüben oder doch anstreben darf, die ein Schöpfer naturgemäß über seine Geschöpfe und eine Mutter über die Kinder in Anspruch nimmt, die sie an ihrem Busen nährt. Nun ist es freilich verhängnisvoll, wenn das religiöse Bewußtsein gleichsam ganz aus seinen eigenen Mitteln ein Gemeinwesen hervorbringt, das es als *Civitas Dei* dem weltlichen gegenüberstellt, das damit als wesentlich irdisch und profan, wenn nicht gar als *Civitas Diaboli* stigmatisiert wird: die Kirche neben dem Reich, das nun seine göttlichen Attribute von jener entlehnen muß. Die Kirche ist göttlichen Ursprungs – das ist für die Gläubigen selbstverständlich; aber das Reich oder gar die Stadtgemeinde? Mit ihren Burggöttern war die Polis dem Hellenen ein Gegenstand frommen Glaubens und des Kultus. Die modere Stadt konnte nie ganz diese Selbstherrlichkeit gewinnen, wenn sie auch im letzten Jahrhundert in drei bis vier Fällen in die Karikatur eines „souveränen" Gliedes unseres deutschen Bundesstaates, ehemals Staatenbundes, verbildet wurde. Das alte deutsche *Reich* blieb bekanntlich bis zu seinem Untergang das *heilige römische* Reich.

    Wir müssen verstehen, daß für die *wirkliche Beschaffenheit* des Staates oder eines anderen Gemeinwesens, zumal eines nicht spezifisch geistlichen, das *öko-*

nomische Verhältnis des Ganzen zu seinen Teilen, mit anderen Worten das *Eigentumsrecht* entscheidendes Kriterium ist. Das Privateigentum wird als *unabhängig*, frei aus eigenem Recht gedacht. Und es ist in seinen wesentlichen Funktionen so beschaffen, daß es so gedacht werden muß, als ob die Menschen – mit ihren Kapitalien und Landgütern die einen, mit ihren nackten Leibern die anderen – in den Staat eingetreten sind und den sozialen Kontrakt ganz wie ein großer Fabrikherr oder Rittergutsbesitzer mit Leuten abgeschlossen haben, die ihre Ware Arbeitskraft anbieten und auf der Basis formaler Gleichheit den Arbeitsvertrag abschließen. *Oder* ist es so, daß der Staat als ein guter Genius gedacht werden darf oder gar muß, der die Verteilung der Güter nach Grundsätzen des Verdienstes und der Gerechtigkeit vornimmt, der also dem einen ein Jahreseinkommen von 10-20 Millionen, dem anderen ein ebensolches von 500 bis 600 Mark deutscher Reichsmünze „zubilligt"? In die Erörterung dieser Frage kann ich nicht mehr eintreten. Es ist auch keine ganz einfache Antwort möglich; aber Sie verstehen, geehrte Zuhörer, daß ich hier an das Problem des *Sozialismus* rühre. Dieses berühmte Problem kann in der Tat dahin formuliert werden: ob das soziale Wollen und Denken in unserer Zeit sich stark genug erweisen wird, den modernen Staat in eine wirkliche, auch das Eigentum umfassende und beherrschende Gemeinschaft *auszubilden* – vielleicht muß es heißen: umzugestalten –, oder ob die Tendenzen der *Gesellschaft* in diesem sozialen Wollen und Denken das Übergewicht behalten werden.

Mit Hinweisung auf die drei Erkenntnisobjekte: soziale Verhältnisse, sozialen Willen, soziale Verbindungen, glaube ich das Wesen der Soziologie erschöpfend auszudrücken. In Bezug auf soziale Verhältnisse bleibt die soziologische Betrachtungsweise noch in starkem Zusammenhang mit der biologischen und der psychologischen Ansicht des menschlichen Zusammenlebens, vorzüglich aber mit der ersteren. Denn alle sozialen Verhältnisse sind in der Arteinheit des Menschengeschlechtes begründet – die meisten in der Blutsverwandtschaft, die sich in der Regel auch in gemeinsamer Sprache ausprägt. In Bezug auf den sozialen Willen ist der Zusammenhang mit der Psychologie und einer wesentlich psychologischen Ansicht menschlichen Zusammenlebens offensichtlich. Auch in Bezug auf Verbindungen können diese Zusammenhänge nicht gelöst werden. Aber der Gegenstand ist ganz eigentümlich; er kann nur begriffen werden, wie er soziale Verhältnisse und sozialen Willen zur Voraussetzung hat. Der Begriff liegt von den Begriffen biologischer Gesamtheiten und Gruppen weit entfernt, wenn auch Berührungen stattfinden. Er ist durch menschliche Vernunft, menschliches Denken bedingt. Darum ist es im Sinne strenger Wissenschaft sinnlos, von Staaten der Bienen und Ameisen zu reden. Das Zusammenleben der Tiere läßt sich nur einer biologischen und psychologischen Ansicht unterwerfen; und es wird auch durch diese beiden völlig ausreichend erfaßt. Denn wir haben nicht den geringsten Grund, anzunehmen – da wir ihnen eben Vernunft und Denken *nicht* zuschreiben – daß ihre Verhältnisse, ihr gemeinsames Wollen, vollends ihre Verbindungen für sie selbst Objekte sind. Und nur weil sich das beim Menschen so verhält, ist diese *Trias* der natürliche und notwendige Gegenstand einer besonderen begrifflichen, d. h. philosophischen Wissenschaft, nämlich der Soziologie.

Die Soziologie steht der ungeheuren Fülle des sozialen und darum des geschichtlichen Lebens gegenüber. Sie muß es mit *ihren* Kategorien anfassen, es aufwühlen und durchdringen, um das Gesetzmäßige in ihr festzustellen, das Woher und Wohin ihres Verlaufes wenigstens zu divinieren. Denn wissenschaftliche Erkenntnis davon ist nur in blassen Umrissen möglich. Geschichte ist keine Wissenschaft für sich. Die *Geschichtsschreibung* ist eine tiefsinnige Kunst, auch wenn sie auf der auf Erforschung der Wahrheit beruht, die in wissenschaftlichem Geiste geschehen muß. Sie hat ihre eigenen Regeln, ihre glorreiche Tradition, ihre gefeierten Meister. Kein Wunder, daß sie sich weigert, von der unreifen Soziologie neue Maßstäbe oder gar Vorschriften zu übernehmen. Die angewandte Soziologie hat nicht die Aufgabe, mit der Geschichtsschreibung in Wettbewerb zu treten. Sie ist nichts als (möge man das für wenig oder für viel halten) *Philosophie der Geschichte*. Allerdings sollte diese aber so gestaltet werden, daß auch der Geschichtsschreiber aus ihr lernen könnte und lernen müßte. Die gesamte Philosophie wird im Laufe der letzten Jahrhunderte mehr und mehr aus einer theologischen zu einer natürlich-wissenschaftlichen Synopsis und Synthese. Die Philosophie der Geschichte ist auf diesem Weg noch am weitesten zurückgeblieben. Die theologische Weltanschauung hat ihre Krönung gesucht und in einer Philosophie der Geschichte gefunden. In einer Philosophie der Geschichte muß sich auch die wissenschaftliche Weltanschauung vollenden.

Anmerkung

Der vorliegende Gedankengang stimmt teilweise mit einem Vortrag überein, den der Verfasser am 21. September 1904 im allgemeinen wissenschaftlichen Kongreß zu St. Louis über das gestellte Thema „The problems of social structure" in englischer Sprache gehalten hat. Dieser liegt jetzt in dem großen Sammelwerk *Congress of Arts and Science. Universal Exposition St. Louis 1904*, Band 5 (Boston und New York 1906) gedruckt vor. Wo die gegenwärtige Darstellung von jener abweicht, ist mir daran gelegen, die frühere teils zu erweitern, teils zu berichtigen. Die eine wie die andere ist bestimmt, die Theoreme meines Buches *Gemeinschaft und Gesellschaft* (Leipzig: O. R. Reisland 1887; 4. und 5. Aufl. Berlin: K. Curtius

1922) zu befestigen und auszubauen. Unausgesprochen ist auch kritischer Bezug auf die Lehren des Altmeisters germanistischer Jurisprudenz O. Gierkes genommen, wie sie noch vor einigen Jahren in seinem schönen Vortrag „Das Wesen der menschlichen Verbände" (Leipzig 1902) zusammengefaßt worden sind. Die Dreiteilung der Gegenstände der reinen Soziologie habe ich neuerdings dahin abgeändert, daß an die Stelle des sozialen Willens die „Samtschaften" (wie Verhältnisse und Körperschaften) als eine Art der Verbundenheit treten. Der soziale Wille wird dann – soweit er nicht schon in der Sozialpsychologie abgehandelt worden ist – diesen Arten der Verbundenheit als durch sie bedingt *nachgeordnet*.

Die Sitte

Leben ruht in Wortes Tiefen,
Geister, die Äonen schliefen –
Will es Wahres lauter sagen,
Wird das Wort ans Kreuz geschlagen ....

Das Wort Sitte ist ein Synonym für Gewohnheit und Brauch, von Herkommen und Überlieferung; aber auch für Mode, Manier, Gepflogenheit und dergleichen. Jene Wörter, die Gewohnheit bezeichnen, pflegen betrachtet zu werden, als ob das, was sie enthalten, seinem Wesen nach eindeutig wäre. In Wahrheit vermischt die Sprache, unbekümmert um tiefere Unterscheidungen, weit auseinander liegende Sinne. Und ich finde, daß *Gewohnheit* – um bei diesem allgemeinsten Ausdruck zu verweilen – eine dreifache Bedeutung hat, nämlich

1. die Bedeutung einer einfachen Tatsache objektiver Natur – in diesem Sinne sprechen wir von der Gewohnheit eines Menschen früh aufzustehen, oder zu einer bestimmten Stunde spazieren zu gehen, oder mittags zu schlafen; wir meinen dann nichts anderes als: er pflegt so zu tun, er tut es regelmäßig, es gehört zu seiner Lebensweise. Leicht ist aber erkennbar, wie diese Bedeutung übergeht in:

2. die Bedeutung einer Regel, einer Norm, die der Mensch sich selbst gibt. Wir sagen wohl: er hat es sich zur Gewohnheit gemacht, und im gleichen Sinne: er hat es sich zur Regel oder sogar zum „*Gesetz*" gemacht, und meinen damit, daß die Gewohnheit wie ein Gesetz oder wie eine „Vorschrift" *wirkt*. Man richtet sich danach. Man schaut die Gewohnheit wie ein verpflichtendes Gebot an – ein Gebilde von subjektiver Art, das aber objektive Form und Geltung hat: die Vorschrift wird nachgeschrieben, das Original wird kopiert. Ein Gebot kann selbst als heischend, befehlend vorgestellt werden, und so wird auch Gewohnheit

3. zum Ausdruck für ein Wollendes oder einen *Willen* – dies ist die dritte und die am wenigsten beachtete Bedeutung, die in Wahrheit die merkwürdigste ist. Wenn aber die Gewohnheit eines Menschen Wille ist, so kann sie nur sein *eigener* Wille sein. Und in diesem Sinne ist es ein bedeutendes Wort, das die

Gewohnheit eine *zweite Natur* nennt und den Menschen ein – Gewohnheitstier. Sie ist in der Tat eine psychische Disposition, die zu einem bestimmten Handeln treibt und dringt – und das ist der Wille in seiner ausgeprägtesten Gestalt, als Entschluß oder als „fester" Vorsatz. Das Wollen hat seine Wurzel immer im „Wünschen" und ist so damit verwandt, daß in der Sprache die beiden Wörter fortwährend miteinander verwechselt werden, besonders so, daß *wollen* gesagt wird, wo nur *wünschen* gemeint sein kann. Das Wünschen aber entspringt aus dem Gefühlsleben, aus den elementaren Verhältnissen, worin das organische Wesen sich zu seiner Umgebung befindet, mit Lust positiv, mit Unlust negativ, annehmend und ablehnend, begehrend und verabscheuend. Demselben Gefühlsleben gehört aber auch das Gewohntsein – d. h. die Gewohnheit als Eigenschaft eines Individuums gedacht – ganz und gar an. Was der Mensch gewohnt ist, das ist ihm in der Regel eben dadurch „erträglich" geworden; das meiste davon *liebt* er sogar und hängt daran mit seiner Seele; er *wünscht* es zu erhalten und zu bewahren, um so mehr natürlich, je mehr es ihm auch aus anderen Ursachen wert und teuer ist. Gewohnheit erleichtert nicht nur Leiden, Mühe und Arbeit, sie *nötigt* auch zu bestimmtem Tun und Handeln, sie kommt dem *Bedürfnis* gleich. Freilich stumpft Gewohnheit auch gegen Genüsse ab; sie wirkt sich auf Lustgefühle wie auf Unlustgefühle ausgleichend und mildernd aus; sie ist ein Gleichgewichtszustand der Seele.

Unmerklich geht das Gewohnheitsmäßige in das Instinktive, das Triebartige über. Was wir gewohnt sind zu tun, das tun wir „unwillkürlich", ebenso wie wir unwillkürlich Gebärden machen, Bewegungen des Willkommenheißens und Abwehrbewegungen, die uns niemals gelehrt worden sind, die wir „von Natur" *können*; sie entspringen aus dem Selbsterhaltungstrieb und aus Gefühlen, die in ihm beruhen. Was wir aber zu tun gewohnt sind, haben wir erst lernen und einüben müssen. Und gerade die Übung, die häufige Wiederholung bewirkt, daß wir es zuletzt „wie von selbst" tun: reflexartig, rasch und leicht, wie der Seiltänzer auf dem Seil zu gehen vermag, weil er es gewohnt ist. Teils ist also Gewohnheit oder Geübtheit Ursache, daß ein Mensch überhaupt etwas kann, teils daß er etwas mit verhältnismäßig geringer Anstrengung oder Aufmerksamkeit leistet. Gewohntsein liegt aber nicht allein dem zugrunde, daß wir etwas *können*, sondern auch, daß wir es wirklich *tun*; sie wirkt nach Art eines Reizes, und, wie gesagt wurde, als *Bedürfnis*. Die „Macht der Gewohnheit" ist oft geschildert und oft gepriesen, oft aber auch beklagt worden. Wie mit magischer Gewalt zieht es den Trinker oder Spieler zur bestimmten Stunde nach seinem bestimmten gewohnten Platz im Klub oder Wirtshaus; sein juckendes quälendes Verlangen, um so quälender, je tiefer eingewurzelt die Gewohnheit ist, wird erst gestillt, wenn er den gewohnten Becher oder das gewohnte Buch der vier Könige in Händen hält.

Es läßt sich aber gewahren, daß das Prinzip ganz dasselbe ist wie jenes, das dem Seiltänzer oder dem Klavierspieler seine Kunst leicht macht. Die Übung erleichtert auch das Wollen. Sie bahnt ihm seine Wege, sie verstärkt die Wünsche wie sie Muskeln und Nerven stärkt, überwindet Widerstände und Reibungen, macht eben dadurch eine „Passion" zur herrschenden, ja zur tyrannisch-zwingenden Passion. Wie zum Wesen des Lasters, so gehört sie auch zum Wesen der Tugend – Aristoteles hat es besonders hervorgehoben – und zwar nicht nur, indem sie unsere guten Neigungen stärkt, sie im Kampf gegen das Gemeine in uns ermutigt und fördert, sondern besonders dadurch, daß sie auch die an sich schwachen, aber dem Einzelnen seiner Gemeinschaft heilsamen Beweggründe unterstützt. Vor allem härtet sie ab – den Mut wie die Haut, macht fähig und willig, Widerstand zu leisten und Ungemach zu ertragen. Jeder Erzieher kennt den hohen Wert der Gewohnheit in dieser Richtung. Bei alledem finden wir nicht, daß in der Gewohnheit der Wille erkannt wird. Was ist denn der Wille, wie wir ihn hier verstehen? Nicht die Neigung als solche – auch Gewohnheit ist, wie gesagt, Neigung – sondern insofern sie Gedankenform angenommen hat; denn nur der Mensch ist des Willens fähig und menschlicher Wille ist immer Gedanke. So ist auch Gewohnheit, insofern als sie Wille ist, in das Denken gleichsam eingetaucht und stellt sich als der Gedanke „ich will", d. h. als freie *Entscheidung* dar. Dennoch kann sie, die „leidige" Gewohnheit, die entscheidende Potenz, die ausschlaggebende sein, trotz jener Freiheit im Bewußtsein. Gewohnheit treibt den Alkoholiker, wenngleich er normalerweise meint, *frei* zu handeln und daß er „auch anders kann", und sicherlich von jedem Psychiater oder Richter für „zurechnungsfähig" würde erklärt werden. In der Tat, es ist seine Handlung, die er *will*. Aber nicht die Überlegung und der *Entschluß*, der sich etwa noch mit der Meinung verbindet und deckt, der Körper bedürfe der „Stärkung" oder „Erholung", vielleicht auch mit dem festen Vorsatz, dieses Mal mäßig zu sein – nicht dies, was im Bewußtsein oben auf liegt, ist der wirkliche und wesentliche Wille, es sind nur die geschäftigen Diener und Läufer, die den Weg bereiten, während der Fürst ungesehen in der Kutsche sitzt. Dieser ist die Gewohnheit, d.h, der durch Übung zum Meister und Herren gewordene Wille. Die Meinungen sind in der Regel von der Gewohnheit abhängig, durch sie bedingt und eingegeben. Aber freilich können sie sich auch von ihr losmachen und sich über sie erheben; und sie tun es, wenn sie zu Grundmeinungen, Grundsätzen, zu Überzeugungen werden. Sie gewinnen eine Festigkeit als solche, die auch Gewohnheit zu brechen und zu überwinden vermag. Die Festigkeit des „Glaubens" in dem bekannten religiösen Sinne als einer gewissen Zuversicht, ist eine primiti-

ve Form des *festen Willens*. Während also im Allgemeinen Gewohnheit und Mei-
nungen sich wohl miteinander vertragen, so liegt hier der Keim des Konfliktes und
Kampfes. Das Denken tendiert fortwährend dahin, das *beherrschende* Element im
Geiste zu werden; und der Mensch wird eben dadurch menschlicher.

Ich gehe hier aber nicht darauf ein, darzustellen, wie sich das Wesen der Gewohnheit im menschlichen Wollen weiter ausbreitet und vertieft, sondern ich ver-
wende diese Ausführung nur, um zum Begriff der Sitte hinüberzuleiten, der als
wesentlich sozial-psychologischer in Analogie zu dem wesentlich individual-psy-
chologischen der Gewohnheit verstanden werden muß. Auch die Wörter Brauch
und Sitte bedecken jenen dreifachen Sinn, den der bloßen Tatsache, den der Norm
und den des Willens, der die Norm setzt: und, soviel ich sehe, haben die bisherigen Erörterungen der Sitte diesen dreifachen Sinn nicht erkannt, also auch nicht
auseinanderzuhalten vermocht, sondern sich fast ausschließlich an den *mittleren*
Sinn gehalten, an die Sitte als *Norm*. Der berühmte Jurist Rudolf von Jhering hat
im zweiten Band seines Werkes *Der Zweck im Recht* der Sitte eine eingehende
Studie gewidmet, ja diesen Band fast ganz damit erfüllt.[88] Er versteht auch „Gewohnheit" als *soziale* Erscheinung und meint, *sie* sei die bloße Tatsächlichkeit des
festgesetzten allgemeinen Handelns, *Sitte* hingegen die sich dazu gesellende *ge-
sellschaftlich verbindende Geltung* der Gewohnheit. Die Sprache kenne Gebote
der Sitte, aber nicht Gebote der Gewohnheit [das kommt aber daher, dass die Sprache *Gewohnheit* auf das Individuum, Sitte auf die Gesamtheit, das Volk bezieht,
und daß sie Gebote immer als *soziale* Gebote versteht]. In Bezug auf den Plural
„die Sitten", meint Jhering ferner, daß diese strenge Unterscheidung nicht beachtet werde. Unter den Sitten der Völker, von denen die Reisebeschreiber berichten,
seien neben den obligatorischen auch viele nicht-obligatorische: „bloße Gebräuche, mit denen es jeder halten kann, wie er Lust hat, d. h. in unserer Sprachweise
nicht Anwendungsfälle der Sitte, sondern der Gewohnheit".

Jherings Verdienst in dieser Unterscheidung ist hoch zu schätzen. Aber er
ist doch, wie auch sonst zuweilen, im Irrtum über die Sprache. Auch der Singular
„Sitte" wird fortwährend in dem Sinne gebraucht, eine bloß tatsächliche Übung
anzuzeigen, bei der kein Gedanke an etwas Obligatorisches vorhanden ist. Zum
Beispiel sagen wir, es sei in England Sitte, mittels Schecks zu bezahlen, oder „Es
war im Mittelalter vielfach Sitte, daß Männer und Frauen gemeinsam badeten oder
„Der Gebrauch der Fahrräder ist allgemein Sitte geworden" – in welchen Fällen
niemand sich träumen läßt, irgendwelche Nötigung durch die Sitte behaupten zu
wollen. Dagegen ist es sehr gewöhnlich, wenn dies die Meinung ist, zu sagen „die
Sitte *will*", „die Sitte *befiehlt*"; und auch Ihering gebraucht diese Ausdruckswei-

---

88   Vgl. Rudolf von Ihering, *Der Zweck im Recht*, 2 Bände, Leipzig 1884 und 1886.

se. So können wir auch in dem mittleren der oben angezogenen Beispiele sagen: „die Sitte *erlaubte* es, daß die Geschlechter gemeinsam badeten", und wir gewahren sogleich, daß das Wort hier einen ganz anderen Sinn hat, nämlich den Sinn einer Autorität, einer Willensmacht; denn nur wer überhaupt „etwas zu sagen" hat, kann auch erlauben. Wenn aber von Sitten im obligatorischen Sinne als von Tatsachen gesprochen wird, so liegt dieser Sinn offenbar in der Mitte zwischen der bloßen tatsächlichen Übung und der Autorität; es wird von tatsächlichen Normen gesprochen, von geltenden Regeln, von Sitten wie von Gesetzen. Und diesen auffallendsten Sinn hat namentlich Wilhelm Wundt, dem wir ebenfalls eine geistvolle Abhandlung über die Sitte verdanken, seiner Lehre zugrunde gelegt. Er meint z. B., daß auch die „schlechte Sitte" eine Sitte bleibe, so lange ihr überhaupt der Charakter der verbindenden Norm zukomme.[89]

Ich behaupte dagegen: Der Soziologe muß die Sitte vorzugsweise als eine höchst wichtige Gestalt des *sozialen Willens* betrachten und isolieren. Er muß den sozialen Willen überhaupt in Analogie zum individuellen Willen erkennen und analysieren. Die gleiche Bedeutung, die der Wille im gewöhnlichen individuellen Sinne für den einzelnen Menschen, hat der soziale Wille für jede Gemeinschaft oder Gesellschaft, ob sie sich bloß als lose Verhältnisse oder als Vereine und Verbindungen darstellen. Und worin besteht diese Bedeutung? Ich habe darauf bei Erörterung der Gewohnheit hingewiesen und stelle hier den verallgemeinerten Satz auf: Der Wille ist das allgemeine Wollen, das zur Ordnung und Regelung des einzelnen Wollens dient. Jedes allgemeine Wollen kann als „Du sollst" aussprechend aufgefaßt werden Und insofern als ein Individuum oder eine Verbindung von Individuen dies „Du sollst" an sich selbst richtet, erkennen wir die Autonomie und Freiheit dieses Individuums oder dieser Verbindung. Dazu gehört dann als notwendige Folge, daß das Individuum gegen widerstrebende Neigungen und Meinungen, die Verbindung gegen widerstrebende Individuen, wie immer deren Widerstand sich zeigt, ihren Willen wenigstens *durchzusetzen* versuchen, daß sie nötigend wirken, „einen Druck ausüben"; und dies ist wesentlich unabhängig davon, welche Mittel dazu verfügbar sind. Sie reichen (wenigstens im sozialen Sinne) von überredenden Gründen durch Ehre und Schande bis zu eigentlichen Zwangs- und Strafmitteln, die sich auch als physische Nötigungen darstellen. „Die Sitte wird zur unbeugsamsten überwältigenden Macht" (Gustav von Schmoller).

Wenn wir mithin der Sitte selbst ein Wollen zuschreiben, sie also personifizieren, so ist das keine strenge Ausdrucksweise. Es müssen immer *Menschen* hinzugedacht werden, die das wollen, was die Sitte will. Wer sind diese Menschen?

---

89 Wilhelm Wundt, *Ethik. Eine Untersuchung der Thatsachen und Gesetze des sittlichen Lebens*, Stuttgart 1886, besonders S. 88 ff.

Darauf antwortet der Sprachgebrauch, wenn er die Sitte als Volkssitte bezeichnet, also das „Volk" als Subjekt der Sitte hinstellt. Wer ist das Volk? Das *Volk* ist ein geheimnisvolles Wesen und nicht leicht zu begreifen. Es ist fast leichter zu fühlen als zu denken. Denn wir werden ihm nicht gerecht, wenn wir das Wort aus den *Deutschen Wörterbüchern* als „Gesamtheit eines Haufens Menschen; die Gesamtheit der sogenannten geringen Leute; die Gesamtheit der Menschen Einer Sprache" erklären. Dem Wort Volk muß noch ein anderer und besonderer Sinn gegeben werden. Ich wage ihn dahingehend auszudrücken, daß er nicht nur die Lebendigen, sondern auch die Toten und die Nachkommen bedeutet, und zwar gerade die Verbindung und *Einheit* dieser drei Schichten – eine Gemeinschaft, worin die Toten bei weitem das Übergewicht der Zahl über die Lebenden haben, denn sie sind in unbegrenzt vielen Generationen enthalten. Und niemand kann sich vermessen, die Individuen statistisch zu erfassen, die in diesem Sinne zu einem Volk gehören, weil sie dazu gehört *haben*. Denn was gewesen ist, wird immer eher als das Zukünftige zum Seienden gerechnet. Wir glauben in ein Unendliches, Unbegrenztes zu schauen, und ein Hauch der Erhabenheit weht uns daraus entgegen. Nur aus diesem Sinne wird es verständlich, warum wir zu wissen glauben, was es ist, und es doch kaum erläutern können, wenn wir von Volkssagen, Volksmärchen, Volksglauben sprechen. Und aus demselben Sinne sind auch in neuerer Zeit die Wörter Volksgeist und Volksseele entsprungen; zu diesen aber gehört auch die Volkssitte, wie sie hier verstanden werden soll, gleichwie sonst der Wille zur Seele und zum Geist gehört. Wenn wir von „Landessitte" reden, so denken wir schon mehr an das, was tatsächlich geübt, gepflogen, getan wird, als an den Willen, der dahinter und dem zugrunde liegt. So sagt man auch – wie es in Goethes *Faust* heißt – das ist nicht des Landes der *Brauch*. Denn von Bräuchen und besonders Gebräuchen reden wir fast ausschließlich, wenn wir an die bloßen *Tatsachen* denken; der Gebrauch im Singular kann gar nicht im Sinne eines gesetzgebenden Willens gesetzt werden, eher schon der *Brauch*, wie die deutschen Studenten ehemals anstatt des später üblich gewordenen Fremdworts „Comment", „der Brauch" sagten und ihm sogar die schriftliche Gestalt eines Gesetzbuches gaben.

Von der Mannigfaltigkeit und Verschiedenheit der Sitten und Gebräuche in verschiedenen Ländern und zu verschiedenen Zeiten sind alle historischen Bücher und Reisebeschreibungen erfüllt. Eine philosophische Untersuchung muß dieser Buntheit und diesem Wirrsal gegenüber die Frage aufwerfen: Wo liegt die Einheit der Sitte, das Gemeinsame und Wesentliche, das in all diesen Verschiedenheiten enthalten sein mag? Und daraus geht das Problem hervor, ob sich aus der Form der Sitte, als einer Gestalt des Volkswillens, ihr wesentlicher Inhalt entwickeln läßt. Denn Form und Inhalt machen zusammen das Wesen einer Sache aus, die wir als

Gegenstand eines Begriffes denken. Auf die Lösung dieses Problems soll der folgende Versuch vorzüglich gerichtet sein.

I.

Ihrer Form gemäß bezieht sich die Sitte als *Volkswille* wesentlich auf sich selbst. Jeder Wille ist auf Selbsterhaltung gerichtet, der Wille des Volkes auf das *Leben* des Volkes, also auf das *Wohl* des Volkes – schon das Wort Wohl erinnert an das Wollen. Er ist aber ferner (wie gesagt) ein allgemeines Wollen im Unterschied und Gegensatz zum einzelnen, das er ordnen und regeln, festsetzen will; seiner Idee nach ist er auch ein notwendiges und vernünftiges, im Unterschied und Gegensatz zum zufälligen, durch Affekt, Leidenschaft, Stimmungen und Einfälle bestimmten Wollen. Für den Willen, der diesem Begriff entspricht, habe ich den Terminus (Kunstausdruck) „Wesenwillen" erfunden und halte an ihm fest, obschon er bisher fast keine Aufnahme gefunden hat. Vernunft und Wille sind darin *eins* – Gewohnheit ist ein Ausdruck des individuellen, Sitte des sozialen Wesenwillens. Wie die Gewohnheit im Einzelleben eine maßgebende Rolle spielt, wie der Mensch Gewohnheit „seine Amme" nennt und oft als Tyrannen anklagt, so wissen wir, daß die Sitte im Volks- und Völkerleben eine überschwengliche Gewalt besitzt, daß sie, auch wo das Gesetz und die dahinter stehende Staatsgewalt mit ihr konkurriert, sich dieser gegenüber oft an Stärke überlegen erweist, und daß sie überall älter ist und heiliger gehalten wird als diese. Wir können also die Sitte nach Art eines gesetzgeberischen Willens auffassen. Aber wir wissen, daß sie nicht wie dieser durch einen Beschluß gebildet wird – sei es eines einzelnen Herrschers oder einer Versammlung –, sondern durch die Übung, aus der Praxis entsteht und daß sie sich auf das „Herkommen", auf die „Überlieferung" gründet. Eben dadurch weist sie in die Vergangenheit zurück. Die Tatsache, daß die Väter es so gehalten und geübt haben, wird regelmäßig als der entscheidende Grund dafür angegeben, daß wir es auch so halten und üben sollen oder müssen. In diesem Sinne verbanden die Römer die Worte „*mores majorum*" – die Sitten der Vorfahren – und in einem deutschen Lied heißt es „Seid *der Väter* heiligem ‚Brauche' *treu*". Nicht, daß die Vorfahren es gewollt oder geboten haben, sondern daß es geboten sei, weil sie es *getan* haben, ist der erste Gedanke. Er beruht in dem *allgemeinen* Urteil: „Wir müssen und wollen ebenso handeln, wie unsere Vorfahren gehandelt haben, nach ihrem Beispiel und Vorbild müssen und wollen wir uns *richten*." Damit *kann* sich und wird sich sehr leicht der Gedanke verbinden: „denn das ist uns nützlich und heilsam"; „denn die Alten wußten, wie es richtig sei, ihre *Weisheit* ist der unse-

ren überlegen"; und „wie sie getan haben, so ist es *bewährt* oder erprobt, eben als
das Altherkömmliche, als die Weise, die sich in der Überlieferung erhalten hat".

So verstanden ist die Unterwerfung unter die Sitte und die Pflege der Sitte
nur ein besonderer Fall des Gehorsams und der Nachahmung, womit die Jungen
und Jünger nach ihren Eltern und Meistern sich richten und von ihnen lernen. Und
dies ist ja eines der allgemeinsten Gesetze des sozialen Lebens; es ist eben das
Wesen der Überlieferung: im Leben und in allen Künsten. Fragen wir nach dem
Ursprung einer Sitte, so werden wir in die unabsehbare Reihe der vergangenen
Generationen zurückverwiesen. „Es ist eine uralte Sitte", „es ist von jeher so gewesen", „seit Menschengedenken". Eben darum scheint es natürlich und notwendig zu sein, so gut wie das, was man natürlichen Trieben gemäß tut, und wie die
Sprache, die ein Volk als die seine kennt und gebraucht. Aber nicht immer bleibt
man dabei stehen. Zuweilen wird ein „Gesetzgeber" aus grauer Vorzeit als Urheber der Sitte angegeben, als der Mann, der ihren Gebrauch zuerst eingeführt und
ihn geboten habe. Dieser Gesetzgeber muß dann wohl ein heiliger Mann gewesen
sein, ein göttlicher, wenn er diese Weisheit besaß und wenn die Vorfahren ihm ge-
horchten. Vielleicht war er selbst ein Gott oder der Sohn eines Gottes, jedenfalls
eine übermenschliche Gestalt, umflossen vom Gewande der *Sage*. Aber die allgemeine Regel wird durch diese besondere Anknüpfung nicht verändert, daß die Praxis der Vorfahren als wesentlicher Grund der *Pflicht* gilt, an die sich die Lebenden
gebunden halten, und daß also die Pflege der Sitte in der Ehrfurcht beruht, womit
die Lebenden die Toten verehren. Diese Ehrfurcht ist wieder ein besonderer Fall
der Ehrfurcht, die Kinder den Eltern, Junge den Alten zollen, und wie gedacht zu
werden pflegt, schuldig sind. Sie beruht an und für sich nicht in der Sitte, sondern
wirklich in der Natur, im „natürlichen Recht", d. h. in einem *stillschweigenden
Einverständnis* über das, was sein muß, einem Einverständnis, das sich aus den
tatsächlich gegebenen Verhältnissen als eine Folgerung und Forderung ergibt: es
ist „selbstverständlich" und also notwendig.

Das Wort Ehrfurcht ist aus Ehre und Furcht zusammengesetzt. Es ist natürlich, daß der Schwache den Starken, das Kind den Erwachsenen „ehrt"; ehren ist
bewundern, als groß und mächtig anschauen und zugleich (wenigstens als „verehren") für „gut", d. h. in irgendeiner Weise einem selbst geneigt und wohlwol-
lend halten, zu ihm bittend oder dankbar emporschauen. Es ist ebenso natürlich,
daß der Schwache den Starken, das Kind die Eltern fürchtet; und die Ehrfurcht
beruht eben darin, daß der Gefürchtete nicht wie ein Feind, als Urheber von Schaden, geflohen und verabscheut, sondern als Freund geachtet und geehrt wird; als
Helfer und Tröster, als fördersamer Meister und Herr. Oder aber die Ehrfurcht ist
wesentlich jene unbestimmte „heilige" Scheu, die eine wunderbare Kraft einflößt,

der Geist, der etwa noch aus einem greisen Antlitz spricht und in geheimnisvoll feierlicher Art sich kundgibt.

Die Ehrfurcht vor dem *Alter* zu hegen und kundzugeben, gehört zu den wesentlichen Geboten der Sitte, da wo sie stark, tief und mächtig wirkt, denn es ist in ihrem Kern enthalten. Vorbildlich sind die Spartaner, die man das Volk der Sitte *par excellence* nennen kann. Und bei allen alten Kulturvölkern, wie noch heute bei den Chinesen, genießen die *Eltern* besondere Fürsorge, ja Heiligung durch die Sitte. Das „Ehre Vater und Mutter" des mosaischen Gesetzes stand bei den Griechen und Römern mindestens in ebenso hoher Geltung. Wenn aber die Ehrung und Pflege der Mutter am meisten als ursprünglich und natürlich erschien, so ist die des Vaters um so mehr durch Sitte geboten. Und noch unabhängiger von natürlichen Gefühlen ist es, wenn die Sitte will, daß Greise als solche Zeichen von Ehrfurcht empfangen, daß sie gespeist und gepflegt werden sollen, daß man ihren Rat und ihre Warnung zu Herzen nehme. In starkem Kontrast dazu scheint der Brauch mancher Naturvölker zu stehen, daß sie ihre Alten aussetzen oder töten, ja die eigenen Eltern lebendig begraben. Und doch kann auch dies durch Liebe und Mitleid eingegeben sein und in Zuständen herber Not und eines schweifenden Lebens wie eine Gunst und Gnade wirken; ja es wird erzählt, daß nicht selten die Greise es als ihr Recht verlangen und dafür dankbar sind. Vielleicht ist die Sitte der Inder, daß die Greise „in den Wald gehen", um ein beschauliches und Eremitenleben zu führen, ein Rest und Abkömmling jener uralten Barbarei. Fast abstoßender wirken aus christlichem Zeitalter die Züge bäuerlicher Roheit, wo die Sitte es zu gestatten scheint, daß das junge Ehepaar die „Auszügler" mißhandelt und hungern läßt; solche Greuel sind von den Heiden der Antike wohl kaum überliefert. Solon soll gesagt haben: er bestimme keine Strafe für den Vatermord, weil er ein solches Verbrechen nicht für denkbar halte. Aristophanes läßt einen Vatermörder ins Reich der Vögel gehen, weil er meinte, dort gelte die Sitte, den Vater zu beißen und zu würgen; die Vögel antworten ihm aber, bei ihnen sei das unerhört, sie hielten es gerade für die Sitte der Menschen und stellten die Störche als Muster hin, die für ihre Eltern sorgen, wie sie als Junge von ihnen ernährt wurden. Wert und Bedeutung der Sitte besteht oft darin, daß sie eine frühere, natürlichere, weil rohere Praxis ablöst und ihr wehrt, daher sich im Volksbewußtsein mit der Idee und dem Stolz verknüpft, sich vor den Barbaren, bei denen die schlechtere Sitte geübt wird, als edel und „gesittet" auszuzeichnen.

Ganz von selbst geht Ehrfurcht auf die *unsichtbaren* Geister über – die Geister der Abgeschiedenen, die als fortlebend, fortwirkend vorgestellt werden, denen man Speise und Trank, wie sie lebend genossen haben, *abzugeben* schuldig ist, die nicht zur Ruhe kommen können und daher gefährlich sind, zu schaden geneigt, wenn sie nicht ihre feste, gepflegte Ruhestatt haben, sondern „umgehen". Sie zu beruhigen, zu versöhnen und zu erfreuen gebietet die Sitte – auch wenn sie sich schließlich als Geister mit dem Duft von Blumen begnügen müssen. Aus dem Kultus der Toten, der Mütter und Väter zumal, wird der *Ahnenkult*, aus dem Ahnenkult der Dienst der Heroen und Götter – sie sind die Ahnherren der Fürsten oder des ganzen Stammes; oder endlich der höchste Gott sogar Vater aller Menschen und Götter zumal, und „Schöpfer" Himmels und der Erden. Der Totenkult ist daher eine Sitte von ganz besonderer Bedeutung – die Sitte der Sitten mag man ihn nennen, und die Sitte, die zugleich die Wurzel der *Religion* als einer Sitte ist, die sich über die Sitte erhebt, sich mit ihr verbindet und sie heiligt.

Freilich ist Religion nicht in jeder Beziehung Sitte. Teils gilt auch sie als natürlich, von selbst verständlich, wie das „*obsequium*", der Gehorsam, den Kinder den Eltern schulden: weil die Götter *sind*, so müssen sie als „unsere" verehrt werden; teils wird die besondere Verehrung auf ihre eigenen Taten und Leistungen, auf besondere Mitteilungen und „Offenbarungen" zurückgeführt – also auch auf den eigenen *Willen* der Götter –, wie ja auch die Toten das Opfer als ihr Recht in Anspruch nehmen. Ja, nach alt-arischer Anschauung, die sich noch heute bei den Indern findet und den Griechen vertraut war, ist der Hauptzweck der Ehe, einen rechten Erben zu erzielen, der dem Vater die Totenopfer in gültiger, d. h. durch die Sitte geheiligter Weise vollbringen kann. Denn nicht sowohl das Daß des Kultus wird durch Sitte bestimmt, als vielmehr das Wie, die Art und Weise, die Form, der Ritus und die Zeremonie. Was man leistet, soll man richtig leisten; denn nur so wird es die richtige Wirkung haben. Wie aber ist es richtig? So wie es immer geschehen ist, wie man es gelernt hat. Und wie hat man es gelernt? Jedenfalls so, daß die natürlichen Gefühle dadurch stark und deutlich ausgedrückt werden: die Gefühle der Ergebenheit und Unterwürfigkeit, der Demut und Bescheidenheit, worin sich immer Ehrfurcht ausdrückt; dazu die der Traurigkeit und des Kummers über den Verlust des Toten, daran sich anknüpfend die Bewunderung seiner Tugenden und seiner Macht, die Dankbarkeit für seine Heldentaten und Wohltaten – Gefühle, die sich in Lobgesängen und Dankeshymnen aussprechen.

Wie aber diese Gefühle ausgedrückt werden, das mag ursprünglich von unzähligen, relativ zufälligen Ursachen abhängig gewesen sein, besonders aber auf verschiedenen *Naturanlagen* der Stämme und Völker beruhen, auf verschiedener Sinnlichkeit und verschiedenem Geschmack. Nachahmung von Nachbarn und Fremden hat daran Anteil, die ganze Mannigfaltigkeit des Aberglaubens an Zauberwirkungen wirkt dazu mit. Aber alle diese Ursachen sind teils nie bewußt gewesen, teils geraten sie in Vergessenheit. Überall aber tritt die Erscheinung hervor, daß jede Volks- oder Kultgemeinschaft gerade ihre Weise für richtig hält, gerade *ihren* Ritus mit peinlicher Gewissenhaftigkeit pflegt, woran sich dann sogleich der Glaube hängt, daß Fehler und Versehen üble Folgen haben, daß genau alles nach der Vater Weise als der allein „richtigen", vollbracht werden müsse, um wirksam zu sein. Eben darin besteht dann die besondere Sitte, die Volkssitte, das System der Bräuche, wie sie hierzulande geübt werden, aber auch die besondere Art, wie besondere Gottheiten und Heiligtümer verehrt werden, die dann als eine eigene priesterliche *Kunst* gelehrt und vererbt wird.

In allen Riten sind aber die gemeinsamen Elemente das Gebet und das Opfer: (a) das Gebet, auf der Idee beruhend, daß die Ahnen oder Götter mächtig sind, und wenn die Menschen nach ihrem Willen sich richten, gnädig und hilfreich; darum gehört zum Gebet die Danksagung, Lob und Preis; (b) das Opfer, ebenso durch die Idee bestimmt, daß sie Bedürfnisse haben, und von den Gaben, die ihnen dargebracht werden, leben müssen, oder wenigstens durch solche Geschenke begütigt, versöhnt, erfreut werden wollen, wie sonst ein gestrenger Herr und Patriarch, der auch geringe und wertlose Gaben als Zeichen willfähriger Gesinnung gern empfängt. Daß in beiden Beziehungen die Götter immer nach dem Bild von Menschen, und zwar von Herrschern und Königen unter den Menschen, geschaffen worden sind, ist so unverkennbar, daß nur der Kinderglaube an ihr wirkliches Dasein, von dem die Herrschaft unter den Menschen sich erst herleite, diese einfache Erkenntnis hat verdunkeln und umkehren können. Ebenso kann ein unbefangener Blick nicht umhin zu gewahren, daß die *verstorbenen*, mehr oder weniger kanonisierten und vergötterten Menschen das Mittel- und Bindeglied zwischen menschlichen und göttlichen Herren darstellen, und daß der *Totenkult* den Übergang von der Verehrung, die man Häuptlingen und Fürsten widmet, zum Dienst von Gottheiten darstellt, die als Könige der Könige vorgestellt werden.

Nun knüpft sich allgemein an die Ideen der Verehrung und des Kultus die Idee des *Festes*. Das Fest versammelt die Auseinandergegangenen und Getrenntwohnenden. Sie fühlen sich in der Festerhebung geeint. Zwiste schweigen und Gemeinschaft kommt zu ihrem Recht. Das Fest bringt also ursprüngliche *Zusammengehörigkeit* in Erinnerung und zu erneuter Geltung. Die Versammlung der Sippe hat als solche etwas Festliches, wie noch heute sogenannte „Familientage". Geschlechts- und Volksgenossen, endlich die Gläubigen als solche, wissen sich durch die gemeinsame Übung und Pflicht, die Verehrung des Ahnen, des Gottes oder Heiligen verbunden; ebenso Berufsgenossen und andere Freunde. Wie noch heute Menschen zu Ehren Feste gefeiert werden, so galten zu allen Zeiten die Feste den Göttern. Und die Sitte macht bestimmte Tage zu Festen. Wenn wir uns aber daran gewöhnt haben, bei der Vorstellung von Festen sogleich an Freude und Jubel zu denken, so steht in einem gewissen Gegensatz dazu der Ernst, die Feierlichkeit, womit es geboten ist, den Göttern zu nahen. Denn wenn wir beim Wort Fest an Heiteres denken – bei den Wörtern „Feier" und „Feierlichkeit" denken wir doch an Ernst und Würde. In dieser Hinsicht bleibt der *priesterliche Stil* immer dem Betragen der Trauernden und Leidtragenden verwandt, wie denn auch die Traurigkeit und Klage über einen *gestorbenen* Gott oder Halbgott keine geringe Rolle in den bedeutendsten Religionen spielt; dazu dann die Betrübnis über eigene Fehler und Mängel, Sünden und Schulden, deren man sich gegen die vielfordernden eifersüchtigen Götter immer bewußt ist. Aber nur aus der Herkunft des Gottesdienstes vom *menschlichen* Totenkult dürfte es sich erklären lassen, daß so allgemein, wenn auch nicht ausschließlich, die religiöse Weise die eines „getragenen" schweren Rhythmus ist, wie ihn der Spondeus der griechischen Verskunst so sinnlich ausprägte, der von den Grabspenden seinen Namen hat. Dazu gehört auch der feierliche Schritt des Chores:

> Der, streng und ernst, *nach alter Sitte*,
> Mit langsam abgemessnem Schritte
> Hervortritt aus dem Hintergrund,
> Umwandelnd des Theaters Rund;

denn auch das Theater war ja eine Kulthandlung. Ernst und Würde bezeichnen die alte Sitte, wie sie dem Greisenalter überhaupt eigen sein sollen.

II.

So ist denn auch der Zusammenhang von Sitte und Religion in der ganzen Kulturentwicklung von unermeßlicher Bedeutung. Die Beobachtung der Regeln, die von der Sitte als Gottesdienst vorgeschrieben werden, wird zur heiligsten und peinlichsten Pflicht, weil immer die Vorstellung und Furcht damit verbunden ist, daß ein Verstoß den Unwillen der Gottheit und daher den schwersten Schaden für den Übertreter und für seine Nachkommen zur Folge habe. Sind schon die Strafen schrecklich, mit denen die Unsterblichen das zeitliche Leben bedrohen, sind doch die Phantasiegebilde viel schrecklicher, die den Gläubigen aus der Ewigkeit entgegenstarren. In diesen Ideen beruht die ursprüngliche *Einheit* des Sittengesetzes, wie es die Überlieferung in der indischen *dharma*, der griechischen θεμις und dem römischen *fas* uns darbietet. Hierin ist alles heilig, was zugleich durch die Sitte *und* durch die Religion, durch die Religion in der Sitte, durch die Sitte in der Religion, geboten und verboten ist. Die religiöse Sitte wird eben dadurch die zäheste, dauerhafteste, daß die Heiligkeit des Herkommens ihre Stütze in der Heiligkeit des Gegenstandes findet, worauf es sich bezieht; und so durchrinnt und tränkt sie gleichsam, auf allen uns bisher bekannten Stufen der Kultur, das ganze öffentliche und Privatleben der Völker. Die Voraussetzung dafür ist freilich, daß die Religion selbst den von den Vorfahren ererbten und überkommenen Glauben enthält, nämlich den Glauben unserer Väter; daß sie also ein Stück der Sitte ist, wie Wilhelm Heinrich Riehl richtig sagt, und daß beim echten deutschen Bauer die Sitte noch jetzt ihr Übergewicht so behauptet: „Auch die Religion ist bei ihm nicht Dogma, sondern Sitte."

Wie aber nun, wenn *gegen* die Sitte, gegen den einheimischen, vertraut gewohnten, mit allem, was heilig gehalten wird und notwendig scheint, eng verbundenen Götterdienst eine neue, *fremde* Religion sich ansiedelt und, wie es so oft geschehen ist, mit Feuer und Schwert des Eroberers ausgebreitet wird? Ein Vorgang von furchtbarer Schwere für ein Volksleben und eine Volksseele. „Verbrenne, was du angebetet hast, bete an, was du verbrannt hast" wird nun die Losung:

> „Keimt ein Glaube neu,
> wird oft Lieb' und Treu'
> Wie ein böses Unkraut ausgerauft."

Der alte Glaube wird zum Aberglauben und Irrglauben degradiert die alten Götter zu Scheingöttern, zu Göttern zweiten Ranges, oder – was wohl am häufigsten geschieht – zu *bösen* Geistern: Dämonen und Teufeln. Regelmäßig ist es eine neue und höhere Kultur, die mit den neuen Religionen und in ihrer Gestalt eindringt, eine Kultur des Ackers gegen die wildere Lebensart des Nomadentums, oder städtische Technik gegen die unstete Roheit und Dürftigkeit eines verkehrslosen Jagdlebens und ungeregelten Feldbaus. Große Meliorationen und Neuerungen wie Ent- und Bewässerungssysteme, Brückenbauten und tektonische Künste haben oft die materielle Grundlage für neue göttliche wie menschliche Autoritäten gebildet. Eine große Erleichterung erfahren diese Prozesse, wenn und sofern sie mit einer Entwicklung zusammentreffen, die schon *innerhalb* des Volkes Platz gegriffen hat und wenigstens von seinen führenden Geistern begünstigt wird. Der Kampf gegen alte Sitten und alten Glauben geschieht dann im Namen einer edleren „Sitte", die von dem neuen Glauben getragen und eingeführt wird. Ihr Name bedeutet hier aber offenbar etwas anderes, als was sonst für die Sitte wesentlich ist (d. h. die zweite Bedeutung anstatt der dritten). Überhaupt müssen wir, um solche große Veränderungen zu begreifen, uns immer des Einflusses erinnern, den Häuptlinge und Priester, unterstützt durch Sitte und Volksglauben, auf beide auszuüben vermögen. Es geschieht zwar überwiegend im Sinne der Erhaltung, aber auch von Zeit zu Zeit im Sinne der Veränderung, zumal wenn solche ihren persönlichen Interessen entgegenkommt. Was direkter Zwang des Herrschers ist, zumal des fremden Herrschers und Eroberers, schwerlich erreicht, vermag die Überredung und vor allem das Beispiel. Der Glaube ist selten so fest wie die Sitte; er kann eher verdrängt werden, wenn gepredigt wird, daß er falsch, und besonders, daß er schädlich sei, daß der neue Gott größere Wunder leiste als die alten, oder daß nur böse Wirkungen von diesen, alle guten von jenen kommen. Denn die Anhänglichkeit an Sitte und Überlieferung hat sich doch immer auseinanderzusetzen, und, so leicht ihr das im Allgemeinen wird, zuweilen doch zu kämpfen mit dem Bedürfnis, den Wünschen und Erfahrungen, mit den danach gebildeten Meinungen über das, was gut, nützlich, heilsam und förderlich oder das Gegenteil von alledem ist. Durch die Ansichten über das, was heilsam ist, werden immer auch die Ansichten über das Gut und Böse im *sittlichen* Sinne mitbestimmt. Und wenn auch nicht die reinste, so ist doch die wirksamste Beglaubigung für eine neue sittliche Praxis wie für eine neue Lehre, daß angenommen wird, sie werden gute Früchte bringen, wenn nicht in diesem, so desto gewisser in einem zukünftigen, im „anderen" Leben. Und doch erhält sich die Sitte oft und erweist sich auch dem im Herzen gehegten Glauben als überlegen. Durch viele Jahrhunderte geht das Ringen zwischen alter Sitte und neuer Sittlichkeit, wie zwischen altem Aberglauben und neuem Kirchenglauben. Der Fluch des Hexenwahnes und der Hexenprozesse, der in europäischen Landen bis vor wenigen Generationen gedauert hat, ist eine Folge dieser Kämpfe gewesen. Man wähnte, daß die Hexen und die Meister der schwarzen Magie in aller Form den Christenglauben abgeschworen und sich dem Teufelsdienst gewidmet hatten, während in Wirklichkeit Reste alter heidnischer Kulte überlebten, die für bestimmte und bedeutende Zwecke immer noch als echter und wirksamer galten:

> „Eurer Priester summende Gebete
> Und ihr Segen haben kein Gewicht"

sagt die Braut von Korinth.

Wahrscheinlich geht alle Zauberei – die geheime nämlich, die der öffentliche Religionszauber verfemt und verfolgt – auf solche ältere überwundene, aber selten ganz vertilgbare Formen des Götterdienstes zurück. Und es lassen sich zuweilen mehr als zwei solcher übereinander liegender Schichten von Glaubensvorstellungen und Gebräuchen entdecken, worin sich die Sitte wie ein ausgestorbenes Tier in den Abdrücken der Steine erhält.

Wenn die Sitte allem, was alt ist, einen Vorzug gibt, und wenn dies ganz besonders den alten Menschen, den Eltern, Voreltern und Ahnen zugute kommen muß; wenn sich die Verehrung der Gottheiten selbst hauptsächlich aus dem Ahnenkult entwickelt hat, so müssen Sitte und Religion zusammen denjenigen Menschen einen auserlesenen hervorragenden Rang und einen ungemessenen Einfluß gewähren, die durch ihren Beruf und vollends sogar durch einen erblichen „Stand" eine göttliche oder doch den Göttern ähnliche Würde zu besitzen scheinen. Ein solcher Stand ist der Stand der anerkannten Zauberer und Medizinmänner, der Priesterstand, der in diesem Sinne sich unendlich hoch über das Volk zu erheben vermag. Er bildet sich durch die Funktionen des Kultes höher aus, ganz besonders durch den richtigen, vollkommenen und kunstgerechten Vollzug des *Opfers*. Wenn für das Haus noch jeder Hausvater die häuslichen Opfer vollziehen kann, zumal wenn sie nur seinen eigenen Ahnen, den Laren und Manen, dargebracht werden, so wird doch das Opfer für die Gemeinde und für das Volk eine Leistung, die geheimnisvolle Kenntnisse voraussetzt und die nur durch Übung und Lehre, ja tiefwurzelndem Glauben gemäß nur durch das Blut übertragen werden kann.

Der Priesterstand, erblich oder nicht erblich, ist ein *väterlicher* Stand. Die Ehrennamen „Vater" und „Patriarch" kehren in vielen Gestalten wieder. „Papa" heißt der unfehlbare Oberpriester der römischen Kirche; auch der „Abt" stammt von einem Wort, das (im Syrischen) den Vater bedeutet; und aus dem griechischen Wort für den „Älteren" leitet sich das Wort „Priester" her. Auf die alte Christengemeinde ging die Würde der „Ältesten" aus der Synagoge über; und auf diesen seinen priesterlosen Ursprung wollte ja die reformatorische Bewegung das Christentum zurückführen, womit die täuferischen Sekten am radikalsten verfuhren und die Calvinisten wenigstens konsequenter als die Lutheraner vorgegangen sind. Wie die Namen Presbyter und Presbyterium hier erneuert werden, die also gleichsam gegen ihre Abkömmlinge rebellieren, die in den Namen Priester und Priestertum verkörpert sind, so wiederholt sich Ähnliches oft. Die Priester gehen weit in der Kühnheit ihres Selbstbewußtseins, wenn sie sich selbst den Göttern gleich oder ähnlich dünken; und von daher ist es nur ein Schritt von der Abbildung oder Stellvertretung oder Statthalterschaft eines Gottes, die etwa dem „heiligen Vater" zugeschrieben wird. Diesen Schritt haben die Inhaber des Stuhles Petri keineswegs gescheut; und nach katholischem Dogma wird jeder geweihte Priester im Augenblick, wo er vor dem Altar die Hostie in den Leib Christi verwandelt, mit göttlicher Würde bekleidet; wie ja die Zauberer immer als Göttersöhne bewundert werden. Mit noch höherem Dünkel hat sich die indische Priesterkaste aufgeblasen. In dem Rechtsbuch *Vishnu* heißt es: „Die Götter sind unsichtbare Gottheiten, die Brahmanen sichtbare. Die Brahmanen halten die Welt aufrecht. Durch die Gunst der

Brahmanen wohnen die Götter im Himmel." Und – sollte hinzugesetzt werden – durch den Volkswillen der Sitte wohnen die Brahmanen" (als solche) auf der Erde. Das geistliche und weltliche Gemeinwesen – Kirche und Staat – sind ursprünglich Eins; und das geistliche als der ältere Bestandteil genießt nicht nur, wie sich von selbst versteht, in der Religion, sondern auch in der Sitte die höheren Ehren. Aber ganz wie die geistlichen gehen auch die weltlichen Würden und Vorzüge auf Würden und Vorzüge des Alters zurück; auch wo und insoweit als sie sich unabhängig von den geistlichen entwickeln. Der *Adel* erinnert auch der Etymologie nach an das *Alter* der Familie, das – abgesehen von materiellen Grundlagen die Wurzel des Ansehens und zum Teil auch der politischen Macht ist, die auch durch moderne Verfassungen dem „alten befestigten" Grundbesitz eingeräumt wird. Justus Möser, der – wie ein Weinkenner für einen alten Tropfen – für alles Alte in Sitten und Institutionen ein besonders ausgebildetes Geschmacksorgan besaß, meinte einmal, daß die Achtung, welche man für edle Geburt hege, ebenso in der Empfindung der Menschen zu liegen scheine wie die Ehrfurcht, welche man dem Alter beweise, die nicht dadurch geschwächt werde, daß viele Alte zuletzt kindisch werden; ihm schien, daß man die hohe Geburt achten könne, ohne einem einzigen Hoch- und Wohlgeborenen, wenn er es sonst nicht verdiene, eine gleiche Achtung zu bezeugen.

In der Tat ist die Rolle, die der Adel und die Dynastien, die an seiner Spitze stehen, im öffentlichen Leben von Alters her gespielt haben, einigermaßen der Rolle der Greise in einfachen Verhältnissen, in Familien und Gemeinden *analog*. Der Rat der Alten – die Gerusie, der Senat – war oder wurde in der Regel eine Adelskammer. Die Alten sind die Erfahrenen, und Weisheit wird dem Alter zugeschrieben. Jedenfalls denkt man, daß sie des Herkommens, der Sitte, kundig sein müssen, und also des Rechtes, des Richtigen, sofern es darin beruht und, nach allgemeiner Übereinstimmung, zur Richtschnur dienen soll. Man hat mit gutem Grund ausgesprochen, daß die Autorität des Alters in Gemeinschaften, die nichts aus schriftlichen Urkunden lernen konnten und die insofern auch für die Feststellung von *Tatsachen* auf mündliche Überlieferung angewiesen waren, größer gewesen sein müssen. Unter allen Umständen aber ist der Einfluß der Alten eine gewaltige Potenz der Erhaltung und Stabilität; der Unruhe und Neuerungssucht der Jugend halten sie das Gleichgewicht, suchen auch Veraltetes wieder herzustellen. Ähnlich, aber nicht durchaus gleichartig ist es, wenn ganze Stände wie der Adel und die Geistlichkeit sich an das Herkommen klammern, das ihnen ihre mehr oder minder übermenschliche Autorität verleiht. Sie haben wenn nicht immer, so doch nicht selten etwas Greisenhaftes an sich. So überleben sie noch als Ruinen in den modernen Zivilisationen Europas. So lange beide in ihrer Blüte waren, haben sie einander scharf bekämpft. Die beiden Schwerter auf Erden pflegten mit gekreuzten Klingen gegeneinander auszuliegen. Aber die Autorität der alten Familie, auch der dynastischen – die auch oft mehr auf Gewalt als auf Sitte beruht – ist zu unsicher, wenn sie sich allein auf sich selbst verlassen soll; auch sie bedarf der Salbung und Weihe – des mystischen Siegels. Sie beruft sich auf göttliche Gnade und göttliches Recht, das unmittelbar der Krone zukomme; wie auch die Bischöfe, trotz des Papstes, solches bis in neueste Zeit in Anspruch genommen haben. Und in Wahrheit sind die päpstliche und weltliche Autorität, beide in der Sitte geheiligt, im Ursprung eins, dem Schoß der Superstition entsprungen, den der Volksgeist immer neu befruchtet. Das Patriarchalische und Hauspriesterliche haftet beiden wesentlich an. Der König als Heerführer bedarf der Gunst und Hilfe der Götter; als Richter braucht er die Erleuchtung und Inspiration, um das Wahre und Rechte zu finden. Oft genug beruht sein Ansehen im Glauben, daß er von Göttern abstamme oder sogar selbst ein Gott sei. Den Genius des römischen Imperators anzubeten weigerten sich mannhaft die Christen. Eben darum galten sie als schlechte Bürger und wurden gehaßt und verachtet, wie immer Ketzer und Andersgläubige, religiöse oder politische, gehaßt und verachtet werden, weil sie zu den allgemein verehrten, Verehrung heischenden Götzen nicht beten; weil sie denken anstatt nachzusprechen. Die geistlichen und weltlichen Herrschaftsfunktionen finden wir überall teils in Vermischung, teils trotz aller Konkurrenz und Eifersucht, nebeneinander und zusammenwirkend. Beide wirken nicht *immer* im Sinne der Erhaltung, der Sitte, der Überlieferung. Gerade ihr Antagonismus und der Stachel des ökonomischen Bedürfnisses treiben oft sowohl die eine als auch die andere Macht in die Richtung der Veränderung, die Neuerung und des Fortschritts. Aber jede wird immer beflissen sein, das Neue mit dem Gewande des Alten zu umhüllen und wenn möglich es als die Wiederherstellung eines ehemaligen Alten zu beglaubigen.

Alte und neue Bedürfnisse begegnen einander vorzüglich in der großen Sphäre des *Rechtes*, des öffentlichen wie des Privatrechts. Ich kann hier nur andeuten, wie machtvoll sowohl die Sitte als auch die Religion darin wirksam ist. Auf jene weisen schon die Worte Gewohnheitsrecht und Rechtsgewohnheiten hin. Was man im Altertum mit Ehrfurcht das ungeschriebene Gesetz nannte, das ist das Recht, wie es in der Sitte liegt und von ihr gesetzt ist. Es ist aber dem ursprünglichen Inhalt dieses Begriffes nach zugleich in weitestem Umfang das natürliche Recht. In der Tat muß ja das Natürliche auch das Uralte sein, das in unvordenkliche Zeit Zurückgehende und für die Sitte das Allerheiligste ist; was immer so gewesen ist, gilt auch der heutigen meist für selbstverständlich. In diesem Sinne bildeten die Inder die Lehre von der *rita* als den Rechtsbegriff aus, den wir (nach Leist) als gemeinsame Idee der Arier vor ihrer Trennung anschauen dürfen.[90] In dieser Idee, wie sie in den Veden entwickelt ist, wird die Ordnung der Natur mit der Ordnung des menschlichen Lebens in Eins gesetzt. Das Leuchten von Sonne und Mond, der Wechsel von Tag und Nacht, die das Erscheinen der Sonne verkündende Morgenröte und die zwei Lenker der Wolkenpferde, diese unabändcrlich, unerschütterlich feststehende Ordnung des Himmels sowie die ewige Regulierung der Zeiten wird darin mit der realen Naturordnung der Erde zusammengebracht. Und als solche fallen zusammen: die Einrichtung des Laufes der befruchtenden Flüsse, die Nahrung gebende Kuh, die Teilung der Geschlechter bei Göttern, Menschen und Tieren, die Einrichtung der Ehe, der Geschlechter, der hausherrlichen und königlichen Gewalt, der Ansiedlung der Menschen in ihrem Heim, des geschützten Besitzes, der Krankheiten in ihrer teils natürlichen, teils göttliche Strafe aufgefaßten Bedeutung sowie die Verantwortlichkeit des Menschen für seine bösen Handlungen. Alles dies ist des Varuna oder des Mithra ewige unerschütterliche Ordnung. Und diese Ordnung ist das *rita* (lat. *ratum* das Feststehende, daher *ratio* die feststehende, objektiv-reale Naturordnung, so gut wie die daran gebundene, sie erkennende Vernunft). In ähnlichem Sinne, wenn auch mit Beschränkung auf lebende Wesen, bestimmt noch ein später römischer Jurist das natürliche Recht als das „Recht", welches die Natur alle Tiere gelehrt habe, und führt als Beispiele an: die Scheidung der Geschlechter, die Aufzucht von Kindern. Die Sitte der Menschen ist hier völlig gebundener Wille, der nur bestätigen und gestalten kann, was auch die Sitte der Tiere als ihre Weise und Übung ist. In jener Zeit war aber schon ein ganz anderer Begriff des Naturrechtes gebildet worden, der die vernünftige, weil zweckmäßige Einrichtung im *Gegensatz zu* Sitte und Überlieferung setzt. Und mit ähnlichen Gedanken hängt überhaupt die *Scheidung* des Rechtes von der Sitte zusammen. Selbst das Gewohnheitsrecht wird seinem Wesen nach als etwas anderes, von der Sitte verschiedenes aufgefaßt. Die Sitte will immer in erster Linie, daß etwas geschehe, die Rechtsordnung, auch das Gewohnheitsrecht, daß ein *Satz gelte*, daß insbesondere der Richter richtend sich danach richte. Recht wird *gesprochen*, Sitte wird befolgt. Die Sitte kann daher eher ein ungeschriebenes Gesetz als ein ungeschriebenes Recht genannt werden. Daß das Recht nicht immer aus der Sitte, sondern Sitte zuweilen aus Recht hervorgeht, das auf Vernunftgründen beruht, hat Hirzel richtig erkannt und betont.[91] Das Naturrecht in seinem ursprünglichen Sinne nahm auch die christliche Theokratie wieder für sich in Anspruch, indem sie das *jus naturale* mit dem *jus divinum* gleichsetzte.

---

90   Vgl. Burkhard Wilhelm Leist, *Alt-Arisches Jus Gentium*, Jena 1889.
91   Vgl. Abhandlungen der königlich-sächsischen Gesellschaft der Wissenschaft, Philosophisch-
      historische Klasse 20.

III.

Als für das Wesen der Sitte charakteristisch habe ich abgeleitet, daß sie dem *Alter* den Vorzug gibt, und daraus, daß sie Autorität und Herrschaft der Alten will, woraus sich die Herrschaft der geistlichen und der weltlichen Aristokratie entwickelt. Der Zusammenhang von Sitte und Religion sowie beider mit dem Recht wurde hierbei verdeutlicht. Aber die Sitte hat noch eine andere Vorliebe. Zur Erklärung mache ich sogleich darauf aufmerksam, daß es ursprünglich in den germanischen Sprachen „der" Sitte heißt – Sitte hat nämlich eine ausgesprochene Vorliebe für die *Frauen*. Und diese Zuneigung wird erwidert; sie ist ebenso wie zwischen der Sitte und den Alten *gegenseitig*. Ist auch dies Verhältnis aus der Form der Sitte und des Herkommens ableitbar? Ich behaupte wirklich, daß dem so ist. Die allgemeine Bedeutung, in der wir das Alte dem Neuen und Jungen entgegenstellen, ist die, daß es vor ihm war (*antiquum*), daß das Junge eben davon herkommt, davon *abstammt*. Und das Gefühl der Abstammung knüpft sich weit ursprünglicher, sogar für uns noch viel stärker, weil sinnlicher, an die Mutter als an den Vater. Und mit der größeren Bürde hat sie die höhere Würde. Vom Mutterleib an rechnen wir unser Leben und mit der Muttermilch saugen wir die Empfindungsweise unserer Vorfahren ein. Wenn die Israeliten, die ein ausgesprochen *patriarchalisches* Volk waren, den Mann aus den eigentlichen ursprünglichen Menschen – Adam heißt Mensch – erschaffen werden und die Frau aus seiner Rippe hervorgehen ließen, so entspricht dem, daß es in ihrem Gesetz heißt: „Ehre Vater und Mutter". Nach dem Gefühl und der Denkweise älterer Zeiten und früherer Völker müßte es heißen: „Ehre Mutter und Vater". Eine merkwürdige und bedeutende Entdeckung hat in der zweiten Hälfte des vorigen Jahrhunderts neues Licht in die Urgeschichte des Menschengeschlechts gebracht: die Entdeckung des „Mutterrechts", als deren Urheber der Baseler Rechtsgelehrte Johann Jacob Bachofen gefeiert werden muß; die Entdeckung nämlich, daß den patriarchalischen Institutionen, die uns bei den historischen Völkern so mächtig entgegentreten, in vielen, und wie man vermuten darf, in allen Fällen *matriarchalische* vorangegangen sind, wie sie noch heute bei einigen Indianerstämmen, und noch mehr unter den Australnegern vorgefunden werden, wenn auch oft schon in der Auflösung und im Übergang zum Herrenrecht der Männer.[92]

Daß bei Völkern, die auf primitiver Stufe der Kultur stehen geblieben sind, sich die Herrschaft des Mannes oft sehr ausgeprägt zeigt, während bei fortgeschrittenen scheinbar erst das Mutterrecht entsteht, wenn der Eidam in die Haushaltung

---

92   Vgl. Johann Jacob Bachofen, *Das Mutterrecht. Eine Untersuchung über die Gynaikokratie der alten Welt nach ihrer religiösen und rechtlichen Natur*, Stuttgart 1861.

des Schwiegervaters aufgenommen wird – wie Jakob in die des Laban – ist gewiß kein Argument gegen die größere Ursprünglichkeit der mütterlichen Autorität. Bachofen knüpft seine gelehrte Darstellung an eine Stelle des Herodot über die Lykier an, worin es heißt, daß diese eine von allen anderen Menschen abweichende Sitte haben, nämlich sich nach der Mutter anstatt nach den Vätern zu nennen; wenn man jemand nach seiner Herkunft frage, so werde er seine mütterlichen Vorfahren herzählen; auch sei durch die Mutter bedingt, ob ein Kind für echt gehalten werde. Die Ehe einer einheimischen Frau mit einem Sklaven sei in diesem Falle gültig, aber nicht die des einheimischen Mannes mit einem fremden Weib. Bachofen sucht nun nachzuweisen, daß die griechische *Mythologie* von Spuren und Überlebseln der Anschauungen erfüllt ist, die in solcher herrschenden Stellung der Frauen und dem höheren Range der Mutter wurzeln. Berühmt geworden ist seine Erklärung der Orestessage. Die Erinyen als Rachegöttinnen, das furchtbare Geschlecht der Nacht, gehören zu den unheimlichen Gottheiten der Tiefe, an die auch Faustens Höllenfahrt zu den „Müttern" gemahnt; mit dem Mutterrecht sind die Kulte der Mutter Erde und ihrer Geister verknüpft; aus dem dunklen Schoß der Erde sind die Geschlechter der Lebenden entsprossen, wie aus dem Schoße der Nacht das Licht hervorgeht; in geheimnisvollem Dunkel wirkt überall die „große Mutter", die *Mutter Natur*. Die Anbetung der himmlischen Gottheiten verbindet sich mit der Idee des Vatertums, Zeus, der Vater der Götter und Menschen und sein Lichtsohn Apollon sowie seine männliche Tochter Pallas Athene sind die Träger des neuen Prinzips, das zum herrschenden zu werden bestimmt war. Die Erinyen verfolgen den Muttermörder, Apollo tritt ihnen entgegen, Athena, die mutterlose Walküre, schafft ihm Gnade. Sie setzt den Gerichtshof ein, der den Muttermörder richten soll, sie gibt, da die Anhänger des alten und des neuen Rechtes sich die Wage halten, die Entscheidung zu seinen Gunsten (der *calculus Minervae*, der freilich verschieden gedeutet wird), und sie begründet dies in der Tragödie des Äschylos ausdrücklich damit, daß keine Mutter sie geboren habe:

> „Vermählung scheuend preis' ich doch des Mannes Wert,
> Aus voller Seele, die ich Vaters Tochter bin,
> Und gönne jener Frau, fürwahr! kein Ehrenlos,
> Die den Gemahl ermordet hat, des Hauses Hort!"

Das heißt: ihr ist die Mutter als solche nicht mehr heilig! Und in bitterer wiederholter Klage an die schwarze Nacht, ihre Mutter, rufen die Rachegeister:

„Weh ihr jungen Götter! die alten Satzungen
Habt ihr niedergeritten, mir aus den Händen entwunden!"

Aber die Frauen behalten ihr Reich in der Sitte, wie in der natürlichen Ordnung.

„Mächtig seid ihr, ihr seid's durch der Gegenwart ruhigen Zauber.
Was die stille nicht wirkt, wirket die rauschende nie.
Kraft erwart' ich vom Mann, des Gesetzes Würde behaupt' er,
Aber durch Anmut allein herrschet und herrsche das Weib."

So dichtet Friedrich Schillers betrachtender Geist. Aber ihm verdanken wir auch
das Gedicht „*Würde* der Frauen"

„In der Mutter bescheidener Hütte
Sind sie geblieben mit schamhafter Sitte,
Treue Töchter der frommen Natur."

So heißt es darin von den Frauen, die den gierig in die Ferne greifenden Jüng-
ling mit zauberisch fesselnden Blicken zurückwinken; und in der Schlußstrophe:

„Aber mit sanft überredender Bitte
Führen die Frauen *das Szepter der Sitte*,
Löschen die Zwietracht, die tobend entglüht.
Lehren die Kräfte, die feindlich sich hassen,
Sich in der lieblichen Form zu umfassen,
Und vereinen, was ewig sich flieht."

„Ehret die Frauen", so hebt das Gedicht an. Und eben dies ist, was die Sitte will,
im Gegensatz zur Roheit und Wildheit des Mannes, der das schwache Geschlecht
heute liebkost, um es morgen zu mißhandeln. Und diese Ehre soll freilich dem
Weib als solchem, soll auch der Jungfrau zuteil werden. Aber die Trägerin des Ehr-
würdigen am Weib ist doch nicht das Mädchen, das durch den Zauber der Anmut
fesseln und gewinnen will, sondern die mütterliche Frau, die Matrone. Letztere
ist auch die wissende und kluge Frau, die mit sicherem Takt das Richtige trifft,
die Ahnungsvolle und Prophetische, heilender Kräuter und zauberischer Sprüche
Kundige. So finden wir sie in den Religionen und in den Aberglauben wieder. Als
Wahrsagerin tritt uns die Erda aus der nordischen Mythologie in Wagners Nibe-
lungenring entgegen, und auf dem delphischen Dreifuß murmelte Pythia, von den

Dämpfen, die aus dem Erdboden emporstiegen, begeistert, ihre dunklen Orakelworte. Die Nornen in unserer Sage, die Sibyllen in Rom, die das Kommen des Christentums vorausgesagt hatten: in diesen und manchen anderen Gestalten schlägt die dichtende Volksseele nieder, was sie an Erfahrungen über die eigentümliche Begabung mancher Frauen sammelte, die der Kampf des Lebens ernst gemacht hat. Sagt ja auch Tacitus von den Germanen, daß sie an den Frauen etwas Seherisches und Heiliges verehrten. Das war nicht den Germanen eigentümlich, wenn auch ihrer Gemütsart vielleicht besonders entsprechend. Auch bei anderen Urvölkern gab es in Sitte und Religion ein Gegengewicht gegen die Gewalt des Mannes, die das Recht ihm bestätigte, weil er Recht sprach. Überall finden wir die Frauen in ausgezeichneter Weise am Kultus wie am Zauber beteiligt. Stärker als der Sinn des Mannes ist ihr Gemüt auf das Religiöse gerichtet. Die fromme Scheu der Pietät ist dem Weib mehr gemäß als das stolze Bewußtsein des Vertrauens auf eigene Kräfte, des erobernden Wissens, der erwägenden Kritik. Wunder- und Aberglaube ist der gefühlvollen Einbildungskraft des Weibes natürlicher als Zweifel und Forschung, sympathischer als die klare und nackte Erkenntnis. So ist das Verhältnis zwischen der Frau und der Religion ebenso wie zwischen der Frau und der Sitte ein Verhältnis *gegenseitiger* Bejahung. Die Sitte heischt Ehrfurcht, mindestens heischt sie Achtung. Sie gibt der Frau ihre besondere Ehre und verlangt von den Männern Schonung des „zarten leichtverletzlichen Geschlechts", Rücksicht auf seine besonderen, zumal die „gesegneten" Umstände, die „gute Hoffnung", die unter gesunden Verhältnissen auch die Hoffnung des Vaters ist; getreue Sippen und Nachbarn nehmen daran Anteil.

Oft wirkt Sitte so viel mehr zugunsten der Frau, je weniger Rechte ihr gegönnt sind. In England war sie bis vor 100 Jahren fast rechtlos, und doch galt England als „Paradies der Frauen". Vielleicht repräsentiert eben in solchen Differenzen die Sitte Erinnerungen an ältere Zustände, wenn auch nicht eben an ursprüngliche; denn die Sitte ist als gewohnte Regel erst *geworden*, wenigstens in allem, was dem Faustrecht entgegen ist. Massenhaft begegnen uns rohe Sitten; aber die Sitte hat ihrer überwiegenden Richtung nach einen humanen Charakter.

Die Sitte – oder ist es die Moral, die *Sittlichkeit?* Über das Verhältnis zwischen Sitte und Sittlichkeit ist viel gedacht und geschrieben worden. Namentlich Rudolf von Jhering hat durch eingehende und geistreiche Untersuchungen das Gemeinsame und das Unterscheidende beider gleichsam in anatomischen Präparaten darzustellen versucht. Die „Sprache", d. h. unsere deutsche Sprache, deren Sinnen er mit besonderer Vorliebe nachspürt, weise auf den Gegensatz zwischen dem äußeren und dem Inneren, der Form und dem Inhalt des Handelns hin; Sitte beziehe sie nur auf die Form, die Art, das Benehmen; Sittlichkeit auf den Inhalt, den Wert, den Charakter. Die Moral, meint Jhering in näherer Ausführung, verbiete das an sich Schädliche, die Sitte bloß das Gefährliche, damit das Schädliche nicht daraus hervorgehe; sie sei die Sicherheitspolizei des Sittlichen; sie sei lokalisiert und beschränke sich auf „Stände", d. h. die höheren Stände, sei also *exklusiv*, weil sie nur da gedeihe, wo sie günstigen Boden finde. Jhering denkt (ich werde darauf zurückkommen) bei der Sitte immer nur an Regeln des äußeren Anstandes, widerspricht aber damit gerade der Sprache, die er sich zur Führerin erkoren hat. Nicht nach ihren Gegenständen, sondern nach den Gesichtspunkten, unter denen sie betrachtet werden, unterscheiden wir Sitte und Sittlichkeit. Der Unterschied kann in einem kurzen Satz ausgedrückt werden: „Sitte ist Tatsache, Sittlichkeit ist Idee". *Darum* wird Sitte als die eines Volkes oder Landes gedacht, Sittlichkeit dagegen als etwas allgemein Menschliches. Es *ist* Sitte, aber Sittlichkeit *verlangt*. Wir sagen zwar auch „Sitte gebietet", aber damit ist die Meinung verbunden, daß es *in der Regel* wirklich geschehe, ja diese Bedeutung ist die vorwaltende, und Sitte als Wille mußte uns erst daraus erschlossen werden. Die *Moral* wird dagegen als Forderungen stellend sowie strengere oder laxere Ge- und Verbote erlassend gedacht, die aber allzuoft *nicht* erfüllt werden und die ihre *Geltung* behaupten, auch wenn sie nicht einmal erkannt und anerkannt werden.

Den Unterschied von Sitte und Sittlichkeit vergleiche ich mit dem Unterschied von *Geld* und *Kredit*; und ihr Gemeinsames wird dadurch zugleich beleuchtet. Auch Geld enthält ja, wenn es gezahlt wird, eine Forderung in sich – sei es die Forderung, daß Ware gegeben oder daß Quittung geleistet werde. Die *Obligation* ist aber ihrem *Wesen* nach Forderung; und so ist die Moral nicht eben selten ein Wechsel, der nicht honoriert wird. Und doch sind auch Geld und Kredit einander so nahe verwandt, daß es nicht wenige Vermittlungen und Übergänge zwischen ihnen gibt. Ein guter Wechsel ist wie bares Geld, und unsere Kassenscheine zirkulieren als Geld, obschon sie nichts als Forderungen an eine Bank (die Reichsbank) bedeuten. Ebenso sind Sitte und Sittlichkeit nicht nur Namensvettern, sondern echte Vettern; ja sie verhalten sich zuweilen wie Geschwister zueinander. Und hier sind es eben die Frauen, die wie auch sonst im Leben die Verwandtschaft begründen und vermitteln. Sittlichkeit ist zu einem guten und sehr wichtigen Teil hauptsächlich der Wille und das Interesse der Frauen und hat als solcher Eingang in die wirklichen Sitten gefunden. Umgekehrt ist die Erhaltung und Pflege der Sitte *in Bezug auf* die Frauen und *durch* die Frauen ein Stück der wenigstens theoretisch anerkannten, oft der religiös geheiligten Sittlichkeit geworden. Als solches wird sie von rohen und schlechten Sitten, d. h. von Unsitten als die *gute* oder als die feine Sitte abgegrenzt. Sie macht sich aber auch unter anderen Namen, die mehr an den ideellen Charakter erinnern, als Anstand, Schicklichkeit, als das Geziemende

– das *Decorum* – geltend. Am leichtesten leitet sich immer das, was sein soll, aus dem her, was von je gewesen ist und daher auch aus dem, was sonst vorbildlich geschieht, nämlich die *Pflicht* aus dem, was getan zu werden *pflegt*. Denn es scheint sich von selbst zu verstehen, daß einer das tun muß, was alle tun, was „man" tut, dann auch, was die „Besten", die Angesehensten, die „gute" Gesellschaft tut, was für „vornehm" gehalten wird. Und wäre dies immer oder auch nur vorzugsweise das im sittlichen Sinne Gute, so wäre es längst besser darum bestellt gewesen als es der Fall ist. Einigermaßen hat sich dies aber an den äußeren Formen der „Lebensart" erfüllt, die man ehemals mit Recht als „kleine Moral" oder die Lehre davon als Ergänzung der Ethik charakterisierte (*Ethica complementaria*, daher die *compliments*). Die Vorstellung, daß gewisse Handlungsweisen dem, der sich ihrer unterfängt, selbst „nicht anstehen", ihn „verunzieren" (*non decet*), reflektiert auf die Eitelkeit, also auf ein starkes Motiv, und wird ein Schirm und Schild für die Frauen gegen die „Frechheit" des Mannes; darum läßt Goethe die Prinzessin im Tasso sagen:

„Wo Sittlichkeit regiert, regieren sie,
Und wo die Frechheit herrscht, da sind sie nichts,
Und wirst du die Geschlechter beide fragen:
Nach Freiheit strebt der Mann, das Weib nach *Sitte*" –,

was durchaus im Sinne alter Sitte und hergebrachter Lebensformen gedacht ist; denn heute würde das Streben nach Freiheit sicherlich einem großen Teile der Frauenwelt, wenigstens der jüngeren zugeschrieben werden müssen, und vielleicht mehr noch als den Männern, wenigstens als den Männern der höheren gesellschaftlichen Schichten.

Mit der Beziehung des weiblichen Geistes zur Sitte hängt aber ersichtlich zusammen, daß das Wort Sittlichkeit neben seinem allgemeinen Sinn die besondere Bedeutung der geschlechtlichen Sittlichkeit erworben hat. Denn sie hat ihrem Wesen nach eine intime Beziehung zur Schamhaftigkeit, deren Beobachtung in irgendwelchem, wenn auch sehr verschieden normiertem Maße, da wo es menschliche Gesittung gibt, im Verhalten der Geschlechter zueinander durch Sitte geheischt und auch durchgesetzt wird. Trotz der vielen Abweichungen und Eigenheiten kann man als ein gemeinsames uraltes Erbteil des Menschengeschlechts die Sitte bezeichnen, die in dieser Hinsicht die Freiheit einschränkt, indem sie der Wildheit und Verwirrung wehren will. Überall sind die Vorschriften andere, die sie den Männern als die sie den Frauen macht, andere die den Alten als die den Jungen bestimmt sind; teils wollen sie allgemein, teils besonders für Männlein und Fräulein, die der Zug des Triebes und des Herzens einander nähert, Schranken errichten, Maß geben, Vernunft anstatt der Leidenschaft walten lassen. Hier wie sonst ist die Sitte, außerdem daß sie im Herkommen wurzelt, Wille der Alten, der Eltern zumal, die ihre Kinder zu hüten, vor Unbesonnenheiten zu bewahren, für ihre Pflicht halten und als ihr eigenes Interesse erkennen. Wo die Sitte streng ist, da will sie nicht nur „sittsames", d. h. schamhaft zurückhaltendes äußeres Betragen, das wiederum ganz besonders den Jungfrauen auferlegt wird. Vielmehr ist es ihr wesentlich um die Keuschheit zu tun, sofern nicht die Ehe oder wenigstens die Verlobung dem Mann ein Recht auf das Weib gegeben hat. Indessen empört sie sich bekanntlich viel heftiger gegen die ehebrechende oder voreheliche Unkeuschheit der *Frau* als gegen die des Mannes.

Die weibliche Keuschheit und Treue wird von der Sitte in ihre besondere Obhut genommen. Worin beruht dies? Zunächst und am meisten doch wohl in der Gesinnung und dem Willen der Frauen selbst, weil sie ihre Blüte und Reinheit als ein kostbares Gut empfinden, das die Jungfrau nur dem geliebten Mann oder ihrem Ehe*herrn* hingeben soll, und, wenn sie den Wert hoch genug schätzt, auch diesem nur um den Preis des dauernden Schutzes, den er ihr und den zu erzielenden Kindern gewähren will. Weil sie die Ehe als Hort ihres Lebens erkennen, weil sie das gemeinsame Standesinteresse der Frauen ist, darum ist die weibliche Ehre ihre Standesehre; und die leichtfertig oder gar käuflich sich preisgebende verliert die Achtung der Genossinnen nicht nur als Törin, sondern wie eine Verräterin. Die *Solidarität* der Frauen wird in ihren eigenen geschlechtlichen Angelegenheiten ein besonderes Subjekt der Sitte – mit um so mehr Erfolg, da ohnehin die Frauen an Erhaltung und Pflege der Sitte den regsamsten Anteil nehmen. Ihnen kommt nun freilich der Wille der Männer entgegen – und zwar nicht nur insofern, als auch diese die Sitte um der Sitte willen pflegen, sondern auch, und ganz besonders, weil für sie der Wert der Frau als eines Gutes durch Jungfräulichkeit und in der Ehe durch Treue erhöht wird. Aber aus sich heraus entwickeln die Männer nicht leicht eine *reziproke* Sitte. Denn einen so unmittelbaren Wert hat die Keuschheit aus dem einfachen Grund nicht für sie, weil unter den Menschen, wie unter anderen Mammalien und Wirbeltieren, das Weibchen der umworbene und begehrte Teil ist, so sehr auch dieses natürliche Verhältnis durch Kultureinrichtungen verdunkelt wird. Sofern aber das Weibchen sich umworben weiß, hat es alle Ursache, mit seiner Gunst zu kargen, weshalb diejenigen gerade am meisten jene, die auch aus anderen Gründen als ihrer persönlichen Reize halber, z. B. um der mitfolgenden Kühe des Vaters willen, begehrt werden. Auch wenn die Maid selbst über sich verfügt, so ist sie doch immer die Gebende, der Mann dagegen der Nehmende, Der Mann macht sich schön, gefällig und artig. Er prunkt mit seiner Kraft, um das Weibchen

anzuziehen. Aber etwas, das der weiblichen Solidarität in Bezug auf die Beschaffenheit des Leibes analog wäre, gibt es für die Männerwelt nicht. Denn die anderen
Männer haben kein instinktives Interesse daran, daß der Mann keusch in die Ehe
geht, weil ihnen überhaupt die Verehelichung des einzelnen Mannes gleichgültig
ist, soweit das Geschlecht dabei mitspricht, während für die Frauen die Ehe, also
ihr Wert *für* die Ehe, die Angelegenheit der Angelegenheiten ist.

Die Schamhaftigkeit, die dem Weib natürlicher als dem Mann ist, weil sie in
Furcht und Schüchternheit ihre Wurzeln hat, äußert sich am ursprünglichsten als
Verhüllung. Das Bedürfnis, gewisse Körperteile, namentlich die Geschlechtsmerk-
male, zu bedecken, ist zwar, wie sowohl die Beobachtung unserer Kinder als auch
die Völkerkunde lehrt, keineswegs ein angeborener Instinkt. Aber auf einer gewissen, weit zurückliegenden Entwicklungsstufe macht es sich geltend und bleibt unabhängig von anderen Zwecken, denen die Bekleidung dient; wie sie denn durch
Hautmalerei und Tätowierung ersetzt wird. Die Sitte befestigt und ordnet hier wie
so oft, was sonst lose, schwankend, willkürlich war. Sie bestimmt gewisse „Trachten", und vor allem zumeist die besondere Tracht des Weibes zur Unterscheidung
von der des Mannes, woran sich weitere Unterscheidungen des ledigen Weibes
vom verheirateten Weib und der Witwe, des Jünglings vom Mann, des Herrn vom
Knecht anschließen. Die Kleidung wird sowohl zum *Zeichen* des Geschlechtes
als auch des Zivilstandes, des Amtes und der Würde. Daher resultiert die große
Wichtigkeit der Einkleidung – der Investitur – in Sitte und Religion. Zur „Tracht"
gehören auch andere Arten, als durch die Kleidung Körperteile zu verhüllen oder
hervorzuheben und zu schmücken, wie z. B. Gegenstände des Schmuckes und des
Gebrauches. Für die Sitte wird alles als Zeichen und als Symbol bedeutsam. Und
auch hierin schließt sich die Religion ihr an. Sie wollen durch sinnlich wahrnehmbare Merkmale unterscheiden und auszeichnen. Sie wollen, daß sich jedermann
danach richtet, was seinem Auge und Ohr und seinem Gedächtnis deutlich ein-
geprägt wird. Und beide sind hier wie überall, für die Völker früher Kulturstufen
zumal, die natürlichen, bequemen, mit Liebe und Verehrung umgebenen, durch
Vorstellungen geheiligten Gesetzgeber.

So innig ist gerade die Verbindung von Sitte und Tracht geworden, daß bekanntlich das „Kostüm" seinen Namen von der Gewohnheit hat, die auch die
Volkssitte im Allgemeinen bezeichnet. Ein gewisses Maß von Freiheit bleibt immer innerhalb der Sitte. Und hier begegnen sich oft und widerstreiten einander zum
einen der dem Weib so natürliche Wunsch zu gefallen, anzuziehen, zu bezaubern,
und zum anderen das ihm erzogene und durch die Sitte sanktionierte Schamge-
fühl. Aus beiden nährt sich die Lust des Weibes an Zier und Putz, d. h. ihr ästheti-
scher Sinn, der mit dem sittlichen so tief verwandt ist und sich wohl eben deshalb

so oft mit ihm feindlich kreuzt. Jener will das Schmucke, das Glänzende, dieser aber das Anständige, „Wohlständige" (wie noch vor dreihundert Jahren die deutsche Sprache zu sagen pflegte). In jenem ergeht sich die Freiheit, in diesem betätigt sich der Gehorsam gegen die Sitte. Und wenn ich den Totenkult die Sitte der Sitten genannt habe, so bewährt sich dessen hohe Geltung auch darin, daß gerade er das Bedürfnis des Putzes verstummen oder doch nur ganz leise mitsprechen läßt. Der Schönheitssinn will das Heile und Reine, das Helle und Lichte, die mannigfache Farbe; er wünscht Freude auszudrücken, Freude zu erregen. Aber die Sitte gebietet dunkle oder einförmig weiße Gewänder als Zeichen der Traurigkeit; oder sie verlangt sogar, daß man die Kleider zerreißen und das Haupt in Sack und Asche hüllen soll. Sie will dem Ausdruck der Gefühle seinen Stil verleihen: Schmutz und Zerstörung scheinen dem Kummer angemessen zu sein; denn teils ist er dem Zorn und Unwillen verwandt, teils hat er „keine Zeit", Aufmerksamkeit und Sorge in die gewöhnlichen Richtungen zu lenken.

IV.

Wenn sich die Sitte als sozialer Wille auf das Leben und Wohl einer Volksgemeinschaft bezieht, so muß ihr die *Fortpflanzung* von besonders hoher Bedeutung sein. Wenn sie sonst in die Vergangenheit und auf das Alter ihre Blicke gerichtet hält: hier schaut sie in die Jugend und die Zukunft hinein. Ist doch das Freien und die Paarung immer neu und doch das älteste Herkommen. Und die Frau ist als Gebärende und Nährende an die Natur und eben darum auch an die Sitte gebunden, die zum guten Teil nur das Natürliche zum Gesetz macht; freilich nur zum Teil. Denn sie macht sich auch von der Natur los und schreibt oft genug, zumeist unter dem Einfluß abergläubischer Vorstellungen, Unnatürliches, ja Widernatürliches vor; wie sie andererseits Natürliches verändert, indem sie es veredeln will. Das Wochenbett der Frau ist von der Natur zwar nicht schlechthin geboten, aber doch angeregt und angeraten. Die Sitte gibt ihm seine Formen und Grenzen. Das Haus wird geschmückt, böser Zauber wird abgewehrt, heilsamer hereingebracht, die Wöchnerin empfängt der Nachbarinnen Besuche, sie wird den zeremoniellen (oft unsauberen) Reinigungen unterworfen, sie wird endlich ausgesegnet oder muß ihren Kirchgang halten; festliche Schmäuse wie Kindelbier und Taufsuppe schließen sich an. Soweit geht alles mit rechten Dingen zu. Aber keinen Grund in der natürlichen Begebenheit hat die uralte, sogar bei Volksstämmen in Europa (den Basken) noch beobachtete Sitte des Männerkindbettes (der *Couvade*), eine echte, obligatorische, wenn auch noch so wunderliche Sitte. Nur aus dem Glauben an ge-

heimnisvollen Zusammenhang zwischen Erzeuger und Erzeugtem, der eine sorg-
same Behandlung böser Geister, darum Fasten und Kasteiung notwendig macht,
dürfte sie zu erklären sein. Zu besserem Sinn erhebt sich in gleicher Richtung die
Sitte, wenn sie überhaupt dem Vater und der Mutter je ihre *Aufgabe* zuweist, das
Kind zu erziehen und so die Pflege und schonende Behandlung oder aber Zucht
und Strenge gegen die heranwachsenden Sprossen zur Pflicht macht. Freilich erhält sich barbarische Praxis, Kinder auszusetzen, zu verkaufen, ja zu töten, zumal
weibliche, auch unter gesitteten Völkern. Aber dennoch überwiegt die Wirkung
der Sitte, das hilflose Kind als ein kostbares Kleinod zu hegen, bis sie endlich als
das schlechthin und allein Natürliche erscheint.

Weil aber die Fortpflanzung so wichtig ist, ist auch das Zusammenleben von
Mann und Weib, die *Ehe*, geheiligt. Die Volksgemeinde muß dabei mitwirken; sie
bestätigt die Ehe, die sie anzuerkennen gesonnen und verpflichtet ist. Die Sitte gebietet festliche Teilnahme. Und das hochzeitliche Paar ebenso wie die Brauteltern
und die Sippe müssen bestimmte Formen erfüllen, die zur Gültigkeit oder wenigstens zur richtigen Weihe der Vermählung gehören. Zauberformeln und religiöse
Begehungen dürfen nicht fehlen. In Hochzeitbräuchen bewahrt sich die Erinnerung
an die ursprüngliche Weise, die Ehe zu begründen, an vergangene rohere, wohl
auch lustigere Lebensführung und Anschauung. Solche Bräuche sind den rudimentären Organen der Tiere und des Menschen zu vergleichen; sie haben keine wirklichen Funktionen mehr, sondern sind Überbleibsel, die sich forterben, obgleich
sie nicht mehr verstanden werden, man also sich nichts mehr „dabei denkt". Denn
was man sich dabei denkt: der Sinn und Zweck ist das eigentliche Leben des Brauches und der Sitte. Oft geschieht es aber auch, daß, wenn der alte Sinn vergessen
ist, ein neuer untergelegt wird und ein absterbender Brauch dadurch neues Leben
gewinnt. So können auch Gewebe und Organe neues Leben gewinnen, indem sie
veränderten Lebensumständen angepaßt werden. Und die eigentliche Bedeutung
gar mancher Gebräuche wird zur uneigentlichen abgeschwächt und endlich zum
bloßen Zeichen für bestehende Verhältnisse und zum Symbol ganz wie die Bedeutung von Worten. Und im Aussprechen von Worten und von Sätzen besteht oft
ein erheblicher Teil des Brauches. Andererseits sind es signifikante Handlungen.

In einigen Fürstenhäusern besteht noch der Brauch, daß die Braut vor ihrem
Scheiden Stücke eines Strumpfbandes an die geladenen Herren verteilt. Dieser
Brauch, der nur noch den Sinn hat, daß sie ein Zeichen des gnädigen Gedenkens
gibt, hat seinen Ursprung in der Anschauung, daß der ganze Clan ein Recht auf
die Defloration der Jungfrau hatte, ein Recht, das wohl auch von einem Häuptling
oder Priester ausgeübt werden konnte, bei einer gültigen Eheschließung aber wenigstens abgelöst werden mußte. Und manche alte bäuerliche Sitten gehen ähnlich

auf den in dunkler Vorstellung fortbestehenden Gemeinbesitz der Männer an den mannbaren Mädchen zurück, so das „Fenstern", die nächtlichen Besuche, mit denen die Jünglinge der noch unverlobten und unverheirateten Frauenzimmer vorläufige Bekanntschaft erstrebten. Hierbei setzt dann freilich oft auch die Sitte der Intimität ihre Grenzen, wobei die Idee vorschwebt, daß zwar jeder junge Mann der *mögliche* Gatte, daß aber die Besitzergreifung (die *consummatio* des kanonischen Rechts) nach vorausgegangenem Verspruch (dem *consensus*) den begünstigten Liebhaber zum wirklichen Gatten macht. Dies ist die Naturbasis des förmlichen Aktes – des Überganges in seine Hand und wohl auch in seine Sippe – den die Sitte vorschreibt und besiegelt. Die religiöse Zeremonie ist wesentliche Begleitung und *nicht* wesentliche Begründung: und zwar ursprünglich in der Religion, die allem Kultus zugrunde liegt, der Religion der Familie. Die Geister der Vorfahren, die um den Herd schweben, müssen an so feierlicher Begehung ihren Anteil nehmen. Und sie müssen genehmigen, daß die Braut das Haus verläßt. Der neue Altar muß sie freundlich empfangen, den sie künftig hüten und ehren soll; so bei den Griechen, deren Schönheitssinn sich im Stil des Lebens wie im Stil der Kunst bewährte. Die Religion ist hier ganz in die Sitte eingeschlossen. Der Priester, der bei roheren Völkern Zauberakte zu vollziehen hat, ist nicht notwendiger Teilnehmer. Auch im Christentum war er es nicht, bis in eine Zeit, da seine Herrscherstellung schon gefährdet und im Niedergange begriffen war. Aber auch nachdem ihn das Gesetz durch Einrichtung der Zivilehe ausgeschaltet hat, hält die Sitte an ihn fest und verlangt die religiöse „Weihe des Bundes".

Hier wie sonst zeigt sich, daß die religiöse Sitte am dauerhaftesten ist als Sitte des häuslichen Lebens, die Familiensitte, die eben als solche auch Volkssitte ist. Das Haus ist die Stätte des innigsten und wärmsten Zusammenlebens, des Wohnens und der Gewohnheit. Aber die Sitte hat verhältnismäßig wenig Spielraum in ihm, weil die Familie zumeist patriarchalisch beherrscht wird und in weiten Kulturgebieten, wie dem chinesischen, auch heute noch die große ungeteilte Familie, in der die verheirateten Söhne, vielleicht gar Enkel, mit Weibern und Kindern verbleiben. Dennoch ist sie auch immer – und gerade je größer, um so mehr – das „Volk". Das genossenschaftliche Wesen hat neben dem herrschaftlichen Anteil an ihr; zuweilen wie in der südslavischen Hauskommunion sogar den vorwiegenden Anteil. Hier wählt die Gemeinde ihren Vorsteher und kann ihn absetzen. Aber auch wenn sich in den Clans oder Geschlechtsgenossenschaften, die gleichsam ideell zusammengebliebene Hausgemeinden sind, die Häuptlingsschaft vererbt, so obwaltet hier doch die Sitte, in der auch dies „Erbrecht" wesentlich beruht. Und in unseren Einzelfamilien hat zwar die Bildung besonderer Sitte wenig Spielraum, aber die allgemeine Sitte wirkt in sie hinein. Vater und Mutter können sich ihr so wenig wie die Kinder und das Gesinde entziehen. Wie manche allgemeine *Feste*, an denen die Sitte auch dann noch festhält, nachdem ihre religiöse Bedeutung in weiten Kreisen schwach geworden ist – so z. B. die heutige Weihnacht – oder sogar von solchen eingeführt werden, die außerhalb der Religion, auf die es sich bezieht, stehen – dasselbe Fest von heutigen Juden –, so hat doch auch jede Familie ihre besonderen Festtage: namentlich die *Geburtstage*, deren Wesen darin besteht, daß sie die jährliche Wiederkehr des Tages der Geburt bezeichnen, so daß nur ein pedantisch-absurder Zeitgeschmack den siebzigsten Geburtstag in die siebzigste Wiederkehr eines Geburtstages verzerren kann. Wenn aber der Geburtstag insofern der menschlichen Gleichheit und Brüderlichkeit einen gewissen Ausdruck gibt, als auch der Geringste einen Geburtstag hat und schon der erste Geburtstag des Säuglings für die Eltern und Geschwister eine Bedeutung haben kann, so macht sich doch andererseits gerade an der Sitte der Geburtstagfeier offenbar, daß Personen mehr oder weniger Bedeutung und Gewicht haben – und zwar sowohl im eigenen Haus als auch in weiteren Kreisen, so daß der Geburtstag des Fürsten sogar zum gesetzlichen Feiertag erhoben wird. Und angesehener Männer und Frauen Geburtstage gebietet – insbesondere wenn sie ein abgerundetes Alter in höheren Ziffern erfüllen – eine weit verbreitete und gerade in neuerer Zeit stark gepflegte Sitte, diese festlich zu begehen.

Auf die Geburtstage aber bezieht sich besonders die Sitte des *Schenkens*. Und in veränderter Gestalt erhält sich die uralte Sitte, Huldigungen in Geschenken auszudrücken: die Verehrung der Mächtigen und Hohen, die den Göttern gleichkommen. Auch das Opfer ist ja eine solche freiwillige Abgabe der Untertanen und Gemeinen. In diesem Sinne ist das Schenken Ausdruck der Demut und Hingebung, die sozusagen auf nichts Eigenes Anspruch macht, sondern alles des Herrn sein läßt, was er begehren mag und dankbar ist, wenn er die bescheidene Gabe gnädig entgegen nimmt. Immer bedeutet das Schenken eine Art von Kommunismus, der aber nach dem hellenischen Spruch, daß die Güter der Freunde gemeinschaftlich sind, unter Gleichen freier betont wird. So bedeutet es auch einen Zustand, wo noch wenig Besitz vorhanden ist, und also wenig Unterschied in Bezug darauf, wenn *Ehen* noch durch bloße Geschenke an die Brauteltern begründet zu werden pflegen; woraus sich aber der so weit verbreitete Kauf leicht entwickeln mußte, welche Sitte dem Armen oft unmöglich macht, ein Weib zu erhalten, es sei denn, daß er es durch Dienst oder durch *Raub* gewinne, worauf jüngere Söhne in primitiven Zuständen oft angewiesen sind. Auch die *Hochzeitsgeschenke* dürften auf altem Clan- und Dorfkommunismus beruhen; indem die Sitte solche Geschenke heischt, läßt sie dem jungen Paar und seinem Haushalte zukommen, was ihm gebührt.

Eine leichtere Obliegenheit, die sich als solche auch auf weitere Kreise erstreckt, ist es, der Mitfreude und Mittrauer Ausdruck zu geben, zu gratulieren und zu kondolieren. Wenngleich auch hier die Untergeordneten und Untergebenen Ursache haben, besonders beflissen zu sein, um sich die Gunst des Mächtigen zu erhalten oder zu erwerben, so wirkt doch Sitte immer im Sinne einer Ausgleichung und Gegenseitigkeit, da sie Dank und (zuweilen auch) Erwiderung vorschreibt. Denn sie beruht in Gemeinschaft und Freundschaft und ist eigentlich die Gewohnheit, die das befestigt, was sonst aus losen Gefühlen der Neigung, Liebe und Verehrung entspringt, wie tief auch gerade in die Gefühle des Minderen Interesse und Berechnung sich hineinmischen, ja zum herrschenden Motive werden mag.

Alle *gemeinsame Abhängigkeit* wirkt aber im Sinne der Gleichheit; daher besonders die von den Vorfahren und Göttern – je höher diese vorgestellt werden, um so mehr verschwinden ihnen gegenüber die Abstände zwischen den Menschen. Die Teilnahme am häuslichen Kult erhebt sogar den Sklaven, der bei seiner Einführung ins Haus des Griechen mit Weihwasser benetzt und am heiligen Herd gespeist wurde; auch bei den Römern schützen ihn die Laren, und sein Grab ist geheiligt. Die Vorstellungen, daß der Schwache, Elende, der Bettler und Schutzflehende, ja der verfolgte Verbrecher des göttlichen Schutzes teilhaftig, daß es ein Frevel ist, den Fremdling zu verunehren, haben ihre Wurzel gewiß in natürlichem Mitleid, das besonders bei Frauen leicht durch jammervollen Anblick, durch Tränen und Bitten erregt wird. Dazu gesellt sich wohl Neugier, der Wunsch zu tauschen und zu kaufen, wenn der Fremde seltsame Sachen mit sich führt oder gar ein Händler ist; und das Ansehen der Person dürfte niemals verfehlt haben, auf die Aufnahme des Gastes mitzuwirken. Aber eine mächtige Stütze mußte doch die Humanität durch die Meinung gewinnen, daß die *Götter* gerade dem Elenden gewogen seien. Und es ist kein Zufall, wenn Griechen und Römer gerade den höchsten Gott zum Beschützer des Gastrechts machen; vorausgesetzt wird, daß *ihn* jedenfalls auch der Fremde ehrt und daß vor ihm auch der Mächtige und Reiche gering ist. Die *Gastfreundschaft*, mit der Idee der Gegenseitigkeit, wird nach griechisch-römischer Sitte erst durch Darreichung der rechten Hand begründet, durch das Gastgeschenk und besonders durch die gemeinsame Mahlzeit, die Gemeinschaft des *Tisches*; auch hier knüpft die Sitte an die Idee der einheitlichen verbindenden *Sache* bedeutungsvoll an. Noch heute hat die gastliche Tafel eine ähnliche Würde. Das Gastmahl will Frieden und Freude stiften: die Römer nannten es schlechthin „Zusammenleben", während der griechische Ausdruck auf die sonderbare Bedeutung hinzielt, die von Alters her dem Zusammen*trinken*, dem lustigen „Zechen" zukommt. Und hierbei ist der Glaube vorzüglich wirksam, der sich an das Trinken des Blutes heftet. Denn Blut verbindet, weil aus dem ganz besonderen Saft alle ursprüngliche Verbundenheit herrührt. So war es noch vor hundert Jahren und auch noch später unter deutschen Jünglingen Sitte, nicht nur dem Namen nach Blutsbrüderschaft zu schließen, sondern auch in den mit verschlungenen Armen gegossenen Becher Tropfen des eigenen Blutes zu mischen. Und Trinken aus demselben Becher bleibt das Darreichen des Bechers, an dem man selbst genippt hat, Symbol der Freundschaft, der Gastfreundschaft. Nachdem der Gebrauch von Geschirren individueller geworden ist, blieben Erinnerungen im Vor- und Zutrinken, im Zusammenstoßen der Gläser, die gleichsam eins werden wollen. Das Wort „Schenken" hat seinen ursprünglichen Sinn in Bezug auf den eingegossenen und dargereichten Labtrunk; in der Verallgemeinerung des Sinnes erkennt man die Spur der Allgemeinheit und Bedeutsamkeit dieser Sitte.

Wilhelm Wundt hat gewiß zu Recht aus solchem gastlichen Brauch das „Trinkgeld" abgeleitet. Er scheint aber nicht wahrzunehmen, daß sich der Sinn dieses Wortes nicht nur in den eines der Form nach freiwilligen Lohnes, sondern auch in den jeder freiwilligen, *aber* absichtlichen und berechneten Gabe verallgemeinert hat und daher auch die Bestechung meint. Auch bemerkt Wundt wohl nicht richtig, daß das Trinkgeld ein merkwürdiges Beispiel einer Sitte sei, deren ursprünglicher Sinn sich „vollständig" in sein Gegenteil verkehrt habe: aus einem Symbol der Freundschaft sei es ein Ausdruck der Unterordnung des Dienenden unter den Herrn geworden. Es ist nicht die Annahme des Geschenkes, sondern des Geldgeschenkes, wodurch sich der *Diener* charakterisiert. Gerade daß er Geld „genug" und im Überflusse hat, bezeichnet den Reichen, den Vornehmen und Herrn, der sich gern schenken läßt, was eigentlich nur die Unteren haben, weil sie es produzieren: die Früchte ihrer Arbeit. Auch der *Lohn* wird ursprünglich als ein Geld*geschenk*, als eine Zugabe gedacht, während sonst Logis und Kost, wohl auch Kleidung (die Livree) geleistete Dienste aufwiegen sollen. Natürlich kann solche Zugabe dann versprochen werden; und beim Mieten und Werben wird noch ein Pfand (engl. *wages*), ein „Handgeld" gegeben. Noch heute erhalten bei uns die Dienstboten einen Teil ihres Lohnes in Weihnachtsgeschenken, die ganz in der Sitte beruhen, aber wohl auch zugesichert, also versprochen werden. *Persönliche Dienstleistungen* haben immer etwas der Abgabe und also dem Geschenk Verwandtes in sich. Dies manifestiert sich darin, daß sich noch in manchen Verhältnissen die Menschen zum Dienen als zu einer Ehre drängen, die sie *sich* geben; so zum Hofdienst. Natürlich verbindet sich damit die Hoffnung auf Belohnung und andere Vorteile. Der Staats- und Gemeindedienst wird noch immer so gedacht, als sei er seinem Wesen nach ein „Ehrenamt". Daraus *folgen* dann Dienstaufwandsentschädigung, Remuneration, Salär (Salzgeld), Wohnungsgeld und schließlich ein reguläres Gehalt. Aber es bleiben dennoch viele reine Ehrenämter übrig. So wird auch als Ehrengabe – Honorar – gedeutet, was der Autor und der Künstler empfängt: nicht als Lohn und Bezahlung, weil nicht als Äquivalent. Zuweilen liegt er über, aber in der großen Mehrheit der Fälle weit unter dessen Grenze.

Sitte will immer *Gemeinschaft* bedeuten. Und weil Blut die innigste Gemeinschaft begründet, so hat das Zusammentrinken noch mehr Wert als das Zusammenessen. Im christlichen Sakrament des Abendmahls (der Eucharistie) soll die Teilnahme an Brot und Wein, als am Leib und Blut des Herrn, zugleich die geistige Verbindung mit ihm und die der Kommunizierenden untereinander ausdrücken. Kein Wunder, daß sich die Priesterschaft den Kelch, der das Blut umschließt, selbst vorbehielt und daß ein gläubiges Volk leidenschaftliche blutige Kämpfe um den vorenthaltenen Genuß, den Laienkelch führte, so daß es zum Zeichen der Trennung von der römischen Kirche wurde, das heilige Mahl „in beiderlei Gestalt" einzunehmen.

So bedeutungsvoll es nun sein mag, Blut zu trinken, so hält sich der Zecher doch lieber an das Blut der Reben oder andere berauschende Säfte. Und in mannigfachen Formen knüpft an dies Bedürfnis oder die Lust, den Durst zu stillen, die Sitte mit ihren friedlich-geselligen Absichten an. In der Regel ist dem Trinker an der „Gesundheit" des Mittrinkers gelegen. Oder sie trinken zusammen aus einem Trinkhorn oder Pokal oder unter Zusammenstoßen ihrer Becher und Gläser auf die Gesundheit eines Dritten: die Gesundheit des Brautpaares, der Neuvermählten, der beiderseitigen Eltern und Verwandten, die Gesundheit eines Täuflings, des Geburtstagskindes, des Jubilars usw. bei Familienfesten, die des Königs, eines Ministers oder Bürgermeisters bei öffentlichen Gelagen. Dazu kommt dann die Sitte, kurze Trinksprüche oder lange Tischreden zu halten, die wir nach dem englischen Wort für geröstetes Brot (*toast*) zu nennen pflegen, weil die englische Sitte erst am Ende des Mahles der Rede Raum gewährt, wenn zum Käse solches Brot gereicht und weitergegeben wird. Es wird wohl auch einmal einem Verstorbenen „ein stilles Glas geweiht"; aber man wird kaum finden, daß die Sitte es irgendwo gebietet. Es ist eine Ausnahme; die Sitte will vielmehr „leben lassen", sie läßt die Gefeierten, wie wir im Deutschen sagen, „*hoch leben*". Und die Gläser werden dabei symbolisch in die Höhe gehoben; zuweilen wohl gar der Gefeierte selbst.

Die Schmaus- und Trinksitten sind nun nicht an die Gastlichkeit gebunden, sondern auch sonst Ausdruck der Gemeinsamkeit und Gemütlichkeit in geselligen Vereinen und Verbindungen, wo man sich wohl gar wie die Studenten allabendlich zu „löblichem Tun" versammelt und *Ergo bibamus* oder *Gaudeamus* singt. Aber auch hier werden doch die Formen des Gastmahles, wenigstens bei festlichen Gelegenheiten, häufig innegehalten – sei es, daß der Präsident des Klubs oder die Ältesten der Gilde die „Ehren des Hauses" macht, oder daß außer den Mitgliedern geladene Gäste zugegen sind, die der Sprecher oder Senior willkommen heißt. Die Gäste zu ehren ist, wie ein guter Hausvater, so auch eine solche Gesellschaft beflissen; denn so will es die Sitte, so scheint es darum natürlich. Wenn bei Aischylos in den *Eumeniden* das Verhalten gegenüber Gästen mit dem gegenüber den Eltern als gleichwertig hingestellt wird, so finden wir den Punkt der Berührung wieder, worin den einen wie den anderen, und beiden wie den Göttern, Sitte ihren Rang verleiht; aber der Naturgrund der Sitte ist in den verschiedenen Fällen verschieden. Das Gefühl gegenüber den Eltern und den verstorbenen Ahnen und die Götter ist vorwiegend Dankbarkeit, verbunden mit Scheu und Ehrfurcht – die Pietät. Auch dem Fremden kann solche gelten, wenn es ein Bekannter oder ein väterlicher Gastfreund ist, so daß es sich in der Tat um Erwiderung handelt. Aber zunächst sind andere Motive bestimmend, von denen schon geredet wurde. Besonders von den Griechen wird angeführt, daß der verstoßene Fremdling durch seinen *Fluch* furchtbar sein kann; und damit hängt die besondere *Heiligkeit* des Gastrechts eng zusammen. Gewiß wirkt auch die Lust und der Stolz, helfen zu *können*, Obdach und Speise gewähren zu *können*, dabei mit im Bewußtsein. Aber ein *solches* Herrenbewußtsein kann sich nur bei friedlich gesinnten Menschen entwickeln, die von etwaiger ursprünglicher Wildheit einen guten Teil abgelegt haben oder von Natur edlere Anlagen besitzen.

Allgemein werden die zahmeren und im ganzen mehr *weiblichen* Neigungen durch die Sitte unterstützt und gefördert. Sie kommt vorzugsweise, und im Laufe der menschlichen Entwicklung, soweit diese das Menschliche im Menschen wachsen läßt, mehr und mehr den erhaltenden und friedlichen Instinkten zu Hilfe. Sitte bedeutet Zähmung, bedeutet Kultur. Wenn sie Greise, Frauen, Kinder, Fremdlinge und Arme in ihren Schutz nimmt, so ist eben dies das Gemeinsame darin, daß sie der Brutalität entgegenwirkt, mit der sie in allen diesen Beziehungen einen beständigen harten Kampf durchzukämpfen hat. Und wir sehen, wie sich überall die religiösen Beweggründe mit ihr verbinden. Die Diener der Religion werden in der Tat in weitestem Umfang Verwalter der Sitte, wobei dann freilich allzuoft die Roheit der Individuen ebenso wie die Roheit des Aberglaubens in einem anderem Sinne wirksam ist: nämlich gerade ein *barbarisches* Herkommen zu erhalten und zu heiligen. So kann die Religion sowohl zur Senkung als auch zur Hebung der Sitte ihre Macht entfalten. Die bessere Sitte und die humanere Religion kennzeichnet die führenden Völker unter den Menschen, obwohl trotz ihrer auch bei diesen Völkern massenhafte Roheit und Wüstheit herrschend geblieben ist, ja durch die Kultur mitentwickelt wurde.

In löblicher Eintracht finden wir vielfach Sitte und Religion in den genannten Beziehungen zusammenwirken, so namentlich auch für Witwen und Waisen, für

Kranke und Verwundete, für Verunglückte aller Art. Die *Carität*, zu der sie sich verbinden, wächst sogar über ein gesundes Maß hinaus, je mehr sie aufhört, in wahrer Gemeinschaft – persönlicher oder dinglicher – zu beruhen. Sie demoralisiert die Armut und befestigt die Reichen in ihrer Selbstzufriedenheit. Sie geht als Almosenspende mit dem härtesten Egoismus und der systematischen, in Rechtsformen geübten Ausbeutung einher. Sie wird sogar solchen Zwecken dienstbar gemacht. Ferner fröhnt sie der gesellschaftlichen Eitelkeit und dem Streben nach äußeren Ehren. Sie wird überhaupt kalt und konventionell, wie alle Sitte in Gefahr ist zu werden. Sie hemmt eine gründliche, durch wissenschaftliche Einsichten geleitete Verbesserung gesellschaftlicher Zustände. Sitte und Religion sind konservative Mächte; eben als solche werden sie oft verständnislos, gedankenlos, sinnlos. An die Erhaltung der Einfalt und Torheit hängen sich große Interessen der Herrschaft: darum liegt dieser mehr an Religion als an Sitte.

Die Sitte verweist immer auf ein *brüderliches* Zusammenleben, auf Genossenschaft und Hilfe. So ist die Arbeitssitte ein seelenverbindendes Element, das die Würde und Ehre der Arbeit wahrt, wie ehemals besonders der Brauch des zünftigen Handwerks. Mit einem Hegelschen Wort nennt Wilhelm Heinrich Riehl die vier großen „S" – Stamm, Sprache, Sitte, Siedlung – den Grund alles lebendigen Lebens im Volk. Sie sind es deshalb, weil sich in ihnen Reste uralter *Gemeinschaft* erhalten haben, die vielfach auch in die heutige Arbeiterklasse hinübergehen; wie Peter Kropotkin trefflich sagt: „Der Kern der Einrichtungen, Sitten und Bräuche zu gegenseitiger Hilfe bleibt in den Massen lebendig."

V.

Wie aber die Sitte darauf angewiesen ist, Liebe, Freundschaft und Geselligkeit zu fördern, so gibt sie ihnen auch ihre Formen: nämlich die des gegenseitigen Ehrens und Erfreuens. Wie Gewohnheit dem Individuum sein Tun erleichtert, es bequem macht und die Denkarbeit spart, so wirkt Sitte, schon durch scheinbar gleichgültige Bräuche, auf Gemeinschaft: man erfüllt die Form; so hat man getan, worauf ein begründeter Anspruch gemacht werden kann. Die Sitte schreibt es vor, von frohen und traurigen Familienereignissen den Nachbarn und Freunden, wohl auch Kollegen und Vorgesetzten, Mitteilung zu machen. Man braucht sich nur nach ihr zu richten, so erfüllt man deren Erwartung und Verlangen. Ältere und einfachere Sitte begnügte sich mit mündlichen „Ansagen" oder Gelegenheitsbriefen. Mehr und mehr hat sich heute die gedruckte oder lithographierte, in alle Welt gesandte Anzeige nebst obligaten Danksagungen verallgemeinert. Auch hier ist das Konventionellwerden der Sitte zu beobachten. Sich selbst bleibt sie besser treu, wo sie der natürlichen Neigung der Menschen entgegenkommt, miteinander vergnügt und froh zu sein. Hier wird sie nicht so leicht zur „bloßen Form", sondern heißt das tun, was die Menschen aus ihres Herzens Antrieb gern tun, zumal die jungen Menschen: nämlich singen und tanzen. Das Zusammensingen ist als Sitte am meisten für die gesellige Freude junger Männer, das Zusammentanzen für die von Männern und Frauen miteinander charakteristisch geworden; und hier überwiegt Lust und Interesse „des Frauenzimmers". Beides war ehemals wesentlich Kulthandlung. Das Singen ist auch in unserer religiösen Übung geblieben – insbesondere der Gemeindegesang. Das Tanzen zu Ehren der Götter kennen wir als Brauch der Wilden; zu Ehren von Menschen ist es auch unter uns nicht unbekannt. Mit Vorliebe lassen die Monarchen Ballets als Festvorstellungen geben, um einander zu ehren; und man erinnere sich des Fackeltanzes preußischer Minister bei Hochzeiten.

So gehört nun das ganze Gebiet der *Umgangsformen* unter die Herrschaft der Sitte. Dies ist ein Gegenstand, der oft auch die Aufmerksamkeit der Beobachter und Denker über menschliche Dinge auf sich gezogen hat, und zwar in neuerer Zeit, gemäß dem zunehmenden Interesse für kausale Erklärung, hauptsächlich in der Richtung, daß man ihren *Ursprung* zu erforschen beflissen gewesen ist. Diese soziologische Untersuchung eröffnete vor einem Menschenalter Herbert Spencer im Rahmen seines Systems der Soziologie durch den Teilband „Ceremonial Institutions", den er diesem Gegenstande widmete.[93] Er versuchte, alle Umgangsformen und höflichen Zeremonien aus dem Verhalten Besiegter, Gefangener und von Sklaven und Untertanen abzuleiten und ihre so oft sonderbare Gestalt durch ihre Herkunft von wirklichen Handlungen zu erklären, bei denen Inhalt und Bedeutung noch nicht verschieden waren. Der berühmte Philosoph hat ein großes Material verwertet, um in diesem Sinne die Entwicklung der Umgangsformen darzustellen. Er übersieht dabei nur, daß auch wo Unterwerfung nicht in Frage kommt, Umgangsformen entstehen können, die aus gegenseitiger Zuneigung und Liebe entspringen und diesen Ausdruck geben. So ist es doch wohl natürlicher, Umarmungen, Küsse und Händeschütteln als unmittelbare Ausdrücke der Freude aneinander und über die gegenseitige Nähe aufzufassen statt sie aus ursprünglich einseitigen, dann teilweise erwiderten Ehrenbezeugungen abzuleiten. Es muß aber zugestanden werden, daß in Ausdrücken der Knechtsgesinnung wirklich der Ursprung der meisten von Spencer dargestellten Arten der Ergebenheits- und Begrüßungsformen zu suchen ist: also in Verbeugungen, im Fuß- und Handküssen, dem Bestreuen von Körperteilen mit Sand oder Asche, dem Falten der Hände, Erheben der ge-

---

93   Vgl. Herbert Spencer, *Die Principien der Soziologie*, Band III, IV. Theil: „Die Herrschaft des Ceremoniells", Stuttgart 1889, S. 1-274.

falteten Hände, Entblößen des Hauptes und der Füße, dazu den entsprechenden Redeweisen, besonders Formen der *Anrede*, von denen wir heute noch im Briefstil so viele Floskeln bewahrt haben und sorgfältig pflegen. Spencer bemerkt dabei, daß sich in einer vollständigen Ehrenbezeugung durch Gebärden oder durch Worte zwei Elemente vermischen, von denen das eine Unterwerfung, das andere Zuneigung ausdrücken soll; und zwar ganz im Einklang mit dem, was ich über das Wesen der Ehrfurcht gesagt habe. Er betont aber in Bezug auf Worte ausdrücklich, daß Beteuerungen der Teilnahme an der Wohlfahrt und dem guten Geschick eines anderen noch früher entstanden sein müssen als Beteuerungen der Unterwerfung. Wie nun auch das chronologische Verhältnis sein mag: wir wissen und sehen klar, daß die einen wie die anderen „Versicherungen", mögen sie ursprünglich noch so ernsthaft gemeint sein, allmählich inhaltsleer, zu bloßen Redensarten oder Phrasen werden, und daß sie von der *Sitte* geboten werden, ohne alle Rücksicht darauf, ob irgendein entsprechendes Gefühl dahinter liegt oder nicht; wie nicht minder die entsprechenden Gesten. Sie *werden* zu bloßen Formen; als solche können sie erst zur Pflicht gemacht werden. Spencer führt aber alle diese Formen und Formeln zu ausschließlich auf das Verhalten besiegter Feinde und Gefangener gegen ihre Sieger und Herren zurück. Er verkennt, daß auch in der Gemeinschaft von Freunden, von ursprünglich Zusammengehörigen die Wurzeln solcher Sitten und Gebräuche vorhanden sind; daß die Frau in der Regel dem Mann zu dienen beflissen ist, aber auch, besonders als Freier, der Mann dem Weib; daß sich Kinder von Natur aus demütig, bescheiden, ergeben und in Ehrfurcht zu den Eltern verhalten, zumal wenn sie schon zur Reife des Verstandes gelangt sind; daß hierin auch die Ehre beruht, die dem Alter, den Greisen als solchen gezollt wird. Er verkennt vor allem, wie diese aus dem Wesen der Sitte hervorgeht und damit verbunden bleibt.

In der Tat dürfen wir sagen: Aus dem Wesen der Sitte, wie wir es aus ihrer Form und ihrem Begriff abzuleiten unternommen haben, folgen auch, ihrem hauptsächlichen Inhalt nach, die Umgangsformen. Das „zuvorkommende Betragen" gegen Ältere liegt allen zugrunde. Ehren, Beschenken, Bedienen sind nur verschiedene Ausdrücke darin enthaltenen Willens. Dieser verallgemeinert sich zunächst als guter Wille gegen Schwächere überhaupt, indem er sich auf Frauen, Kinder und auf Gastfreunde ausdehnt. Das will die Sitte, weil zunächst die Alten, dann die Götter es wollen. Bei den Jungen und Starken kommen ihr die zärtlichen Neigungen, Scheu, Dankbarkeit und verwandte Gefühle, auch der Genuß des Starkseins, entgegen: im zuvorkommenden Benehmen ist immer auch etwas Herablassendes. Und in den elementaren Verhältnissen, wo nur *natürliche* Unterschiede in Frage kommen, folgt immer auch die Gegenseitigkeit von selbst. Schon ihre Mannigfaltigkeit bewirkt solche; die Geehrten ehren selbst. Auch Greise sind artig gegen

Frauen, Frauen gegen Greise. Kinder sollen ehren; sie empfangen keine Ehre, werden aber beschenkt oder bedient; Gäste sind ein anderes Mal selbst die Wirte. Andererseits sind alle Ausdrücke guten Willens ihrem Wesen nach schon Erwiderungen – sofern der gute Wille Dankbarkeit ist, Liebe um Liebe gewährt und gezeigt wird. Im Familienleben entwickeln sich nicht so leicht *leere* Formen. Auch werden die Ausdrücke der Ergebenheit nicht so leicht einseitig. Das herrische Wesen und die Strenge und Härte der Erziehung ergibt sich teils aus Affekten, teils aus Grundsätzen, die seinem Wesen fremd sind. Dem erweiterten sozialen Leben gehört erst das ausgesprochene Herrentum an. Und hier wird auch der Umgang in seinen Formen einseitig schroffer: der „gehorsame Diener" auf der einen Seite, der „gnädige Herr", die „gnädige Frau" auf der anderen Seite, deren Ungnade sich wohl als Grausamkeit offenbart. Hingegen ist man unter Brüdern und Kameraden am meisten „formlos". Man „läßt sich gehen" und „macht keine Umstände miteinander". Es ist zu viel Gleichheit, um „Steifheit" aufkommen zu lassen, die sonst wenigstens auf Seite des Dieners und Ergebenen immer vorhanden ist, der „die Befehle erwartet"; aber auch auf der Seite des Herrn, der sich nichts vergeben und sich nicht „gemein machen" will.

Die „Gesellschaft" stellt nun eine Art von Gleichheit wieder her, indem sie *scheinbare* Gegenseitigkeit wenigstens eines Teiles der Ergebenheiten begünstigt; am meisten bezeichnend ist in dieser Hinsicht die Phrase: „Die Ehre ist ganz auf meiner Seite." Überhaupt hat die „Redensart" hier ihr weitestes Feld. Denn die Verbeugungen und andere Schnörkel pflegen doch je nach den Verhältnissen in Tiefe und Gewundenheit sehr verschieden zu bleiben; der Hut wird nur getupft oder bis zur Erde gesenkt. Ein wenig fühlt doch jeder sich durch die Sitte genötigt, sich klein zu machen und den anderen zu erheben. Im Orient sagt der artige Mann: Meine ganze Habe gehört Dir; verfüge darüber nach deinem Belieben.

Die Umgangsformen sind außer durch Spencer, der hierbei vor etwa dreißig Jahren eine Musterleistung vollbrachte, anschließend durch Rudolf von Jhering in dem schon erwähnten unvollendeten Werk *Der Zweck im Recht* einer eingehenden Betrachtung unterzogen worden. Er macht darauf aufmerksam, daß die *Sprache* mit Klarheit und Sicherheit die Sitte als sich auf die Form des Handelns beziehend erfasse. Die Vorstellung sei dabei die eines Äußeren, das zum Inneren hinzukommt. Nahe verwandt damit sei die Vorstellung der „Art", d. h. des Typus, der sich im Leben in bezug auf die Umgangsformen als feststehender herausgebildet habe. Als Vorbild der richtigen Art gelte die des Hofes; daneben die Art der Städter und wohl auch die der Ritter: Ritterlichkeit als das artige und hilfreiche Betragen gegenüber Frauen. Wie alle Schönheit auf der Form beruhe, so schließe auch für die Sitte der Gesichtspunkt des ästhetisch Schönen sich an. In diesem

Sinne sei das Wort „Anstand" charakteristisch. Der Anstand gelte als Kanon des durch die Sitte vorgeschriebenen „Benehmens". Und mit dem Wort „Benehmen" bringe die Sprache nur Adjektive in Verbindung, bei denen man die *Sitte* als Maßstab anlege; ähnlich auch mit dem Wort „Wesen". Die Sprache beobachte bei den Prädikaten, die sie darauf anwende, die scharfe Grenzscheide zwischen Sitte und Sittlichkeit (gesittet und sittsam gegenüber sittlich, ehrbar und ehrsam gegenüber ehrlich) – jene wolle sie als etwas rein Äußerliches, diese als das Innerliche bezeichnen. Ebenso nenne sie die praktische Funktion des Gefühls verschieden: in Bezug auf das sittliche Gewissen, in Bezug auf die Sitte Takt und in Bezug auf das Schöne Geschmack. Jhering kommt sodann auf die Umgangsformen im Zusammenhange seiner umfassenden „Theorie der Sitte" zurück. Er stellt als die Maßstäbe der *feinen* Sitte die drei hin: Anstand, Höflichkeit, Takt. Alle übrigen Ausdrücke, deren die Sprache sich bediene, seien einem der drei durch jene Ausdrücke umschriebenen Vorstellungskreise zugehörig.

Ich meine nun zu bemerken, daß Jhering hier ein merkwürdiges *Quid pro Quo* begeht. Es entgeht ihm, der so aufmerksam die Sprache beobachtet und deutet, daß sich Vorstellungen wie Anstand, Höflichkeit, gute oder feine Sitte wesentlich von den Vorstellungen unterscheiden, die im Wort Sitte enthalten sind. Jene schließen ein *Urteil* ein, die letzten Ausdrücke sogar in ausgesprochener Weise. Sie stellen alle die Idee von etwas Richtigem, etwas Seinsollendem auf, die sich als *Forderung* an das Verhalten, also hier an das Benehmen oder Betragen der Menschen wendet, gleich den Begriffen der Sittlichkeit, deren weiterem Sinne sie angehören. Am Wort „Sitte" haftet dergleichen nicht. Wir fanden darin drei Vorstellungen verbunden, die freilich begrifflich getrennt werden müssen: die der tatsächlichen Übung, der Norm und des sozialen Willens. Auch die Norm und der soziale Wille werden aber als *tatsächlich* gedacht. Und die wirkliche Übung ist immer vorausgesetzt. Wenn auch die Sitte zugleich und sogar vorzugsweise Wille ist, so hört sie doch zu sein auf, wenn sie aus der Praxis verschwindet; ihr Wesen ist in der Praxis. Dagegen sind Ideen wie Anstand und Höflichkeit rein theoretisch; sie sind *ideelle* Maßstäbe, an denen das wirkliche Verhalten gemessen wird. Sie enthalten Regeln, halb von ästhetischem, halb von ethischem Charakter – Regeln, deren Wert und Geltung unabhängig davon gedacht wird, ob sie tatsächlich beobachtet und befolgt werden. Sie mögen sich sehr oft mit den Normen der Sitte begegnen und mit diesen zusammenfallen, besonders darum, weil sie sich daraus herleiten. Die Sitte ist der vorherrschende Grund der geltenden Anschauungen von dem, was anständig, schicklich, höflich und dergleichen ist. Aber diese Anschauungen können sich auch von der Sitte emanzipieren und sich ihr entgegensetzen.

Sehr oft wird etwas, was die Sitte nicht nur erlaubt, sondern sogar fordert und befiehlt, von verfeinerten Menschen als unschicklich, ja als unanständig empfunden; man denke an Hochzeitsbräuche. Die Sitte und die in ihr beruhenden Anschauungen, auch in Bezug auf das Schickliche, auf Anstand und „Lebensart", gehören wesentlich dem *Landleben* an. Sitte ist eben als *Volkssitte* das Ursprüngliche, Überlieferte, Allgemeine – auch in den Umgangsformen. Hier ist weitreichende Gleichheit, Einfachheit, Naivität, daher Wärme und Herzlichkeit, aber auch wackre heimatliche Grobheit und Derbheit – wenn auch die Ausbildung der „Manier" unter Bauern durchaus nicht fremd ist, ja in scharf ausgeprägten Urteilen und Vorschriften zumal bei wichtigen Vorfällen des Lebens sich geltend macht, wo eben die wirkliche Sitte bindet und gebietet. Aber außerhalb ihrer, wenn auch zumeist aus ihnen, bilden sich die Ansichten der höheren und herrschenden Stände und die der Städter. Diese Ansichten beruhen zum Teil in abweichenden neuen Gewohnheiten und Gepflogenheiten, die oft auf Nachahmung Fremder beruhen. Es bilden sich auch neue besondere „Sitten" aus; sie wollen aber immer die ursprüngliche ältere Sitte veredeln und verfeinern. Die feine Lebensart, für welche die Zivilisation so charakteristisch ist und in der, wie Kant sagt, die Menschen samt und sonders Schauspieler sind, wird von ihrem Gebrauch in den Häusern der Fürsten und Vornehmen „Höflichkeit" genannt; aber sie heißt in anderen Sprachen Bürgerlichkeit (*civilité, civility*) und städtische Gebahrung – Urbanität. Jedenfalls ist sie ein Merkmal der Kultur und Bildung, die immer von jüngerer Herkunft sind, nicht Merkmal „alter" Sitte.

In der Schätzung jener pflegt der ästhetische Gesichtspunkt vorzuwiegen. Dem naturwüchsig ungeschlachten Wesen des *rusticus* wird die kunstvolle Eleganz des Mannes von Welt vorgezogen; den „ungehobelten" Manieren die Politur, der rauhen Schale eine geschliffene Außenseite. Die Ideen des Anstandes und der Höflichkeit stehen nicht, wie Jhering meint, nebeneinander, sondern wenigstens *auch* so, daß die erstere die umfassendere ist: es gehört mit zum Anstand, höflich und entgegenkommend zu sein. Beim Anstand („Wohlstand") denkt man allgemein an das, was dem Menschen selbst ansteht. Und dazu gehört eben auch ein höfliches Wesen gegen andere. Bei der Vorstellung der Höflichkeit wird aber dieser Wert, den sie für uns selbst haben mag, *nicht* in Betracht gezogen, sondern nur die Wirkung, die sie auf die anderen ausübt und der Wert für diese. Jhering unterscheidet fein selbstnützige und fremdnützige Sitte; er betrachtet aber die Umgangsformen ausschließlich unter dem Gesichtspunkt, daß sie „fremdnützig" seien.

In der Schätzung des Anstandes und der Höflichkeit überwiegt, wie gesagt, der ästhetische Gesichtspunkt; aber der ethische ist ihr nicht fremd. Die *Grobheit* wird als Feindseligkeit empfunden und sie besteht zumeist darin, daß unfreundliche Gefühle sich rückhaltlos – roh – offenbaren; dagegen gebietet die Urbanität und Höflichkeit, also die *feine* Sitte, Rücksicht zu nehmen, solche Gefühle also, wenn sie gehegt werden, wenigstens nicht kundzugeben; sie gebietet auch gegenüber dem Feind und den unsympathischen Menschen ein gewisses Maß von Freundlichkeit. Dagegen empört sich freilich das sittliche Gefühl, welches *Aufrichtigkeit* fordert; und der Hofmann, der jedem etwas Angenehmes sagt, kommt in den Ruf, daß er es nicht ehrlich meine; man wundert sich, daß einer immer lächeln kann und doch ein Schurke ist. Aber das Bedürfnis der Geselligkeit und des friedlichen Verkehrs, das in den oberen wie in den städtischen Schichten wenn nicht stärker, so doch allgemeiner wird, gibt zugunsten der artigen Unwahrhaftigkeit den Ausschlag, die freilich harmlos wäre, wenn wirklich, wie Kant meint, niemand dadurch betrogen würde, „weil ein jeder weiß, wofür er sie nehmen soll" – die Verbeugungen und die ganze höfische Galanterie, samt den heißesten Freundschafts- und Hochachtungsbeteuerungen in Worten. Aber das gilt doch nur für einen Teil, wenn auch vielleicht für den größeren; es bleibt aber immer eine *Marge*, in der die Täuschung einen breiten Spielraum behält. Unerfahrene Menschen, besonders Frauen, werden am leichtesten getäuscht; aber auch für Erfahrene ist es oft schwer, ja unmöglich, zwischen aufrichtig gemeinten „Komplimenten" und bloßen Redensarten, zwischen Anerkennung und Schmeichelei zu unterscheiden. Gerade diese Ungewißheit macht ja die Schmeichelei und alles ihr Verwandte zu einem so gefährlichen Werkzeug in den Händen derer, die sich einschmeicheln und dadurch etwas erreichen, wollen. Regelmäßig vergiftet Schmeichelei die Fürsten, obgleich oder gerade weil ihnen gegenüber Aufrichtigkeit leicht zum Verbrechen wird.

Die städtischen oder höfischen Manieren werden nachgeahmt. Das Feinere wird immer als das Höhere bewundert. Und so breiten sich die Gewohnheiten der Städter und der Vornehmen auch über das Landvolk und über die unteren Volksschichten aus. Was ein unterscheidendes Merkmal war, kann also allgemein Sitte *werden*; und dies ist ein ziemlich häufiger Vorgang. Eben darum *wiederholt sich* immer von Neuem, daß sich die Reichen und Vornehmen wieder von der allgemeinen Sitte absondern, auch wenn sie ursprünglich von ihnen entlehnt war. Sie suchen sich ja immer auszuzeichnen, sich hervorzutun und eine Scheidewand zwischen sich und dem „gemeinen Pöbel" aufzurichten; Und diese Tendenz kann zu den sonderbarsten bizarren, ja absurden Sitten führen, wie bei den Chinesen zur Verkrüppelung der weiblichen Füße. Jhering nennt sie einen Protest des Körpers gegen den Verdacht, daß sein Träger den niederen Ständen angehöre, da nur die Chinesen, die sich in der Sänfte tragen lassen können, in der Lage sind, sich diesen Luxus zu erlauben. Diese pragmatische Erklärung dürfte aber schwerlich auch den Ursprung bedecken. Im heutigen Europa sind die Gleichheitstendenzen bekanntlich stark. Die Nachahmung verbreitet sich mit ungeheurer Geschwindigkeit. Freilich kann sie in den meisten Dingen nur den äußeren Schein der Oberfläche erreichen. Und insoweit ist es immer wieder leicht, das Echte und Gediegene als Vorrecht des Herrenstandes herauszukehren. Aber der Schein trügt, und nur die Oberfläche fällt ins Auge. Darum ist es wieder schwer, sich deutlich zu unterscheiden. Wenn die Nachahmung geschmacklosen Prunkes allgemein geworden ist, so kann es wieder für vornehm gelten, sich *einfach* zu zeigen. Dies gibt sich am ehesten in der Kleidung kund. Und die Kleidung kennen wir schon als sehr wichtigen Gegenstand der Sitte im Allgemeinen; sie dient aber auch der Neigung, distinguiert zu erscheinen, und den Regeln des Anstandes.

VI.

Die Kleidung der echten Sitte, wie sie unter Landleuten herrscht, ist die Volkstracht, das „Kostüm". Die vornehmere Kleidung der Großen hebt sich davon wie die der Städter ab. Jene wird ein bevorzugtes Zeichen des Standes und Ranges. Als solche bleibt sie der Standessitte lange unterworfen, wenn sie auch ihrem Wesen nach Sache eines sozialen Glaubens und Geschmackes ist – des Glaubens nämlich, daß es sich so schicke, daß z. B. die schwarze Farbe die angemessene und richtige für den Geistlichen wie für die Trauer sei (schwarz und weiß konkurrieren hier wie dort), hingegen etwa der Purpur für die imposante Würde eines Häuptlings und Fürsten. Aber an den Höfen wird die Tracht Gegenstand besonderer ausdrücklicher Vorschriften, die sie wie Gesetze bestimmen und regeln. Die Uniformierung die am frühesten in militärischen Verhältnissen auftritt, wird zum Bedürfnis, wo dann die Kleidung, zumal die im Dienst, durchaus der Satzung, ja dem Gesetz unterliegt. Hier verschwindet alles Individuelle unter der Kleidung; eine Tendenz vollendet sich darin, die auch in der einfachen Volkstracht schon vorhanden ist. Andererseits, und dies macht sich hauptsächlich in Städten geltend, je mehr sich in ihnen der Reichtum ausbreitet, ruft der Wunsch zu glänzen immer neue Veränderungen der Kleidung und des Schmuckes hervor. Im häufigen Wechsel der Kleidung dokumentiert sich der Reichtum und sucht sich der Geschmack zu bewähren. Und wie man sich am Tag mehrmals umkleidet, so auch nach der Jahreszeit, von Jahr zu Jahr. Ein neues Regime macht sich geltend, das *Regime der Mode* – am Auffallendsten in der Frauenkleidung, so daß sich der Name darauf fixiert hat.

Die Mode ist etwas der Sitte Ähnliches; beide Ausdrücke werden oft durcheinander gebraucht und miteinander verwechselt. Aber die Gegenstände sind sehr verschieden, auch wenn man sie nicht künstlich, d. h. begrifflich gegeneinander abgrenzt. Die gute oder feine Sitte grenzt gerade in dem, was an ihr Sitte ist, nahe an die Mode und geht leicht in sie über, weil sie eben veränderlicher und von wechselndem Geschmack, von neuen Erfahrungen abhängiger ist, als die echte Sitte, die starr und treu das überlieferte Muster wiedergibt. Auch die Mode ist eine Form des sozialen Willens. Aber während die Sitte dem Urteil, also dem Geschmack, der Meinung vorausgeht, folgt die Mode diesen Arten des Fühlens und Denkens vielmehr nach. Sie beruht insbesondere auf dem Urteil, daß etwas, um bemerkt zu werden und zu gefallen, neu und besonders sein müsse, d. h. auf der Meinung, daß das Neueste immer – wenigstens für die Neugierigen – interessant sei, und daß daher auch Menschen, die bemerkt werden und gefallen wollen, immer neu und frisch *erscheinen* müssen, da es unmöglich ist, immer neu und frisch zu *sein*. Das Erscheinen ist dadurch möglich, daß man neue und frische Sachen hat und zeigt. Ihre Neuheit und Frische aber ist am ehesten dadurch erkennbar, daß der „Schnitt" neu und auffallend ist; am leichtesten sichtbar wird dies aber an der Kleidung, zumal an prächtigen Frauengewändern, die der Gesellschaft in die Augen stechen. Maßgebende Vorbilder Weniger werden von den Vielen nachgeahmt. Daß sie oft von der „halben Welt" und dahinter sich versteckenden Geschäftsinteressen ausgehen, ist weniger bekannt und wird rasch vergessen. Bald ist doch alle „Welt" darüber einig, daß man so sich kleiden *müsse* – wenn man nämlich zeigen will, daß man „dazu gehört".

Die Mode ist ihrem Wesen nach „konventionell". Sie entsteht, als ob sie mit bewußter Wahl von den maßgebenden Persönlichkeiten der „oberen Zehntausend" gemacht wäre, und zwar hauptsächlich zu dem Zweck, um eben „Maß zu geben", um die eigene Willkür oder die „tonangebende" Fähigkeit kundzutun, um die Gesellschaft zu bezeichnen. Vortrefflich sagt Jhering: „Die Mode ist die unausgesetzt von neuem aufgeführte, weil stets von neuem niedergerissene Schranke, durch welche die vornehme Welt von der *mittleren* Region der Gesellschaft" (denn die untere, heißt es zuvor, komme dabei nicht in Betracht; die Gefahr einer Verwechslung mit dieser schließe sich schon von selbst aus), „sich abzusperren müht. Es ist die *Hetzjagd der Standeseitelkeit*, bei der sich ein und dasselbe Phänomen wiederholt: das Bestreben des einen Teils, einen wenn auch noch so kleinen Vorsprung zu gewinnen, der ihn von seinem Verfolger trennt, und das des anderen, durch sofortige Aufnahme der neuen Mode denselben wiederum auszugleichen."

Die Sitte und die Mode müssen streng voneinander unterschieden werden, aber sie haben manches miteinander gemein und sind sich in mehreren Zügen ähnlich. Auch die Mode ist sozialer Wille, der sich in der Praxis betätigt: „man" tut so und so, es ist so üblich, folglich muß ich es auch tun, ich muß die Mode mitmachen: diesen Schluß zieht besonders in Bezug auf die Art und Weise – Mode heißt ja eigentlich Art und Weise (*modus*) – wie sie ihre Kleider machen läßt, jede Frau, die sich zur „Gesellschaft" oder auch nur zur „besseren Klasse" rechnet; sie anerkennt damit eine ungeschriebene Vorschrift als für sich gültig und unterwirft sich dem Zwang der Mode. Und wodurch wird dieser Zwang ausgeübt? Durch die immer wache, immer drohende, von jedem, der sich öffentlich *zeigt*, herausgeforderte *Kritik*, die Meinung der Leute. Man wird zum Sklaven der Mode, man folgt blindlings ihren Launen. Immer ist hier im „Man", als das wesentliche Element, die Frau enthalten – auch die Frau oder das Weib im *Manne*, als bezeichnend für die männlichen Modenarren!

So ergreift die Mode wie die Sitte alle Lebensgebiete. Sie ist die flüssig gewordene Sitte, daher auch die leicht und flüchtig gewordene; also die Sitte, die ihr Wesen aus sich herausgesetzt hat, die in ihr Gegenteil umgeschlagen ist. Denn in ihrem Wesen lag es, alt, starr, schwer und ernst zu sein. Nach J. v. Falke wäre um die Mitte des 14. Jahrhunderts das zuerst eingetreten, „was wir seitdem unter Mode verstehen, der ewige, scheinbar zufällige Wechsel in der Tracht mit seiner unbedingten Herrschaft über alle Klassen der zivilisierten Menschheit, die sich über das bloße Dasein, die einfache Fristung des Lebens, erhoben haben. [...] Die Zeugnisse geben bestimmt an, wie die Mode in dem gedachten Sinne als eine Macht den Zeitgenossen ins Bewußtsein tritt." Man kann die Mode auch als die Sitte der Jungen bezeichnen. Und dies bedeutet nicht so sehr die jüngeren Lebensalter als die jüngeren gesellschaftlichen Schichten, vor allem die Bewohner großer Städte, in denen sich die Leichtigkeit und Geschwindigkeit der Industrien entwickelt, die der Mode dienen und von ihr leben. Sitte entwickelt sich in der Zeit, daher in vielen vertikalen Linien (gleichsam von unten nach oben); Mode breitet sich im Raum aus. Jene hat die Tendenz, sich zu partikularisieren, diese sich zu generalisieren.

Jhering hat kaum im Vorbeigehen darauf acht gegeben, daß auch die *Umgangsformen* in hohem Maße der Mode unterliegen und durch die Mode „diktiert" werden, weil eben auch in ihnen gerade die gute Gesellschaft paradiert, die ihre „Vornehmheit" darin zu *zeigen* wünscht, wenn hier auch das Bedürfnis, Neues aufzubringen, wenig Spielraum findet. Das stabile Element ist notwendig stärker, das aber auch bei der Kleidung nicht fehlt. Dies stabile Element ist eben da, wo die Sitte in natürlichem Verständnis beruht. Und dies geht wesentlich auf die Ehren zurück, die dem Alter und den Frauen erwiesen werden, überhaupt auf die natürlichen Unterschiede, obwohl die Mode sich oft wie geflissentlich auch über diese hinwegsetzt. Teils ist es auch eine echte Sitte, ohne daß man dabei an ihren Sinn denkt oder ihn auch nur kennt. So werden bei der deutschen Sitte des Händedrückens nach gemeinsamem Schmaus die dazu gehörigen Worte „Gesegnete Mahlzeit" (wobei auch das „Gesegnete", obgleich die Hauptsache, sehr oft weggelassen wird) offenbar fast gedankenlos gesprochen – wenigstens ohne daß man sich dabei eines ausgesprochenen *Wunsches* bewußt wird, geschweige denn des alten Sinnes, daß der gemeinsame Genuß eine gemeinsame Kulthandlung bedeutet, wie noch in der Christenheit das heilige Abendmahl. Neuerdings aber wird es „Mode", bei dieser Gelegenheit wie bei anderen den Damen die Hand zu küssen.

Bekanntlich ist der Handkuß wie das Küssen des Saumes der Gewänder noch heute in Gegenden Volkssitte, wo das Volk in Demut und Unterwürfigkeit geübt ist. Das katholische Volk küßt seinen Priestern die Hände, und Damen, zumal älteren, sie zu küssen, ist gleichfalls alte Rittersitte, die sich als solche auch in adeligen Familien und Zirkeln erhalten hat. Dennoch bezeichne ich diese Gepflogenheit, die sich neuerdings ausbreitet, als „bloße" *Mode*. Denn sie beruht auf äußerer Nachahmung und auf dem Reiz der Neuheit für die bürgerlichen Kreise und nicht auf dem Herkommen und der *Pietät* dafür wie die Beobachtung einer Sitte. Einen Sinn für das Zierliche, Elegante, Schmeichlerische und Weiche trägt hier wie überall die Mode und charakterisiert sie. Wesentlicher Grund der Nachahmung ist aber der rein gesellschaftliche – nämlich zu zeigen, daß man weiß, was sich gehört, abzustechen als „altmodischer Kavalier" (wie man vor zweihundert Jahren sagte) –, auch wenn sich der Einzelne nicht immer dieses Motivs bewußt ist. Wenn die Mode sehr allgemein wird, so dürfte man sie bald als gemein empfinden und sich dadurch auszeichnen wollen, daß man sie nicht „mitmacht". Georg Simmel spricht sich über die Mode dahingehend geistreich aus, daß ihr eigentümlich pikanter und anregender Reiz in dem Kontrast zwischen ihrer ausgedehnten, alles ergreifenden Verbreitung und ihrer schnellen und gründlichen Vergänglichkeit, d. h. dem Recht auf Treulosigkeit ihr gegenüber bestehe.[94]

Auch bei der Mode muß man unterscheiden, ob der Ausdruck bloß einen tatsächlichen Gebrauch oder ob er eine Norm, ein Gesetz oder eine Macht, die dahinter steht, mit anderen Worten den gesetzgeberischen Willen anzeigt; und dies ist der eigentliche Sinn, in dem wir *die* Mode meinen. Aber bei dem *Willen*, den sowohl die Sitte als auch die Mode in sich enthält, muß man wiederum verschiedene Arten des Wollens unterscheiden. Von dem, was die Sitte erlaubt, war schon die Rede; so erlaubt auch die Mode manches, ohne es gerade zu billigen und zu empfehlen. Es ist ihnen genug, wenn sie sich als *Herren* betätigen. Und jeder Herr tut seinen Willen in vielen Abstufungen kund. Manches gestattet und erlaubt er, anderes begünstigt, rät und empfiehlt er, anderes sucht er durch Mißbilligung, Tadel und Warnung zu hemmen; und nur auf das, was er für wichtig hält, beziehen sich seine mehr oder weniger strengen Ver- und Gebote: das *Empfehlen* geht in *Befehlen* über. Die Mode ist, so sehr sie als tyrannisch verrufen ist, ihrem Wesen

---

94   Vgl. Georg Simmel, *Philosophie der Mode*, Berlin 1905.

nach nicht streng; dafür ist sie zu wandelbar. Wo sie streng befiehlt, da ist sie auch dauerhafter und nimmt ideellen Gehalt in sich auf, nennt sich daher auch lieber die gute oder feine *Sitte*. Diese schreibt z. B. den Männern für den Besuch eines Diners und für viele andere Gelegenheiten den Gebrauch des Fracks und der weißen Halsbinde vor. Und in solchen Dingen unterscheiden sich doch wieder die Vorschriften der gesellschaftlichen „Sitte" von den Geboten des Anstandes. Wer sich zu einem Festmahl im einfachen Gehrock einfindet, verstößt wohl gegen jene, aber durchaus nicht gegen diese, wenn nämlich der Rock „anständig" ist. Wenn aber mehrere Knöpfe abgerissen und Fettflecke darauf sichtbar sind, so wäre das „schon nicht mehr anständig". Wer aber in einem (vielleicht eleganten) Harlekinsaufzug erschiene, von dem würden wir sagen, daß er die Grenzen des Taktes und guten Geschmackes überschreite, d. h. wir würden ihn albern schelten. Und wenn einer sich verspätet und ohne dem Wirt oder den Mitgästen sein „Kompliment" zu machen, seinen Platz wie an der Wirtstafel einnimmt, so werden wir finden, daß er die Gebote der *Höflichkeit* oder der Schicklichkeit außer Acht lasse.

Auf den Unterschied dieser „Gesetzbücher" von dem der Sitte wurde schon aufmerksam gemacht. Freilich: auch die Sitte will es, daß man zu festlichen Gelegenheiten ein „hochzeitlich Gewand" anzieht; diese Regel gilt nicht nur in der „guten Gesellschaft". Aber wo die Sitte wirklich lebendig ist, da findet sie eben regelmäßig Gehorsam. Sie wird peinlich befolgt. Und wer von ihr abweicht, erscheint, wenn es nichts Schlimmeres ist, fast wie ein Irrsinniger Als ebenso notwendig setzt sich regelmäßig die Sitte. Hingegen gibt sich die feine Sitte selbst als ein Ideal. Es wird wie eine schöne Kunst betrachtet, ihren Anforderungen „tadellos" gerecht zu werden. Es erfordert ein Studium, in das man eingeführt werden muß. Und in den höchsten Kreisen weiß nur der Zeremonienmeister alles, wie es sich gehört. Hier herrscht die „Etikette" (so genannt nach Zetteln, auf denen jedem sein Rang, also Stellung und Sitz bezeichnet war), die weder Sitte noch Mode ist. Von der Sitte hat sie das Steife und Strenge, von der Mode das Äußerliche, Gesellschaftliche, Unvolkstümliche: sie ist die entgeistigte Sitte.

Eben durch ihre Zeremonien und Riten ist die feine Sitte der *Religion* verwandt, von der sie sich andererseits so stark unterscheidet; denn die feine Sitte ist ganz und gar weltlich und dient hauptsächlich dem Vergnügen. Aber im Förmlichen und Feierlichen liegen die Berührungspunkte, daher auch überall, wo es sich um einen Kultus handelt. In diesem Sinne soll wiederum an den Totenkult erinnert werden, aber auch an den ganz und gar, oder doch beinahe, religiösen Kult, der den „Majestäten" zuteil zu werden pflegt, und endlich an den Kultus, den die Männerwelt von Alters her den *Frauen* gewidmet hat. Hier bemerken wir die Sitte in ihrem Übergang zur feinen Sitte, in ihrer Veredlung und veredelnden Wir-

kung, die aber auch in eitle Nichtigkeiten und in ein luxuriöses Raffinement übergeht, wo eine glänzende Außenseite die Fäulnis überdeckt, wie es von jeher an
den Höfen und in allzu vielen Salons der Fall gewesen ist. Immer ist die Mode ein
Moment und Symptom der Auflösung der Sitte, weil jene nicht volkstümlich sein
will noch sein kann, sondern privilegiert, standesgemäß, distinguiert und distin-
guierend. Darum wünscht der Dichter, daß die Freude wieder einen möge, „was
die Mode streng geteilt".

Die Standessitten haben auch, wenn sie sonst echte Sitten sind, dies mit der
Mode gemein; so auch die höchst charakteristische Standessitte des *Duells*. Jhering stellt es als Typus einer schlechten Sitte oder „Unsitte" dar, ohne dadurch zur
Erkenntnis seines Wesens beizutragen. Es bezeichnet aber den *Herrenstand*, und
vorzüglich den kriegerischen, ritterlichen Herrenstand, dessen fast einzige oder
doch allein wesentliche Ehre die Tapferkeit ist. Es bezeichnet ihn als *selbstherr-
lichen* Stand, der für sich in Anspruch nimmt, die Streitigkeiten innerhalb seiner,
die „Händel" nach seiner Sitte, d. h. eben nach seinem eigenen Willen und darin
enthaltener Regel auszumachen. Dem Wesen des modernen Staates, der prinzipiell keinen Stand anerkennt, der über seinen Gesetzen steht, und (als monarchi-
scher, d. h. teilweise privatrechtlicher Staat) nur noch zugunsten des *hohen* Adels
Ausnahmen macht, ist es dagegen und müßte daher und würde von diesem Staat
besonders scharf bekämpft werden, wenn nicht eben der Stand, der diese Sitte hat,
in ihm – wenigstens in mehreren seiner Exemplare – maßgebenden Einfluß genug
besäße, um ein laxes Spezialgesetz, das die Duelle begünstigt, indem es sie ver-
bietet und unter Strafe stellt, durchzusetzen und aufrecht zu erhalten. Jede Standessitte hat aber eben dies mit der Mode gemein, und ist ihr insofern verwandt,
daß sie nicht volkstümlich und gemein sein *will*. So wird auch die Duellsitte aus
dem Grunde nachgeahmt, weil der Reiz, einem so ausgezeichneten Stand, wenn
nicht anzugehören, so doch in einem wichtigen Punkt zu gleichen, für das Gefühl
(zumal jüngerer Männer), nennen wir es nun Ehrgefühl oder Eitelkeit, so stark
ist, daß die Gefahr für Leib und Leben dadurch aufgewogen wird. Dies macht,
daß ganze Gruppen und Kategorien derer, die zum Herrenstand gehören wollen,
eine Sitte wie die Duellsitte für sich selbst in Anspruch nehmen. Freilich wirkt
beim einzelnen Mann noch stärker die Furcht, ausdrücklich als ein Mann erkannt
und gekennzeichnet zu werden, der nicht dazu gehört, also nicht ein „Kerl ist, der
Ehre im Leibe hat".

Die herrschenden Klassen einer Gesellschaft spielen immer eine Doppel-
rolle, die oft auch auf verschiedene Schichten dieser Klassen verteilt ist. Sie sind
einerseits an der Spitze von Neuerungen, also auch insofern als sie „neue Mo-
den" oft vom Ausland her einführen; andererseits sind sie stockkonservativ und

streng „national", hängen also auch an alten Sitten, gerade weil ihre eigene Position auf dem Alter beruht. Vorbildlich für beides ist immer der „Adel", und zwar nicht selten so, daß ein jüngerer oder „Briefadel" die eine, der ältere oder Uradel die andere Rolle repräsentiert, wenigstens mehr akzentuiert. Aber auch dieser, so konscrvativ er sein mag, verhält sich doch verschieden, je nach Gegenstand und Zwecken. Kraft der engen Verbindung von Religion und Sitte bleibt die Sitte besonders volkstümlich, allgemein, und zugleich dauerhaft als *religiöse Sitte*. Infolge der Kirchenspaltung hatte sie freilich in deutschen Landen einen schweren Bruch erlitten. In den Zeiten der Restauration suchte der Adel um so mehr seine Stütze an ihr, als er sich nun erst recht dem Landvolk gegenüber als Obrigkeit konstituierte und durch den Besitz des Patronatsrechtes auch die kirchliche Gemeinde bevormunden konnte. Aber beflissen wie er war – besonders in den Trübnissen des 17. Jahrhunderts – sich als Stand schärfer vom Volk zu scheiden, mochte er auch die kirchliche Sitte nicht mehr mitmachen. Es schien „disreputierlich", daß ein adeliges Kind „mit dem Wasser sollte getauft werden, mit dem auch gemeine Kinder getauft sind". Man führte Privattaufen und Privatkonfirmationen ein. Man erbat vom Landesfürsten das Recht, im eigenen Haus oder in der Kirche vor (anstatt nach) dem Gottesdienste das heilige Nachtmahl zu nehmen. Zwei adelige Damen klagten in einer Eingabe an den Kurfürsten von Sachsen, daß sie sich bei der Kommunion „durch die große Menge des gemeinen Volkes mit vieler Inkommodität und Verdruß durchdrängen müssen"; man will eben nicht mehr mit der großen Menge „kommunizieren". Bald ließ sich der Adel nicht mehr aufbieten und nicht mehr in der Kirche trauen. „Auch die Begräbnissitte stieß man um."[95]

Der Adel zog abends bei Fackelschein mit Standreden anstatt der üblichen Leichenpredigt stille Begräbnisse vor. Er entzog sich der kirchlichen Zucht. Bei heiligen Bräuchen emanzipierte er sich sogar von der hergebrachten ernsten und strengen Sitte der Andacht und unterhielt sich „als ob sie auf einem Ball oder bei einer Oper oder sonst einem Gelage beisammen wären". Interessant ist auch, wie der Pietismus, seiner Tendenz nach in die entgegengesetzte (volkstümliche) Richtung wirkend, vom Adel aufgenommen wurde, um „das, was als soziales Vorrecht illegal war, nun als erbauliches Mittel legal und berechtigt erscheinen zu lassen". Denn die öffentlichen kirchlichen Handlungen konnten im Sinne der pietistischen Denkungsart als „unerbaulich" verschmäht werden. So hat auch in dieser Hinsicht der Pietismus dem Rationalismus vorgearbeitet, für den die Bedeutsamkeit kirchlicher Formen und religiöser Handlungen überhaupt verblaßt und der eine modische Bildung, die als solche notwendig exklusiv ist, an die Stelle einfältigen, kindlichen

---

95   Alles nach Paul Drews, „Der Einfluß der gesellschaftlichen Zustände auf das kirchliche Leben",
      in: Zeitschrift für Theologie und Kirche, Band XVI, Nr. 1.

und in der Überlieferung wurzelnden Glaubens setzt. Die ihrem Wesen nach wissenschaftliche Bildung greift aber die Religion zerstörender an als die Sitte; gerade als feine oder gute Sitte vermag sich, zumal wenn die Staatsgewalt hilft, religiöse Sitte zu erhalten oder sogar wiederherzustellen; die dadurch freilich rasch heuchlerisch und verlogen wird, also alles, was sie an innerer Schönheit besaß, jämmerlich einbüßt.

VII.

Die Gesellschaft steht als Subjekt und Träger der Mode in einem gewissen notwendigen Gegensatz zur Sitte. Sie ist modern, gebildet und weltbürgerlich. Sie vertritt durchaus andere neue Prinzipien. Sie will nicht Stillstand, sondern Fortschritt. Der Handel, die Warenproduktion, die Manufaktur und Fabrik sind ihre Elemente, mit denen sie ihre Netze über die ganze bewohnte Erde ausspannt. Sie will Bewegung, und zwar beschleunigte. Sie muß die Sitte auflösen, um den Sinn und Geschmack für das Neue, für die importierten Waren zu entwickeln. Sie rechnet auf individuelle Antriebe, besonders auf Neugier und Putzsucht junger Leute, und auf die Lust zu tauschen, das Gefallende zu erhandeln. Die Anhänglichkeit und Treue zum Überlieferten, dem Eigenen, Ererbten, muß da weichen. Der Verkehr wirkt überall auflösend, zersetzend. Handel und Verkehr, städtisches Leben, Anwachsen der Großstädte, Macht des Geldes, Kapitalismus, Scheidung der Klassen, allgemeine Bürgerlichkeit und Bildungsstreben: alle diese Seiten der gleichen Entwicklung einer *Zivilisation* begünstigen die Mode und beschädigen die Sitte. Bald findet auch das Landvolk seine alten Sitten sonderbar und lächerlich. Die billige glänzende Ware imponiert ihm mehr als das altfränkische Stück seines Hausrats mit den schönen wunderlichen Formen. Und so in allem. Das großstädtische Muster wird nachgeahmt. Die rasch mit mechanischer Technik fabrizierte Ware ist oft unschön und undauerhaft wie die Mode, der sie entsprungen ist. Die ganze gesellschaftliche Zivilisation hat etwas, was dem künstlerischen Geist, der ganz in Tradition und Treue beruht, entgegengesetzt ist. Sie ist oberflächlich und äußerlich. Dünn, leicht, unecht, uniform und monoton sind ihre Massenprodukte. So wird ein Zeitalter vorherrschender Mode und vorherrschender gesellschaftlicher Zivilisation gegenüber einem Zeitalter mächtig, das hinter ihm liegt, aber zugleich immer noch in ihm steckt: nämlich ein Zeitalter *vorherrschender* Sitte, vorherrschender bäuerlich-bürgerlicher und darin beruhender geistlich-adeliger Kultur. Die Hast und Unruhe fortwährender Neuerung, das Allfließen, Dauer nur im Wechsel, erfüllen jenes. Dann neigt es dazu, dieses sich zu idealisieren: antik wird modern. Man sehnt sich zurück zur Natur, man sucht die alten Scharteken wieder hervor, preist und pflegt alte Lebensformen und alte Sitten, findet auch an der Religion wieder Geschmack, entdeckt im Einfachen, Hausbackenen echten Stil und kunstgerechte Formen. Dies wiederholt sich von Zeit zu Zeit in rhythmischen Stößen. Die Industrie nutzt diese Mode aus wie andere. Der Geist der Gesellschaft bleibt derselbe. Er kann nicht über seinen eigenen Schatten springen. Aber in seiner Vorwärtsrichtung liegt die Möglichkeit der Überwindung. Sie liegt in der Neugestaltung der ökonomischen Grundlagen. Wenn die natürliche Wechselwirkung von Produktion und Konsumtion wieder an die Stelle der Überherrschaft des beweglichen Kapitals, des Handels und Verkehrs träte, würde auch das Leben wieder stabiler, ruhiger und gesunder machen. Es würde eine mit Bewußtsein gepflegte Sitte wie eine ebenso gepflegte Kunst wieder ermöglichen. Es würde sogar die Religion als „Weltanschauung" im Geist der Wahrheit – oder besser: als Streben nach dem Geist der Wahrheit und Verehrung ihrer Idee – zu neuem Leben zu erwecken vermögen.

Eine Gesellschaft, die einen solchen Weg einmütig, mit klarer und starker Erkenntnis einschlüge, würde zeigen, daß sie nicht mehr Modelaunen folgt, sondern einen vernünftigen Willen hervorzubringen imstande ist. Und das Wachstum ihrer Vernunft wäre das, was sie allgemein auszeichnet und was in der Entwicklungslinie der Sitte und Gesittung selbst liegt: nämlich ihre Veredlung und Verfeinerung, von der wir mehrfach Erwähnung getan haben, die Befreiung von Aberglauben, Spuk und Zauber, die Freude an der Erkenntnis, die selbst ein Kunstgenuß und ein Antrieb zu künstlerischer Naivität und Schaffenslust werden kann. Die Gegenwart enthält solche Momente und Elemente, wenn auch nur gleich verstreuten Samenkörnern. Von der Zukunft kann man eher sagen, daß sie sich in diesem Sinne und in dieser Richtung ausbilden *solle* als daß sie es *werde*.

Ganz analog zur Gesellschaft wirkt auch der Staat – in seiner empirischen Erscheinung der andere Ausdruck der Gesellschaft – auf die Sitte. Sie ist konkret, sich besondernd, ländlich, landschaftlich-städtisch. Der Staat stellt dagegen in sich einen einheitlich-abstrakten Willen dar, der ordnen, d. h. ausgleichen will. Durch Polizeiverordnungen und Gesetze bekämpft er die Sitte, wo sie ihm schädlich oder auch nur gefährlich erscheint; er mindert überall durch seine ausschließende Autorität ihr Ansehen. Er dient dem Fortschritt und der Entwicklung freier Persönlichkeiten. Aber dies geschieht auf Kosten des Volkes und seines gemeinschaftlichen und genossenschaftlichen Lebens. Es ist nicht angebracht, darüber zu klagen, wie sehr sich auch der Denker und Forscher dazu versucht fühlen mag. Je mehr er die innere Notwendigkeit des Prozesses begreift, desto mehr wird seine Klage verstummen. Aber einem Gefühl des Tragischen im Gang der

Dinge braucht er nicht zu wehren. Gerade weil der Fortschritt so groß ist, hat der Zusammenbruch des Herkömmlichen so viel Erschütterndes. Denn an den Fortschritt knüpfen sich die Erwartungen, daß er auch das Gute des alten Lebens wiederherstellen oder ersetzen möge. Er vermag es jedoch nicht. Denn er leistet nur das Seine; er gibt den Menschen Gelegenheit zum Broterwerb und, soweit ihnen Zeit übrig bleibt, auch Gelegenheit zur allgemeinen Bildung. Alles Heimatliche, Traute, Gemütliche verschwindet; das Individuum wird auf sich selbst gestellt. Der Staat befördert im Namen des wirtschaftlichen Fortschritts und der rationalen Landwirtschaft die Auflösung der dörflichen Realgemeinde, die Aufteilung der gemeinen Weide, die Aufhebung der Gemengelage und des Flurzwanges, die alle von der Sitte geregelt waren.

Wie Leben und Recht des Bauern, so war das des Bürgers, namentlich des Handwerkers, in Zunft und Stadtgemeinde, durch die Sitte beherrscht, die auf der Idee der natürlichen Eintracht, der Brüderlichkeit gegründet ist. Der Geist der Sitte ist kommunistisch und bleibt es, trotz der Entwicklung des Privateigentums. Die individuellen Rechte sind innerhalb der Sitte nicht nackt und absolut; sie sind mehr zueinander als gegeneinander gekehrt. Erst ein technisch entwickeltes und nationales Recht wie das römische sowie eine staatliche Gesetzgebung, die es aufnimmt oder sich auf gleichen Prinzipien sich aufbaut, stellen jene in den Vordergrund. Sie kennen nichts als die – wenn möglich auch individuelle – Obrigkeit und die Einzelmenschen, die teils durch Gesetz in ihren Verhältnissen zueinander geordnet sind, teils durch freie Verträge ihre Beziehungen und Rechte abgrenzen und regeln. Das Recht wird von der Moral geschieden, mit der die Sitte es verbunden hatte. Jeder ist – der Idee nach – des andern Feind, wenigstens Prozeßgegner, weil jeder dem andern, wenn auch in rechtlichen Formen, zu *nehmen* sucht. Sitte und Religion sind höchst unvollkommene und oft kindliche, zuweilen kindische Ausdrücke des Volksgeistes. Aber sie sind des Volkes eigener Wille, dessen es sich freut, während der Wille der Obrigkeit, auch wenn er theoretisch konstruiert werden kann, als ein vom Volk aus sich herausgesetzter (autorisierter), d. h. ihm als ein fremder gegenübertritt.

In der Periode des fürstlichen Absolutismus, die auch in konstitutionellen Formen noch fortdauert, tritt dies am Grellsten hervor: „Das charakteristische Merkmal dieses Gedankens (der Obrigkeit) ist, daß er den Staat als etwas vom Volke Verschiedenes setzt; daß er in dem abstrakten Begriff dieses Staates die Summe aller öffentlichen Gewalt [...] konzentriert; daß ihm die Obrigkeit die sichtbare Repräsentantin dieses abstrakten Begriffes ist, außer dem Staat aber nur Individuen existieren" (Otto von Gierke). „Während die Gemeinheitsverfassung die Organisation bestimmt, vermöge deren die Gesamtheit sich selbst regiert, enthält die Ob-

rigkeitsverfassung die Organisation, vermöge deren die Gesamtheit *regiert wird.*
[...] Wenn so das obrigkeitliche Prinzip die Verwirklichung des absoluten Staates anstrebt, so erscheint derselbe zugleich als *Polizeistaat*" (ders.). Die Polizei
erweist sich als überaus nützlich, ja notwendig; aber sie hemmt das „Publikum",
die Untertanen auch da, wo sie sich in der Sitte noch frei bewegt haben. Sie will
sie auseinanderhalten, um Gewalt zu verhüten. Sie hält sie aber auch auseinander,
wo ihr Zusammenkommen *Eintracht* bedeutet und fördert, *Sitte* begründet und erhält. Hier begegnet uns überall die „Terrainstreitigkeit zwischen Sitte und Gesetz".
„Wie manch sinniger Brauch fällt polizeilicher Supervorsichtigkeit zum Opfer;
wie manch ursprünglich unschuldige und unschuldverwahrende Freiheit ist durch
das bevormundende Gesetz verboten und damit erst die Gefahr eines Mißbrauchs
zum Bewußtsein gebracht – wie oft reizt eine staatliche, als herrschsüchtige Willkür sich anlassende Vorschrift erst recht zu einer Übertretung, welche dann nicht
mehr ungefährlich ist, wenn man vielleicht gar Natur und Behörde gleichermaßen
zu überlisten Bedacht nimmt – das Bilden des individuellen Geistes nach individuellen Neigungen und Anlagen. Die bürokratische Uniformierung duldet es nicht
länger. Und bei jedem Streifen Landes, den bei solcher Grenzregulierung das un-
aufhaltsam vordringende Gesetz erobert, ist es die Sitte, die ihn abgeben muß."[96]
  Friedrich Schiller rühmt der Sitte nach, daß sie den Menschen frei und mächtig mache. Wo die Polizei und ihr Staat nach ihren eigensten Intentionen wirken,
machen sie den Menschen unfrei und ohnmächtig. Sie bewachen und bevormunden ihn wie ein Kind. Ein geistig reifer und stärker werdendes Volk will wieder
sein eigener Herr sein. Es will sich im Staat selbst erkennen und sich in den Staat
hineinbilden. Es will sich auch wieder in engeren Kreisen selbst regieren. Soweit dies gelingt, ist auch ein gewisses Wiederaufleben der Sitte möglich, soweit
ihr nicht die Gesellschaft und ihr Zeitgeist entgegenwirken und soweit nicht die
Freiheit, welche die herrschenden Klassen für sich selbst erwerben und behaupten, in der Gesellschaft und im Staat zur Unterdrückung der Freiheit des „Volkes"
d. h. der Massen, die als untere Klassen ihnen gegenüberstehen, angewandt wird.
In diesen erhält sich das Wesen des Volkes stärker, mit seinen Tendenzen zu Eintracht und Sitte, zur „Solidarität". Aber in ihrer fortschreitenden Befreiung und
Entwicklung nehmen sie resoluten Anteil an einer wissenschaftlichen Vernunft,
welche immer am meisten, und am meisten unmittelbar die Tendenzen der Indi-
vidualisierung begünstigt.
  „*La coutume est la raison des sot*s", so sprach der König der Aufklärung sein
Verdikt. Dem entspricht im Allgemeinen die Haltung der *Wissenschaft* zur Sitte.
Wissenschaft ist ihrem Wesen nach rationalistisch. Der große Sinn der kritischen

---

96 Julius Bahnsen, *Der Widerspruch im Wissen und Wesen der Welt*, Band II, Leipzig 1882, S. 292.

Philosophie besteht darin, der Wissenschaft dies zum Bewußtsein zu bringen, also sie auch ihrer Schranken bewußt zu machen. Die bedeutendste Schranke ist die, daß sie das Lebendige nur mangelhaft in ihre Formeln spannen kann. Den organischen Tatsachen gegenüber versagt die klare Rechnung. Der Rationalist versucht die Tatsachen des Lebens mechanisch und in analoger Weise die Tatsachen des Geistes intellektualistisch zu verstehen und zu deuten. Er sieht in diesen ein Mehr oder Weniger von Klugheit, von logischem Verstand, der das Nützliche, Zweckmäßige erkennt und bildet. Gewohnheit erscheint ihm, gleich dem Instinkt, als etwas Tierisches, Dunkles, Geringes und Niedriges – daher auch die Sitte, die so vielfach mit dem Aberglauben zusammenhängt und ebenso wie dieser beurteilt wird. Aber dies ist ein unzulängliches Urteil. Der Denkende muß das unbewußt Schaffende im menschlichen, sozialen und individuellen Geiste erkennen und Vernunft nicht nur in dem finden, was der Form nach vernünftig ist. Er wird dann der Gewohnheit und Sitte gerecht werden und der höchst wichtigen *Funktion*, die sie im individuellen und im sozialen Geiste erfüllen. Beide sparen dem Willen Arbeit, sofern das, was sie regulieren, wie von selber geht, über Zweifel und Bedenken hinausgehoben ist und das Leben erleichtert. Wenn sie nur die Vernunft nicht gefangen nehmen, bleibt für diese um so mehr Spielraum zu freier Betätigung.

Diese Bequemlichkeit bietet auch ein Gedanken- und Meinungssystem, wie eine Religion es darstellt, nebst den daraus hergeleiteten Vorschriften für das Handeln, die mit denen der Sitte so regelmäßig zusammenwirken, daß wir religiöse Sitte überall charakteristisch fanden. Hier ist aber auch der Konflikt am offenbarsten unvermeidlich. Ein Glaube macht darauf Anspruch, wenn nicht begründet, so doch wahr zu sein; er steht daher immer vor dem Forum des wissenschaftlichen Denkens. Seine Nützlichkeit und sein Wert vermögen ihn in dieser Hinsicht nicht zu decken. Die Sitte stellt jenen Anspruch nicht. Sie will aber auch nicht nach ihrer bloßen Zweckmäßigkeit beurteilt werden; denn da würde sie leicht durch eine vernünftige Einrichtung übertroffen. Sie hat ihren Wert als (*sittlich*) gute Sitte und als schöne Sitte. Als gute Sitte hat sie einen *ethischen*, als schöne Sitte einen *ästhetischen* Wert. Das vollkommen Sittliche hat auch ästhetischen, das vollkommen Ästhetische auch ethischen Wert. Beide Werte sind über bloße Zweckmäßigkeit erhaben; denn sie sind an sich selbst Zwecke. Die wissenschaftliche (*diskursive*) Vernunft kann sie daher auch nicht nachbilden, sondern nur anschauen und beschreiben. Dennoch wird sie ihnen immer entgegengesetzt sein, weil und insofern als sie selbst eben das Zweckmäßige bilden will; aber wohl auch deshalb, weil sich mit ihr ein anderer, oft ein rasch sich erneuernder, also wechselnder Geschmack assoziiert. Denn die Elemente des Geistes sind nicht unabhängig voneinander; Geschmack aber ist ein Ausdruck des Willens.

Den Willen, der das Zweckmäßige frei wählt und vorzieht, bezeichne ich als *Willkür*. Aber diese Assoziation ist nicht notwendig und wesentlich. Das wissenschaftliche Denken kann sich auch mit dem *Wesenwillen* und dem darin beruhendem Geschmack verbinden. Es wird um so mehr dazu geneigt sein, je mehr es selbst in die Tatsachen des organischen Lebens und Schaffens, also auch in die Werkstatt des moralischen und des künstlerischen Genius verstehend hineindringt. So wird auch das freieste Denken vielfach das *Sittliche der Sitte* anerkennen, gelten lassen und begünstigen. Es wird oft sagen: lieber eine mangelhafte als gar keine Sitte! Friedrich Nietzsche hielt es schon 1881 für eine Grundeinsicht in die Entstehung der Moral, daß Sittlichkeit nichts anderes (also namentlich nicht *mehr!*) als Gehorsam gegen Sitten sei, welcher Art diese auch sein mögen. Der freie Mensch sei unsittlich, weil er in allem von sich und nicht von einem Herkommen abhängen *wolle* – als ob er nicht das Hergebrachte als sinnvoll, als schön und gut begreifen und ehren könnte und ihm gehorchend eben sich selbst gehorcht! Ganz treffend sagt aber der ‚Amoralist' am Schluß dieses Aphorismus (Morgenröte 9): „Unter der Herrschaft der Sittlichkeit der Sitte hat die Originalität jeder Art ein böses Gewissen bekommen; bis diesen Augenblick ist der Himmel der Besten noch dadurch verdüsterter als er sein müßte."

In der Tat ist die Sittlichkeit der Sitte längst unzureichend geworden. Sie muß im Feuer der Kritik gereinigt werden und sie bedarf, wieviel auch von ihr als lauteres Gold sich bewähren möge, der Ergänzung, wie Edelmetall des Zeichengeldes. Ein neues Gesetzbuch der Sittlichkeit, das sich nicht an die Sitte gebunden hält, ist notwendig geworden. Je mehr wir freier *von* der Sitte und freier *in* der Sitte werden, desto mehr bedürfen wir der bewußten Ethik, d. h. aber der Erkenntnis dessen, was den Menschen zum Menschen macht: der Selbstbejahung der Vernunft. Und die Vernunft muß eben dadurch aufhören, eine wesentlich analytische Potenz zu sein; sie muß sich zu freudigem Schaffen der Gemeinschaft entwickeln. Erst dadurch wird sie sich als „des Menschen allerhöchste Kraft" bewähren oder vielmehr erst dazu *werden*.

Wege und Ziele der Soziologie

Hochansehnliche Versammlung!

Ich habe die Ehre, hiermit im Namen des Präsidiums den Ersten Deutschen Soziologentag zu eröffnen. Wenn es erlaubt wäre, in einem für heutige Gewohnheiten sehr gemäßigten Reklame-Stil zu reden, so möchte ich meine Rede mit den Worten beginnen: „Der Soziologie gehört die Zukunft". Ich begnüge mich aber, die Erwartung und Hoffnung auszusprechen: „Die Soziologie hat *eine* Zukunft." Ich habe mir aber weder vorgenommen, ihren gegenwärtigen Stand noch ihre etwaige Zukunft zu behandeln, weil dies ein viel zu großes Thema wäre; sondern ich will mit Ihrer Erlaubnis versuchen, die Wege und Ziele der Soziologie gemäß der Vorstellung andeutend zu verfolgen, die der Begründung unserer Gesellschaft zugrunde gelegt wurde.

Die Soziologie ist in erster Linie eine philosophische Disziplin. Sie ist als solche viel älter als ihr Name. Der Name hat sie nicht geschaffen, auch der Erfinder des Namens hat sie nicht ins Leben gerufen. Die Spekulationen über das Wesen der menschlichen Gesellschaft, insbesondere der politischen Verbindungen, hingen immer eng mit den Ideen einer gesitteten und guten Lebensführung und Lebensgestaltung zusammen. Die Philosophen sollten ja Wegweiser des Lebens sein, sie wollten die richtigen Wege finden und führen. So ist denn die Entwicklung der reinen theoretischen Soziologie, die man auch Sozialphilosophie nennen mag, unablösbar von der Geschichte der Rechtsphilosophie, mithin auch von der allgemeinen Staatslehre, von denen sich in neueren Zeiten die Theoreme vom richtigen wirtschaftlichen Leben, vom Wohlstand, und, im Anschluß daran, von den natürlichen und gesetzmäßigen Zusammenhängen der Produktion, des Austausches und der Konsumtion abgezweigt haben. Wir bemerken nun sogleich, daß in diesen Gebieten sich alles Erkenntnisstreben langsam und schwierig von Zweckvorstellungen ablöst – mit anderem Wort: vom Wünschen und Wollen, also von praktischen Ideen und Tendenzen. Auch kann diese Scheidung vielleicht nie vollständig und absolut vollzogen werden. Im organischen Leben begegnen uns überall die Gegensätze des Normalen und der Anomalien, der physiologischen und der pathologischen Erscheinungen, des Gesunden und des Kranken, des Lebensgewissen und des dem Untergang Verfallenen. Kein Wunder daher, daß sich auch das soziologische Denken um das natürliche, normale oder richtige Recht, um den rationalen und den besten Staat, um ideale Gesetzgebungen als die von der Natur oder von der Vernunft gebotenen immer innig bemüht hat; daß also seine Lehren als ein Bestandteil der allgemeinen philosophischen Ethik erschienen, die noch neuerdings von berufener Seite als das eigenste Problem, als das Zentrum der Philosophie bezeichnet wurde, worin sie ihre Selbständigkeit und Eigenart und alsbald auch ihre Einheit gewinne.

Es liegt mehr als zufällige Notwendigkeit in diesem Zusammenhang, es ist in der Tat ein wesentlicher Zusammenhang. Denn im letzten Grund steht all unser Denken und Erkennen im Dienst des Wollens. Und so roh die Berufung auf den Nutzen erscheinen mag, so wenig dem einzelnen Forscher an der Anwendbarkeit und Verwertung seiner Ergebnisse gelegen sein mag – als soziale Erscheinung ist auch das Gedeihen und der Fortschritt aller Wissenschaft irgendwie durch soziale Bedürfnisse *bedingt*, so dünn auch oft die verbindenden Fäden sind, die es tragen und fördern. Und die sozialen Bedürfnisse richten sich immer auf die Bekämpfung und so gut wie möglich auf die Überwindung sozialer *Übel* – sie ringen um die Gestaltung und Erreichung sozialer Güter, der menschlichen Ideale. Es möge dahingestellt bleiben, ob es absolute Übel, absolute Güter für die Menschen gebe. Die philosophische Ethik und Rechtsphilosophie, in ihrer traditionellen Gestalt, ruhen auf der Annahme, daß diese Frage zu bejahen sei. Im 18. Jahrhundert glaubte man daran; im 19. ist man überwiegend kritisch, ja skeptisch dagegen geworden. Aber auch die Ethik, und vollends die Rechtsphilosophie, insbesondere das rationale „Naturrecht" haben einen objektiven begrifflichen Erkenntnisgehalt, der von Bejahung oder Verneinung jener Frage unabhängig ist. Das ist eben ihr soziologischer oder sozialphilosophischer Gehalt: eine Lehre von den möglichen und wirklichen, (daher auch von den notwendigen) *sittlichen* und *rechtlichen* Beziehungen, Verhältnissen und Verbindungen der Menschen. Diese Lehre läßt sich namentlich aus dem „Naturrecht" herausschälen, um aus ihr ein Stück höchst wichtiger theoretischer Soziologie zu gewinnen. Denn Differenzierung, Scheidung, Arbeitsteilung ist ja das große Gesetz der Entwicklung. Darum wachsen und entfalten sich die Wissenschaften um so kräftiger, je mehr sie sich von allen unmittelbaren und mittelbaren Einflüssen der Willenstendenzen der praktischen Interessen ablösen und befreien – d. h. je mehr sie ihre eigenen Wege gehen und die Erkenntnis der Begriffe, ihrer Zusammenhänge und Konsequenzen sowie die Erkenntnis der Tatsachen, ihrer Ursachen und ihrer Wirkungen zum Selbstzweck erheben und es den

Praktikern überlassen, ob sie und welchen Gebrauch sie von den Erträgen des reinen Denkens und Forschens machen wollen.

In Bezug auf die Begriffe und Tatsachen des sozialen Lebens hat dieses Leitmotiv noch nicht genügend Anerkennung und Würdigung gefunden. Die Idee der reinen theoretischen Einsicht, der Betrachtung und Beobachtung sozialer Vorgänge unserer Umgebung, als ob sie Vorgänge auf dem Mond wären, die uns gar nichts angehen, sowie die Ansicht der menschlichen Leidenschaften und Bestrebungen, als ob sie Winkel im Dreieck oder berechenbare Kurven wären, sehen in den heutigen, zumal den öffentlichen Betrieb dieser Disziplinen noch ziemlich fremd hinein. Freilich ist an den deutschen Universitäten die theoretische von der praktischen Nationalökonomie getrennt worden. Dies bedeutete für die Theorie allerdings einen großen Fortschritt. Auch hält sich die praktische oder Volkswirtschaftspolitik vorzugsweise an die Beschreibung der tatsächlichen Verhältnisse, in die sich der *Staat* im wirtschaftlichen Leben gesetzgeberisch gestellt hat und noch stellt. Sie hat vorzugsweise einen historischen und statistischen Charakter. Aber sie pflegt sich doch nicht des Versuches zu enthalten, wissenschaftlich zu begründen, was sein soll und was das Heilsame und Richtige sei. Und wenige Gelehrte wird es geben, die nicht den Gedanken, daß sie dabei durch irgendwelche andere Beweggründe und Interessen bestimmt würden, als durch ihre Sorge für das Gemeinwohl, durch ihre freie und redliche Überzeugung, daß eine solche und solche Politik allein *richtig* sei – die nicht jeden Verdacht einer außerwissenschaftlichen Motivierung mit Entrüstung von sich wiesen. Sie meinen, wie der Arzt am Krankenbett auf Grund einer wohlüberlegten und zutreffenden *Diagnose* das Rezept zu verschreiben, dessen Inhalt die Heilung des Kranken bewirkt oder wenigstens befördert, oder wie der Hygieniker die Diät und das Regime zu gebieten, das zur Erhaltung und Stärkung der Gesundheit dienlich oder sogar notwendig ist.

In der Tat weiß auch das Publikum den Unterschied wohl zu würdigen, ob etwa ein berühmter Gelehrter das Argument des Freihandels geltend macht, oder ob der Inhaber einer Welthandelsfirma im gleichen Sinne sich ausspricht. Von diesem verlangt es nicht, daß seine Meinung durch etwas anderes als durch sein Interesse bestimmt werde, von jenem erwartet es ein unparteiisches Urteil. Der Denker soll über den Parteien und Interessen stehen. Dies ist wirklich in einem nicht geringen Maße der Fall, wenngleich dadurch nicht ausgeschlossen wird, daß sein Urteilen, sein Wertschätzen, sein Streben wie seine ganze Persönlichkeit mit ihrem Temperament, ihrem Charakter und ihrer Weltanschauung wesentlich durch seine Abstammung und Erziehung, darin wurzelnde Gefühle und Neigungen wie Abneigungen, durch persönliche und sachliche Zusammenhänge mit seiner Umgebung wie mit seiner eigenen Vergangenheit bedingt wird – daß es also von dem

Einfluß (oder sagen wir von den Banden des Wollens und Wünschens) sich niemals völlig befreien kann – und daß dies Wollen und Wünschen, so rein es subjektiv auf ein Allgemeines gerichtet sein mag, objektiv doch tatsächlich eine Seite,
einen Teil vorzieht, an den eben, zumeist aus mehr als *einer* Ursache, das eigene
Wohl oder doch die eigene Stimmung unlösbar geknüpft zu sein pflegt. Nur hieraus ist zu erklären, daß jede Seite, jede *Partei, ihre* Denker hat, ihre geistigen und
wissenschaftlichen Förderer, ihre vielleicht subjektiv unparteiischen Parteigenossen, die sie nicht, wie Sachwalter, Sekretäre und Redner, mit Geld, sondern höchstens mit Achtung und Ehre, bezahlen kann und will – denn „das sind sie alle, alle
ehrenwert", wie wir zu ihrer Ehre annehmen mögen.

Auch am Krankenbett gibt es verschiedene Meinungen konsultierender Ärzte, nicht nur über das Wesen der Krankheit, ihren voraussichtlichen Verlauf usw.,
sondern, zum Teil infolge davon, auch über die *richtige* Behandlung, die *zweck-
mäßigen* Heilmittel. Hier ist wenigstens der Zweck deutlich und leicht begreif-
bar: die Gesundung und das möglichst lange Leben des Patienten. Gewiß: so wollen wir alle auch die Gesundung und das möglichst lange Leben unseres Volkes,
oder, was freilich schon ganz andere Standpunkte bezeichnet, der Menschheit,
der westeuropäischen Kultur oder wie wir sonst unsere Ideale bezeichnen mögen.
Auch wenn wir uns an unsere Nation halten, so ist sie bei Weitem nicht ein so
einfaches, sinnlich wahrnehmbares Wesen, an dem sich die Zeichen der Gesundheit oder Krankheit so leicht wie am einzelnen Menschen erkennen lassen; und
die Analogie versagt an vielen Stellen gleich der zugrunde liegenden vom sozialen Körper oder Organismus. Eine konjekturale und dem Irrtum stark ausgesetzte
Kunst ist auch die Medizin. Aber wir vertrauen uns selbst, wir vertrauen den uns
teuersten Leib dem Gutachten eines Arztes, in schweren Fällen dem Beschluß eines
Kollegiums an. Freilich behalten wir uns selbst oder dem Kranken die Entscheidung vor, ob etwa eine lebensgefährdende Operation geschehen soll. In der *sozialen Pathologie* sind Patient und Ärzte nicht einmal scharf und offenbar getrennte Personen. Die Nation kann nur – durch berufene oder auserwählte? – Vertreter
sprechen, und diese wollen zugleich ihre Ärzte sein. Ob sie, ob Teile von ihr überhaupt für krank zu erachten sind, darüber herrscht keineswegs Übereinstimmung,
geschweige über die Natur der Krankheit und über den Sitz des Übels. Und wenn
in manchen gegebenen Fällen die Übereinstimmung der gesetzgebenden Faktoren, von denen jeder mit Stimmenmehrheit beschließt, dem Ergebnis einer ärztli-
chen Beratung verglichen werden kann, so ist es fast immer höchst fragwürdig, ob
und wie weit von diesen Faktoren auch nur der *Anspruch* auf ein *wissenschaftlich*
begründetes Urteil mit Recht erhoben werden kann. Tatsächlich gibt das wissenschaftlich unbegründbare Wünschen und Wollen regelmäßig und anerkannterma-

ßen den Ausschlag. Vollends ist dies der Fall, wenn die Laune und die mehr oder minder geringe Einsicht eines einzigen Menschen, der gleich einem unter wilden Völkerschaften waltenden Zauberpriester auf Eingebung und Gnade der *Götter* seine vermeintliche Weisheit zurückführt, wenn ein Wille von dieser Art die bestimmende Macht im Staat wie in der Kirche darstellt.

Es bleibe dahingestellt, ob nicht der Aberglaube selbst ein wesentliches Element der *Kraft* und *Stärke* des Willens, der Energie, die von des Gedankens Blässe nicht angekränkelt ist, bedeute. Ich meine allerdings, daß dies in hohem Maße der Fall ist. Und das gleiche gilt von allen Leidenschaften und Begeisterungen, von allen parteiischen Vorurteilen und vorgefaßten Meinungen. Es gilt von der Blindheit und Einfalt des Gemütes, die oft in Unschuld „ahnt, was kein Verstand der Verständigen sieht", also auch zuversichtlich ist, wo die Reflexion skeptisch und zaghaft macht. Und doch wird uns diese Anerkenntnis niemals bewegen, einem kindlichen Gemüt in irgend einem Sinn unser Schicksal anzuvertrauen. Weder die Gesetzgebung zur Bekämpfung sozialer Übel noch die Heilung unseres Körpers noch den Bau unserer Häuser oder Schiffe machen wir von Eingebungen natürlicher oder gar übernatürlicher Art abhängig, *wenn wir vernünftige, besonnene, gereifte Menschen sind* – ob wir dies sind, und *wie viele* solche namentlich in Angelegenheiten des Gemeinwohls es schon gibt, ist eine andere Frage.

Die Menschheit ist sich in ihrem dunklen Drang doch wohl des rechten Weges hinlänglich bewußt, daß Vernunft und Wissenschaft ihre allerhöchste Kraft darstellen, daß sie diesen Wegweisern allein auf die Dauer, und je mächtiger, je mehr sie innerlich gefestigt und zusammenhängend werden, um so mehr vertrauen soll und *will*.

Wir dürfen und auch nicht daran irre machen lassen, daß eben für die *politische* Praxis endlich die wissenschaftliche Erkenntnis zu richtiger und entscheidender Geltung kommen muß; daß durch sie das parteiische Wollen zu einem Totalitäts-Wollen erhoben werden kann; daß der Staatsmann wenigstens annähernd mit derselben Sicherheit und Gewißheit wie der Arzt erkennt, was notwendig, was richtig und heilsam ist; und daß nach dieser Erkenntnis zu handeln die gesetzgebenden Körperschaften als selbstverständliche Pflicht verstehen werden.

In das Licht dieses großen Zukunftsgedankens möge die Soziologie sich stellen, die der Erfinder ihres Namens vorher wie nachher unter dem gleichen Gesichtspunkte auch *positive Politik* nannte; positiv aber bedeutete für ihn streng wissenschaftlich, im Gegensatz zu theologischen und metaphysischen Vorbegriffen und Voraussetzungen.

Niemand von uns aber glaubt, daß die Sache so einfach ist, wie Auguste Comte sie sich dachte, der durch seine *Philosophie der Geschichte* und das Gesetz der drei Stadien des Erkennens das Programm für unser Zeitalter hinlänglich zu begründen meinte – und zwar nach einem Schema, das ganz der Hegelschen Dialektik von These-Antithese-Synthese analog ist und sich darin resümiert, daß es die Aufgabe der wissenschaftlichen Politik sei, die soziale Ordnung, die im Mittelalter als Gebilde theologischer Politik in der *Kirche* bestanden haben soll, verbunden mit der Freiheit und dem Fortschritt, den ihre Negation, die metaphysische Politik und die Revolution ins Leben gerufen habe, auf neuer Basis wiederherzustellen.

Wir lassen alle Zukunfts-Programme, alle sozialen und politischen Aufgaben aus dem Spiel; nicht weil wir sie verachten, sondern in Konsequenz des wissenschaftlichen Gedankens, weil wir die Schwierigkeiten, solche Ideen wissenschaftlich zu begründen, einstweilen für unüberwindbar halten; weil wir auch von denen, die darüber anderer Ansicht sind, die z. B. „wissenschaftlichen Sozialismus" vertreten, erwarten, daß sie damit einverstanden sein werden, das Gebiet der Soziologie außerhalb solcher Streitfragen zu setzen und abzugrenzen, es auf die so viel leichter lösbaren Aufgaben *objektiver Erkenntnis der Tatsachen* einzuschränken. Wenn gleich eingeräumt werden muß, daß die vollkommene Objektivität ein unerreichbares Ideal bedeutet, so kann man sie doch mit aller Energie des Willens zur Erkenntnis *erstreben* und durch solches Streben sich ihr bis zu unbestimmbarem Grad *nähern*: und dies sei unser Programm.

Wir wollen uns als Soziologen also nur mit dem beschäftigen, was ist, und nicht mit dem, was nach irgendwelcher Ansicht, aus irgendwelchen Gründen *sein soll*. Unser nächstes Objekt ist die gegenwärtige Wirklichkeit des sozialen Lebens in ihrer unausmeßbaren Mannigfaltigkeit. Von ihr aus führt der Blick notwendig bis zu den Anfängen und Keimen der noch bestehenden wie der untergegangenen Institutionen und Ideenwelten in die Vergangenheit zurück. Jedoch tastet der Blick auch in die Zukunft voraus – aber nicht um sie zu gestalten, um ihr etwas vorzuschreiben, sondern lediglich als *Prognose*, um die *wahrscheinliche* weitere Entwicklung bestehender Zustände, Ordnungen und Anschauungen nach Möglichkeit vorauszubestimmen, wobei dann die etwa vorauszusehende Rückwirkung solcher Erkenntnis auf die Handlungen der Menschen, auch auf unsere eigenen Handlungen, einer der mitwirkenden Faktoren ist, der in die Rechnung einzusetzen ist und die Prognose selbst modifizieren kann.

Ich bin von dem Satz ausgegangen, daß die Soziologie in erster Linie eine philosophische Lehre ist. Als solche hat sie es wesentlich mit Begriffen zu tun: nämlich mit dem Begriff des sozialen Lebens, mit den Begriffen sozialer Verhältnisse, sozialer Willensformen und sozialer Werte, sozialer Verbindungen, also unter anderem auch mit dem Begriff der Sitte und des Rechtes, der Religion und der öffentlichen Meinung, der Kirche und des Staates. Sie muß diese Begriffe bilden,

d. h. sie für den Gebrauch zurecht machen, sie schmieden und behauen, um die Tatsachen der Erfahrung wie an Nägel daran zu hängen oder wie mit Klammern zu ergreifen. Sie hat in diesem Bereich nicht direkt die Erkenntnis der Tatsachen, sondern die zweckmäßigsten, tauglichsten Geräte für solche Erkenntnis herzustellen: eine überaus wichtige, von den bloßen Empiristen oft sehr zu ihrem Schaden gering geschätzte Aufgabe. Solcher kurzsichtigen Geringschätzung entsprang es, wenn im Jahr 1841 der Herausgeber der damals angesehensten physikalischen Zeitschrift die eingesandte Arbeit Julius Robert Mayers „Über die quantitative und qualitative Bestimmung der Kräfte", worin der Zellkern der ganzen heutigen Energetik enthalten war, nicht einmal einer Antwort würdigte und sogar die geforderte Rücksendung des Manuskriptes verabsäumte. Von ähnlicher Kurzsichtigkeit sind wohl auch in den Annalen der Sozialwissenschaften Beispiele zu finden.

Die philosophische Soziologie hat aber jenseits dieser *Skulptur der Begriffe* noch eine weitere Aufgabe: sie will die Zusammenhänge mit den anderen Wissenschaften darstellen, die man auch im Comte-Spencerschen Sinn die früheren nennen kann. Denn Philosophie will Einheit der Erkenntnis, will so viel wie möglich aus einfachen Prinzipien ableiten sowie die notwendigen Richtlinien des Seins und des Denkens *deduzieren*. Den allgemeinen Gesetzen der Erscheinungen, die von den Denkgesetzen aus die Materie wie den Geist, die Materie als Geist, den Geist als Materie bedingen und bestimmen, unterliegen notwendig auch die Tatsachen des Lebens, daher des menschlich-sozialen Lebens. Die Erhaltung der Energie muß in den Erscheinungen der Wirtschaft wie des Rechtes und der Politik, in der gesamten Gedankenwelt, die diese Kulturphänomene durchdringt, wieder erkennbar sein, wie grenzenlos verwickelt auch diese Abhängigkeiten sein mögen. Diese Verwicklungen reizen das spekulative Denken, dessen Wandeln auf Schwindel erregenden Gebirgspfaden wir bewundern, auch wenn es auf Irrwege führt, und wenn auch Abstürze nicht selten erfolgen. Ein großes Beispiel dieses monistischen Gedanken-Alpinismus hat Herbert Spencer auch in Anwendung auf Soziologie gegeben, indem er in genialischer Weise die Formeln der *Entwicklung* aus den allgemeinen Prinzipien der Bewegung zu entwickeln versuchte. Sein Gelingen war mangelhaft; aber der Größe seines Wollens wird nur gerecht werden, der ein ähnliches Werk mit geringeren Mängeln zu leisten vermag. Denn was immer man mit Recht an Spencer aussetzen möge: er war ein kraftvoller und ernster, ein großer Denker; wir werden so bald nicht seinesgleichen sehen.

Das deduktive Verfahren des Soziologen muß insbesondere die Wahrheiten der *Biologie* und diejenigen der Psychologie zugrunde oder vielmehr in die Höhen legen. Denn das soziale Leben ist eine Erscheinung des *Lebens*, dessen Wesen nicht notwendig das Individuum voraussetzt: hier liegen die Ursprünge, hier auch der begrenzte Sinn der „biologischen Analogien" und der organizistischen Ansicht des sozialen Lebens. Sie fordert aber die *Psychologie* zu ihrer notwendigen Ergänzung – sei es nun, daß Instinkte, Gewohnheiten, Aberglauben oder daß erkannte Bedürfnisse sowie bewußte Interessen als verbindende Elemente zwischen den Menschen gedacht werden, deren einfachste soziale Verhältnisse auch unter Tieren beobachtet werden, so daß man mit einem vagen Begriff von alters her sogar die Existenz von „Tierstaaten" behauptet hat. Ganz allgemein gelten also auch für die Tatsachen des menschlichen Zusammenlebens die Gesetze des Lebens: nämlich der immer erneute Stoffwechsel und die immer erneute Reproduktion, also die Gesetze der Erhaltung und Vermehrung, von denen die *Bevölkerung* abhängt, die wir als Träger eines sozialen Systems betrachten. Ebenso lassen sich aber aus den allgemeinen Ursachen animalischer Bedürfnisse und ihrer Gefühle die wahrscheinlichen, ja mehr oder minder gewissen Wirkungen in jeder menschlichen Gemeinschaft und Gesellschaft ableiten. In der wachsenden Kultur sind sie unendlich vermannigfacht; aber ihre Grundzüge lassen sich in aller ökonomischen, aller politischen und aller geistigen Kultur unschwer wiedererkennen. Diese Arten der Kultur bedingen und durchdringen einander. In allen macht sich die natürliche Trennung der Geschlechter wie der Altersschichten, die Scheidung herrschender und beherrschter Stände und Klassen, die Gegensätze von Stadt und Land, Kriege und Wettkämpfe zwischen Nachbarn, die Gemeinsamkeit und die *Teilung der Arbeit*, die Ausbreitung des Tausches und des Handels geltend; in allen die Macht der Überlieferung, des Herkommens, der Sitte und im Anschluß daran des Rechtes, also der Gerichte und der Gesetze; in allen und wiederum in engstem Zusammenhang mit den zuletzt genannten Kräften der Einfluß abergläubischer Vorstellungen, der Religion, also der erdichteten Wesen, die in Priestern ihre irdischen Stellvertreter haben – in allen Entwicklungen aber die fördernde, zugleich auch zerstörende und umgestaltende Gewalt der zunehmenden Erfahrung und besonders des gesteigerten, verallgemeinernden *Denkens*, das im Kapitalismus, in Staat und Wissenschaft die „Revolution" organisiert, die, auch früheren Zivilisationen nicht fremd, doch mit ganz unerhörten Wirkungen auf Technik, Rechts- und Geistesleben die letzten vier Jahrhunderte und vor allem das 19. Jahrhundert und seine Fortsetzung erfüllt hat, in deren Anfängen wir erst stehen.

Und hier finden wir uns in das dichte Netz der schweren Probleme und der aufregenden Fragen verschlungen, die in den Parteikämpfen des modernen Lebens hin- und hergewälzt werden. Der Soziologe, wie wir ihn verstehen, macht sich nicht anheischig, irgend eines dieser Probleme zu lösen. Er legt sich diesbezüglich vollkommene Abstinenz auf – was natürlich nicht verhindern kann oder soll, daß sich dieselbe Person sich in ausgesprochenstem Sinn als Politiker geltend macht. Aber der Soziologe muß allerdings nach dem Verdienst streben, diese Probleme zu entwirren, sie begrifflich und genetisch verstehen zu lehren, dadurch vielleicht zu einer sinnvolleren und dadurch wohl auch zu einer leidenschaftsloseren Auffassung weltbewegender Fragen beizutragen. Was für die soziale Frage im Allgemeinen gilt, das gilt ebenso für die ihr nahe verwandten Angelegenheiten und Reformen. *Als Soziologen* sind wir weder für noch gegen den Sozialismus, weder für noch gegen die Erweiterung der Frauenrechte, weder für noch gegen die Vermischung der Rassen. Wir finden aber in allen diesen Fragen, in der Sozialpolitik wie in der Sozialpädagogik und Sozialhygiene, auch für die auf das Tatsächliche gerichtete Erkenntnis Probleme. An dieser findet die Soziologie als solche ihre Grenzen, ohne sich anzumaßen, irgendwelche Ideen und Bestrebungen, die etwas anderes wollen, fördern oder hemmen zu wollen. Ob Förderung oder Hemmung aus der richtigeren Erkenntnis entspringt, ist eine andere Frage. Im Allgemeinen kann es allerdings erwartet werden.

Aber dieses ganze Gebiet ist nicht das eigentliche Gebiet einer soziologischen Gesellschaft. Die Philosophie der Geschichte und des sozialen Lebens wird immer das Gepräge der einheitlichen Konzeption eines *individuellen* Geistes tragen, dem sich lernend, mitarbeitend, weiterführend und ergänzend fähige Jünger anschließen werden; aber eine Schule ist etwas anderes als ein Verein. Eine wissenschaftliche Sozietät beruht auf der *Gleichheit* ihrer aktiven und ordentlichen Mitglieder; auch ihr weiterer Kreis verhält sich wesentlich unterstützend, nicht wesentlich empfangend zu ihr. Im engeren besteht sie aus Bürgern, die zu dem gemeinsamen Zweck beitragen – in unserem Fall aus Fachgenossen vieler verschiedener Disziplinen, die teils ihrem Wesen nach sozialwissenschaftliche Disziplinen sind, teils eine mehr oder minder ausgesprochene sozialwissenschaftliche *Seite* haben.

Es handelt sich hier nicht um ein System, um mehr oder minder abgerundete Theoreme, nicht um Begriffe und Deduktionen, sondern um Forschungen und Untersuchungen. Ihre Methode ist die Beobachtung und die Induktion. Es ist die Aufgabe, wissenschaftliche Erfahrungen mannigfacher Art in einem soziologischen Brennpunkt zu sammeln. Allerdings können auch begriffliche Erörterungen, mithin Probleme der *reinen* Soziologie in einem Verein *erörtert* werden und wir wünschen sehr, daß es geschehen möge. Aber das Zusammenwirken, die planmäßige Kooperation ist etwas anderes als die *Disputation*. Erstere ist es vorzugsweise, die eine *Organisation der Kräfte* notwendig macht.

Alle solche Forschungen können durch Orientierung an der begrifflichen und systematischen Soziologie, sofern deren Begriffe zweckmäßig und ihre Deduktionen exakt sind, an Kraft gewinnen und in die Tiefe wachsen. Noch mehr aber bedarf die reine Soziologie der empirischen Bestätigungen und Berichtigungen. Sie muß ihre Begriffe immer neu revidieren, ihre Deduktionen prüfen und verifizieren. Sie wird immer der Wahrheit eingedenk sein, daß die kritisch gereinigte Erfahrung die *einzige* Quelle aller tatsächlichen Erkenntnis ist und daß die Wirklichkeit viel zu kompliziert ist, zu mannigfachen Einflüssen unterliegt, als daß die Herleitung von einzelnen isolierten oder auch von mehreren verbundenen Ursachen auch nur der Regel nach genügen und die adäquate Erklärung begründen könnte. Gewisse höchst bedeutende Probleme, z. B. das des Verhältnisses zwischen den ökonomischen, den politischen und den rein geistigen Ausdrücken des menschlichen Zusammenlebens müssen sowohl deduktiv als auch induktiv erörtert, sowohl rational als auch empirisch begriffen und der Lösung entgegengeführt werden. Nur dadurch kann z. B. die Diskussion der sogenannten materialistischen Geschichtsauffassung fruchtbar geführt werden.

Eine empirisch beglaubigte Soziologie wird aber nur aus unzähligen, methodisch-induktiven Forschungsergebnissen zusammengesetzt werden können. Sie wird sich zu den Einzelwissenschaften, die ihr Beiträge widmen, empfangend und lernend verhalten, wenngleich sie auch jede einzelne schon vermöge der Wechselwirkung zwischen verwandten Erkenntniszweigen befruchten und bereichern kann.

Ich betrachte zunächst diejenigen Wissenschaften, die eine sich auf das soziale Leben beziehende *Seite* haben.

Unter ihnen steht ihrer Natur nach die *Anthropologie* voran. Deren logischer Begriff müßte die Gesamtheit des sozialen Lebens des Menschen als Gegenstand umfassen; ihr wirklicher Begriff beschränkt sich aber auf die Erforschung der einzelnen Menschen unter bestimmten Gesichtspunkten. Sie wird in verschiedenen Ländern verschieden verstanden und begrenzt. Wie ihre Lehre im deutschen Sprachgebiet aufgefaßt wird, bietet darin der Mensch eine physische, eine psychische und eine soziale Seite dar. Unter jedem dieser Gesichtspunkte ist die Einteilung der Menschheit in Rassen und Unterrassen, in natürliche Völkerschaften und Stämme, die Beobachtung der verschiedenen hereditären Anlagen und Neigungen für eine wissenschaftliche Ansicht der Entwicklung der Menschheit und der Völkerschicksale grundlegend. Die Frage nach dem relativen Anteil dieser und der übrigen natürlichen Faktoren, die wohl als das „Milieu" zusammenbegriffen werden, an der Kausalität einer Kultur, nach ihrer gegenseitigen Bedingung, gehört zu den bedeutendsten Aufgaben der soziologischen Analyse, die sich hier auf anthropologische wie auf andere naturwissenschaftliche Forschungen, auf geologische und besonders auf geographische Forschungen stützen muß. Die „Anthropogeographie" ist in diesem Sinne als ein besonderes Arbeitsgebiet abgeschnürt worden. Geographie und Anthropologie sind in der Tat ja nicht von einander zu trennen; eben darum muß sich auch die soziologische Ansicht des Menschen immer auf die geographischen Tatsachen zurückbeziehen.

Die *Psychologie* – wie sie allgemein als Lehre vom Seelenleben des einzelnen Menschen verstanden wird – würde in einer logischen Klassifikation der Wissenschaften ganz in den Bereich der Anthropologie fallen. Wird sie aber als Lehre vom Seelenleben *überhaupt* interpretiert, so hat sie keinen genügenden Grund, den *einzelnen* Menschen zuerst ins Auge zu fassen, sondern findet sich den Tatsachen gemeinsamen – kollektiven – Seelenlebens gegenübergestellt, aus denen zu einem sehr großen Teil das individuelle abgeleitet und erklärt werden muß. Unter zweifachen Namen hat sich diese Betrachtung wissenschaftlich entwickelt. Der Terminus „Völkerpsychologie" ist in Deutschland ausgeprägt und noch neuerdings durch das Werk eines Meisters propagiert worden. Wilhelm Wundt verglich einst die drei Gebiete gemeinsamen geistigen Lebens, die seine Völkerpsychologie anfangs darstellen wollte, mit der Trinität Vorstellung, Gefühl und Wille im individuellen Bewußtsein. Die soziologische und die psychologische Ansicht dieser Betätigungen des Volksgeistes liegen dicht beieinander. Sie unterscheiden sich dadurch, daß jene vorzugsweise die Zusammenhänge, die das ethnische Seelenleben mit seinen eigenen Gebilden hat, ins Auge fassen muß, daher das Dasein eines Volkes oder Stammes, wie es sich in der Sprache reflektiert: das Dasein der Götter, der Tempel und Kirchen, der Kulte- und Priesterschaften, sofern der Mythus sie heiligt; das Dasein von Pflichten und Rechten, die in sozialen Verhältnissen und Verbänden als lebendig empfunden und gedacht werden, sofern die Sitte sie vorschreibt und ihre Achtung gebietet. Überdies sind die soziale Eintracht, die im gegenseitigen Verständnis und im Bewußtsein des Selbstverständlichen ihren einfachsten Ausdruck hat, die Sitte und die Religion, beides Formen sozialen Wollens und Denkens. Als solche sind sie zunächst Gegenstand der *Sozialpsychologie*, die aber gerade durch diese Betrachtungen in die reine Soziologie übergeht; denn auch sie muß vor allem Begriffe bilden und entwickelnd ausprägen.

Völkerpsychologie verweist durch ihren Namen einerseits auf Psychologie, in der anderen Richtung dagegen auf *Völkerkunde* als auf einen Stamm des Wissens hin, aus dem sie sich abgezweigt hat. Und die Ethnographie hat sich immer berufen gefühlt, auch die Sitten und Gebräuche, die Institutionen wirtschaftlicher, politischer, geistiger Art, die Religionen und Weltanschauungen der von ihr beobachteten Völkerschaften zu beschreiben. Als *Ethnologie* wird sie eine Lehre von den Völkern der Erde und schließt die Lehre von diesen sozialen Tatsachen in sich ein. Sie widmet sich vollends einer soziologischen Aufgabe, wenn sie auf Grund ihrer Kenntnisse von gegenwärtigen sozialen Zuständen unkultivierter Völkerschaften die *Entwicklung der Kultur* unter der Voraussetzung herzuleiten versucht, daß die primitiven und embryonischen Gestalten von Institutionen und Ideen, die bei sogenannten Naturvölkern noch heute angetroffen werden, auch die Anfangsstadien der Kulturvölker repräsentieren, die also jenen, wenn nicht gleich, so doch sehr ähnlich gewesen und nach ihrer Analogie rekonstruierbar sind. Überreste und Spuren, die sich bei diesen erhalten haben, ebenso wie allgemeine Ähnlichkeiten zwischen den älteren und den jüngeren Entwicklungsphasen unterstützen diese Ansicht, wie denn *Vergleichung* überhaupt das große Prinzip der wissenschaftlichen Erkenntnis ist, das auch in den Naturwissenschaften erst im 19. Jahrhundert als solches zu gehöriger Geltung gelangt ist. Vergleichung der Völker und ihrer Geisteserzeugnisse hat manchen Studien, die bisher nur auf spekulativer Basis betrieben wurden, eine positive Basis gegeben; so vor allem der allgemeinen Sprachwissenschaft, der allgemeinen Rechtslehre und dem Studium der Religionen. Zur *Vergleichung* des sozialen Lebens, die für die empirische Soziologie unentbehrlich ist, sind wenigstens sehr bedeutende Anbahnungen gemacht worden; ich werde darauf zurückzukommen Veranlassung haben.

Ich verweile noch bei den Förderungen durch verwandte Gegenstände der Forschung und muß daher vor allem auch der *historischen Disziplinen* gedenken, die sich ja auf das ganze Gebiet des menschlichen Zusammenlebens beziehen. Zu ihnen hat die Soziologie ein besonders starkes und notwendiges Verhältnis. Eben darum auch ein schwieriges. Die beiden Denker, von denen der eine den Namen geschaffen, der andere am meisten dazu gewirkt hat, diesen Namen über den Erdkreis hin auszubreiten, verstanden und behandelten Soziologie fast ausschließlich als philosophische Betrachtung der Geschichte, die für Herbert Spencer zugleich die konkrete Wissenschaft der Entwicklung der Menschheit bedeutet, für Auguste Comte die positiv-wissenschaftliche Lehre von Staat und Gesellschaft, wie sie sein *sollen*. Über den *Wert* dieser Entwürfe möchte ich hier nicht urteilen; wenn sie rasch veralten, so tut dies dem Sinn der *Aufgaben* keinen Abbruch. Denn die *Idee* einer solchen philosophischen Betrachtung, die sich zunächst auf die *Logik* der Geschichte und Geschichtsschreibung konzentriert, ist unabweisbar. Auch die Universalgeschichte ist eine notwendige Aufgabe der Geschichtsschreibung. Und der wissenschaftliche Geschichtsschreiber ist seinem Wesen nach ein Künstler. Denn er muß seine Feder in eine Tinte tauchen, die aus biologischen, aus psychologischen und aus soziologischen Ingredientien gemischt ist. Denn sein Problem ist die Entwicklung des sozialen Menschen – ein biologisches –, die Entwicklung der Kultur – ein sozialpsychologisches –, die Entwicklung der Völker, der Gesellschaften, der Kirchen, der Staaten – ein soziologisches Problem, wenn auch alle ineinander übergehen und aneinander Anteil haben.

Wenn also der Universal-Historiker in einigem Grade Soziologe ist, so folgt daraus nicht, daß der Soziologe irgendwie Universal-Historiker sein *muß*. Er wird als solcher die Historie den Historikern wie die Ethnologie den Ethnologen überlassen. Ihm ist die historische wie die prähistorische, die ethnologische und anthropologische Forschung mit ihren Ergebnissen von eminenter Wichtigkeit, sofern sie eben alle eine soziologische Seite haben. Er kann aber als solcher nicht mit den Kennern und Darstellern, noch weniger mit den Forschern dieser Gebiete konkurrieren wollen, wenn auch Personalunion im Einzelnen immer möglich ist. Für die empirische Soziologie ist die historische Ansicht und Erkenntnis ihrer Gegenstände allerdings unentbehrlich, aber sie ist nicht das Objekt der eigentlichen soziologischen Betrachtung und Untersuchung. Die empirische Soziologie muß auf der Grundlage der wirklichen Sozialwissenschaften erwachsen, deren ideelle *Einheit* sie darstellt, die durch ihre Gesichtspunkte beleuchtet werden. Spät und noch immer mangelhaft und unvollständig haben sich aber innerhalb der Sozialwissenschaften zwei Scheidungen vollzogen: erstens, wovon schon geredet wurde, die Scheidung der Lehre von dem, was nach irgend welcher Idee sein soll, von der Erforschung dessen, was ist; und zweitens die Scheidung der begrifflichen Exposition und Deduktion von der Erforschung der Tatsachen durch Beobachtung und sie ergänzende, ihr helfende Berechnung.

Dabei ist leicht erkennbar, daß die Lehre von dem, was sein soll, wiederum nahe und eng mit der begrifflichen Exposition und Deduktion zusammenhängt, aber doch keineswegs sich damit deckt; ebenso daß die Erforschung dessen, was ist, auf die Induktion als ihre Hauptquelle angewiesen ist, sich also mit Erforschung der Tatsachen berührt, ohne wiederum damit zusammenzufallen, so daß zwei neue Scheidungen und Abgrenzungen notwendig sind.

Die Entwicklung dieser Unterscheidungen und Trennungen hat die *politische Ökonomie* als die am meisten ausgebildete und gepflegte Sozialwissenschaft mit Meinungskämpfen am schwersten belastet, ohne daß es bisher zu einer vollkommenen Klärung gekommen ist. Die theoretische Nationalökonomie ist von der theoretischen oder reinen Soziologie untrennbar. Sie ist in der Tat ein Stück von ihr, und zwar dasjenige Stück, das am ehesten für eine gesellschaftliche Behandlung und Diskussion reif sein dürfte. Zur empirischen Soziologie gehört die Volkswirtschaftslehre; sie ist aber auch insofern ein integrierender Teil von ihr, als sie das wirkliche wirtschaftliche *Leben* beobachtet, analysiert, beschreibt und untersucht. Diese Forschung kann sich aber in keinem Punkt vollenden, ohne sich auf *andere* Seiten des sozialen Lebens zu erstrecken. Wie jede Teilforschung in diesem Gebiet wird sie sich auf die Gesamtheit der sozialen Zustände und ihrer Bewegungen hingewiesen und hingezogen fühlen. Und das ist ein bedeutendes Merkmal der soziologischen *im Unterschied zur* historischen Betrachtung: die Geschichte geht vom Vergangenen, die Soziologie vom Gegenwärtigen aus. Vergangenes und Gegenwärtiges gehen ineinander über, hängen an tausend Fäden zusammen, sind offenbar Glieder ein- und derselben Entwicklung. Eben darum muß der Historiker immer in einem gewissen Maße Soziologe, der Soziologe immer zum Teil auch Historiker sein. Aber der Historiker will doch zunächst erzählen und berichten, wie das Vergangene gewesen und wie daraus das Gegenwärtige geworden ist. Der Soziologe will dagegen zunächst darstellen, wie das Gegenwärtige *ist*, wie seine mannigfachen Erscheinungen einander bedingen und tragen, aber auch miteinander ringen und kämpfen, wie sie in Wechselwirkungen der gegenseitigen Förderung und gegenseitigen Hemmung die Gebilde einer Kultur darstellen, die durch das menschliche Wollen und das menschliche Können ihr jeweiliges Gepräge erhält.

Auch der Historiker kann, über die traditionelle Epik seines Berufes sich erhebend, bemüht sein, der *Gesetzmäßigkeit* in den Veränderungen nachzugehen, die er beschreiben will. Er kann sich der vergleichenden Methode bedienen, um das Gleichartige und das Differente in den Entwicklungen derselben Institutionen und Sozialgebilde bei verschiedenen Völkern, innerhalb des gleichen Volkes an verschiedenen Orten sowie bei verschiedenen Stämmen unterscheidend festzustellen. Aber seine *nächste* wissenschaftliche Tätigkeit wird immer auf die Erschließung des Tatsächlichen gerichtet sein, das in einer vergangenen Zeit gewesen ist und der Beobachtung heute nicht mehr offen liegt. Ja, um so weiter dies von gegenwärtigen Interessen und Leidenschaften abliegt, desto sicherer wird er sich in der historischen Objektivität fühlen und desto gewisser sich auch für berechtigt halten, objektive *Werturteile* zu fällen, weil aus der Ferne, durch die Feststellung weiter zeitlicher Wirkungen, das im Sinne der Entwicklung eines Volkes oder sogar der ganzen Menschheit Heilsame oder Verderbliche sich deutlich erkennen lasse. Der Soziologe setzt dagegen seine Objektivität erstens in die Enthaltung von Werturteilen und zweitens in die Anwendung von Maß und Zahl zur Beschreibung und zur Vergleichung der Tatsachen.

Es mag als ein Zufall gedeutet werden (zumindest ist es wenigstens ein sinnreicher Zufall), daß aus der *Statistik* des 18. Jahrhunderts, welche hauptsächlich die Verfassungen der Staaten und viele dazu gehörige „Merkwürdigkeiten" bis herab auf Wappen und Orden beschrieb, das geworden ist, was man heute – wenigstens in erster Linie – unter Statistik versteht: nämlich eine Darstellung irgend welcher Zustände und Vorgänge in *Zahlen* und die Beziehung solcher Zahlen auf andere Zahlen – ein methodologisches Prinzip, das implizit in der Induktion als solcher enthalten ist. Freilich ist trotz und innerhalb dieser verwandelten Bedeutung am Begriff der *Statistik als Wissenschaft* festgehalten und diese ausgebaut worden. In neuerer Zeit hat durch das Ansehen ihrer italienischen und deutschen Vertreter die Bestimmung am meisten Beifall gefunden, daß Statistik im *engeren* oder aber im materiellen Sinne als *Anwendung* jener Darstellungs- und Untersuchungsmethode – der Statistik im weiteren oder formalen Sinne – auf die in Staat und Gesellschaft lebenden Menschen verstanden werden solle. Näher noch und schärfer hat Georg von Mayr sie als die allgemeine Wissenschaft von den sozialen Massen und genauer noch als die auf erschöpfende, in Zahl und Maß festgelegte Massenbeobachtungen gegründete Klarlegung der Zustände und Erscheinungen des gesellschaftlichen menschlichen Lebens definiert, soweit solche in den sozialen Massen zum Ausdruck kommen. Offenbar sind diese Begriffbestimmungen aus Anpassungen an den Sprachgebrauch entsprungen, der an den weiteren Sinn des *Wortes* Statistik festgebunden ist. Ich halte es nicht für zulässig, eine quantitative Bestimmung in den Begriff des Objektes einer Wissenschaft aufzunehmen – ebensowenig wie das Wesen einer Wissenschaft durch das Moment der *Anwendung einer Methode* erschöpfend ausgedrückt werden kann.

Wenn es nun schwerlich gelingen würde, den Begriff der Statistik als Wissenschaft von diesem Moment, dem Sprachgebrauch zum Trotz, völlig loszureißen, so scheint es geraten zu sein, wie dies auch Wilhelm Wundt in seiner Methodenlehre vorgeschlagen hat, den Begriff der Statistik als Wissenschaft oder mit anderen Worten den *Namen* der Statistik für irgend eine Wissenschaft völlig aufzugeben und fallen zu lassen. Bekanntlich sind es in erster Linie die Zustände und Veränderungen gegebener *Bevölkerungen*, die den empirischen Gegenstand dessen ausmachen, was man unter Statistik als Wissenschaft versteht. „*La population est l'elemént statistique par excellence.*" Die statistische Darstellung und Untersuchung der *wirtschaftlichen* Tatsachen der Produktion und Konsumtion, des Handels und Verkehrs, der Arbeiterzustände usw. kann sich die Nationalökonomie, sofern sie auch Wissenschaft von Tatsachen sein will, nicht nehmen lassen; sie gehören zu ihr und müssen ihr dienen, wenngleich sie solche der fachmäßig betriebenen, insbesondere der amtlichen Statistik überläßt. Alle Zustände und Bewegungen des sozialen Lebens werden am Geeignetsten in wirtschaftliche, politische und geistige eingeteilt. Die Massenbeobachtungen, die als Merkmal der statistischen Wissenschaft gelten (in Wahrheit sind sie Merkmale der statistischen Methode), erstrecken sich auf alle drei Gattungen. Die bare Volksmenge, die Einwohnerzahl eines Landes oder einer Gemeinde, eines Kreises usw. gehört, so wichtig sie auch für die ökonomische Betrachtung ist, wesentlich zu den *politischen* Tatsachen: es ist nach dem alten Sinne „politische Arithmetik", die sie in Zahlen und Verhältnissen darstellt und untersucht. Freilich stehen diese überall in engen Berührungen mit *natürlichen* Tatsachen, die sich als die biologische Seite des sozialen Lebens begreifen lassen und wiederum unmittelbarer auf das *wirtschaftliche* Leben hinweisen. Dasselbe gilt von vielen der mehr oder minder massenhaften Erscheinungen, die unter den Namen Medizinalstatistik, Kriminalstatistik und generell als Moralstatistik betrachtet zu werden pflegen. Überwiegend gehören aber diese mit den Gegenständen der Unterrichtsstatistik usw. zu den *geistigen* Tatsachen des sozialen Lebens, zu denen wir immer auch die *moralischen* rechnen werden.

Wir brauchen einen allgemeinen Terminus für dieses naturwissenschaftliche Studium der Menschen in ihren sozialen Zuständen und Veränderungen, insbesondere der Gesetzmäßigkeit in ihren willkürlichen Handlungen, bei der uns nur in wesenloser Form der Mensch an sich, der „mittlere", der allgemeine Durchschnittsmensch bleibt, so richtig auch prinzipiell wissenschaftlich dieser Begriff als aus seinen mannigfachen Erscheinungen abstrahierbar gedacht ist. Denn wichtiger ist es, den Menschen, wie er durch seine wirtschaftlichen, politischen und geistigen Verhältnisse bedingt und bestimmt wird, nach allen Seiten gründlich kennen zu lernen und berechenbar zu machen. Es bieten sich hierfür die glücklich erfundenen Ausdrücke *Demographie* und *Demologie* an, die freilich nach Ursprung und Gebrauch teils auf die statistische Methode, teils auf die Tatsachen der Bevölkerung eine engere Beziehung haben. Aber beide Beziehungen sind den Ausdrücken nicht wesentlich und haben mit ihrer Etymologie nichts zu tun. Dagegen sind sie trefflich geeignet, die Kulturvölker in ihrem Wesen, ihren ökonomisch-politischen Verfassungen, ihren geistigen Lebensäußerungen als Gegenstand der induktiven und vergleichenden wissenschaftlichen Erkenntnis hervorzuheben, so daß sich ihre Inhalte mit denen der Ethnographie und Ethnologie zu einem Ganzen vereinigen.

In der Tat sind auch heute die wichtigsten Werke beschreibender Bevölkerungsstatistik von der Art, daß sie sich nicht der statistischen Methode allein bedienen – denn wie Mayr sagt, kann nicht daran gedacht werden, die sozialen Massen (ich würde sagen: vollends nicht die sozialen Tatsachen als solche) durchweg der erschöpfenden Massenbeobachtung zu unterwerfen. Es bleiben eben immer gewisse Seiten von Zuständen und Vorgängen übrig, die der objektiven und erschöpfenden Beobachtungsweise des Zählens und Messens unzugänglich sind. Es gelangen auch bloß qualitative Feststellungen, die durch Enquêten und Einzelbeobachtungen gewonnen sind, zu ihrem Recht. Und von der Bevölkerung, von Land und Leuten, ist der Übergang notwendig – ob mit oder ohne statistische Methode, die jedenfalls der Ergänzung durch andere Erkenntnismittel bedarf – zu den Tatsachen des Berufs und Erwerbes, der Besitzverhältnisse, der Verwaltung und Justiz, von da zu den regelmäßigen oder außerordentlichen Vorkommnissen des Lebens, unter denen die Bewegung der Bevölkerung die nächsten enthält, die sich durch Regelmäßigkeit und Berechenbarkeit auszeichnen. Der hohe Wert der statistischen Methode besteht nicht allein darin, daß sie qualitative Bestimmungen durch quantitative ergänzt und ersetzt – was die wahre Seele des wissenschaftlichen Denkens überhaupt ist –, sondern daß sie eben dadurch ermöglicht, die festen Relationen von den losen zu unterscheiden, genauer noch: die Relationen nach dem Grad ihrer Festigkeit abzustufen, daß sie also eine exakte Vergleichung von Erscheinungen möglich macht, die in Raum und Zeit verschieden sind. Dies hängt nicht an der „großen Zahl"; aber je größer die Zahl der Beobachtungen ist, desto deutlicher treten, da entgegengesetzte Tendenzen einander sich darin aufheben, die dauernden, wesentlichen, notwendigen, also auch die kausalen Relationen daraus hervor. Und wie die Setzung des Wirklichen, so müssen wir auch die des Notwendigen, überhaupt also die Setzung des Gewissen oft durch die des Wahrscheinlichen durch möglichst genaue Bestimmung des Grades der Wahrscheinlichkeit ersetzen. Und hier ist einer der bedeutsamen Punkte, an denen die Sozialwissenschaft, wenngleich hauptsächlich in ihren biologischen Elementen – wieder an die mathematisch-logische Deduktion anknüpfen muß.

Ob wir aber Statistik treiben oder ob wir uns mit anderen Formen der Untersuchung, mit außerstatistischer Orientierung wie Mayr sie nennt, begnügen müssen bzw. jene dadurch ergänzen wollen – immer wird unser Sinn auf die reine Tatsächlichkeit und ihre so sehr als möglich vollständige Beschreibung gerichtet sein, welche die Erklärung in sich einschließt. Hierdurch gedenken wir mit allem Ernst beflissen zu sein, das Studium des sozialen Lebens über den Streit der Parteien hinauszuheben, es von der lähmenden Last der Werturteile zu befreien, ihm so viel wie möglich von der Gewißheit der Mathematik und von der Treffsicherheit der Astronomie zu verleihen. Soziologie ist allen Feindseligkeiten zum Trotz ein Weltwort geworden und der Träger eines Welt-Gedankens. Die Anfeindungen richten sich vorzugsweise immer gegen den *Namen*. Der Name ist wie andere Namen eine Erfindung der Bequemlichkeit. Er hat außer dieser Tauglichkeit den Vorzug, ein internationales Wort zu sein. Sprachlich ist er nicht schlechter als andere wissenschaftliche Namen, z. B. *Planimetrie*. Auch das allgemein angenommene Wort *Biologie* ist sprachlich falsch gebildet; denn das Leben im biologischen Sinne heißt im griechischen ζωή. Auch ist Biologie, seit es erfunden wurde, langsam durchgedrungen. Durchgedrungen ist auch bereits die Soziologie, d. h. das Wort. Schaffen wir, daß auch die Sache durchdringt. Es ist freilich eine unendliche Aufgabe.

Meine geehrten Damen und Herren! Goethe hat den Ausspruch des englischen Poeten Pope sich zu eigen gemacht: „Das eigentliche Studium der Menschheit ist der Mensch" (*The proper study of mankind is man*). In imperativische Form übertragen fällt diese Aussage mit dem alten Gebot des delphischen Gottes zusammen, das den Geist des Sokrates so tief aufregte: nämlich mit dem Gebot

Γνῶθι σεαυτόυ (Erkenne dich selbst!). Das ist zunächst freilich ein Gebot, das an den einzelnen, den sittlichen Menschen gerichtet ist. Es soll dazu dienen, die Herrschaft der Vernunft in ihm zu begründen. Selbsterkenntnis ist die Bedingung der Selbstbeherrschung. Das Gebot gilt aber auch für die Menschheit sowie für den wissenschaftlichen Menschen, der im Namen der Menschheit, der seienden und der werdenden, zu denken und zu reden berufen ist. Die Soziologie versucht diesem Gebot gerecht zu werden. Durch sie und in ihr will die Menschheit sich selbst erkennen. Und der Hoffnung ist Raum gegeben, daß sie sich durch Selbsterkenntnis selbst zu beherrschen lernen werde. Diese Hoffnung ist mit der streng theoretischen Stellung, die wir einnehmen, vollkommen verträglich. Jedem steht es frei, sich auf seine Weise solche Hoffnung zu gestalten. Als Mensch, als Staatsbürger, Weltbürger, Zeitbürger kann niemand gleichgültig dagegen sein. Als Denker und Forscher sind wir gegen alle Folgen, alle Folgerungen aus unseren Gedanken und Forschungen gleichgültig. Wie es für unser Planetensystem nur *eine* Sonne gibt, so viele auch sonst im Weltall wirken mögen, so gibt es für ein wissenschaftliches System nur die *eine* Sonne: die Wahrheit!

Hochgeehrte Versammlung!

Die Begründung dieser Gesellschaft ist mit wissenschaftlichen Plänen verbunden gewesen, mit mehr oder minder ausgestalteten Wünschen und Ideen großer Kooperationen auf dem Gebiet der Forschung – und diese beziehen sich, in Übereinstimmung mit meinen Ausführungen, durchweg auf das gegenwärtige, auf das uns umgebende soziale Leben.

Es wird sich zunächst und vor allem um *eine* große Aufgabe handeln, die wohl auf allgemeine Teilnahme und sowohl auf ein lebendiges Interesse des gelehrten als auch des größeren Publikums rechnen darf.

Gemeinschaft und Individuum

Im Wesen jedes sozialen Verhältnisses liegt es, daß wenigstens von einer Seite, in einem vollkommenen, d. h. gegenseitigen Verhältnis aber von beiden – um von dem einfachen Fall eines Verhältnisses *zweier* Personen auszugehen, – der *Anspruch* auf ein gewisses Verhalten der anderen Person und die Erwartung eines solchen gehegt wird, und zwar eines Verhaltens, das aus dem freien Willen hervorgeht und dem Wunsch und Willen des Erwartenden gemäß ist: es wird also durch einen gemeinsamen, einen überindividuellen – sozialen – Willen gesetzt und *geboten*. Für das Wesen des sozialen Verhältnisses ist es gleichgültig, ob die „Erfüllung" *gleichzeitig auch* durch einen anderen, übergeordneten, sei es individuellen oder sozialen Willen geboten ist, oder auch nur gedacht wird als z. B. durch einen „Gott" befohlen und auferlegt. Zunächst und unmittelbar ist es das Verhältnis selbst, d. h. der darin enthaltene gemeinsame Wille, der eine solche „Pflicht" oder „Obliegenheit" erzeugt, die entsprechende „Forderung" erhebt. Also erwächst aus jedem Verhältnis ein Sollen, eine Schuldigkeit, und wird dem Sollenden bewußt, insofern als er des Verhältnisses selbst bewußt ist. – Zu einem Teil sind soziale Verhältnisse als „sittliche", zu einem anderen Teil als „rechtliche" Verhältnisse Gegenstände der Erkenntnis.

Jedes soziale Verhältnis wird als rechtliches begriffen, insofern als gedacht wird, daß die aus ihm hervorgehenden Pflichten durch Entscheidung eines Richters (eines Gerichtes) festgestellt werden können und (unter Umständen) sollen. Für die rationale Konstruktion ist der normale Ursprung eines solchen Verhältnisses der *Vertrag*; und zwar insofern, als er durch gegenseitiges *Versprechen* geschlossen wird und gegenseitige „Rechte", d. h. berechtigte Ansprüche und „Pflichten" begründet. Die Voraussetzung dieses Begriffes ist, daß der erklärte Wille einer „Person" (als solche wird zunächst jeder individuelle Mensch vorgestellt, insofern als er vernünftig, also der Willenserklärung fähig ist) gilt, daß mithin durch eine solche Willenserklärung Bestandteile der Willenssphäre einer Person in die Willenssphäre einer anderen Person übergehen „von Rechts wegen", d. h. einem sozialen Willen gemäß, der ebenso für die Beteiligten insgesamt Geltung hat. Die Willenssphä-

re einer Person ist aber das natürliche (angeborene) oder erworbene und dadurch
dem natürlichen gleich gemachte – erkennbare und von anderen Person tatsächlich anerkannte – Gebiet ihrer *Macht* oder ihres Vermögens, d. h. eines dauernden
Könnens. Es kann in klarer und konsequenter Weise gedacht werden, daß gemäß
dieser Idee alle Personen beliebig ausgedehnten Systems schlechthin frei und unabhängig von der in und mit ihren Willenssphären agieren, die sie nur durch ausdrückliche (förmliche) Willenserklärungen verändern, teils in der Form unmittelbaren Austausches von Sachen oder Leistungen, teils durch Verträge, d. h. durch
Versprechen von Leistungen. Dies ist der individualistisch-gesellschaftliche Begriff
eines *natürlichen*, d. h. der Vernunft gemäß allgemeinen und notwendigen Rechtes, der von der stoischen Philosophie her im römischen Privatrechtssystem und in
neuerer Zeit im Zusammenhang und Gefolge einer mathematisch-mechanistischen
Welttheorie für Lehre und Gesetzgebung entscheidende Wirkungen ausgeübt hat.
Diesem Begriff wurde im 19. Jahrhundert durch die älteren, wiederauflebenden
Gedankenmächte teils die unbestimmte Anschauung eines historisch-traditionel-
len und national differenzierten Gewohnheitsrechtes, teils die in Unklarheit ver-
harrende Analogie eines *organischen* Charakters alles positiven Rechtes (die zumeist in eine neue theologische oder doch religiöse Begründung hinausläuft, wie
sie daraus entsprungen ist) entgegengewälzt, ohne daß sie doch vermochten, die
in der wirklichen Rechtsauffassung und Rechtsbildung ausgeprägte Denkweise
umzugestalten, d. h. deren individualistisch-gesellschaftliche Voraussetzungen zu
tilgen, die vielmehr unter ihren ahnungslosen Händen um so üppiger wucherten.

Möglich ist allerdings eine Theorie der Rechtsverhältnisse, die den entgegengesetzten Ausgangspunkt nimmt, ohne in irgendwelche Mystik oder gar Theologie zu verfallen : nämlich alle Rechtsverhältnisse können nach Analogie der auf
Blutsverwandtschaft und sonstiger „*Gemeinschaft*" beruhenden Herrschafts- und
Dienst- oder gegenseitigen Hilfeverhältnisse und Verpflichtungen gedacht, also
konstruiert werden, womit sie als ihrer Wurzel nach von Natur „*gegeben*" vorausgesetzt werden, d. h. als in der allgemeinen oder in einer besonderen *Notwendigkeit* menschlichen Zusammenlebens und Zusammenwirkens gegründet. Hier
erschiene dann der Vertrag nur als die Befestigung oder Bestätigung, besser vielleicht noch als die individuelle Erfüllung eines der Idee nach schon vorhandenen,
weil in dem genannten Sinne notwendigen „Bandes", das seinem Wesen nach ein
Band der „Treue" wäre, d. h. der zeitlich unbegrenzten Erhaltung eines dadurch
hergestellten Zustandes, nämlich eben des sozialen Verhältnisses, das auch in diesem Fall durch die Idee des *Gerichtes* als eines die Pflichten und Rechte *bestim-
menden* und „entscheidenden" allgemeinen Willens ein Rechtsverhältnis würde.

Diese aus ihren Verhüllungen zu befreiende soziologische Rechtsphilosophie ist längst an einem charakteristischen Punkt mit der individualistisch-rationalistischen – die den tatsächlichen modernen Rechtsverhältnissen weit besser angepaßt ist – zusammengestoßen, nämlich in der Lehre von der *Ehe*. Die Streitfrage ist hier gegeben: Ist die Ehe ihrem Wesen nach ein *Vertrag*? Ein Vertrag auf lebenslängliche Bindung? Und zu welchen Leistungen verpflichtend? Kant, der letzte große Vertreter des rationalen – gesellschaftlichen – Naturrechts, antwortet mit entschlossener Kälte: „zum lebenslänglichen wechselseitigen Besitz ihrer Geschlechtseigenschaften" (d. h. einer Verbindung zweier Personen verschiedenen Geschlechts).[97] Diese Definition, und zwar wesentlich die Bestimmung der Ehe als Vertrag überhaupt, ist in der ersten Hälfte des 19. Jahrhunderts Gegenstand vieler Erörterung und Kontroverse gewesen. *Hegel* nennt es „roh", die Ehe bloß als einen bürgerlichen Vertrag zu begreifen und erklärt, daß sie durch Kants Bestimmung „zur Form eines gegenseitigen vertragsmäßigen Gebrauchs herabgewürdigt" werde.[98] Und auch Walter wirft Hegel vor, daß er von der Bedeutung der Ehe als „menschheitlichen Instituts" nichts sage und bei allem Gerede von Objektivität doch nur im Subjektiven stehen bleibe.[99]

Ein tiefer Dissens über das Verhältnis zwischen *Recht* und *Moral* liegt hier verborgen. Der Gedanke jenes rationalen Naturrechts, den noch Kant und vor ihm Fichte in aller Schärfe herausgestellt haben, war die völlige *Scheidung* der beiden Gebiete; und dem entspricht die Beschaffenheit des Rechts, das Gesetz seiner Entwicklung, in jeder fortgeschrittenen, also in der modernen großstädtischen Kultur und Weltkultur. Dagegen empört sich aber das sittliche Bewußtsein. Wie genetisch das Recht immer gedacht worden ist, als in der Sittlichkeit beruhend und von ihr unablösbar, so wollten die romantischen und restauratorischen Denker es auch theoretisch in diesem Sinne *ausschließlich* begreifen. Sie hatten recht, daß es *auch so* begriffen werden muß. Aber vergebens mühen sie sich, das Recht einer kapitalistischen Gesellschaft als von sittlichem Inhalt erfüllt darzustellen. Erfüllt ist es von der Herrschaft des Privateigentums; und in diesem hat (nach einem neueren Meister der Jurisprudenz, Rudolf von Ihering) „der nüchterne, platte Materialismus seine vollendete Ausprägung erhalten". Natürlich können gleichwohl mit solchem Recht sittliche Gefühle und Gedanken zusammen bestehen; aber sie gehören nicht zu ihm, sie liegen außerhalb seines Wesens. Und es ist charakteristisch für dieselbe gesellschaftliche Entwicklung, die dahin tendiert, Institutionen des Rechts immer mehr gleich und einheitlich zu machen, daß sich die morali-

---

97 Vgl. Immanuel Kant, *Metaphysische Anfangsgründe der Rechtslehre*, § 24.
98 Georg Wilhelm Friedrich Hegel, *Über die wissenschaftlichen Behandlungsarten des Naturrechts*, § 161.
99 Walter, *Naturrecht und Politik*, § 128.

schen Gefühle und Gedanken immer mehr differenzieren und auseinandergehen – und zwar sowohl bei Individuen als auch bei gesellschaftlichen Klassen – und das letztere ist das Bedeutsame. Um so stärker bewährt das gesetzliche Recht als genau definiertes, als scharfe Abgrenzung der Willenssphären gegeneinander, aber auch als Hemmung gemeinschädlichen *Gebrauches* individueller Rechte, seinen Sinn und seine Notwendigkeit. Da viele gemeinschaftliche Verhältnisse auch durch das Element der Herrschaft, das sie in sich enthalten, leicht in Feindseligkeiten übergehen, so wirkt gerade das Gericht, und zwar desto mehr, je stärker seine Autorität und Vollzugskraft geworden ist, dahin, solche gemeinschaftlichen Verhältnisse – wenigstens äußerlich – zu *egalisieren* und eben dadurch den gesellschaftlichen ähnlicher zu machen.

Wenn hier sittliche Verhältnisse von rechtlichen unterschieden werden, so hat das Wort „sittlich" einen soziologischen, nicht einen ethischen Sinn. Er soll nur diejenigen sozialen Verhältnisse zusammenfassen, die ihrem Wesen nach keiner richterlichen Erkenntnis unterliegen oder aber noch nicht zu einer solchen Anerkennung gelangt sind. So ist in den neuen deutschen Sprachgebrauch „*das* Verhältnis" in eine Bedeutung übergegangen, die auf intime Beziehungen zwischen Personen verschiedenen Geschlechtes abzielt und ehemals bald durch das etwas niedriger weisende Fremdwort „Konkubinat", bald durch das etwas höhere „Gewissensehe" bezeichnet wurde. Aber die Ehe selbst ist doch nur in ihrer Oberhaut ein rechtliches, ihrem Fleisch und Blut nach jedoch ein sittliches Verhältnis, gleich der Freundschaft, der Kollegenschaft, der Landsmannschaft, der Klientel, dem Verhältnis von Lehrer und Schüler und vielen anderen. Und als sittliches Verhältnis in diesem Sinne, als sittliche Gemeinschaft ist sie in ihrem Wesen unabhängig von dem Spruch eines Priesters oder Beamten sowie von der Zustimmung irgendwelcher anderen Personen. Andererseits kann das „Zusammensprechen" weder verhindern, daß die Ehe im konkreten Einzelfall ein gesellschaftliches, noch daß sie ein feindseliges, also sogar ein unsoziales Verhältnis werden kann. Und doch entspricht ohne Zweifel der Priester mehr ihrer Idee als einer Gemeinschaft, der Standesbeamte mehr derjenigen als eines gesellschaftlichen Zusammenlebens. Der geistlich-mystische Begriff eines Sakramentes steht dem des bürgerlichen Vertrages entgegen. Überhaupt aber berühren sich Gemeinschaft und sittliches Verhältnis ebenso wie Gesellschaft und rechtliches Verhältnis; denn wie Religion in Anschauung und Phantasie beharrt, so tendiert dagegen das Recht zu wissenschaftlicher Klarheit und Analyse.

Durchaus analog den sozialen Verhältnissen sind die sozialen Verbände zu denken. Denn der *Verband* ist nichts anderes als das Verhältnis, insofern als dessen Wille einem individuellen Wesen zugeschrieben wird. Der Verband wird also

– im Unterschied zum bloßen Verhältnis als einheitliches personenähnliches Wesen in erster Linie von seinen Stiftern und Mitgliedern selbst vorgestellt; in zweiter Linie von der Umwelt, die diese Wesen erkennt und anerkennt; in dritter Linie endlich vom Theoretiker und Denker: und zwar als personenähnliches Wesen, d. h. als eines ausgesprochenen, begründeten Wollens, und folglich als der eigentlichen sozialen *Handlung* fähig und solches Wollen und Handeln regelmäßig ausübend. Der deutsche Sprachgebrauch wendet mannigfache Namen auf solche Verbände an, ohne es für nötig zu halten, Verhältnisse und Verbindungen zu unterscheiden. Dies geschieht aber ausdrücklich, wenn auf eine solche künstliche Person der Name *Körperschaft* (Korporation) angewendet wird, um die Einheit und Einigkeit zu bezeichnen.

Von hoher Bedeutung ist es nun, daß der begriffliche Unterschied von „Gemeinschaft" und „Gesellschaft" auch auf Körperschaften anwendbar ist und angewandt werden muß. Und zwar ist die kardinale Frage diese: Was ist die Körperschaft *an sich*, d. h. für ihre eigenen Angehörigen oder Mitglieder? Wird sie als etwas Reales oder als etwas Ideelles und bloß Fingiertes *empfunden* und *gedacht*? Als etwas Reales – dann wohl als ein wirklicher Körper oder Leib, sei es, daß diesem ein sinnlich-geistiges oder ein übersinnlich-übergeistiges Dasein zugeschrieben wird. Als etwas Fingiertes – dann am ehesten als „Person" in dem Sinne, wie für irgendwelche Zwecke irgendwelche Summe von Beziehungen, besonders von subjektiven *Rechten*, personifiziert werden kann, ohne daß man an das wirkliche Dasein einer solchen Person zu glauben pflegt oder zu glauben geneigt ist. Von den Benennungen ist es freilich unabhängig, wie sich der Einzelne zum Ganzen stellt, wie er es empfindet und denkt, und dies ist das Wesentliche: ob ihm diese Gesamtheit ohne Zweifel etwas Wirkliches, Unzerstörbares, darum leicht etwas Heiliges und Göttliches darstellt, oder aber eine bloße Einrichtung, ein Gerät, das gebraucht wird, aber entbehrlich gemacht werden kann; und hier ist offenbar für viele verschiedene Auffassungen und deren Vermischung Raum.

Im Allgemeinen ist es einleuchtend, daß für Menschen, die ihrer Einbildungskraft folgen, (daher auch für naive und gläubige Seelen, wie auch für dichterisch oder mystisch gestimmte) die Vorstellung eines wirklichen Verbandes oder einer göttlichen Stiftung weit näher liegt als für nüchterne, reife Verstandesmenschen, also für „Individualisten", Geschäftsleute, wissenschaftliche Denker. Wenn auch Schwärmereien aller Art immer wiederkehren so ist doch im Fortgang einer großen Zivilisation die Vermehrung und Verstärkung des letzteren Typus unverkennbar. Wenn schon der lebendige sichtbare Organismus dem wissenschaftlich-analytischen Begreifen sozusagen Widerstand leistet, so ist dies vollends mit sinnlich unwahrnehmbaren „Dingen" der Fall. Den Organismus und, wenn möglich nach seinem Bild die ganze Welt, stellt sich der freie entschlossene Denker – d.h. der seinen stärksten Motiven folgende – als ein Uhrwerk oder ein anderes mechanisches Kunstwerk vor, d.h. wie von Menschenhand zu einem bestimmten Zweck zusammengesetzt. Ebenso ist der Verband, die Korporation für ihn ein „Verein" oder eine „Anstalt", d.h. entweder durch Individuen für ihre Zwecke fingiert oder durch ein Individuum bzw. durch einen schon bestehenden Verein gebildet, den es vertritt und von dessen Willen es abhängig ist, wie sonst vom Willen der Gesamtheit (oder einer diese repräsentierenden Mehrheit) aller Vereinsmitglieder.

Und so wird in der Regel der normale denkende Mensch nicht anders zu denken vermögen, als daß nur die Individuen wirklich sind, und daß ein Ganzes, das aus solchen bestehe, nur die Summe der Individuen darstellt. Es ist allerdings eine wichtige Frage, ob es möglich ist, daß der Mensch ohne Mythologie, Mystik oder Theologie sein Verhältnis zu einer „Gemeinschaft" oder einem „Gemeinwesen" anders denken kann – nämlich das Verhältnis oder die Korporation als ihrem Wesen nach wirklich lebendig, also „organisch", also ihn selbst bedingend, wie ein Organismus als Ganzes seine Organe als Teile bedingt: „Die Hand ist nicht Hand, außer dem Namen nach, wenn sie nicht in Verbindung mit dem lebenden Körper ist, dem sie angehört." Es ist möglich, und zwar auch mit den Mitteln einer auf die alleinige *natürliche* Realität der Individuen gegründeten rationalistischen Wissenschaft. Die Denkenden können die *Idealität* ihres Verhältnisses oder ihrer Verbindung vollauf anerkennen, und doch sie so auffassen und begreifen, daß sie sie als *seiend* behaupten, als durch ihren Willen gesetzt, aber beharrend trotz ihres persönlichen Vergehens, weil ihre Person immer durch neue Personen von notwendig gleichgerichtetem Willen ersetzt werden. Dies würde wenigstens von Verbindungen gelten, während bloße Verhältnisse immer als von den Individuen abhängig bleibend und mit ihnen untergehend gedacht werden müssen, so daß auch im Fall des Einrückens in ein bestehendes Verhältnis, der Sukzession, dieses selbst immer neu geschaffen werden muß.

Die sozialen Verhältnisse aber sind mit ihrem subjektiven Wesen regelmäßig in *objektiven* Verhältnissen begründet. Und solche unterliegen auch den bedeutendsten sozialen Verbindungen, wenigstens denen von gemeinschaftlichem Charakter; und sie reflektieren sich psychologisch in der notwendigen inneren Einheit und Harmonie von Mitteln und Zwecken, die nach *meinem* Begriff den „Wesenwillen" bezeichnet.[100] Solche objektiven Verhältnisse gehen aber tatsächlich auch in die hier als Gesellschaften konstruierten Verhältnisse und Verbindungen über und können ihnen auch etwas von gemeinschaftlichem Wesen erhalten. So ist die

---

100   Vgl. Ferdinand Tönnies, *Gemeinschaft und Gesellschaft. Grundbegriffe der reinen Soziologie*, 2. Aufl. 1912, S. 103 ff. (6. und 7. Aufl. 1926, S. 85 ff.).

Wirkung der Abstammungs-Gemeinschaft – als Nationalität – auf den *Staat* bedeutsam. Der Staat verlangt – als gesellschaftliche, national gedachte Verbindung – nur *Menschen* als Mitglieder, als Staatsbürger – „Steuerzahler". Aber tatsächlich – „historisch" – pflegt irgendein Volkstum das numerische Übergewicht zu haben oder doch ihm das geistige Gepräge zu geben. Und an dieses Volkstum hängen sich dann auch die sympathischen Gefühle, die Gewohnheiten, die Erinnerungen, und neigen dazu, Staat und Volkstum für identisch zu halten. Hinter diesem Irrtum ist freilich oft auch das Interesse verborgen, das regierende Personen und Klassen anleitet, wesentliche Vorteile des Staates in ausschließender Weise für sich in Anspruch zu nehmen, oder in umgekehrter Weise gerade die Forderung einer Menge, Gleichheit walten zu lassen, die den Volksgenossen, den Kindern desselben Vaterlandes, am wenigsten verweigert werden zu dürfen scheint. Aber sogar dann noch, wenn die Volksgemeinschaft ins Allgemein-Menschliche verdünnt ist, kann vermöge der Teilnahme am Staat und an dem Volkstum, das in ihm überwiegt, dadurch an idealen Gütern, Ideen, Erinnerungen und Traditionen sich eine Anschauung bilden, die ein Gemütsverhältnis zum Staat – und dem alsdann durch ihn repräsentierten „Vaterland" – bedeutet, die ihn als Selbstzweck zu setzen scheint: als Gegenstand der Liebe, Verehrung und Treue, wie sie der antike Bürger für seine Stadt empfand, wenn er, wie Sokrates, lieber Freiheit und Leben einbüßen, als den Gesetzen ungehorsam sein wollte, denen er seine sittliche Existenz zu verdanken meinte.

Daß nach dieser Richtung hin der heutige Staat bei den Völkern der höchsten Kultur seine Entwicklung nehmen wird, ist eine Erwartung, die von manchen gehegt und sich bald auf die historisch-sittlichen Fundamente, bald auf bedeutsame Merkmale der neueren innenpolitischen Entwicklungen stützt. Ihre Erfüllung kann nicht als schlechthin unmöglich behauptet werden. Im Allgemeinen hängt sie an der volkstümlichen, alle sittlichen Kräfte an sich ziehenden Gestaltung der staatlichen Einrichtungen – daran, daß sie allen Tüchtigen zugänglich werden; daß nicht nur die Rechtsprechung, sondern die Verwaltung und Regierung von Gerechtigkeit erfüllt und durchdrungen ist, so daß die Beamtenschaft und dadurch der Staat selbst überall als Freund und Helfer des Guten in Erscheinung tritt; daß Staat und sittlich-geistige Bildung untrennbar miteinander verbunden seien und so als Gegenstände gemeinschaftlichen Genusses freudig bejaht werden. All dies würde ein Schweigen oder doch ein bedeutendes Nachlassen der erbitterten Klassen- und Interessenkämpfe voraussetzen, von denen die heutige soziale Luft erfüllt ist. Diese Dämpfung wird aber nur durch eine gleichmäßigere und gerechtere Verteilung der Produkte einer als gemeinsam empfundenen volkswirtschaftlichen Arbeit („*nationaler Arbeit*") bewirkt werden und erfordert daher eine Umwandlung der heute durch die Macht des privaten und absoluten Kapitals bedingten Formen dieser Volkswirtschaft: ein gemeinschaftliches statt eines gesellschaftlichen Zusammenarbeitens. Hoffnungen, Ideen, Pläne, Systeme gehen seit mehr als einem Jahrhundert in diese Richtung. Dabei wurde ehemals, mehr als in jüngerer Zeit, darauf Gewicht gelegt, daß schon in dem großen Umschwung – der Revolution – der von fürstlichen Absolutismen zu modernen Verfassungen und (wenigstens prinzipiellen) Demokratien führte, Motive verwandter Art mitgewirkt haben. Ist es doch die ausgesprochene Idee des nationalen Liberalismus gewesen, den Staat zur Sache des Volkes, ja Staat und Volk identisch zu machen; wenigstens sollte der Staat, der bisher „als ein lebloser Begriff im leeren Raume geschwebt" habe, „dessen Existenz vom Volke nur in unverstandenem, daher für feindlich gehaltenem Drucke wahrgenommen wurde, dessen man sich durch jede Art von List oder Betrug zu entledigen suchte"[101], als ein erhabener ethischer Wert erkannt werden, ja sogar, im Sinne einer Wiederbelebung antik-platonischer Ansicht, als „die Wirklichkeit der sittlichen Idee" schlechthin, der „sittliche Geist, als der offenbare, sich selbst deutliche, substantielle Wille, der sich denkt und weiß und das, was er weiß und insofern er es weiß, vollführt" (Hegel). Dieser Staat ist zugleich „die Verwirklichung der Freiheit"; sein Wesen ist, daß das Allgemeine mit der vollen Freiheit der Besonderheit und dem Wohlergehen der Individuen verbunden ist, so daß sich also das Interesse der Familie und der bürgerlichen Gesellschaft zum Staate zusammennehmen muß, daß aber die Allgemeinheit des Zweckes nicht ohne das eigene Wissen und Wollen der Besonderheit, die ihr Recht halten muß, fortschreiten kann." Wenn aber schon Otto von Gierke von *seinem* „Staatsgedanken" sagt, daß er freilich „nicht einmal in der Wissenschaft allgemein anerkannt, noch weniger bereits im wirklichen politischen Leben realisiert, oder auch nur von dem Rechtsbewußtsein der Nation als das zu erstrebende Ziel voll und klar erfaßt" sei, so gilt dies vollends von der *Hegelschen* Erscheinung des objektiven Geistes. Die gegenwärtige Ausführung sollte aber dazu dienen, die eminente soziologische Bedeutung der Staatstheorie und also der in ihr gipfelnden *Rechtsphilosophie* herauszustreichen. Die Idee des „*Zukunftsstaates*", als eines freien, auf dem nationalen Eigentum des Grund und Bodens, der Bergwerke und aller Massenproduktions- und Massenverkehrsmittel beruhenden Gemeinwesens, muß als eine notwendige Konsequenz der gesamten neueren, sowohl technischen als auch geistigen und eben darum auch politischen Entwicklung begriffen und gewürdigt werden; obschon es keineswegs die allein denkbare, also notwendige, nicht einmal die überwiegend wahrscheinliche Entwicklung darstellt, die in diesem Gedanken enthalten ist. Sie

---

101 Vgl. Otto Gierke, *Das Deutsche Genossenschaftsrecht*, Band I, Berlin 1868, S. 831: (das „nur" beinhaltet eine parteiische Übertreibung!).

ist wie die Forderung einer dialektischen Konstruktion vielmehr wesentlich das Postulat des sittlichen Idealismus, der als Gestalter der Wirklichkeit einen zwar möglichen, und wenn wirklich werdend, höchst bedeutenden, aber auch einen sehr ungewissen und unter regulären Bedingungen unwahrscheinlichen Faktor darstellt.

Gemeinschaft und Gesellschaft

Vorrede der dritten Auflage

1.

Die vorliegende Schrift führte in der ersten Auflage (1887) den Untertitel: *„Abhandlung des Kommunismus und des Sozialismus als empirischer Kulturformen."* In der zweiten Auflage (1912) habe ich an dessen Stelle einen anderen gesetzt, der mir auch jetzt noch richtiger zu sein scheint.[102] Jener dürfte nur von wenigen Lesern richtig verstanden worden sein. Heute ist es vielleicht an der Zeit, darauf zurückzukommen; einige erklärende Worte dazu hätte ich auch vor 32 Jahren nicht für überflüssig halten sollen. Jene berufenen Ausdrücke wollte ich nicht als Gebilde des Denkens und der Phantasie verstehen, wie es üblich war und ist – wobei man ehemals in der Regel Kommunismus als das weitergehende System auffaßte, worin auch die Verteilung durch das Gemeinwesen geregelt sei, während neuerdings die Theoretiker in Anlehnung an den herrschenden Sprachgebrauch die Begriffe Kommunismus und Sozialismus als gleichbedeutend hinzustellen pflegen. In dieser jüngsten sturmbewegten Zeit hat sich indessen wieder eine Parteiung erhoben, die geflissentlich den Namen „kommunistisch" für sich in Anspruch nimmt, wie denn schon längst – die erwähnten Theoretiker hätten das nicht übersehen dürfen – dieses Beiwort in Verbindung mit dem *Anarchismus* gebraucht worden war, der in scharfem und bewußtem Gegensatz zum Sozialismus als Zukunftsideal, insbesondere auch zu dem System, das als „wissenschaftlicher Sozialismus" eingeführt worden ist, eine Propaganda entfaltet hatte – besonders auch eine solche „der Tat" –, deren Erfolg in Rußland und den romanischen Ländern vor einem Menschenalter und nachher die Gemüter tief erregt hat.

Heute dürfen wir uns dieser Erregungen als eines Vorspiels der Erschütterung erinnern, womit nunmehr der sogenannte Bolschewismus das durch den Welt-

---

102   Vgl. Ferdinand Tönnies, *Gemeinschaft und Gesellschaft. Grundbegriffe der reinen Soziologie*, Berlin 1912.

krieg zerrissene Europa bewegt und bedroht. Freilich ist neben diesen Partei- und Programmnamen, unter denen das *Kommunistische Manifest* von Karl Marx und Friedrich Engels durch dessen Weltbedeutung obenan steht, ein anderer Gebrauch des Wortes üblich, nämlich „zur Bezeichnung von Gemeineigentumsformen – in erster Linie an Grund und Boden –, die geschichtlich der Bildung des Sondereigentums vorausgegangen" sind und sich neben diesem, „immer mehr freilich vor ihm zurückweichend, vielfach bis in unsere Zeit hineinragend erhalten haben, sowie von freiwilligen Gemeinschaftsformen, die nicht grundsätzlicher Feindschaft gegen die Institution des Privateigentums als solche ihr Dasein verdanken, sondern lediglich aus den besonderen Verhältnissen derjenigen heraus, die sich zur Gemeinschaft zusammenschließen, erwachsen sind: so vor allem die klösterlichen Gemeinschaften" (Carl Grünberg). Wobei zu beachten ist, daß diese zweite Art weder in dem Ausdruck Agrarkommunismus noch in dem neuerdings geläufigen des Urkommunismus begriffen ist. Es darf als bekannt vorausgesetzt werden, daß auch das Wort Sozialismus nicht ausschließlich auf eine erdachte Zukunftsgesellschaft oder den „Zukunftsstaat" angewandt wird, sondern vielfach so, daß gegenwärtig bestehende oder auch ehemalige und historisch gewordene Einrichtungen – solche, in denen der Staat, die Gemeinde oder eine andere kollektive Person als Subjekt des Eigentums auftreten – sich als Sozialismus (Staatssozialismus, Gemeindesozialismus) geltend machen.

Es war nun meine Absicht, diesen Begriffen eine wissenschaftliche Gestalt zu geben, die zwar jenen Weiten des Sprachgebrauchs gerecht würde, zugleich aber den Charakter einer *Idee* hätte, die sowohl bestimmten Erscheinungen der Wirklichkeit als auch den Vorstellungen und Idealen der Menschen irgendwie nahekäme, ohne sich je mit ihnen zu decken. Die wirklichen Erscheinungen, die „empirischen Kulturformen" standen mir dabei im Vordergrund. Ich wollte Kommunismus als das Kultursystem der Gemeinschaft, Sozialismus als das Kultursystem der Gesellschaft begreifen.[103] Zu diesem Zweck dehnte ich beide Ideen aus, um ihre Bedeutung als Formen des Eigentumsrechts auf das gesamte wirtschaftliche, politische und geistige Zusammenleben der Menschen zu erstrecken. Ich hatte in der Vorrede zur ersten Auflage von dem Gedanken gesprochen, „welchen ich für mich auf diese Weise ausdrücke: daß die natürliche und (für uns) vergangene, immer aber zugrundeliegende Konstitution der Kultur kommunistisch ist, die aktuelle und werdende sozialistisch," und ihn dahin erläutert, es gebe keinen „Individualismus" in Geschichte und Kultur „außer wie er ausfließt aus Gemeinschaft und dadurch bedingt bleibt oder wie er Gesellschaft hervorbringt und trägt".

---

103   Was aber subjektiv zu denken ist: in ihrem Bewußtsein sind sie es (Zusatz von 1924.)

Es kann nicht befremden, daß ich die moderne Gesellschaft, insofern als sie sich gewaltig von den vielen Gemeinschaften des alten Lebens unterscheidet, aus denen sie hervorgegangen ist und über die sie sich erhoben hat, aus den Individuen als deren (Kür-)Willensgebilde ableite, während in Bezug auf die Gemeinschaft die Individuen als Glieder des Leibes, als ihre Organe oder Organteile verstanden werden. Befremden kann es und befremdet hat es denkende Leser, daß ich auch den Staat – es versteht sich seinem heutigen Sinne nach – unter den Begriff der Gesellschaft gebracht habe, indem ich (im Dritten Buch, § 29) den Staat als zwiespältig, nämlich erstens als die allgemeine gesellschaftliche Verbindung, die in „der" Gesellschaft steht, aber zweitens als die Gesellschaft selbst oder die soziale Vernunft bestimme, d. h. als „die Gesellschaft in ihrer Einheit, nicht als besondere Person außer und neben die übrigen Personen gesetzt, sondern als die absolute Person, in Bezug auf welche die übrigen Personen allein ihre Existenz haben". In Verfolgung dieses Gedankens hatte ich schon 1887 ausgesprochen: „Der Staat ist kapitalistische Institution und bleibt es, wenn er sich für identisch mit der Gesellschaft erklärt. Er hört daher auf, wenn die Arbeiterklasse sich zum Subjekt des Willens macht, um die kapitalistische Produktion zu zerstören." – „Und hieraus folgt, daß die politische Bestrebung dieser Klasse ihrem Ziele nach außerhalb des Rahmens der Gesellschaft fällt, welche den Staat und die Politik als notwendige Ausdrücke und Formen ihres Willens einschließt."

Der letzte Satz will und sollte sagen, daß die Idee der Arbeiterbewegung auf eine Wiederherstellung der Gemeinschaft abzielt, nämlich die Schaffung einer neuen sozialen Grundlage, eines neuen Geistes, neuen Willens, neuer Sittlichkeit – läßt sich so etwas schaffen? Das Unermeßliche der Aufgabe hat mir immer vor Augen gestanden, wie es heute mir vor Augen steht, da so viele glauben, die Stunde habe geschlagen, das „Himmelreich sei nahe herbeigekommen" – herbeigekommen in dem zerschmetterten, ächzend danieder liegenden, von seinen Feinden mißhandelten Deutschland, herbeigekommen für unser, wie jüngst (am 26. März 1919) der neue sozialdemokratische Reichskanzler treffend sagte, „leidendes, von jeder militärischen Kraft entblößtes und der Vernichtung preisgegebenes Volk."

Ich teile jene chiliastischen Vorstellungen nicht. Ich glaube auch nicht, daß die Arbeiterklasse, wie sie ist, sich zum Subjekt des Staatswillens machen kann, um die kapitalistische Produktion zu zerstören. Ich habe aber schon damals – in dem gleichen Paragraphen – von einer dem Begriff nach möglichen Form des Sozialismus gesprochen, welche die gesamte Güterproduktion zu einem Teil der *Verwaltung* machen würde, ohne daß die kapitalistische Warenproduktion aufgehoben würde; ich habe angedeutet, daß erst, „sobald die Gesellschaft über alle Grenzen hinaus sich erstreckt hätte, und folglich der *Weltstaat* eingerichtet würde", die Wa-

renproduktion „ein Ende hätte", „mithin auch die wahre Ursache des Unterneh-
mergewinns, des Handelsprofits und aller Formen des Mehrwerts".

Ich halte an diesem Gedanken fest, der mich damals alle (eigentlich) gesellschaftlichen mit den staatlichen volkswirtschaftlichen Tätigkeiten als Sozialismus
zusammenfassen und der mich später an anderer Stelle sagen ließ: „Sozialismus
ist Volkswirtschaft, das Wort im prägnanten Sinne genommen."[104] Es ist der gleiche Sinn, worin man längst die Bildung der Großbetriebe, Vereinigung von Arbeitern und Arbeitsmitteln, vollends dann die Einschränkung und Ausschließung
des Wettbewerbs durch Kartelle, Syndikate, Trusts, die Kontingentierung und einheitliche Leitung ganzer Produktionszweige als Vorbereitungen des Staatssozialismus verstanden und dargestellt hat; der gleiche Sinn, worin die gesamte Sozialpolitik und soziale Reform zu diesen Vorbereitungen gehört; vor allem aber die
Selbstorganisation der Arbeiter in Gewerkschaften, deren wachsender Einfluß die
konstitutionelle Fabrik schaffen wird, und vollends in Genossenschaften, die für
ihren eigenen Bedarf als Verbraucher selbst Fabriken und andere Betriebe ins Leben zu rufen vermögen.[105] Hier findet von der Gesellschaft aus, und zwar von den
Elementen des *Volkes*, die am meisten Gemeinschaft in sich pflegen, von den Fa-
milienhaushaltungen aus, die in allen Schichten etwas davon bewahren, eine, je
mehr sie erweitert wird, um so mehr erstarkende und bewußter werdende *Sozi-
alisierung* statt, der eine voreilige und gewaltsame Verstaatlichung des Handels
und beliebiger Betriebsmassen hemmend entgegentreten würde. Und zu gleicher
Zeit ist doch – zumal unter gegenwärtigen Umständen, da der Weltkapitalismus
auf der ganzen Linie unerhörte Triumphe feiert – ein Gelingen so schwieriger und
kostspieliger Experimente keineswegs wahrscheinlich: um nicht zu sagen, daß ein
Mißlingen gewiß wäre.

Unverkennbar ist freilich, daß die gewaltige europäische Revolution, die im
Jahr 1914 einsetzte, die gesamte Entwicklung der *sozialen Frage* in einer Weise
beschleunigt, als ob eine elektrische Batterie in einen Wagen hineingesetzt würde, den bisher ein Maultier in gemächlichem Trott gezogen hatte. Die tiefe Not,
der vor allem die in der gesellschaftlichen Entwicklung zurückgebliebenen Reiche – Rußland, die Balkanvölker und das Osmanische Reich, Ungarn, die tsche-
choslowakischen Neustaaten, Österreich – anheimgefallen sind, auf deren Stand
Deutschland zurückzuzwingen das eigentliche Ziel der englisch-französischen En-
tente war, die dafür die Bundesgenossenschaft eines bisherigen deutschen Bun-
desgenossen und der fremden Weltteile, die Kampfgenossenschaft der Schwar-

---

104 Vgl. Ferdinand Tönnies, *Die Entwicklung der sozialen Frage*, Leipzig 1907, S. 74.
105 Die Bedeutung der Genossenschaft, die mir 1887 noch nicht aufgegangen war, habe ich, wie
     bei mancher anderen Gelegenheit, so in einem Zusatz zu Buch III, § 14 der zweiten Auflage von
     Gemeinschaft und Gesellschaft zu würdigen mir angelegen sein lassen.

zen, Braunen und Gelben in ihre Dienste spannte – diese Zwangslage wird auch im wieder gegönnten Frieden zu einer Zusammenfassung und Organisierung der wirtschaftlichen Kräfte nötigen, wie sie während des Weltkriegs stattgefunden hat und dessen Führung durch fünfzig Monate ermöglichte. Als Kriegssozialismus, Zwangswirtschaft, Militarisierung des Wirtschaftslebens hat dieses System so große Wirkungen ausgelöst und ebenso große Mängel und Lücken aufgewiesen und unermeßliche Unzufriedenheiten erregt, ohne daß es irgendwie versucht hätte, die hervorgebrachten Mehrwerte der Gesamtheit, dem Staat, zuzuführen, ohne überhaupt dem Kapital (außer ungenügend vermehrten Steuern) andere Opfer zuzumuten, als daß es immer wieder seine Riesengewinne als hochverzinsliches Darlehen dem Reich zurückgäbe, das die geliehenen Milliarden wiederum außer auf die Arbeit auch auf das Kapital zurückfließen lassen mußte. Die finanzielle Zerrüttung, die daraus entsprungen ist, und die Zerstörung des Geldwesens zu heilen, ist nunmehr die große Aufgabe, der, wie es scheint, nur ein neuer, aber echterer Sozialismus gewachsen sein wird. Wenn dieser Sozialismus den Staat zwar nicht zu bereichern, aber doch aus der Verarmung emporzuheben vermag, so wird das wesentlich auf Kosten des privaten Reichtums geschehen, dessen Tage auch aus anderen Ursachen – wenngleich nur in diesen verelendeten Ländern – gezählt sein dürften, aber auch auf Kosten derjenigen Arbeiter, die in jenem Wahn der Erlösung lebend durch ein immer erhöhtes Papiergeldeinkommen und verminderte Arbeit die Volkswirtschaft produktiver zu machen sich einbilden, während sie der blutleeren ihre unentbehrliche Nahrung entziehen.

Schon bisher hat der Staatsgedanke in Deutschland weit mehr als in den lateinischen Ländern, vollends mehr als in England und in den Kolonialländern, einen gemeinschaftlichen Mitsinn gehabt, ja wir dürfen sagen, etwas von gemeinschaftlichem Charakter besessen, der in allgemeiner Wehrpflicht, allgemeiner Schulpflicht und allgemeiner Versicherungspflicht – wenn auch mangelhaft – zum Ausdruck kam. Nicht als ob Vaterlandsliebe und Nationalgefühl in den feindlichen Ländern minder stark, geschweige minder leidenschaftlich wären! Aber der deutsche philosophische Idealismus, als dessen Erben Friedrich Engels die deutsche Arbeiterbewegung bezeichnet und ausgezeichnet hat, hat die Vaterlandsliebe bewußter in den Staatsbegriff hineingesenkt, als es in irgendeinem anderen Lande geschehen konnte. Und zu einem Teil ist eben dies Miturache gewesen, warum das *Neue Reich*, das als eine Schöpfung des preußischen Kriegerstaates begründet wurde, sich in der Staatenwelt nicht dauernd zu behaupten vermocht hat. Der deutschen Philosophie ist auch der Gedanke des Weltstaatenbundes und des ewigen Friedens in einer Klarheit entsprungen, die noch durch die Jahrhunderte des Krieges und des Zwiespalts hindurchleuchten wird, welche der Menschheit bevorstehen.

Deutschland legt nunmehr seine Waffen nieder[106], die es in Trübsal, aber in
Ehren gegen eine erdrückende und erstickende Übermacht geführt hat: gegen Menschen aller Rassen, gegen eine aller Menschlichkeit spottende Aushungerung, gegen einen Feind, der unsere Säuglinge, Mütter und Greise zu vertilgen unternahm
– und vermochte; aber Deutschland legt nicht die Waffen seines Geistes nieder,
die es vielmehr verstärken und verfeinern wird, um der Welt das Verständnis eines
Gemeinwesens und eines Kulturideals einzuflößen, die den Widerspruch gegen die
Weltgesellschaft und ihren Mammonismus in wissenschaftlicher Gestalt darstellen, welche eben dadurch zu einer *ethischen Macht* wird: nämlich zur Macht des
Gedankens der Gemeinschaft. Diesen *durch* den gegebenen – modernen – Staat
in die gegebene – moderne – Gesellschaft hineinzutragen, liegt den Deutschen ob,
bei Strafe des Unterganges. Vielleicht schwebt auch den Russen, deren viel stär-
kerer Urkommunismus, wenn auch im Verfall, erhalten blieb, eine solche Aufgabe
vor. Ganz gewiß ist, daß ihre Methoden in Deutschland und in allen Ländern hoher gesellschaftlicher Zivilisation unverwendbar sind, die sich nicht ohne zu ver-
bluten aus dem Netz der Weltwirtschaft losreißen können.

In Weimar hat am 30. März ein berühmter Politiker ausgesprochen, daß Deutschland weltpolitisch zwischen russischem Kommunismus und englisch-amerikani-
schem „individualistischem Kapitalismus" stehe – hier müsse es seinen eigenen
Weg suchen und finden.[107] Ich würde sagen: Individualismus und Sozialismus sind
überall, wenn auch in verschiedenen Phasen der Entwicklung, die leitenden Mächte. Rußland und andere halb barbarische Länder wähnen, die schwersten Phasen
der Entwicklung überspringen zu können und den Kommunismus durch aufge-
drungene Beschlüsse und durch einseitig rücksichtslose Gesetzgebung herbeizuführen. Es wird nur einem sehr gewaltsamen „individualistischen Kapitalismus"
den Boden bereiten. Den Kommunismus durch Gesetze und Verordnungen herbeiführen wollen ist dem Versuch einer Dame zu vergleichen, sich durch Schön-
heitspflästerchen und Schminke oder gar durch Zaubertränke eine neue Jugend zu
verschaffen. Deutschland kann inmitten seiner Not und zur Heilung dieser Not,
wenn es von klarer Erkenntnis und starkem Willen geleitet wird, einen lebens- und
entwicklungsfähigen *Sozialismus* begründen, aber auch nur *begründen*. Dieser –
ohne seine notwendige Voraussetzung, den Privatkapitalismus gewaltsam zu zerstören – würde als erweiterter *Staats- und Gemeindekapitalismus–* worin, so darf
man sagen, die Idee des Kapitalismus in ihre Gegenteil übergeht –, wenn auch im
Mitbewerb um den Absatz auf dem Welt*markt* schwächer als zuvor auftretend, im
Mitbewerb um die *Weltmeinung* allen Völkern der Erde voranleuchten, und zwar

---

106   Im Spätherbst 1918 geschrieben.
107   Im Mai 1919 hinzugefügt.

hauptsächlich durch den Ausbau des Wesens der Genossenschaft mit Einschluß der kommunalen und der staatlichen Genossenschaft – des Gedankens nämlich, daß Verbände so sehr als möglich ihren eigenen Bedarf durch eigene Produktion denken wollen –, oder durch Einbau des kommunistischen Gedankens und guten Willens in den gesetzmäßig, besonnen, wissenschaftlich planmäßig fortschreitenden Sozialismus – durch Vorbereitung eines nach Jahrhunderten des Unterganges zu erwartenden Aufganges – des neuen Zeitalters höherer menschlicher *Gemeinschaft*, als des Erbteils, das wir unseren späten Nachfahren hinterlassen wollen.

Für die Deutung des Vergangenen wie für die tastende Erkenntnis des Werdenden gilt es gleichermaßen, daß wir das Dasein der Menschheit als einen Lebensprozeß denken müssen, der sich in naturgesetzlicher Weise vollzieht, und daß wir es uns als eine Wirklichkeit von unendlicher Mannigfaltigkeit denken können, die als solche unserer Begriffe spottet und sich wie ein Proteus immer wieder ihrer zwingenden Hand entzieht. Dieser Tatsache versucht das „dialektische" Denken gerecht zu werden. Daß diese Denkweise Voraussetzung für das Verstehen meines Buches *Gemeinschaft und Gesellschaft* sei, wurde schon in der Vorrede zur ersten Auflage in den Worten ausgesprochen: „Aber alle Philosophie, mithin alle Wissenschaft als Philosophie, ist empiristisch: in dem Verstand, nach welchem alles Sein als Wirken, Dasein als Bewegung und die Möglichkeit, Wahrscheinlichkeit, Notwendigkeit der Veränderungen als eigentliche Wirklichkeit aufgefaßt werden muß, das Nichtseiende als das wahrhaft Seiende, also durch und durch auf dialektische Weise. Die empiristische und die dialektische Methode fordern und ergänzen einander. Beide haben es mit lauter *Tendenzen* zu tun, sich begegnenden, bekämpfenden, verbindenden."

Der Begriff der Gemeinschaft

Es hat lange als ein Vorzug der deutschen Wissenschaft gegolten, daß sie den Begriff des Staates, der von alters her den Mittelpunkt der Rechtsphilosophie gebildet hatte, durch den Begriff der Gesellschaft ergänzt habe. Das entscheidende Verdienst dafür wird Hegel zugeschrieben, der in seinen Vorlesungen über die Rechtsphilosophie die „bürgerliche Gesellschaft" als das zweite Glied – die Antithese – zwischen die Familie und den Staat stellt, indem er in den drei Erscheinungen, die sich natürlich in der letzten vollenden, die Verwirklichung des Rechts als „die Sittlichkeit" dargestellt sein läßt. Wenn er der Gesellschaft das Beiwort „bürgerlich" gibt, so knüpft er damit an den Ausdruck an, der in der französischen und englischen Publizistik im 18. Jahrhundert geläufig war – z. B. durch Adam Fergusons *Essay on the History of Civil Society* (1767) – ohne daß aber je ein Versuch gemacht worden wäre, daraus einen Begriff zu gestalten. Hegel fand in Loren von Stein einen bedeutenden Nachfolger, der (zuerst 1849) „den Begriff der Gesellschaft und die Gesetze ihrer Bewegung" als Einleitung zur Geschichte der sozialen Bewegung Frankreichs seit 1789 entwickelte. Er wollte zeigen, daß die Verfassungen wie die Verwaltungen der Staaten den Elementen und Bewegungen der gesellschaftlichen Ordnung unterworfen sind. Die Ordnung des Güterlebens werde durch diese Arbeitsteilung zu einer Ordnung der Menschen und ihrer Tätigkeit, diese wiederum durch die Familie zu einer dauernden Ordnung der Geschlechter. In jener aber sei die Gemeinschaft der Menschen die organische Einheit ihres Lebens; „und diese organische Einheit des menschlichen Lebens ist die menschliche Gesellschaft". Stein führt des weiteren aus, daß der Inhalt des Lebens der menschlichen „*Gemeinschaft*" ein beständiger Kampf des Staates mit der Gesellschaft und der Gesellschaft mit dem Staate sein müsse; der Staat aber ist ihm zufolge die als Wille und Tat in ihrer Persönlichkeit auftretende „Gemeinschaft" der Menschen. Prinzip des Staates ist seine Aufgabe, sich zu entwickeln und um dieser seiner Entwicklung willen das Fortkommen, den Reichtum, die Kraft und Intelligenz aller Einzelnen durch seine eigene höchste Gewalt anzustreben. Prinzip der Gesellschaft ist das

Interesse, daher die Unterwerfung der Einzelnen durch die andern Einzelnen, die Vollendung des Einzelnen durch die Abhängigkeit des Anderen.

Diese Steinsche Lehre, geistvoll von ihm angewandt und durchgeführt, gewann in Rudolf Gneist ihren einflußreichsten Anhänger, der auf das Staats- und Verwaltungsrecht Preußens und des neuen Deutschen Reiches mitbestimmend gewirkt hat. Gneist eröffnet seine Schrift über den „Rechtsstaat"[108] mit der Anerkennung, daß die heutige Welt in ihren tiefen Gegensätzen auf dem Boden der *Gesellschaft* begriffen werden müsse: „Auch die Wissenschaft kann sich der Anerkennung nicht entziehen, daß jenes abstrakte ,Ich', aus welchem das ehemalige Naturrecht den Staat aufbaute, nicht der wirklichen Welt angehört, daß in der Wirklichkeit vielmehr jedes Volk sich innerlich scheidet und gliedert nach dem Besitz und Erwerb der äußeren und geistigen Güter, zu deren Aneignung und Genuß die Menschheit bestimmt ist – eine Gliederung, welche ich hier in den Begriff der ,Gesellschaft' zusammenfasse." In der Anmerkung 1 bezieht er sich auf die „meisterhafte Darstellung Steins", die für seine Bearbeitung der englischen Verfassungsgeschichte von maßgebender Bedeutung geworden sei.

Wenn die Begriffe „Gesellschaft" und „Staat" nebeneinander gestellt werden, so fällt zunächst auf, daß der Name Gesellschaft nur eine mannigfach zusammenhängende Gesamtheit von Menschen bezeichnet, während der Name Staat jedenfalls auf einen Verein – eine Verbindung oder, wie man jetzt zu sagen pflegt, Organisation – hinweist, dem so und so viele Menschen angehören, die zunächst in einem „Staatsgebiet" nebeneinander wohnen. Gegen die Theorie des modernen Naturrechts, das den Staat wie einen anderen Verein (eine Sozietät) aus dem Willen der Individuen hervorgehen ließ, hatte sich die historische Rechtsphilosophie empört, indem sie erklärte, daß der Staat etwas Gewordenes, Organisches, seinem Kern nach etwas Ursprüngliches und keineswegs durch Verträge entstanden sei. Die Polemik beruhte auf einem Mißverständnis jener Theorie und auf dem konservativen (oder restauratorischen) Bestreben, die Tätigkeit des in der Revolution wie vorher im fürstlichen Absolutismus sich erhebenden Staates zu hemmen, dessen Beruf für Gesetzgebung und Kodifikation der Hauptbegründer der historischen Rechtsschule leugnete.

Allerdings muß aber zugegeben und erkannt werden, daß eine andere Konstruktion des Staates wie anderer Verbände möglich ist als jene, die ihn als Mittel für gemeinsame Zwecke vieler Einzelmenschen vorstellt. Und sogar wenn er als Mittel gedacht wird, so muß er noch lange nicht als mechanisches und isoliertes Mittel gedacht werden, sondern kann auch zugleich ein Zweck sein, der mit den gemeinsamen Zwecken so unlösbar zusammenhängt, daß er durch sich und in sich

---

108   Vgl. Rudolf Gneist, *Der Rechtsstaat und die Verwaltungsgerichte in Deutschland*, Berlin 1879.

diese selbst darstellt. Ein Verband kann nämlich von seinen eigenen „Mitgliedern" als eine „Körperschaft" nicht nur benannt, sondern auch vorgestellt werden, die von ihnen als Teilen wesentlich unabhängig ist und sich vielmehr als eine lebendige Sache, ein Organismus im Wechsel seiner Teile durch diesen Wechsel sich selbst erhält. Und wie ein Verband, so wird schon ein bloßes Verhältnis zweier oder mehrerer Menschen anders aussehen, wenn die Menschen als einander wesentlich fremd gedacht werden, aber mit ihren Wünschen und Interessen einander begegnend und ein Verhältnis des Austausches eingehend, bei dem jeder seine Rechnung findet – anders, wenn gedacht wird, daß ein Gemeinsames von vornherein für sie vorhanden und gegeben ist, aus dem sich notwendig wechselseitige Leistungen ergeben. Das Gemeinsame wäre in diesem Fall z. B. gemeinsame Abstammung; es kann aber auch ein gemeinsamer Zweck sein, z. B. die Gründung eines Hauswesens, sofern diese nicht als Gegenstand zufällig zusammentreffender Wünsche, sondern als gemeinsame Obliegenheit, als Pflicht und Notwendigkeit gedacht wird. So sollen auch alle sozialen *Werte*, an denen der Einzelne einen Anteil hat, sei es daß er sie ganz und gar als ihm gehörig empfindet und denkt oder daß er nur eine Beziehung der Wertschätzung dazu hat, verschieden gedacht werden – nämlich erstens als objektive, im vollkommenen Fall heilige Werte, an denen der Teilhaber als Genosse einen Mitgenuß habe, die aber unabhängig von ihm bestehen und dauern; zweitens als durch die Individuen, die je für sich den Wert erkennen und setzen, bedingt. Das gemeinsame Eigentum ist daher im ersten Fall als eine unteilbare oder doch wieder in ein Ganzes zurückfließende Masse zu denken, im anderen Fall als durch die Beiträge der Einzelnen zusammengesetzt, immer teilbar bleibend, eine Menge von Mitteln, die für einen mehr oder minder begrenzten Zweck bestimmt sind.

Ich habe geglaubt feststellen zu sollen, daß alle sozialen Verhältnisse, sozialen Werte und sozialen Verbindungen, insofern als sie für ihre Subjekte – die sozialen Menschen – vorhanden sind, durch deren *Willen* geschaffen, gesetzt oder eingerichtet werden, daß eben diese psychologische Bedingtheit ihr Wesen ausmacht, weil sie dadurch gleichsam von innen gesehen werden, während z. B. die Steinsche Bestimmung des Begriffs der Gesellschaft („organische Arbeit des menschlichen Lebens") an der Außenseite hängen bleibt; vollends ist bei ihm „Gemeinschaft" nur ein Ausdruck, der bezeichnen soll, daß die „Vielheit für den Einzelnen da ist". Er nennt daher auch – in einem späteren Werk – Gesellschaft und Staat „die beiden großen Elemente der Gemeinschaft"[109].

---

109 Lorenz von Stein, *System der Staatswissenschaft*, 2. Band: „Die Gesellschaftslehre", Basel 1857, S. 73.

Vielmehr muß das oberste Einteilungsprinzip der sozialen Gebilde in der verschiedenen Beschaffenheit des menschlichen Willens erkannt werden, der gleichsam darin steckt und ihr Lebensprinzip darstellt. Deutlicher tritt dies zu Tage, wenn wir anstelle des perfektionistischen Wollens das präsentische Zeitwort Bejahen setzen und insofern von Bejahung der sozialen Verhältnisse, sozialen Werte und sozialen Verbindungen reden. Und hier entsteht die begrifflich schärfste Entgegensetzung, wenn auf die eine Seite Bejahung der Gebilde lediglich um ihrer selbst willen, auf die andere Seite Bejahung lediglich eines äußeren Zweckes halber gesetzt wird – den Willen der einen Art nenne ich *Wesenwillen*, den der anderen Willkür oder (neuerdings) lieber, um diesen vieldeutigen Ausdruck zu vermeiden, *Kürwillen*. Diese Lehre weicht daher ganz und gar von der hier und da begegnenden Theorie ab, worin „unwillkürliche" und gewollte oder gewillkürte Vereine, Verbindungen usw. unterschieden werden, indem jene auch rein äußerlich als solche betrachtet werden, die nicht aus einem ausdrücklichen Ent- oder Beschluß der beteiligten Individuen hervorgegangen sind und deshalb wie z. B. die Familie, in die man hineingeboren wird, als „ohne Willen" aufgefaßt werden. In Wahrheit darf man als normalen Fall annehmen, daß die Familie mit ganzem Gemüt bejaht wird, daß also der Mensch sie mit seinem Wesenwillen setzt, wie er mit seinem Kürwillen eine Handelsgesellschaft setzt, die ausschließlich den begrenzten Zweck hat, einer von ihm eingelegten Geldsumme Werterhaltung zu garantieren und einen möglichst hohen Gewinn zu erwerben.

Diese Ansicht deckt sich auch keineswegs mit derjenigen, die „unwillkürliche Organisationen" aus Gefühl und Instinkt hervorgehen läßt. Für mich ist erstens nicht das Hervorgehen die Hauptsache, sondern das dauernde innere Verhältnis. So kann eine Ehe – um ein ganz individuelles Verhältnis in diesem Sinne zu betrachten – mit voller Begeisterung und wie um ihrer selbst willen eingegangen sein, und doch nach kurzer Frist von beiden Eheleuten nur „um der Leute willen", d. h. des sozialen Ansehens halber festgehalten und bejaht werden, und zwar als ein Mittel, sich und etwa auch die erzeugten Kinder in der Gesellschaft zu behaupten: mit anderen Worten als *mariage de convenance*. Zweitens entsprechen meine synthetischen Begriffe Wesenwille und Kürwille keineswegs der bei Wilhelm Wundt und anderen begegnenden Unterscheidung von Triebhandlungen und Willkürhandlungen. Der Wesenwille schließt durchaus (in der Psychologie so bezeichnete) Willkürhandlungen mit ein, sofern diese Mittel und Zweck als ein organisches d. h. zusammen *gehöriges* Ganze bejahen. Der Begriff des Kürwillens entsteht gleichsam erst, je mehr Mittel und Zweck sich voneinander entfernen (sie sich gegeneinander entfremden), bis sie sogar in einen offenen Gegensatz zueinander geraten. Der vollendete Kürwille bejaht ein Verhältnis trotz entschiedenen Widerwillens – d. h. eben *lediglich* dem Zweck „zu Liebe". So werde ich eine Wanderung im Gebirge, deren *Ziel* die Erreichung eines hohen Gipfels ist, trotz großer Schwierigkeiten und Strapazen als Ganzes willkommen heißen und bejahen; dagegen werde ich in eine Eisenbahnfahrt von Eutin nach Berlin – zumal unter den Verhältnissen des Jahres 1919 – lediglich um des Zieles und des Zweckes willen einwilligen. D. h. ich werde mich mit Widerwillen dazu entschließen, sofern ich an die Fahrt allein denke und diese als das unvermeidliche Mittel ins Auge fasse, um zu meinem Ziel zu gelangen. In der Regel gibt die Lustbetonung des Zweckes etwas an das Mittel ab, wie die Unlust, die der Handelnde anderen verursacht, auf ihn selbst zurückstrahlt. Aber je mehr sich ein kaltes Räsonnement dem Zweck zuwendet, je mehr dieser als unbedingter erstrebt wird, um so gleichgültiger wird der Gehirnmensch gegen alle Begleiterscheinungen, die mit der Verfolgung eines solchen Zweckes in Wirklichkeit und in vorausnehmenden Gedanken verbunden sind, – und ebenso gleichgültig gegen eigene unmittelbare Unlust als vollends gegen die anderen Wesen verursachte und gegen das Mitleid, dessen Regungen sich etwa einstellen mögen. Noch allgemeiner stellen sich diese Verhältnisse wiederum durch die Begriffe des Bejahens und Verneinens dar. Denn ebenso wie trotz innerer Unlust wird auch trotz anderer innerer Verneinung der Kürwillige seine Mittel gebrauchen – z. B. Worte sagen, die er nicht bejaht oder die er sogar wissend verneint, also bewußte Unwahrheit sagen, die darauf berechnet ist, andere zu täuschen.

Dagegen bleiben Willkürhandlungen, z. B. auch Worte, die mit voller Überzeugung (wenn auch zugleich in der Absicht auf einen bestimmten Zweck) gesprochen werden, innerhalb des Begriffes des Wesenwillens. Ebenso bleibt ein Verhältnis, das aus Liebe, Zuneigung oder als gewohntes liebgewordenes oder pflichtmäßig bejaht wird, innerhalb des Begriffes der Gemeinschaft, wenn es auch zugleich mit voller Erkenntnis seines Wertes und seines Nutzens für mich selbst, den Bejahenden, gedacht und geschätzt wird.

Der Begriff der Gemeinschaft muß sich in diesem – subjektiv begründeten – Sinn streng von dem Begriff bzw. vielmehr der Allgemeinvorstellung unterscheiden, die der Sprachgebrauch meint, wenn er von Volks- und Stammes-, von Sprachgemeinschaft, Arbeitsgemeinschaft und dergleichen redet. Hier wird nur an die objektive Tatsache einer auf gemeinsamen Merkmalen oder Tätigkeiten, d. h. auf äußeren Zusammenhängen beruhenden Einheit gedacht. Diesem Sprachgebrauch hatte Lorenz von Stein seinen Unbegriff der Gemeinschaft entlehnt. Nun fehlt es freilich nicht an Brücken zwischen solcher äußeren (objektiven) und unserer innerlichen (subjektiven) Gemeinschaft; auch deren Benennung lehnt sich an den Sprachgebrauch an. Alle äußerliche Gemeinschaft der Menschen enthält die Möglichkeit, und d. h. eine gewisse Wahrscheinlichkeit der innerlichen Gemeinschaft in sich; sie kann daher als eine potentielle Gemeinschaft der in ihr Verbundenen verstanden werden. So wird die Sprachgemeinschaft aus einer bloß äußeren Tatsache ein höchst bedeutsames einigendes Verhältnis, je mehr die Sprache als seelisch verbindendes Element und zugleich als gemeinschaftlich besessener *Wert* ins Bewußtsein emporsteigt. Das gleiche gilt von der Gemeinschaft der Abstammung, die mit jener nahe verwandt, wenn auch nicht identisch ist; also von der Gemeinschaft, die ein Volk oder eine Nation kennzeichnet. In diesem meinem Sinne hat man gesagt, daß das deutsche Volk am 4. August 1914 eine Gemeinschaft geworden sei. Etwas anders verhält es sich mit einer Religionsgemeinschaft, die freilich auch bloß von außen betrachtet werden kann, aber ihrem Wesen nach wenigstens eine innere Gemeinschaft sein will und soll, weil sie eben darin besteht, daß Menschen, die denselben Gott anbeten und verstehen, sich dadurch verbunden fühlen und verbunden sein wollen; zumal wenn dies Bewußtsein sich dahin ausprägt, daß sie als Glieder eines mystischen Leibes, der Kirche, sich denken; und gar, wenn sie glauben, durch die Teilnahme an einer „Kommunion" das Haupt der Kirche genießend in sich aufzunehmen und insofern in eine übersinnlich-sinnliche Verbundenheit mit ihm und miteinander zu treten.

Ich habe drei Arten innerlicher Gemeinschaft aufgestellt, die mit den geläufigen Namen Verwandtschaft, Nachbarschaft und Freundschaft unterschieden wurden. Die ersten beiden werden auch als bloß äußere Tatsachen oder Dinge verstanden und sind es auch oft nur. Von der Freundschaft gilt das nur in dem jetzt veralteten Sinn, wonach sie mit Verwandtschaft zusammenfällt oder doch, während diese auf Blutsverwandtschaft eingeschränkt wird, den weiteren Sinn der Verwandtschaft bezeichnet. Sonst aber darf man sagen, daß sich die Idee der Gemeinschaft in Freundschaft als dem konträren Gegensatz der Feindschaft erfüllt. Dabei ist aber anzumerken, daß auch keine Art der inneren Gemeinschaft feindselige Gefühle und feindseliges Verhalten der in ihr Verbundenen als tatsächliche Erscheinungen ausschließt. Ein Verhältnis, z. B. eine Ehe, kann als wesentliche Gemeinschaft im Bewußtsein der Verbundenen sein und doch durch solche Gefühle und solches Verhalten oft getrübt werden. Allerdings zersetzen sie die Gemeinschaft und können sie innerlich lösen, wenn sie auch äußerlich sogar mit dem Willen der Verbundenen, dann eben als ein gesellschaftliches Verhältnis, fortbesteht (siehe oben). Um aber diese Namen von gemeinschaftlichen Verhältnissen durch solche von gemeinschaftlichen *Verbindungen* zu ergänzen, mögen hier die Ausdrücke Familie – Gemeinde – Genossenschaft angeschlossen werden.

Parallel mit diesen Einteilungen und durch sie hindurch geht endlich diejenige, vermöge deren ich als Ausdrücke und Gründe der Gemeinschaft das Zusammenwesen, das Zusammenwohnen und das Zusammenwirken unterscheide. Indem hier gegen die Sprachgewohnheit „wesen" als Zeitwort ausgedrückt wird, soll damit gesagt werden, daß es ebenso wie das Wohnen durch die Verbindung mit dem Zusammen eine Art von Tätigkeit wird: nämlich eine psychologische. Zusammenwesen ist die ins Bewußtsein erhobene Zusammen*gehörigkeit*, Zusammenwohnen die Bejahung der räumlichen Nähe als der Bedingung vielfacher Wechselwirkungen, Zusammenwirken endlich diese Wechselwirkungen selbst als Ausfluß eines gemeinsamen Geistes und Wesenwillens. Zusammenwesen ist gleichsam die vegetative Seele aller Gemeinschaft – ihr Leben beruht in einem Bewußtsein der Zusammengehörigkeit und der Bejahung des dadurch gegebenen Zustandes des Aufeinander-angewiesenseins. Zusammenwohnen möge die animalische Seele der Gemeinschaft genannt werden; es ist die Bedingung ihres *tätigen* Lebens, des Zusammenempfindens von Lust und Leid, des gemeinsamen Genusses umgebender und zusammen besessener Güter, des Zusammenschaffens in vereinigter wie in geteilter Arbeit. Das Zusammenwirken möge als die vernünftige und menschliche Seele der Gemeinschaft begriffen werden. Es ist ein höheres und bewußteres Zusammenarbeiten in der Einheit des Geistes und Zweckes, daher auch ein Streben nach gemeinsamen Idealen als unsichtbaren und nur für das Denken erkennbaren Gütern. Für das Zusammenwesen ist das Blut, für das Zusammenwohnen der Boden, für das Zusammenwirken der Beruf gleichsam die *Substanz*, worin die sonst auseinander und widereinander strebenden Willen der Menschen verbunden sind.

In Bezug auf das Zusammenwesen ist der tiefste Unterschied der Menschen, auch in allen psychologischen Wirkungen, der naturgegebene Unterschied des Geschlechtes, dem gemäß die Menschen immer voneinander gehen, aber auch immer zueinander hingezogen werden, indem das „Ewig-Weibliche" als das Mütterliche auch die Wurzel alles Zusammenwesens darstellt. Männer entfernen sich leichter und weiter von der Naturgrundlage des Wesenwillens und der Gemeinschaft. Also beharrt das weibliche Geschlecht eher in den Formen des Verständnisses, des Brauches und des Glaubens, die als die einfachsten Formen eines gemeinschaftlichen Willens bestimmt werden. Das männliche geht leichter zu denen des Vertrages, der Satzung, der Lehre, als den einfachen Formen eines gesellschaftlichen Willens über. Wie aber die Geschlechter auf das Zusammenleben angewiesen sind, so sind es auch diese Formen eines gemeinsamen Willens. Dies gilt ebenso für die folgende Erörterung.

Der am tiefsten gehende Unterschied in Bezug auf das Zusammenwohnen ist derjenige, der durch die Vorstellungen Land und Stadt bezeichnet wird. Er ist dem zuletzt erwähnten Unterschied verwandt und gleichartig. Auch das Land beharrt eher in den Formen des Verständnisses, des Brauches, des Glaubens. Die Stadt bildet die Formen des Vertrages, der Satzung, der Lehre aus. Aber die Stadt bleibt immer in einem gewissen Maße vom „Land" umfangen und abhängig, wie das männliche vom weiblichen Wesen. Sie befreit sich um so mehr, je ausgesprochener sie zur „Großstadt" wird.

Im *Zusammenwirken* ist wiederum ein ähnlicher tiefer Unterschied erkennbar, der in der sinnfälligsten Weise durch die Merkmale arm und reich bezeichnet wird, im geistig-moralischen Gebiet aber, worauf wir ihn hier insbesondere beziehen wollen, als Unterschied der ungebildeten Volksmenge und ihrer gebildeten Beherrscher zutage tritt. Auch das Volk (um es kurz zu sagen) bleibt dem Verständnis, dem Brauch und Glauben treuer oder darin befangen und gebunden. Die Gebildeten bedürfen stärker des Vertrages, der Satzung, der Lehre; und die Bildung gehört stärker zu den Voraussetzungen dieser Gestaltungen. Aber auch das Verhältnis der wesentlichen Abhängigkeit verhält sich hier zum Volk wie das der Stadt zum Land und das der Männer zu den Frauen.

Ebenso wie die Geschlechter auf das Zusammenleben in Verwandtschaft durch Ehe und Familie, so sind auch Land und Stadt sowie die Volksmenge und die Herrscherschicht *aufeinander angewiesen* und insbesondere Land und Stadt darauf angewiesen, in (friedlicher) Nachbarschaft zu leben – die Volksmenge und Herrscherschicht außerdem auch in einer gewissen Freundschaft und Genossenschaft gegenseitigen Vertrauens. Das intensive Zusammenwirken ist das der Kampfgenossenschaft.

In allen diesen Beziehungen gehen aber manche andere wichtige Unterschiede neben den genannten in gewissen Parallelitäten einher und vermischen sich mit ihnen.

Im Zusammenwesen sind nicht nur die Geschlechter verschieden, sondern, wenn auch viel weniger ausgeprägt, die Lebensalter. Eine gewisse Zweiheit ist auch hier zwischen jung und alt, besonders zwischen Kindern oder geschlechtsunreifen und erwachsenen oder geschlechtsreifen Personen.

Im Zusammenwohnen unterscheiden sich ähnlich wie Land und Stadt schon das dichter zusammenwohnende Land von der dünn verstreuten Bevölkerung; und daher das Landvolk der Ebene von dem des Gebirges, das der Marsch von dem der Geest und der Heide. Ebenso hebt sich von der Landstadt die Großstadt ab, also auch die Großstadt vom Land und kleinen Städten, vollends die Hauptstadt von der „Provinz" und die Weltstadt von allen anderen Städten. Ferner sind in den gleichen Hinsichten ganze Gegenden oder Bezirke, unter deren klimatischen und kulturellen Einflüssen ganze Volksstämme stehen, voneinander verschieden. Auch diese Unterschiede gehen teilweise mit dem von Land und Stadt parallel, teilweise kreuzen sie sich mit ihm.

Im Zusammenwirken unterscheiden sich ähnlich wie Volksmenge und Herrscherschicht verschiedene Tätigkeitsgruppen innerhalb des Volkes sowie verschiedene Stände innerhalb der Herrscherschicht: dort der Unterschied des arbeitenden und des handeltreibenden Volkes, innerhalb des arbeitenden Volkes der des ackerbaulich und des handwerklich arbeitenden Volkes; in der Herrscherschicht der Unterschied der herrschenden Stände, besonders des geistlichen und des weltlichen Herrenstandes; innerhalb des weltlichen der des älteren, wesentlich mit dem Grundbesitz verknüpften und des jüngeren, wesentlich durch Kapitalbesitz mächtigen Herrenstandes.

Vollkommener noch als an allen diesen Scheidungen erfüllen sich die hier dargelegten Begriffe, wenn auf der einen Seite die Teilnahme überhaupt am wesentlichen Inhalt des gemeinschaftlichen Zusammenlebens vorgestellt wird und auf der anderen Seite die Entblößung davon: die schlichte Freiheit des Einzelmenschen, die sich von der Gemeinschaft abhebt oder sich über sie erhebt. Dieser freie und isolierte Einzelmensch wird sodann als Urheber (Subjekt) neuer Verhältnisse und Verbindungen gedacht, deren er für seine Zwecke bedarf; alle diese begreife ich als Gesellschaft im Gegensatz zu Gemeinschaft als dem Inbegriff der natürlichen, auch der unter Mitwirkung subjektiver Vernunft gewordenen Verhältnisse und Verbindungen. In der Richtung auf Gesellschaft bewegen sich daher mehr als die jedesmal ersten die jedesmal zweiten Glieder der angeführten Zweiheiten. Mithin:

die Männer mehr als die Frauen,
die Städter mehr als die Landleute,
die Herrscherschicht mehr als das Volk.

Ebenso ferner:

die reiferen Lebensalter mehr als die Jugend,
die dichter zusammen Wohnenden mehr als die dünner zusammen Wohnenden,

daher:

die Anwohner des Meeres mehr als die Binnenländer,
die Anwohner der Ströme oder anderer Verkehrsstraßen mehr als die davon
    Entfernten,
die Einwohner der Täler mehr als die der Gebirge,
die Großstädter mehr als die Städter überhaupt,
die Hauptstädter mehr als die Provinzler,
die Weltstädter mehr als alle anderen
usw.

die handeltreibenden mehr als die arbeitenden Menschen,
die handwerklich Arbeitenden mehr als die ackerbaulich Arbeitenden,
der weltliche Herrenstand mehr als der geistliche Herrenstand,
der jüngere (kapitalistische) mehr als der ältere (grundherrliche) Herrenstand.

Die Analyse des gedachten Einzelmenschen lehrt ihn aber wiederum in der dreifachen Beziehung kennen; denn es steht:

gegenüber dem Familienmenschen der Familienlose,

gegenüber dem Einheimischen der Fremde,

gegenüber dem in seinem Denken durch Gemeinschaften gebundenen der
Freidenker.

Wiederum gibt es in jeder dieser Beziehungen verschiedene Grade der Annäherung; und zu dieser Annäherung sind eben Männer mehr geneigt als Frauen, Städter mehr als Landleute, die Gebildeten mehr als das Volk usw.

Dies tritt auch darin zutage, daß Männer eher als die Frauen aus freien Stücken ein ehe- und familienloses Leben erwählen; das gleiche gilt für die Städter im
Vergleich mit den Landleuten, für die Gebildeten im Vergleich mit dem Volk usw.

Ebenso haben die Männer mehr Veranlassungen, Beweggründe und Neigungen
zum Reisen; sie werden also leichter als Fremde in der Fremde sein und mit Fremden
Geschäfts- und andere Beziehungen anknüpfen. Dasselbe gilt wiederum von Städ-
tern im Vergleich mit Landleuten, von Gebildeten im Vergleich mit dem Volk, von
Gereiften mehr als von der Jugend, von Händlern mehr als von Arbeitern usw. Die
Massenwanderungen des Volkes, zumeist durch Notstände hervorgerufen und nicht
durch die Individuen bestimmt, beweisen nichts gegen diese Tendenz. Vielmehr gilt
hier allgemein, daß es sich um die Grade der Freiwilligkeit handelt. Und die Freiwilligkeit stellt sich am reinsten als die Freiheit der Wahl oder des Kürwillens dar,
die sich also weniger unter einem Druck entschließt und mehr um eines bestimmten Zieles willen ihre Vorsätze faßt und Pläne macht – insbesondere indem sie sich
Zwecke setzt, wie Gewinn von Machtmitteln, und solchen Zwecken alles, was ihr
zur Verfügung steht, mithin auch alle eigenen Handlungen dienstbar werden läßt.

Wir bemerken endlich auch, daß sich der Frei-*Denker* leichter aus dem Mann
als aus der Frau, aus dem Städter als aus dem Landmann und vollends aus dem Gebildeten als aus dem Volksgenossen entwickelt. Und so läßt sich in all jenen Zwie-
spalten, die wir betrachtet haben, ein gleicher Unterschied feststellen.

Der Freidenker selbst kann am meisten in bewußter Weise, auf Grund seines
Denkens und seiner Erkenntnis, nach Gemeinschaft *streben*, wie jedes „isolierte"
Individuum es kann; jenem aber kommt die Einsicht zu, es auf Grund des erkann-
ten Unterschiedes von Gemeinschaft und Gesellschaft zu tun. Es kann ein Streben
gleichsam zurück, nach abgelebten und schwerlich wieder belebbaren Formen der
Gemeinschaft sein. Aussichtsvoller ist es, wenn es vorwärts und auf neue Formen
gerichtet ist, wie sie teils aus beständigen Bedürfnissen hervorgehen, teils durch
ihre eigene Idee bedingt sind, wie sie einem gereiften und wissenschaftlichen Bewußtsein entspringen mag.

Gemeinschaft und Gesellschaft

I.

Die Soziologie ist ein Studium des Menschen: nicht seines leiblichen, nicht seines seelischen, sondern seines sozialen Wesens; des leiblichen und des seelischen nur insofern, als es das soziale bedingt. Wir wollen also nicht nur die Gesinnungen und Beweggründe erforschen, die Menschen zu Menschen hinführen, sie zusammenhalten, zum Zusammenhandeln und Zusammenwirken veranlassen oder anregen, sondern besonders auch die Erzeugnisse menschlichen Denkens, die daraus hervorgegangen und das gemeinsame Wesen zu stützen, zu tragen bestimmt sind, erkennen und untersuchen. Diese vollenden sich in so bedeutenden, oft als Wirklichkeiten, ja zuweilen als solche übernatürlicher Art empfundenen Gestalten wie Gemeinde, Staat, Kirche.

„*Nosce te ipsum*" – willst Du die anderen erkennen, so blicke in Dein eigenes Herz. Jeder von uns lebt in mannigfachen Beziehungen und Verhältnissen zu anderen Menschen, und zwar unmittelbaren und mittelbaren. Jeder von uns kennt viele Menschen, aber wenige im Vergleich zu ihrer ganzen Menge; und wie kenne ich andere Menschen? – Betrachten wir die Unterscheidung zuerst ohne Rücksicht auf diese Frage. Ich setze sie an die Spitze von vier in Bezug auf die Mitmenschen getroffenen Unterscheidungen.

1. *Kenntnis und Fremdheit.* Welche große Bedeutung dieser Unterschied hat, braucht nur angedeutet zu werden. In einem Gewühl von fremden Menschen, in der fremden Stadt trifft man von ungefähr einen Bekannten, vielleicht sogar einen „guten Bekannten" oder doch alten Bekannten. In der Regel ist dies ein Erlebnis, das erfreut. Man fühlt sich ohne weiteres geneigt, mit ihm ins Gespräch einzutreten, wozu man mit dem Wildfremden selten geneigt ist; oft wird die etwaige schwache Neigung schon durch die fremde Sprache gehemmt. Wenn es ein oberflächlich Bekannter ist, so schüttelt man vielleicht zum ersten Mal im Leben (es kann zugleich das letzte Mal sein) mit ihm die Hände. Der Bekannte kann in anderer Hinsicht – außer daß man ihm eben schon einmal begegnet ist und einige Worte mit ihm gewechselt hat oder daß man ihn etwa in einer besonderen Eigenschaft kennt, die uns näher bringt, z. B. als Berufs- oder Fachgenossen – er uns kann in anderen Hinsichten ein Fremder sein, z. B. einer anderen Nation angehören und eine andere Muttersprache haben: er ist ein Bekannter, auch wenn wir uns nur mit Mühe verständigt haben und verständigen. Unsere Sprache unterscheidet fein den Bekannten vom bloß Gekannten. Ein Bekannter – mein Bekannter – kennt auch mich, ein nur Gekannter wahrscheinlich nicht, jedenfalls keineswegs immer. Wer hoch steht, im natürlichen wie im geistigen Sinne – wird von vielen gesehen und gekannt, die er selbst übersieht, die er nicht kennt, oft auch nicht kennen will. Der Mensch, den ich kenne, erinnert sich etwa meiner nicht; oder selbst wenn dies der Fall ist, so mag er etwa nichts von mir wissen. Ich bin ihm gleichgültig oder unangenehm. Hingegen ein Bekannter wird von manchen sogar zu den „Freunden" gerechnet – oft ein Zeichen oberflächlicher Denkungsart oder Redeweise, wenn auch allerdings die Bekanntschaft eine leichte Tendenz zu gegenseitiger Bejahung, die Fremdheit zu ebensolcher Verneinung hat. Dies ist zwar nur eine Tendenz, aber Tendenzen sind wichtig.

2. *Sympathie und Antipathie.* Denn weder das Gekanntsein noch die Bekanntschaft bedeutet immer, daß wir den anderen Menschen auch „leiden mögen" oder gar „gern haben" und (was schon viel seltener ist) lieben. Es ist ein gewaltiger Abstand und Unterschied zwischen denen, die uns sympathisch sind und denen, gegen die wir eine Antipathie haben. Beide – Sympathie und Antipathie – sind zunächst Gefühle; sie werden oft als Instinkte, also als etwas Untermenschliches bezeichnet. In Wahrheit sind sie oft auch mit einem Denken und Wissen, also dadurch mit höheren, edleren, den Menschen auszeichnenden Gefühlen verbunden, ja gehen nicht selten aus solchen Gefühlen und aus dem hervor, was wir denken und wissen. Und ein gewisser Zusammenhang von einiger Bedeutung ist, wie bereits gesagt wurde, zwischen Bekanntsein und Sympathie einerseits, Fremdsein und Antipathie ande-

rerseits vorhanden. Je mehr Sympathie und Antipathie instinktiv sind, um so mehr hängen sie an der äußeren Erscheinung, besonders für die Frauen. Und dies gilt zumal für die Gefühle, die aus dem Eindruck, den der Mann auf sie macht, entspringen: dem Eindruck der Gestalt, des Antlitzes und der Miene, der Kleidung, des Betragens, der Manieren, der Art zu reden, ja des Klanges der Stimme. Auch Männer verlieben sich nicht selten auf den ersten Blick in eine Frau. Für manche wirkt die schöne Gestalt, für andere ist das liebliche Antlitz entscheidend, für einige der bloße Ausdruck der Augen oder die gewandte Rede; für andere das feine Kleid oder der prächtige Hut. Der unmittelbaren und instinktiven Sympathie oder Antipathie kann aber die eigentliche Erfahrung, das Kennenlernen des bis dahin fremden Menschen entgegengerichtet sein. Man findet etwa, daß einer, von dem der Eindruck zunächst ungünstig war, ein ganz netter Mensch sei, etwa auch ein interessanter, sogar ein reizender Mensch – ja es kommt vor, daß bei Frauen und Mädchen eine leidenschaftliche Zuneigung zu einem Mann entsteht, der dieser Frau oder diesem Mädchen anfangs so zuwider war wie etwa Richard III. der verwitweten Königin. Eine andere Frage ist, ob auch, zumal auf immer, eine nachhaltige treue *Liebe*, die aus solcher Wurzel stammt, gedeihen kann. Nicht selten hat doch der erste Eindruck recht gehabt, indem er durch spätere bittere Erfahrung bewährt wird. Auch die umgekehrte Folge ist, wie weidlich bekannt, ein fast alltägliches Ereignis: daß ein vorzüglicher Eindruck, das günstigste Vorurteil, durch die wirkliche und nähere Bekanntschaft Lügen gestraft wird; daß man sich heftige Vorwürfe macht, weil man sich durch die glänzende Außenseite betrügen ließ.

Aber die große Menge der Menschen, nicht nur der unbekannten, der fremden, sondern auch derer, die wir kennen, sogar die wir leidlich gut kennen, bleibt unserer Seele, unseren Gefühlen gleichgültig. Freilich ist die Gleichgültigkeit nicht immer unbeweglich; sie erhält leicht nach der einen oder der anderen Seite eine Neigung. Sympathien und Antipathien haben viele Grade, zumal wenn die (erwähnte) vernünftige, d. h. in unserem denkenden Bewußtsein gegründete Sympathie und Antipathie miterwogen wird. Ein gewisses, wenn auch geringes Maß von Sympathie hegen wir zumeist für alle, die auf unserer Seite, in unserem Lager stehen, ob wir sie nun als solche schon kennen oder erst als solche kennen lernen: als Mitstreiter, Kameraden, als Landsleute, etwa gar der engsten Heimat Angehörige, als Fachgenossen, Glaubens- oder Parteigenossen, Kollegen. Schon durch die Zugehörigkeit zum gleichen Stand, z. B. dem Adel oder zur gleichen Klasse, der besitzenden oder dem Proletariat, entsteht ein gewisses, wenn auch meistens – zumal bei vermehrter Lebenserfahrung – schwaches Maß von Sympathie. Ebenso entsteht und besteht im Gegenteil irgendwelche Antipathie gegen alle, die im anderen Lager kämpfen. Nicht selten steigert sich diese Antipathie zum Haß: und zwar um so eher, wenn es sich um wirkliche Kämpfe handelt, während in anderen Fällen die Antipathie sich nur als eine größere Gleichgültigkeit kundgibt und dazu abschwächt, so daß diese dann durch andere Motive und nähere Bekanntschaft leicht wieder in echte Sympathie übergehen kann. Andererseits genügt schon ein gleiches oder doch ähnliches *Interesse*, je mehr es als solches bewußt wird, um Sympathie, ein entgegengesetztes, um Antipathie zu erwecken. Z. B. hat und empfindet zuweilen die große Menge ein gemeinsames Interesse als Konsumenten; diese haben also dann eine leichte Sympathie für einander. Ihr Interesse ist entgegen dem der Produzenten und Händler, denen sie daher oft eine Antipathie widmen, die herzlicher als ihre gegenseitige Sympathie ist.

3. *Vertrauen und Mißtrauen.* Der dritte Unterschied, auf den ich aufmerksam machen will, ist der, ob wir Vertrauen oder Mißtrauen gegen andere Menschen hegen. Ein gewisses meistens nur schwaches Vertrauen flößt uns der Bekannte ein, ein gewisses oft recht starkes Mißtrauen der Fremde. Ferner entsteht aus der Sympathie leicht und oft rasch ein Vertrauen, das ebenso leicht und zuweilen sehr plötzlich bereut wird, während die Antipathie das Mißtrauen erweckt oder doch verstärkt und ernährt, das sich auch manchmal als unbegründet erweist. Aber auch hier gilt: wie viele Grade! Nur wenigen Auserlesenen schenken wir so großes und tiefes Vertrauen, daß wir auf ihre unbedingte Redlichkeit, ihre Zuneigung und Treue gegen uns und die unseren bauen, wohl gar meinen, „Häuser bauen" zu dürfen – und diese wenigen sind bekanntlich nicht immer „unseresgleichen", haben also keinen Anspruch auf jene Sympathie, die denen der gleichen Klasse, des gleichen Standes eher zuteil wird. Der treue Diener, die treue Magd sind nicht nur Gestalten der Sage und Dichtung, wenn auch in einfacheren und ländlicheren Zuständen viel eher als in modernen vorkommend. Getäuschtes Vertrauen ist eine furchtbare, verbitternde, ja oft zur Verzweiflung führende Erfahrung. Aber auch Mißtrauen kann sich in Vertrauen verwandeln, wie getäuschtes Vertrauen – außer daß es Unwillen, Zorn und Erbitterung hervorruft – unmittelbar in Mißtrauen übergeht, das sich dann auch leicht gegen andere wendet, denen sonst Vertrauen geschenkt wurde. Zu Vertrauen oder Mißtrauen führt nicht nur eigene, sondern auch fremde Erfahrung, also auch der Ruf, d. h. das Ansehen einer vertrauenswürdigen oder zweifelhaften („mit Vorsicht zu genießenden") Persönlichkeit. Andererseits ist aber das Vertrauen durch den Verkehr in hohem Grad versachlicht, so daß es auf die Persönlichkeit wenig oder gar nicht mehr ankommt, sondern nur auf ihr ‚Vermögen‘, indem darauf gerechnet wird – und zwar meistens mit gutem Grund –, daß das eigene Interesse auch den persönlich etwa minder vertrauenswürdigen Geschäftsmann zu zahlen veranlaßt, was er schuldig ist, solange als er es vermag.

Vertrauenswürdigkeit verblaßt, indem sie zur Kreditwürdigkeit wird: es ist in der Regel die Firma, der sie zukommt – sie ist sicher oder gilt doch für sicher – unabhängig von der moralischen Qualität des Inhabers oder Leiters, welche Qualität sogar oft infolge des Vertrauens, das in den Kredit gesetzt wird, noch für gut gilt, selbst wenn starke Gründe für eine andere Schätzung vorhanden sind; wie denn das Vertrauen zu den persönlichen Qualitäten oft zugleich mit dem Vertrauen in die Kreditwürdigkeit der Person oder Firma getäuscht wird.

Auch vertrauen wir zum Teil, ohne uns dessen bewußt zu werden, vielen Menschen auf eine oberflächliche Kenntnis hin, manchmal ohne sie zu kennen und ohne irgend etwas von ihnen zu wissen, außer daß sie da sind und daß sie auf ihrem Posten sind: auch dies ist ein versachlichtes Vertrauen. Während das persönliche Vertrauen immer auch wesentlich durch die Person des Vertrauenden bedingt ist, also durch seine Intelligenz, namentlich durch seine Menschenkenntnis, also auch durch seine Erfahrung, auf der diese gegründet ist, so daß im Allgemeinen der Einfältige und Unerfahrene leicht vertraut, weil zu Leichtgläubigkeit, der Kluge und Erfahrene schwer, weil zu Zweifeln geneigt, – so fällt dieser Unterschied im versachlichten Vertrauen beinahe gänzlich weg. Wir kennen nicht den Lokomotivführer, der diesen Zug, nicht den Kapitän und die Steuermänner, die unser Schiff führen, in vielen Fällen nicht den Arzt, den wir um Rat fragen, ja dem wir wohl unseren Leib und unser Leben zum chirurgischen Eingriff anvertrauen. Wir kennen sehr oft den Rechtsanwalt nicht, den wir unsere Sache zu führen ersuchen, geschweige denn den Richter, der für oder wider uns entscheiden wird, von dem wir erwarten und hoffen, daß er unserem Recht und unserer Ehre helfen und sie wiederherstellen müsse, um unserem Anspruch gerecht zu werden. In allen solchen Fällen vertrauen wir (a) auf ein Können und (b) auf ein Wollen. Was das Können betrifft, so haben wir Grund, daran zu glauben, (α) weil es seine Profession ist – wie könnte, wie dürfte er sich Arzt, wie sich Anwalt oder Richter nennen, wenn er es nicht wäre? Auch ein Schuhmacher, der Schlosser und der Schneider versteht in der Regel seine Sache, seine Kunst. Je mehr es wichtige Dinge sind, die für uns auf dem Spiel stehen, um so mehr glauben wir (β) an die Prüfungen, (γ) an die Erfahrung, (δ) an den Ruf, (ϵ) an den persönlichen Rat oder eine Empfehlung, die einem Mann (oder einer Frau) das Tor zu seiner Tätigkeit und seinem Amt geöffnet haben. In vielen Fällen aber, wie beim Lokomotiv- oder Schiffsführer, kommen nur (β) und (γ) in Frage. Was aber das Wollen betrifft, so vertrauen wir (a) auf gewisse normale moralische Qualitäten und darauf, daß wenn er nicht ein Mindestmaß davon besäße, dies ihn schon unmöglich gemacht hätte. Im engsten Zusammenhange damit steht aber (b) sein eigenes Interesse – materieller und ideeller Art, welche Arten zumeist miteinander verschmolzen sind. Wir wer-

den aber leicht bemerken, daß unserer Ruhe, unserem Sicherheitsgefühl und somit auch den angeführten Gründen noch etwas anderes zugrunde liegt, dessen wir
uns freilich am seltensten bewußt werden: nämlich das Vertrauen auf das regelmäßige und sichere, wenn auch sehr verschiedene Funktionieren der drei großen
Systeme des sozialen Wollens, die ich *Ordnung*, *Recht* und *Moral* nenne, wobei
die beiden letztgenannten zugleich als Rechtsordnung und sittliche Ordnung die
entwickelten ausgebildeten Arten der erstgenannten sind.

4. Und nun komme ich auf den vierten Unterschied, der mit den drei früheren eng
zusammenhängt, ja teilweise in ihnen enthalten ist, nämlich den Unterschied, ob
ich mit Menschen irgendwie „*verbunden*" bin oder ob ich ihnen schlechthin frei
gegenüberstehe. Bindung ist das Gegenteil der Freiheit – jene bedeutet ein Müssen, ein Sollen, ein Nichtdürfen –, und hier tut sich uns eine große Mannigfaltigkeit von Bindungen auf, denen der Mensch durch die verschiedenen Arten seines
Verbundenseins unterliegt, die wir auch Arten der sozialen Wesenheiten oder Gestalten, in denen er mit anderen verbunden ist, nennen mögen. Er ist in ihnen verbunden, sofern er sich verbunden weiß; er weiß es mehr gefühlsmäßig oder mehr
gedankenmäßig: es folgt daraus das Gefühl oder das klare Bewußtsein des Müs-
sens, des Sollens, des Nichtdürfens und die gerechte Scheu vor den Folgen des un-
richtigen, regelwidrigen, ungesetzlichen und überhaupt unrechtmäßigen, endlich
des un-sittlichen und un-anständigen Betragens und Handelns.

Das Verbundensein ist ein bildlicher Ausdruck, wie überhaupt alle sozialen
Bindungen nicht im eigentlichen Sinne zu verstehen sind. Daß ein menschliches
Wesen an ein anderes gebunden ist, kann den Zustand seiner vollkommenen Abhängigkeit anzeigen – auch dies ist ein bildlicher Ausdruck, der bedeutet, daß das
eine Wesen keinen eigenen Willen hat oder haben kann, sondern durch das Wollen des anderen für alles, was es wünschen mag, bedingt ist. So ist die Abhängigkeit des Säuglings und in langsamer Verminderung auch die des kleinen Kindes
von der Mutter und etwa von anderen Personen, die nach Art der Mutter es pflegen mögen, eine sichtbare Tatsache. Ähnlich sind und bleiben manche andere Arten der Abhängigkeit, in denen Wohl und Wehe eines Menschen mehr als durch
sein eigenes Wollen durch das Wollen eines anderen bedingt ist. Am reinsten stellt
sich das als Knechtschaft, Sklaverei und dergleichen dar und am sichtbarsten, also
stärksten, durch physische Fesselung, wie sie vielfach an Sklaven geübt wurde und
heute noch an schweren Verbrechern geschieht, wenn sie transportiert werden. Im
gleichen Sinne einer Unfähigkeit, nach eigenem Willen zu handeln, die auch aus
eigener, vollkommener Willensschwäche entspringen kann, sprechen wir von hyp-
notisierten Personen, von Geschlechtshörigkeit und dergleichen.

5. Die soziale Verbundenheit will eine *gegenseitige* Abhängigkeit bedeuten, und dies heißt, daß der Wille des einen auf den Willen des anderen wirkt: fördernd oder hemmend oder beides. Wenn nun das Wollen des einen mit dem des anderen zusammentrifft und sich verbindet oder vermischt, so ergibt sich ein gemeinsames Wollen, das als einheitliches verstanden werden darf, weil es eben gegenseitig ist und sowohl das dem A gemäße Wollen des B als auch das dem B gemäße Wollen des A setzt oder fordert, also will. Dies ist der einfachste Fall des sozialen Willens zweier Individuen, die wir in dieser Betrachtung lieber Personen nennen, in Bezug auf das Wollen und also das Tun jedes von beiden gegen den anderen, also der beiden füreinander. In gleicher Weise kann nun einer mit vielen Personen verbunden sein und diese alle miteinander, so daß der Wille einer jeden Person, die dazugehört, Teil des Gesamtwillens ist und zugleich von diesem Gesamtwillen bestimmt wird, also von ihm abhängig ist. Ein solcher Gesamtwille kann aber in verschiedenen Formen erscheinen: verschieden schon je nach der größeren oder geringeren Zahl derer, die an ihm teilhaben, verschieden auch nach den Arten seines Daseins, d. h. seiner Äußerungen oder Kundgebungen. So kann er auch der einzelnen Person auf viele verschiedene Weisen bewußt werden oder sein. Er kann in unbestimmter Dauer von gleicher Art sein und bleiben, er kann sich aber auch in erneuerten Akten von Zeit zu Zeit verändern. Er kann unmittelbar auf die ihm angehörigen Personen wirken oder mittelbar, nämlich ein weiterer gemeinsamer Wille auf einen engeren und dieser etwa wieder auf einen engsten Bezirk. Jeder kann sich in einer einzelnen natürlichen Person oder in mehreren solchen darstellen, deren gemeinsamer Wille als Vertreter eines solchen gedacht wird, der ihm übergelagert ist. Jedem verbundenen Willen kann ein besonderer Name gegeben werden, aber auch der Name eines Subjektes, der also die verbundene Mehrschaft oder Menge bezeichnet und von den Personen, die ihr angehören, vorgestellt und als eine Person nach Art der Einzelnen selbst gedacht wird, mithin als eine Kollektivperson, von der entweder andere Kollektivpersonen oder letztlich und im einfachsten Fall die natürlichen Personen abhängig sind, die eben dadurch miteinander verbunden sind, daß sie sich voneinander abhängig wissen, und eben dadurch von der Kollektivperson, die im einfachsten Falle ihre eigene Verbundenheit oder Einheit darstellt.

In diesem Sinne sind alle folgenden Ausführungen zu verstehen, in denen solche Namen vorkommen, die wir der gemeinen Sprache entnehmen, worin sie längst, wenngleich oft ohne gehörige Einsicht in ihr natürliches Wesen festgelegt wurden; insbesondere ohne die klare und bewußte Scheidung eines Sinnes, der nur auf ihre äußere Erscheinung oder ihre Bedeutung als eine Gruppe, eine Menge, eine Bande und dergleichen hinweist – und hingegen des Sinnes, den ihnen die wissenschaftliche Begriffsbildung gibt, wenn sie als Subjekte und Träger eines verbundenen oder sozialen Willens gedacht werden sollen, mit anderen Worten: als soziale Wesenheiten oder Gestalten. Daß diese alle gleichartig, aber doch nach Inhalt und Form verschieden sind, läßt sich leicht ableiten. Und zwar ist die Gleichartigkeit dadurch gegeben, daß in ihnen sozialer Wille enthalten ist, der die zusammenwirkenden individuellen Willen bestimmt, indem er teils Rechte gibt, teils Pflichten auferlegt und das Recht der einen Person als Pflicht der anderen, und umgekehrt, bestimmt. Ihre Verschiedenheit besteht darin, daß sie ihre Vollendung in der Darstellung einer gedachten (künstlichen) *sozialen Person* finden, die als Kollektiv-Person den einzelnen Personen gegenübersteht, zunächst den individuellen, möglicherweise aber auch anderen, jenen nachgeordneten Kollektiv-Personen. Auch im einfachsten Fall gibt es für jede beteiligte Person ein als durch den anderen Willen wie durch den eigenen oder durch den verbundenen Willen gegebenes *Sollen*.

II.

1. *Tausch als einfachster Form der sozialen Verbundenheit.* Wir werden die mannigfachen Weisen der Verbundenheit am leichtesten verstehen, wenn wir sie alle auf den einfachsten Typus beziehen, der zugleich der rationale ist: nämlich auf den Fall des einfachen Tausches oder der gegenseitigen Bindung durch Versprechungen, die als verlängerter Tausch gedacht werden mögen. Der Tausch ist darum so charakteristisch klar, weil es sich in seinem einfachsten Fall um zwei getrennte Gegenstände handelt, die nichts miteinander zu tun haben, als daß jedes Mittel in Bezug auf den anderen (als Zweck) ist, jeder nützlich, also Wert habend, als Mittel, um den anderen zu erlangen.

Wenn aber als Tausch auch alle gegenseitige Leistung und Förderung begrifflich verstanden wird, so ist offenbar jedes Zusammenleben, je intimer, um so mehr, ein fortwährender Austausch solcher Leistungen und Förderungen. Zugleich liegt aber der Unterschied klar zutage, wenn das wesentliche Motiv auf jeder Seite – am einfachsten, wo nur zwei Personen gedacht sind – nicht ist: Erwartung, Verlangen der Leistung des Anderen oder Erwartung, Verlangen, Nötigung durch den anderen (ebenso die Erwartung und Forderung einer Gesamtheit, die den Einzelnen bindet, das heißt mit Anderen verbindet und nötigend die Stelle der Anderen vertritt), sondern das eigene Wünschen und Wollen zugunsten des anderen, der Anderen oder einer ganzen Menge, wenngleich dies Wünschen und Wollen aus dem – wenigstens der Meinung nach – gleichartigen Wünschen und Wollen des oder der anderen seine Nahrung empfängt. Solches Wünschen und Wollen ergibt eine andere Haltung zu dem oder den anderen Individuen. Es ist an sich unbedingt, wie die Liebe der Mutter zum kleinen Kind, von dem sie nichts erwartet oder fordert, solange als es der Vernunft nicht teilhaftig ist; wenn dem so ist, so geschieht es zwar, ist aber nicht dadurch bedingt. Liebe allein verbindet nicht. So ist der Fall des entschiedenen Gefallens und Wohlwollens, wenngleich Liebe durch den Mangel an Gegenliebe atrophiert wird. So kann sie doch von der schwächsten Hoffnung, von der bloßen Kenntnis des Daseins des geliebten Anderen ihr Leben kümmerlich fristen, eben weil sie zugleich mit dem Wohl des Anderen sich selbst will, zumal in der Geschlechtsliebe, die aber auch (je heftiger, um so eher) in Haß umschlägt, der dann eine verkehrte Liebe ist, wie die Selbstliebe den Willen zur eigenen Vernichtung nicht selten hervorbringt.

2. Die abgeleiteten und höheren Arten der sozialen Verbundenheiten werden immer auch dies Element in sich enthalten, das wir einerseits dahin bestimmen mögen: es ist gegenseitige Förderung, Hilfe, oder doch nicht-feindliche, also friedliche Betätigung darin enthalten; andererseits immer ein Element des verbundenen (sozialen) Willens, der auf den individuellen Willen bestimmend wirkt. Immer wird also die Verbundenheit und Gegenseitigkeit dadurch sich fühlbar machen und dadurch erkennbar sein, daß ein ihm nicht entsprechendes und vollends ein ihm entgegengerichtetes Verhalten des Partners (Teilhabers, Mitgliedes) eine Gegenwirkung des oder der anderen und somit des Ganzen hervorruft, wenn dieses noch sich behauptet. Und dies wird um so eher der Fall sein, je weniger das Bestehen von dem Verhalten einer einzelnen Person abhängt. So ist z. B. eine Freundschaft Zweier – oft auch eine Ehe (wenngleich diese wiederum durch den sie umgebenden sozialen Willen höherer Art mitbedingt ist) – von dem Verhalten jedes der beiden Partner abhängig und kann dadurch gesprengt werden. Hingegen vermag der Einzelne in einem Verein in der Regel nichts. Erst das Verhalten mehrerer, vieler, einer Menge stärkt oder gefährdet dessen Bestehen. Denn hier macht sich der Gegensatz zwischen einer Mehrheit und einer Minderheit geltend, und damit der Unterschied, ob die Mehrheit das bestehende Ganze erhalten oder verändern will, und ob sie stark genug ist, der Minderheit gegenüber ihren Willen als den Willen des Ganzen geltend zu machen. Als normalen Fall wird man immer begreifen müssen, daß ein dem sozialen Willen entgegengerichtetes individuelles oder partielles (das einer Minderheit) Verhalten den Unwillen der Mehrheit hervorruft und daß diese im Besitz einer hinlänglichen Macht ist, um in entsprechender Weise zu reagieren; und insofern dies der Fall ist, wird sie objektiv auch den Gesamtwillen darstellen, selbst wenn ein bedeutender Minderheitswille ihm entgegengesetzt ist. Soziologisch bedeutsamer ist aber der Fall, daß der Grundsatz feststeht, etwa auch

ausdrücklich festgelegt worden ist, den Willen der Mehrheit oder wenigstens einer besonderen (größeren) Mehrheit als Willen des ganzen „Kollegiums" oder der ganzen Körperschaft *gelten* zu lassen, so daß nach gefaßtem Beschluß, wenigstens zunächst und zeitweilig, der Widerspruch erlischt.

III.

1. *Soziale Wesenheiten.* Die Soziologie hat als besondere Wissenschaft ihre besonderen Gegenstände: es sind die ‚Dinge‘, die aus dem sozialen Leben und nur aus dem sozialen Leben hervorgehen. Sie sind Erzeugnisse menschlichen Denkens und sind nur für ein solches Denken vorhanden: nämlich zunächst für die sozial Verbundenen selbst, die dem Gemeinsamen, das sie als über sich waltend denken, einen Namen geben und es als ein Etwas, letzten Endes als eine wollens- und handlungsfähige Person, vorstellen. Das Dasein eines solchen Etwas und insbesondere einer sozialen Person kann sodann auch von außerhalb stehenden, selbst unverbundenen oder verbundenen Menschen, also auch von anderen sozialen Gestalten erkannt und anerkannt werden. Und diese Anerkennung kann als gegenseitige wieder ein neues, im Wesen gleichartiges Etwas, insbesondere also eine neue soziale Person begründen, die wiederum unmittelbar für die Gründer vorhanden ist, ebenso aber wieder von außen erkannt und anerkannt werden kann usw. Die Art des Daseins dieser sozialen Dinge oder Personen ist nicht verschieden vom Dasein der Götter, die von verbundenen Menschen vorgestellt und gedacht, auch gebildet werden – sei es in tierischer oder menschlicher oder gemischter Gestalt –, um verehrt zu werden. Der Unterschied ist aber offenbar, daß die Götter für die Menschen, deren Götter sie sind, verschwinden, wenn an ihr wirkliches Dasein nicht oder nicht mehr geglaubt wird; auch dann sind sie aber noch Gegenstände eines theoretischen – historischen oder soziologischen – Denkens. Hingegen bedürfen die sozialen ‚Wesenheiten‘, wie wir sie genannt haben, solchen Glaubens oder Wahnes nicht; sie können bei klarer Erkenntnis ihrer imaginären Beschaffenheit als Subjekte eines gemeinsamen Wollens und Wirkens gewollt und gedacht werden. Allerdings ist es auch möglich, ja keineswegs selten, daß ihnen ebensogut wie den Göttern ein übernatürlicher, wohl auch metaphysisch genannter Charakter zugeschrieben wird, und das phantastische und mythologische Denken, zu dem die Menschen immer am meisten geneigt gewesen sind, wird sich in diesem Sinn stets geltend machen, daher auch vielfach die Erfindungen oder Phantasmen der einen und der anderen Art miteinander vermischen. Die sozialen Wesenheiten, zumal die kollektiven Personen, sind überlegen, mächtig und erhaben. Überlegen,

mächtig und erhaben sind aber auch die Götter. Also wohnt auch jenen zumindest etwas Göttliches inne; sie stehen unter dem besonderen Schutz der Götter, zumal wenn einer solchen Wesenheit wie der *Kirche* selbst ein übernatürlicher *Ursprung* zugeschrieben wird.

Wenn der Gott selbst als ein mächtiger, gefürchteter oder als ein gnädiger, gütiger Herrscher vorgestellt wird, so ist er auch der Herrscher über dem Herren und gibt diesem seine Weihe. Er beglaubigt und begünstigt ihn, begründet sein Recht, insbesondere das Recht der Erbfolge als ein göttliches Recht; und von Gottes Gnaden waltet der irdische Herrscher seines hohen Amtes und genießt eine der göttlichen ähnliche Verehrung. Alle Arten der Verehrung, wie sie aus natürlichen Gefühlen als kindliche Verehrung, als Ehrfurcht der Schwächeren vor den Mächtigen entspringen, es sei denn, daß diese gehaßt und verabscheut werden, sind miteinander und mit der Verehrung der Götter verwoben, worin sie ihre Vollendung finden und sich als Religion verklären. Als gehorsame Diener der Götter sind die mächtigen Menschen wiederum die Vermittler und Ausleger des göttlichen Willens und verstärken dadurch ihre eigene Macht. Wenngleich wohl auch jenen bloßen Gedankendingen, die nicht auf den Wolken oder dem Olymp wohnen, sondern etwa in der Wirklichkeit einer Heeres- oder anderen Volksversammlung sich verkörpern, ein Dasein zugeschrieben wird, so wird es nicht leicht ausbleiben, daß dieses Dasein mit dem Dasein der Götter in nahe Beziehung gebracht wird. Und der Glaube an die Götter kann den Glauben an die Republik unterstützen, wie er mit dem Glauben an die Kirche und der Verehrung des Priesterstandes unmittelbar verbunden ist. Die wissenschaftlich-kritische Besinnung hebt alle diese Wahngebilde auf. Sie erkennt, daß nur menschliches Denken und menschliches Wollen in einer solchen Vorstellungswelt enthalten ist, daß menschliche Hoffnungen und Befürchtungen, Bedürfnisse und Nöte ihm zugrunde liegen und daß sie in ihren erhabenen Gestaltungen großen poetischen Kunstwerken vergleichbar sind, an denen zuweilen der Geist von Jahrhunderten, ja Jahrtausenden gearbeitet hat. Und so führt uns die Erkenntnis auf den einfachen Gedanken und das Problem zurück: Was und warum und wie *wollen* die denkenden Menschen? Die einfache und allgemeinste Antwort ist: sie wollen einen Zweck und suchen das zweckmäßigste Mittel, streben nach einem Ziel und suchen den richtigen Weg, der zum Ziel führt. Das ist in der Tat das Verfahren, das in den Angelegenheiten des praktischen Lebens, d. h. der täglichen Arbeit, des Kampfes und des Handels von alters her geübt worden ist, geleitet und erleichtert durch Lust und Liebe – Hoffnung und Furcht, durch Übung und Gewohnheit, durch Vorbild und Lehre.

2. Denn dieses allgemeine *menschliche Wollen*, das wir auch als ein natürliches und ursprüngliches begreifen mögen, erfüllt sich in einem Können und ist auch in Wechselwirkung durch Können wesentlich bedingt. Der ganze Geist auch des schlichtesten Menschen prägt sich in seinem Können aus und dem entsprechend in seinem Wollen. Nicht nur, was er gelernt hat, sondern – wenn auch in Verbindung mit den empfangenen Lehren – die nachwirkende, vergangene, vererbte Denk- und Empfindungsweise der Vorfahren erfüllt seine Gesinnung, sein Gemüt und sein Gewissen. Darum nenne ich den Willen dieses Sinnes den *Wesenwillen* des Menschen und stelle ihm den Typus des *Kürwillens* entgegen, worin das Denken das Übergewicht gewonnen hat und schlechthin leitend geworden ist. Der Kürwille ist der rationale Wille, und der rationale Wille ist von dem vernünftigen Willen durchaus zu unterscheiden. Dieser verträgt sich wohl mit den unbewußten Motiven, die in seiner Tiefe dem Wesenwillen zugrunde liegen; der rationale Wille schaltet dagegen solche als störende Elemente aus und ist so sehr als möglich klar bewußt.

Die Überlegung, das ist die denkende Gestaltung von Zweck und Mitteln, kann sie voneinander sondern. Und daraus wird sich die Folgerung ergeben, daß die Mittel nicht in wesentlichem Zusammenhang mit dem Zweck als mit ihm verwandt und verwoben, möglicherweise sogar identisch, gewollt werden, sondern in völliger Isolierung, daher möglicherweise sogar in einem starken Gegensatz zum Zweck stehen. Der gedachte Zweck fordert dann, daß die Mittel ihm so sehr als möglich angepaßt werden, daß also kein Mittel oder Teil eines Mittels angewandt wird, das nicht durch den Zweck bedingt sei, dagegen das zweckmäßigste gewählt und gebraucht werde. Es bedeutet dies eine bestimmtere Scheidung und Unterscheidung von Zweck und Mitteln, die dem Mittel keine andere Betrachtung oder Rücksicht zukommen läßt außer der, die auf seine möglichst vollkommene Zweckmäßigkeit gerichtet ist: das Prinzip der *Rationalisierung* des Mittels, das sich in notwendiger Folge überall entwickelt, je mehr sich der Gedanke, dem Wunsch und Streben gemäß, intensiv auf den Zweck oder das Ziel richtet. Es bedeutet also eine Gleichgültigkeit gegen das Mittel in jeder anderen Hinsicht, außer der größten Zweckmäßigkeit. Diese Gleichgültigkeit wird oft nur durch Überwindung eines Widerstandes erreicht, indem andere Beweggründe (als der Hinblick auf den Zweck) von der Anwendung dieses Mittels oder von der Gestaltung eines Mittels in diesem Sinne abhalten oder abmahnen – abschrecken, so daß sogar das in diesem Sinne zweckmäßige Handeln mit entschiedenem *Widerwillen*, also mit Furcht und Angst oder – was dafür mehr charakteristisch ist – mit Ekel und ihm verwandten Widergefühlen als Gewissensbissen geschieht: in einseitiger Steigerung sagt Goethe, daß der Handelnde immer „gewissenlos" sei. In Wahrheit findet er sich oft genötigt, wenn er „rücksichtslos" seine Ziele verfolgt, seine Gewissenhaftigkeit zu unterdrücken oder zu überwinden, so daß mancher Handelnde durch diese Not sich für gerechtfertigt hält, sie zu verachten und zu verleugnen, zuweilen aber gerade in Übermut und Dünkel sein Genüge darin findet, sich über alle Bedenken hinwegzusetzen. Es bedeuten daher auf der einen Seite der Fall des schlechthin gefühlshaften (impulsiven), also irrationalen Wollens und Handelns, auf der anderen Seite der des schlechthin rationalen, auf das oder die Mittel gerichtete und oft den Gefühlen widerstreitende Wollen und Handeln – die Grenzfälle, innerhalb deren alles wirkliche Wollen und Handeln sich bewegt. Dem Gedanken, daß die Masse des Wollens und Handelns dem einen oder dem anderen Fall näher liege oder sich diesem zuneige, will die Bildung der Begriffe *Wesenwille* und *Kürwille* gerecht werden: es handelt sich dabei um eine Begriffsbildung, die nur in diesem Sinn richtig gedeutet wird. Die Begriffe nenne ich ‚Normalbegriffe' oder ‚Richtungsbegriffe'. Was sie darstellen, sind *ideelle Typen;* sie sollen als Maßstäbe dienen, um die Wirklichkeiten zu erkennen und zu beschreiben.

3. *Gemeinschaft und Gesellschaft.* Es handelt sich also nicht darum, dem vernunftlosen Willen den vernünftigen entgegenzustellen. Denn auch dem Wesenwillen gehört Vernunft. Sie gestaltet sich in ihm als schaffendes und gestaltendes, kunsthaftes Wollen und Wirken zu ihrer Blüte, als Geist des Genies, des künstlerischen oder ethischen – wenn auch der Wesenwille in seinen elementaren Gestalten nichts anderes bedeutet als ein unmittelbares, also neben dem leidenschaftlichen auch das naive Wollen und Wirken; dagegen wird der Kürwille am meisten durch die Bewußtheit charakterisiert. Ihm gehört das Machen im Gegensatz zum Schaffen, also eine mechanische Arbeit, wie unsere Sprache (und mit ihr andere Sprachen) andeutet, wenn wir vom Pläneschmieden, von Machinationen, vom Intrigenanzetteln und Lügengewebe und all dem sprechen, was darauf abzielt, Mittel herzustellen, deren ausschließliche Bestimmung es ist, zur äußeren Bewirkung der uns erwünschten Wirkungen, d. h. unserer Zwecke geeignet zu sein. Wenn nun die Anwendung dieser Begriffe auf die Verbundenheiten geschieht, so soll dies nicht dahingehend verstanden werden, daß gemeint wäre, es handele sich dabei um die regelmäßigen Motive, aus denen solche Verbundenheiten eingegangen und Bünde geschlossen, Vereine gebildet oder gar Gemeinwesen begründet würden. Vielmehr ist es von gleicher Wichtigkeit, zu erkennen, welche Beweggründe dem Dasein in allen Arten von Verbundenheit zugrunde liegen, also auch das Beharren darin verursachen, wenngleich eben dieses Beharren oft Beweggründe hat, die wesentlich negativ sind, während es sich hier um die positiven Gründe handelt. In dieser Hinsicht ist wiederum nicht zu verstehen, daß die Gründe entweder wesentlich und dauernd der einen oder der anderen Kategorie – dem Wesenwillen oder

dem Kürwillen – angehören, sondern es ist auch hier ein dynamisches Verhalten anzunehmen, wie es dem beweglichen Element menschlichen Fühlens und Denkens entspricht. Die Motive schwanken und gehen ineinander über, wobei sich allerdings auch eine gewisse Regelmäßigkeit, ja Gesetzmäßigkeit in der Tendenz zur abstrakt-rationalistischen Gestaltung beobachten läßt, wo und wenn eine solche Entwicklung stattfindet.

Ich nenne nun alle Arten Verbundenheit, in denen der Wesenwille überwiegt, *Gemeinschaft*, dagegen alle, die durch den Kürwillen gestaltet werden oder wesentlich durch ihn bedingt sind, *Gesellschaft*, so daß diese beiden Begriffe die Modalitäten der Verbundenheit ihrem Wesen und ihren Tendenzen nach bedeuten. Somit werden die beiden Namen ihrer Mitbedeutung, selbst verbundene Einheiten oder sogar kollektive und künstliche Personen zu bezeichnen, hier entkleidet: das Wesen von Gemeinschaft und Gesellschaft zieht sich vielmehr durch alle Arten der Verbundenheit hindurch.[110]

IV.

1. Ich unterscheide als soziale Wesenheiten oder Gestalten: erstens *Verhältnisse*, zweitens *Samtschaften* und drittens *Körperschaften* oder Verbände (Bünde, Vereine, Genossenschaften). Diese Einteilung ist durch den Unterschied begründet, daß die dritte Art immer nach Art einer menschlichen Person gedacht wird, die als solche fähig ist, einen einheitlich bestimmten Willen zu bilden, der als Wille für die ihr angehörigen Personen (natürliche oder künstliche) verbindlich und nötigend ist, solchem Willen gemäß zu handeln – er möge nach außen oder nach innen gerichtet sein. Im sozialen *Verhältnis* wird das Verhältnis selbst nicht so gedacht, auch wenn es durch einen besonderen Namen ausgezeichnet wird. Es gehört (allerdings) zu seinem Wesen, daß es seinen Subjekten oder Trägern, die man als Glieder des Verhältnisses denken mag, als Verhältnis bewußt sind, weil sie es bejahend wollen und dadurch sein Dasein setzen. In der Setzung liegt die Keimform dessen vor, was in der Setzung einer persönlichen Einheit, der willens- und handlungsfähigen Korporation, vollendet ist. – Die Samtschaft ist ein Mittelding zwischen Verhältnis und Korporation. Sie wird als eine Vielheit gedacht, die gleich der Korporation eine Menge von zusammenhängenden Dingen in sich begreift, so daß sich auch ein gemeinsames Streben, Wünschen, Neigungen und Abneigun-

---

110 Vgl. hierzu die von Theodor Geiger verfaßten Artikel „Gemeinschaft" und „Gesellschaft" in dem von Alfred Vierkandt herausgegebenen *Handwörterbuch der Soziologie*, Stuttgart 1931, S. 173 ff. und 201 ff.

gen, kurz gemeinsame Gefühle und auch Denkweisen daraus ergeben. Aber die Samtschaft ist keines wirklichen Wollens fähig: sie kann keinen Beschluß fassen, solange sie sich nicht etwa in einem Verein, einem Ausschuß oder einem Rat und dergleichen „organisiert" hat.[111]

2. *Das soziale Verhältnis* ist die allgemeinste und einfachste soziale Wesenheit oder Gestalt. Es hat auch den tiefsten Grund; denn es beruht teils in ursprünglichen, natürlichen, tatsächlichen Zuständen als Ursachen des Zusammenhanges, der gegenseitigen Abhängigkeit, des aufeinander Angewiesenseins unter den Menschen, teils auf den tiefstliegenden, allgemeinsten und notwendigsten Bedürfnissen der Menschen. Die einen wie die anderen werden mit verschiedener Wirkung in das Bewußtsein erhoben. Wenn ein natürliches Verhältnis vorhanden ist, z.B. daß ein Mensch mein Bruder ist, weil ich weiß, daß dieselbe Mutter uns geboren hat, oder (was weniger natürlich ist, weil aus anderen – nicht rein natürlichen – Zusammenhängen abgeleitet), mein Schwager oder mein Stiefbruder, Pflegebruder oder Milchbruder ist, so heißt es normalerweise, daß ich mich ihm nahestehend fühle und also dadurch, daß wir einer des anderen Dasein bejahen, miteinander verbunden sind, daß wir einander also kennen, einander in einem gewissen Maße sympathisch sind und einander ein gewisses Wohlwollen und Vertrauen schenken, folglich auch, daß wir irgendwelche *Werte* miteinander gemein haben, sei es, daß uns obliegt, ein Gut gemeinsam zu verwalten oder daß wir als Erben Güter untereinander teilen; auch ideelle Güter kommen dafür in Frage. Jedenfalls ergibt sich aus einem jeden derartigen Verhältnis, selbst zwischen Zweien, daß jeder das soziale Verhältnis als solches erkennt und anerkennt, also weiß, daß ein gewisses gegenseitiges Handeln regelmäßig daraus hervorgehen muß – ein Handeln, das also jeder von dem anderen erwartet und verlangt und jeder von sich selbst in Bezug auf den anderen erwartet und verlangt. Hierin liegt der Keim von ‚Rechten' begründet, die jeder für sich in Anspruch nimmt, aber auch dem Anderen einräumt, sowie von ‚Pflichten', die er als dem Anderen obliegend denkt, aber auch sich selbst auferlegt – wissend, daß der andere sie als ihm obliegend denkt und will.

Wenn ich aber meiner dringendsten Bedürfnisse bewußt werde und bemerke, daß ich solche nicht aus meinem eigenen Wollen, aber auch nicht aus einem natürlichen Verhältnis befriedigen kann, so heißt das, daß ich etwas tun muß, um ein solches Bedürfnis zu befriedigen – das ist an sich ein freies Handeln, nur eben durch das Bedürfnis gebunden, vielleicht durch die Not bedingt, aber nicht durch Rücksicht auf andere Menschen. Bald gewahre ich aber, daß ich auf andere Menschen wirken muß, um sie zu bewegen, mir etwas zu leisten, zu geben, dessen ich

---

111 Vgl. Werner Sombart, „Grundformen des menschlichen Zusammenlebens", ebd., S. 226 ff.

bedarf. Vielleicht und in eng begrenzten einzelnen Fällen kann ich mit Erfolg bitten, z. B. um ein Stück Brot, ein Glas Wasser. Aber in der Regel gilt: Wenn man es nicht aus einem gemeinschaftlichen Verhältnis, z. B. in der Familie erhält, muß man es erwerben oder erkaufen – sei es durch Arbeit, durch Dienstleistung oder durch Geld, das schon als Entgelt für Arbeit oder Dienstleistung oder aus anderen Quellen erworben worden ist. Hier gehe ich soziale Verhältnisse ein oder war sie eingegangen, aber soziale Verhältnisse von anderer Art: ihr Urbild ist der *Tausch*, mithin – als höher entwickelte Art des Tausches – Verkauf und Kauf von Sachen oder von Leistungen, die als den Sachen gleichartig, daher mit Sachen oder mit anderen Leistungen austauschbar gedacht werden.

Alles verstandesmäßige, daher auch das daran orientierte *vernünftige* Handeln ist von dieser Art, weil ein Vergleichen, also Denken dazu notwendig ist oder vorausgesetzt wird. Die sozialen Verhältnisse, die daraus entstehen, sind zunächst momentane, im Akt des Tausches, indem dieser, während er geschieht, ein momentanes gemeinsames Wollen in sich schließt. Sie gewinnen aber teils durch die Wiederholung und endlich Regelmäßigkeit der Tauschakte, teils auch der einzelne Tauschakt durch seine Verlängerung eine Dauer, indem die Erfüllung, sei es von beiden Seiten oder von einer Seite, in die Zukunft verlegt wird: ein Verhältnis also, das durch einseitiges oder gegenseitiges „Versprechen" sein charakteristisches Merkmal erhält und erst durch gegenseitiges Versprechen ein wirkliches soziales Verhältnis der Verbundenheit oder der gegenseitigen Abhängigkeit wird, wenngleich es von der einen Seite etwa ausdrücklich, von der anderen nur stillschweigend ausgesprochen sein mag.

Auch die naturgegebenen Verhältnisse sind ihrem Wesen nach gegenseitig und erfüllen sich in gegenseitigen Leistungen. Das Verhältnis erzeugt solche oder macht sie notwendig, fordert oder gebietet also solche gleich dem Vertragsverhältnis. Aber das Verhältnis ist dort gleichsam von Natur früher als seine Subjekte oder Glieder. Es erscheint als selbstverständlich, daß gemäß dem Verhältnis gewollt und gehandelt wird: sei es, was immer das Erste und Einfachste ist, aus Wunsch und Neigung, aus Liebe oder gewohnheitsmäßig oder endlich aus Vernunft, die im Pflichtgefühl enthalten ist. Diese Arten des Wesenwillens gehen ineinander über, und jeder für sich kann Gemeinschaft begründen. Im reinen und abstrakten Vertragsverhältnis hingegen werden die Vertragschließenden als getrennte, bisher und sonst voneinander unabhängige, einander fremde, etwa auch bisher und sonst einander feindliche Personen gedacht. *Do ut des* ist das einzige Prinzip eines solchen Verhältnisses: was ich Dir leiste, gebe ich nur als Mittel, um Deine – gleichzeitige, vorhergehende oder folgende – Leistung zu bewirken. Nur dies will und wünsche ich wirklich und eigentlich; die deine zu erlangen, ist mein

Zweck. Meine Leistung ist das Mittel, das ich naturgemäß widerwillig hingebe. Nur die gedachte und vorausgenommene Wirkung ist die Ursache, die mein Wollen bestimmt. Dies ist die einfachste Form des Kürwillens.

Verhältnisse der ersten Art werden dem Begriff der *Gemeinschaft*, die der anderen Art dem Begriff der *Gesellschaft* untergeordnet; es werden so gemeinschaftliche und gesellschaftliche Verhältnisse unterschieden. Die einen wie die anderen sind wiederum verschieden, je nachdem ihre Voraussetzung eine tatsächliche – wenn auch mehr oder minder vollkommene – *Gleichheit oder* eine wesentliche *Ungleichheit* des Könnens und Wollens, der Macht und der Autorität ist. Demnach wird der genossenschaftliche Typus vom herrschaftlichen Typus sozialer Verhältnisse unterschieden.[112] Jetzt betrachten wir diese Unterschiede.

A. *Gemeinschaftliche Verhältnisse*

(a) *Der genossenschaftliche Typus.* Der einfachste genossenschaftliche Typus wird hier durch ein *Paar* dargestellt, das brüderlich, kameradschaftlich, freundschaftlich zusammenlebt, und zwar am leichtesten, wenn es sich durch Alter, Geschlecht, Tätigkeit, Gesinnung, Streben nahe steht, vollends wenn es durch eine Idee geeinigt ist. In Sage und Geschichte begegnen solche Paare nicht selten. Die Griechen pflegten die Ehrung solcher Freundschaft und Genossenschaft in Paaren wie Achilleus und Patroklus, Orestes und Pylades, Epaminonclas und Pelopidas so sehr, daß dem Aristoteles das Paradoxon zugeschrieben wurde, daß wer *Freunde* habe, *keinen* Freund habe. In deutscher Sprache und Literatur pflegen wir solche Gesinnungen, deren Charakter die Hellenen auch als gemeinsame Freude und gemeinsames Leid verherrlichten, am liebsten als brüderliche hervorzuheben: mehr vom Gedanken des Ideals als der Beobachtung aus gesehen; aber insofern richtig, als Brüder in der Tat das am meisten natürliche, also insofern auch am meisten wahrscheinliche Freundespaar bilden; mehr als Ursache, weniger als Motiv.

(b) *Der herrschaftliche Typus.* Die Beobachtung alltäglichen Lebens stellt uns in allen Schichten des Volkes, in allen Stadien der Kultur das Verhältnis des Vaters zum Kind dar, das sich immer als ein Schutzverhältnis darstellt – und zwar um so mehr, je mehr das Kind schwach, also der Hilfe bedürftig ist. Schutz trägt immer Herrschaft als seine eigene Bedingung in sich. Denn der Schutz läßt sich nur regelmäßig ausüben, wenn sich der Geschützte nach den Weisungen und sogar nach den Befehlen des Schützers richtet. Wenn aber alle Herrschaft leicht zur Ausübung von Gewalt übergeht, so wehrt sich das

---

112 Vgl. hierzu Franz Oppenheimer, „Machtverhältnis", ebd. S. 338 ff.; ferner Alfred Vierkandt, „Die genossenschaftliche Gesellschaftsform der Naturvölker", ebd., S. 191 ff.

Vaterverhältnis gleich dem der Mutter durch die Liebe und Zärtlichkeit dagegen, die dem eigenen Erzeugnis aus animalisch-vegetativen Ursachen noch mehr als sonst regelmäßig einem besessenen und beschützten Gegenstand gewidmet wird. Der allgemeine Sinn des Vaterverhältnisses erstreckt sich aber leicht auf ihm innerlich verwandte Schutzverhältnisse. So gibt es den Stiefvater, den Pflegevater, allgemein den Hausvater und den Vormund, wenngleich dieser als Stellvertreter des Vaters im Recht nicht notwendig in einem Verhältnis der Gemeinschaft zum Mündel steht. Die Vaterwürde ist Prototyp aller, auch anders begründeter, gemeinschaftlicher Autorität, insbesondere der priesterlichen. Zunächst beruht dies darauf, daß mythologische Vorstellungen den Vater auf den Olymp oder in den Himmel setzten und z. B. dem Vater der Götter und Menschen unzählige Kinder zuschreiben oder – in einer weniger sinnlichen und veredelten Gestaltung – doch einen eingeborenen Sohn, den die Abwehr des Polytheismus dann bis zur Identifikation mit dem Vater zusammenfallen und harmonieren läßt. Kein Wunder, daß der Name *Papa*, in der Urkirche allen Bischöfen zukommend, auf den Gipfel der geistlichen Würden in der römischen Kirche erhoben wurde, während in den orientalischen Kirchen alle, besonders freilich die höheren Geistlichen im Volksmunde Väter (*Popen*) heißen. Auch die weltliche und politische Herrschaft nimmt außerdem, da sie sich mit der geistlichen oft vermischt und ihr an Heiligkeit nicht nachstehen mag, gern den väterlich wohlwollenden Charakter an, wie er sich in der Bezeichnung des Landesvaters am deutlichsten ausprägt. Die väterliche Autorität ist aber der höhere Sonderfall der Autorität des Älteren und der Ältesten. Und die Würde des Alters prägt sich durch die väterliche Würde am Vollkommensten aus. Daraus geht die ausgezeichnete Bedeutung leicht hervor, die dem Senator im weltlichen, dem Presbyter dagegen im geistlichen Gemeinwesen zuteil geworden ist.

(c)   *Gemischte Verhältnisse.* In manchen gemeinschaftlichen Verhältnissen scheint sich das Wesen der Herrschaft und das Wesen der Genossenschaft zu mischen: so in dem wichtigsten unter den elementaren gemeinschaftlichen Verhältnissen, nämlich dem durch die sexuellen Bedürfnisse, also auch durch das der Fortpflanzung bedingten dauernden Verhältnis von Mann und Weib, ob es Ehe oder anders (gültig) heißen möge.

B. Der Unterschied des genossenschaftlichen und des herrschaftlichen Wesens tritt auch in *gesellschaftlichen Verhältnissen* hervor. Er kann aber nur daraus abgeleitet werden, daß die Herrschaft durch freien Vertrag begründet wird, sei er zwischen einzelnen als Dienstvertrag oder als Übereinkunft vieler, einen Herrn oder Häuptling über sich anzuerkennen und ihm – bedingt oder unbedingt – zu gehorchen, sei er eine einzelne natürliche Person oder eine kollektive Person, die aus ihrer Einigung unmittelbar hervorgeht: ein willens- und handlungsfähiges Kollegium oder eine Körperschaft, die durch ihre eigene Gesamtheit dargestellt werden kann. Ihre volle Gestaltung empfängt die gesellschaftliche Herrschaft im eigentlichen, d. h. dem modernen *Staat*, der viele Vorläufer hat, die auf ihn abzielen, bis er als demokratische Republik eine definitive Form annimmt, worin er über seine gesellschaftliche Begründung hinauswächst. Die tatsächliche Herrschaft ergibt sich aber wie im Arbeitsvertrag schon aus dem einfachen gesellschaftlichen Verhältnis durch die Differenz der Macht zwischen zwei Vertragsschließenden, zumal solange als er zwischen dem einzelnen „Arbeitgeber" und dem einzelnen „Arbeitnehmer" geschlossen wird, und in dem Zustand, der aus sich „Friedensverträgen" zwischen Siegern und Besiegten ergibt: scheinbarer Vertrag, in Wirklichkeit Zwangsgebot und Mißhandlung.

3. Der zweite Begriff einer sozialen Wesenheit oder Gestalt ist der Begriff der *Samtschaft*. Ich unterscheide natürliche, seelische und soziale Samtschaften. Nur soziale Samtschaften gehen unseren Begriff unmittelbar etwas an; aber sie beruhen teils in natürlichen, teils in seelischen Samtschaften, teils in beiden. Denn das Wesen der sozialen Samtschaft ist dadurch gegeben, daß die natürlichen oder seelischen Verhältnisse, in denen solche Samtschaften begründet sind, bewußt bejaht, also gewollt werden. Und diese Erscheinung wird überall beobachtet, wo ein Volksleben in mannigfachen Gestalten der Gemeinsamkeiten vorliegt, z. B. der Sprache, der Lebensform und Gebräuche, des Aberglaubens und der Religion, ganz besonders aber der Merkmale, wodurch sich Teile eines Volkes, teils objektiv, teils in ihrem Bewußtsein auszeichnen, also der Merkmale, die gewisse Schichten als hervorragend, edel und herrschend hervorheben. So ist das Standesbewußtsein zunächst und in erster Linie immer das Bewußtsein herrschender Stände. Hier erscheint es in ausgeprägter Weise als Stolz und Hochmut – Gefühlen, denen die Demut und Bescheidenheit der beherrschten ‚unteren' Schichten so lange gegenübersteht, wie die Herrenstände als solche verehrt und an ihre Herrlichkeit oder gar Göttlichkeit geglaubt wird.

Auch auf die Samtschaft sollen die Begriffe Gemeinschaft und Gesellschaft angewandt werden. Gemeinschaftlich sind die sozialen Samtschaften insofern, als die Angehörigen einer solchen sie als naturgegeben oder durch übernatürliches Wollen geschaffen denken, wie es in der einfachsten und naivsten Weise durch das indische Kastenwesen bezeichnet wird. Hier gilt das Gebanntsein in einen Berufsstand als ebenso naturnotwendig wie das Geborensein selbst. Und der Übergang scheint sich durchaus von selbst zu verstehen, weil eben der Berufsstand nur eine große Familie bedeutet, deren Beschäftigung und Lebenserwerb, auch wenn es der Diebstahl ist, ein Erbgut darstellt, das zu erhalten und zu pflegen eine gegebene Obliegenheit ist. In allem ständischen Wesen finden sich Abschattungen dieses Tatbestandes, weil und insofern als sich ein völliges Heraustreten aus den durch die Geburt begründeten sozialen Verhältnissen selten ereignet und oft unmöglich war. So ergibt sich in der Regel der Mensch in den Stand, worin seine Eltern und Vorfahren oder, wie es gern ausgedrückt wird, „Gott" sie als in ein Schicksal gesetzt hat, das zu ertragen Gewohnheit und die Erkenntnis seiner Unabänderlichkeit erleichtert, auch wenn es als Last empfunden wird. Ja es kann auch innerhalb dieser Schranken ein gesteigertes Selbstbewußtsein diesen Stand, obwohl man ihn als einen Geringeren kennt, bejahen, teils indem man gewisser Vorzüge oder Tugenden sich rühmt, deren Fehlen man bei den Herrenständen bemerkt und anklagt, teils indem man eines besonderen Könnens – seiner Kunst, seines Handwerks, seiner Ehre – bewußt ist und sie als mindestens gleichwertig mit der Ehre und den Zierden anderer, auch der Herrenstände, denkt und geltend zu machen versucht.

Anders geartet wird das Bewußtsein einer sozialen Samtschaft, wenn es auf bestimmte und große Zwecke gerichtet ist und die Eigenschaften, die es als die seinen weiß und behauptet, in den Dienst eines solchen Zweckes stellt. Dies geschieht auf ausgesprochene Weise durch den politischen und geistigen Kampf, worin die Schichten eines Volkes als Klassen einander entgegenstehen – also je mehr ein Herrenbewußtsein als überlegenes die Macht einer Klasse zur Geltung bringt, um die Untertanenklasse zu drücken und in ihren Schranken zu halten; je mehr andererseits diese Klasse nach Gleichheit strebt und sich also wider die Bedrückungen und Anmaßungen der Herrenklasse empört und sie einzuschränken oder zu verdrängen bestrebt ist. Der Unterschied, ob man diesen Prozeß Ständekampf oder Klassenkampf nennt, ist seinem Wesen nach nicht bedeutend – der Ständekampf pflegt früher und weniger radikal zu sein. Er ist genügsam. Die unteren Stände erstreben nur eine Teilnahme an den Genüssen des Lebens und an den Elementen der Herrschaft, so daß sie auch fortfahren, teils sich selbst überhaupt, teils eine unterhalb ihrer gelegene Schicht als nicht zu dieser Teilnahme geeignet zu betrachten, also diese etwaige tiefere Schicht gemeinsam mit der höheren zu lenken und zu senken beflissen sind. Der Klassenkampf ist unbedingter: er kennt keine ständischen Schichten mehr, also auch keine von Natur gegebenen Herren. Im Vordergrund des Bewußtseins der gesamten Klasse, die sich als vermögenslos und daher als bedrückt fühlt, steht das Ideal einer Gütergemeinschaft des gesamten Volkes an Grund und Boden und an allen den Arbeitsmitteln, die im erblichen Eigentum oder durch die Künste des Handels erworben, der kleinen Minderheit von ‚Rechts' wegen gehören, die als besitzende Klasse ihr gegenübersteht. Also ist der Klassenkampf die bewußter werdende und sich verallgemeinernde Form des Ständekampfes. Aber auch ohne daß ein Kampf unmittelbar gestaltet wird, macht sich vielfach ein entsprechendes Bewußtsein geltend. So weiß sich die große vermögenslose Menge vorzugsweise als das Volk, weiß sich die schmale Schicht derer, die Herren der Güter und der Genüsse sind, vorzugsweise als die Gesellschaft, obschon der eine wie der andere Ausdruck einen allgemeinen, alle umfassenden Sinn hat. „Das" Volk hat wie der Stand eine mehr gemeinschaftliche, „die" Gesellschaft wie die Klasse, auch im hier gegebenen Sinne, mehr gesellschaftliche Bedeutung.[113]

4. Der dritte und bedeutendste *Gegenstand* der reinen Soziologie ist die Verbindung oder *Körperschaft*, die auch durch viele andere Namen bezeichnet wird. Sie ist niemals etwas natürliches. Auch kann sie nie als bloß seelische Tatsache verstanden werden, sondern ist ausschließlich und wesentlich soziale Tatsache; d. h. sie ist nur dadurch, daß sie von mehreren zusammen gedacht wird. Ihr Merkmal ist die Fähigkeit einheitlichen Wollens und Handelns, eine Fähigkeit, die sich in deutlichster Weise als Beschlußfähigkeit darstellt. Beschlußfähig ist aber ein einzelner Mensch als denkender. Es sind es mehrere Menschen, wenn sie dauernd übereinstimmen oder so weit dauernd übereinstimmen, daß sie einen in vorausbestimmten Formen von einem Teil ihrer Gesamtheit in Übereinstimmung ausgesprochenen Willen als den Willen ihrer aller, d. h. ihrer Körperschaft, anerkennen und gelten lassen. So kann ihr Wollen durch eine einzige natürliche Person dargestellt werden, wenn gemeint wird, daß hinter ihr der Wille der Gesamtheit, also der ganzen Körperschaft, steht. Eine Körperschaft – um bei diesem Terminus stehen zu bleiben – kann erstens aus *natürlichen Verhältnissen*, sofern diese soziale Verhältnisse geworden sind, entstehen. Und hier zeigt sich immer, daß die Blutsverwandtschaft das allgemeinste und am meisten natürliche Band ist, das Menschen umschließt – ihr „*Zusammenwesen*". Die bedeutendste Körperschaft, die daraus entsteht, ist der *Verband*, der uns bei allen bekannten Völkern als die ursprüngliche Gestalt eines politischen Zusammenlebens entgegentritt: die Sippe oder Geschlechtsgenossenschaft, die Gens, der Klan oder unter welchem Namen diese uralte Einigkeit und Einheit erscheinen möge. Ob die Gesamtheit der erwachsenen Personen hier die Frauen einschließt oder nicht; ob sie ihre Beratungen in Übereinstimmungen beenden, die durch einen vermeintlichen göttlichen Willen bestätigt werden, oder ob sie einem Führer und Häuptling zujubeln und seinen Entschlüssen willig folgen: der Keim eines Bewußtseins bildet sich hier, das über das bloße Zusammengehörigkeitsgefühl hinauswächst und in der Gesamtheit ein dauerndes Ich aus sich heraussetzt und bejaht.

---

113 Vgl. Ferdinand Tönnies, „Stände und Klassen", ebd., S. 617 ff.

Zweitens läßt ein gemeinsames Verhalten zum *Erdboden* zunächst im Anschluß an das Bewußtsein oder die Meinung der Blutsverwandtschaft die Menschen zusammenwachsen. Das *Zusammenwohnen*, die Nachbarschaft, bildet hier das Band und führt zu Beratungen und durch Beratungen zu Beschlüssen, wodurch wiederum die Zwiefachheit des genossenschaftlichen und des herrschaftlichen Prinzips gegeben ist. Der große Typus einer solchen Körperschaft ist die *Dorfgemeinde*, die ihr Wesen in der gemeinsam ausgeübten Kunst der Bebauung des Bodens und dem Besitz einer gemeinsam als Eigentum gewerteten Dorfflur oder Mark vollendet, wenn eine Markgenossenschaft die Einheit mehrerer benachbarter und etwa aus ursprünglicher Einheit hervorgegangener Dorfgemeinden darstellt. Die Dorfgemeinde ist oft von der Geschlechtsgenossenschaft nicht verschieden. Aber diese büßt selbst den Charakter der blutsverwandtschaftlichen Grundlage ein, je mehr sie fremde Elemente in sich aufnimmt. Der Grund und Boden, das Zusammenwohnen als das einigende Band von Menschen und menschlichen Familien tritt zuerst *neben*, mehr und mehr dann *an die Stelle* des Bandes gemeinsamer Abstammung. Besonders stark wirkt dahin die Eroberung als Gewinnung der Herrschaft über ein Territorium durch einen fremden Stamm und dessen Häupter, wenn und sofern die bisherigen Bewohner und Besitzer nicht vertilgt oder vertrieben werden, sondern wenigstens zum Teil wohnen bleiben und allmählich, obschon den neuen Herren untertan, doch mit ihnen zu einem Volk verschmelzen. Das Dasein der Dorfgemeinde als einer Körperschaft pflegt sich dann zu erhalten, und zwar in einem *genossenschaftlichen* Wesen, das aber durch Macht und Recht von Grundherren *herrschaftlich* modifiziert wird.

Drittens gewinnt in dem näheren und dichteren Zusammenleben der *Stadt* die Genossenschaft und genossenschaftliche Gleichheit einen neuen Bereich. Das Zusammenwohnen wird um so mehr gegen das Zusammenwesen gleichgültig, d. h. Blutsfremde kommen um so mehr zusammen, als die Städte ursprünglich ummauerte Dörfer oder Burgen sind, deren Bewohner genötigt sind, sei es unter einem Herrn, oder als gleichberechtigte Bürger *zusammenzuwirken*, und zwar zunächst um sich zu verteidigen, sodann um Frieden und Ordnung innerhalb ihrer eigenen Menge zu erhalten oder zu stiften und insofern ein politisches Gemeinwesen darzustellen. Dies ist die große Aufgabe und Leistung der Stadtgemeinde, der „*Polis*", die dem gesamten Wesen, das später in Europa und seinen Abkömmlingen als Staat die gewaltigste Organisation als eine einzige Körperschaft ausgebildet und bis in unsere Tage und darüber hinaus Namen und Charakter verliehen hat, wie denn auch ihre souveräne Volksversammlung (die *Ekklesia*) dem anderen großen Gemeinwesen der nachrömischen und noch-römischen Zeit seinen Namen verliehen hat, mit dem es über den Erdball hin seinen Glanz ausbreitete: der Kirche.

Diese Körperschaften und Gemeinden behalten ihre gemeinsame Wurzel in der ursprünglichen Zusammengehörigkeit, die nach dem hier zugrunde gelegten Begriff Gemeinschaft ist. Obgleich sich das ursprüngliche Zusammenwesen und Zusammenwohnen und Zusammenwirken modifiziert, so erhält es sich doch und vermag sich gerade in den geistigen Gestaltungen des Zusammenwirkens und folglich des Zusammenlebens überhaupt, besonders auch des politischen, zu erneuern, so daß eben ein Volk, zumal wenn es in einem Staatsverband zusammenhält oder wenn es auch nur danach streben mag und wenn es sich durch eine gemeinsame Sprache verbunden fühlt, eine Einheit als *Volksgemeinschaft* darstellen will, die sich im Nationalbewußtsein, im Nationalstolz steigern kann, aber auch leicht ihre ursprüngliche Echtheit verliert.

5. *Bürgerliche Gesellschaft.* Denn inzwischen schreitet die Veränderung der ursprünglichen Basis des Zusammenlebens weiter fort. Sie vollendet sich in der Erscheinung, die oft als *Individualismus* bezeichnet wird, deren wahre Bedeutung aber darin liegt, daß sich nicht das soziale Leben schlechthin, sondern das gemeinschaftliche soziale Leben vermindert und sich ein anderes, neues aus den Bedürfnissen, Interessen, Wünschen und Entschlüssen von handelnden Personen hervorgehendes Zusammenwirken entwickelt und zunehmende Macht, allmählich sogar ein Übergewicht erlangt. Dieses sind die Bedingungen der „bürgerlichen Gesellschaft" als der ausgeprägtesten Form der vielfachen Erscheinungen, die im soziologischen Begriff der Gesellschaft zusammengefaßt werden und ihren Tendenzen nach unbegrenzt, *weltbürgerlich* und *sozialistisch* sind. Es vollzieht sich dabei die große Wandlung: Während sich sonst das gesamte Leben aus den Tiefen des Volkes erhebt und genährt wird, so gestaltet sich die bürgerliche Gesellschaft als eine Höhenerscheinung, die sich in einem langsamen Prozeß über die Gesamtheit eines Volkes, ja über die Menschheit ausbreitet. Sie ist ihrem Wesen nach eine Samtschaft von hauptsächlich ökonomischem Charakter als die Gesamtheit der Individuen und Familien – zunächst solcher, die am bürgerlichen Reichtum, d. h. an Boden und Kapital als den notwendigen Mitteln der Produktion von Gütern aller Art Anteil haben. Innerhalb engerer oder weiterer Grenzen, die durch wirkliche oder vermeintliche Stammverwandtschaft bestimmt sind, als deren wertvollstes Zeichen die Sprachgenossenschaft gilt, erbaut sie sich ihren Staat, d. h. eine nach Art der Stadtgemeinde willens- und handlungsfähige Einheit, die sich als bürgerliche, endlich wahrscheinlich als soziale Republik vollendet. Sie denkt den *Staat* als Mittel für ihre Zwecke, also in erster Linie zum Schutz ihrer Person und ihres Eigentums, auch des geistigen Eigentums, das ihre Träger in ihrer Geltung, ihrer Ehre schätzen. Aber da sie nicht, ohne sich zu verraten, ihre Besonderheit als eine

gesellschaftliche Samtschaft im Unterschied vom Volk bekennen und sozusagen auf ihre Fahne schreiben mag, so kann sie ihr Wesen nur behaupten, indem sie es mit dem Wesen des gesamten Volkes gleichsetzt und sich als dessen Vertreter oder Fürsprecher bzw. als dessen Führerschaft darstellt. Dieser Prozeß, der sich als die Verleihung gleicher politischer Rechte an alle Volksgenossen noch nicht vollendet hat, schließt in einigem Maße die Kluft, die sich zwischen dem Vermögensmonopol der (engeren und eigentlichen) Gesellschaft und der Vermögenslosigkeit des Volkes immer weiter aufgetan hat. Aber er kann dessen wesentlichen Charakter nicht aufheben, ja vertieft ihn, indem er das Bewußtsein erweitert und verstärkt – das Bewußtsein der „*sozialen Frage*". Das gesellschaftliche Bewußtsein wird mittelst politischer und anderer geistiger (durch das Städteleben, zumal das großstädtische, geförderter) Bildung auch das Bewußtsein einer sich allmählich vergrößernden Menge des Volkes. Auch sie denkt mehr und mehr den Staat als das Mittel und Werkzeug der Verbesserung ihrer Lage, der Zerstörung des Vermögensmonopols der wenigen, der Gewinnung eines Anteils an den Produkten, die für die Arbeiter ebenso ein ihren vernünftigen Bedürfnissen angemessener Anteil darstellt, wie den Leitern der Produktion an den zur Verteilung und zum Genuß oder Gebrauch bestimmten Gütern ihr Anteil zukommt, während die nicht dafür, sondern zu dauerndem gemeinsamen Gebrauch bestimmten und tauglichen Güter im gemeinsamen Eigentum der Gesellschaft, d. h. des Volkes oder seines organisierten Verbandes, des Staates, verbleiben müssen.

Literatur

Ferdinand Tönnies, Gemeinschaft und Gesellschaft, 6. und 7. Aufl. Berlin 1925.

August Baltzer, Ferdinand Tönnies: Gemeinschaft und Gesellschaft. Zur Erläuterung der sozialen Frage. Berlin 1890.

Eduard Rosenbaum, Ferdinand Tönnies' Werk, in: Schmollers Jahrbuch für Gesetzgebung, Verwaltung und Volkswirtschaft im Deutschen Reiche XXXVIII (1915), Heft 4, S. 445-492.

Ferdinand Tönnies, Soziologische Studien und Kritiken, Band 1, Jena 1925.

Franz Oppenheimer, System der Soziologie, Band 1: Allgemeine Soziologie, Teilband 1, Stuttgart 1922, S. 340 ff. und passim.

Hans Lorenz Stoltenberg, Wegweiser durch Tönnies: Gemeinschaft und Gesellschaft, Berlin 1919.

Werner Sombart, Der moderne Kapitalismus, Band II: Das europäische Wirtschaftsleben im Zeitalter des Frühkapitalismus, 2. Halbband, München / Leipzig 1916, S. 1081 f.

Ernst Troeltsch, Der historische Entwicklungsbegriff in der modernen Geistes- und Lebensphilosophie. II. Die Marburger Schule, die südwestdeutsche Schule, Simmel, in: Historische Zeitschrift 124 (1921), S. 377-447.

Karl Dunkmann, Die Kritik der sozialen Vernunft, Berlin 1924.

Hermann Schmalenbach, Die soziologische Kategorie des Bundes, in: Die Dioskuren 1 (1922), S. 35-105.

Leopold von Wiese, System der Allgemeinen Soziologie, I. Teil, Berlin 1924, S. 39 und 164; II. Teil, Berlin 1928, S. 46 und 61.

Alfred Vierkandt, Gesellschaftslehre. Zweite völlig umgearbeitete Auflage, Stuttgart 1928, S. 6, 13 und 208-315.

Othmar Spann, Gesellschaftslehre, 3. Aufl. Leipzig 1930, S. 34 (mit vielem Sperrdruck): „Es zeugt von dem Tiefstande der philosophischen Bildung in Deutschland, daß die platte, und bei genauem Zusehen durchaus nicht neue Unterscheidung von Gemeinschaft und Gesellschaft so große Beachtung finden konnte."

Carl Brinkmann, Gesellschaftslehre, Berlin 1925, S. 21 ff.

Hans Freyer, Soziologie als Wirklichkeitswissenschaft, Leipzig 1930, S. 176, 182, 233 ff. sowie 240 ff.

Die Entstehung meiner Begriffe „Gemeinschaft" und „Gesellschaft"

Der Ursprung meiner soziologischen Begriffe liegt in dem für Deutschland bedeutenden Gegensatz der historischen gegen die rationalistische Denkungsart und Schule, welcher Gegensatz der vorherrschenden Auffassung nach mit der Überwindung des rationalistischen durch das historische Denken gelöst worden ist. Der Dualismus trat am Auffallendsten in der Rechtsphilosophie zutage und führte dazu, das *Naturrecht*, wie es in den letzten zwei Jahrhunderten ausgebildet war, gänzlich preiszugeben, hingegen das *Gewohnheitsrecht* als normales Gebilde des Volksgeistes höher zu schätzen als alles, was im Gebiet des Rechtes aus der Vernunft abgeleitet werden kann oder sogar nachweislich aus der Vernunft eines Gesetzgebers hervorgegangen ist. Ich habe Jahre hindurch diese Begriffe gründlich erwogen und mich dabei vorzugsweise an das berühmte kleine Buch Friedrich Carl von Savignys *Vom Beruf unserer Zeit für Gesetzgebung und Rechtswissenschaft* gehalten, dann auch den Reflex dieser Schrift in Henry Sumner Maine's ebenfalls weltbekanntem Buch *Ancient Law* zur Vergleichung herangezogen. Das Ergebnis meines durch diese Schriften angeregten soziologischen Denkens liegt in den Begriffen *gemeinschaftlicher* Verhältnisse und Verbindungen auf der einen, *gesellschaftlicher* auf der anderen Seite vor. Ich war dahingekommen zu bemerken, daß solche Verhältnisse, die ihr Wesen als friedliche in gegenseitiger Hilfe oder als positive im beiderseitigen Nutzen finden, einerseits ihre natürliche Wurzel im Gefühl, in der Gesinnung, im Gemüt haben. Und solche Verhältnisse sind jedem bekannt: zunächst als solche der natürlichen Zusammenhänge durch Abstammung, also in elementarer Gestalt als das von Mutter und Kind; dann als dasjenige zwischen Mann und Weib oder zwischen erwachsenen Personen verschiedenen Geschlechts; endlich als das Verhältnis zwischen Geschwistern, nämlich Brüdern und Brüdern, Schwestern und Schwestern, Brüdern und Schwestern untereinander, wofür im Deutschen das Wort „Geschwister" allgemeiner Übung sich erfreut, obgleich die entsprechende Gesinnung und Handlungsweise und deren Betätigung am liebsten als Brüderlichkeit und Verbrüderung charakterisiert und gefeiert wird.

Diese Verhältnisse dehnen sich mannigfach aus. Und das Einzelne vermindert freilich dadurch seine Kraft, behält aber sein Wesen durch Gefühl und Gewohnheit und durch das Denken und Wissen, unbewußt überdies durch gemeinsame Sprache, obschon diese ebensoviel als Ausdruck von Haß und Schimpf wie von Zuneigung, Ehre und Zärtlichkeit gebraucht wird. Ich unterscheide danach als gemeinschaftliche Verhältnisse erstens solche der Abstammung; hier kommt natürlich die eigentliche der *Blutsverwandtschaft* als unmittelbare zuerst zur Geltung; zweitens solche der „*Nachbarschaft*", die durch das Zusammenwohnen bezeichnet wird, das für die Ehe und auch heute noch für die engere Familie charakteristisch ist, aber in begrifflicher Hinsicht eine viel weitere Bedeutung hat; und drittens solche der „*Freundschaft*", die auf dem Bewußtsein der *geistigen* Nähe und Verwandtschaft beruht, wie solches Bewußtsein in jeder Art von Zusammenleben, wenigstens der Anlage oder dem Postulat nach, vorhanden ist und ihre soziale Bedeutung insbesondere als religiöse Zusammengehörigkeit bzw. als *Gemeinde* gewinnt.

In starker und offenbarer Verschiedenheit von allen Verhältnissen und Verbundenheiten dieser Art stehen solche, deren Prinzip und Grund in erster Linie der seiner Tendenz nach durchaus rationale *Tausch* ist – eine an sich rein sachliche Beziehung, die im Wechsel des Besitzes von Sachen ihr Wesen erschöpft; und als Modifikation des Tausches von Sachen eine gegenseitige Leistung beinhaltet – Verhältnisse also, die zum Teil in einem Verhältnis der bisher erörterten gemeinschaftlichen Art beruhen, sich aber auch zwischen getrennten und einander fremden Individuen, ja zwischen Feinden, durch den vernünftigen Willen der beteiligten Individuen bilden können, wo als Individuen auch Vereine, Kollegien, mithin auch Gemeinwesen und Staaten gelten müssen und tatsächlich als Individuen gerechnet werden. Das Wesen aller solcher Verhältnisse und Verbindungen ist im Bewußtsein des Nutzens und Wertes enthalten, den der Mensch für den Menschen hat, haben kann und haben wird, wenn er solchen darin findet, empfindet und kennt. So sind Verhältnisse dieser Art ihrem Wesen nach von *rationaler* Beschaffenheit und haben darin ihre Stärke und ihre Schwäche.

Ich erkannte nun bald die große Bedeutung, die diesem Unterschied und Gegensatz für das Verständnis der sozialen Entwicklung zukommt. Einer der universalsten unter den gegenwärtig lebenden deutschen Historikern schrieb vor kurzem an den Verfasser: „Sie haben tief auch auf solche gewirkt, die von anderen Ausgangspunkten aus den Geheimnissen des geschichtlichen Lebens sich zu nähern versuchten, und dies Hinüberwirken über die Grenzen der eigenen Schule erschien mir immer als der Prüfstein wirklicher wissenschaftlicher Größe." Denn offenbar ist der Faktor des Denkens und also der Vernunft in jeder Kulturentwicklung wie in der geistigen Entwicklung des einzelnen Menschen das *dynamische* Element.

D. h. es gestaltet in immer zunehmender Weise das Handeln wie das Denken selbst des einzelnen Menschen, zumal des Mannes, aber auch der Menschen als Gruppen und Verbände, im Zusammenwirken und gemeinsamen Wollen. Die Steigerung der Vernünftigkeit ist die Steigerung der Gesellschaft, die zum Teil in Harmonie mit Gemeinschaft als der ursprünglichen, jedenfalls älteren Gestalt des Zusammenlebens, sich zum Teil aber im ausgesprochenen Gegensatz zu ihr entwickelt.

Unter diesem Gesichtspunkt wird der Unterschied zwischen Gewohnheit und Satzung, also auch zwischen Gewohnheitsrecht oder Sitte auf der einen, Gesetzesrecht und Kodifikation als planmäßiger – der Schaffung von Gesetzesbüchern – auf der anderen Seite erklärt, welcher Gegensatz das eigentliche Thema bedeutet. Diesem Unterschied und Gegensatz in der Sphäre des Rechts, also in einem notwendigen Gestalten des sich entwickelnden und entwickelten sozialen *Lebens*, tritt eine ganze Reihe anderer zur Seite, die alle darin beruhen, daß die Menschen, teils als Verwandte und Freunde, als Genossen wenigstens der Vaterstadt, des Volkes und Vaterlandes, andererseits als Fremde, gar als Feinde einander berührend miteinander verkehren und, wenn sie die nötige Einsicht und das nötige Wollen haben, miteinander friedlich zusammenleben und zusammenwirken können.

Die hier zugrunde gelegte Denkungsart will und muß sich auf jeden historischen Zustand anwenden lassen und mithin auch auf die Entwicklung des sozialen Lebens im Ganzen, zumal insofern, als eine solche Entwicklung von gemeinschaftlichen in gesellschaftliche Formen und Inhalte stattfindet. Dies ist nun nicht allein am Recht erkennbar, sondern erstreckt sich auf die Gesamtheit des Zusammenlebens, wie es sich schon durch die Verschiedenheit der örtlichen Zusammengehörigkeit charakterisiert. Menschen in einsamen Heidedörfern oder noch größerer Isolierung sind anders geartet und verhalten sich anders zueinander als Menschen, die in großen Städten, zumal in Weltstädten zusammenleben und zum guten Teil auch zusammenwirken, sei es, daß sie nur Geschäfte miteinander machen oder daß sie – freiwillig oder unfreiwillig – am gleichen Werk, an der gleichen Aufgabe beteiligt und tätig sind.

Ich habe immer das verschiedene Verhältnis zwischen einem Ganzen und seinen Teilen gekannt und anerkannt, ja habe es oft meinen Erwägungen zugrunde gelegt, so daß ich es nicht nötig hatte, mich darüber von einem jungen Herrn aus Österreich[114] belehren zu lassen, der es dazu benutzte, die Minderwertigkeit der von ihm als ‚individualistisch' gebrandmarkten und den höheren Wert der von ihm so genannten ‚universalistischen' Verhältnisse abzuleiten. Dieser Unterschied hat allerdings auch soziologisch eine Bedeutung, und diese ist in meinen Begriffen immer enthalten gewesen. Aber die strenge Theorie geht so nicht voran, weil

---

114   Gemeint ist Othmar Spann [Anm. d. Hrsg.].

diese eben soziologisch sein muß, um den Tatsachen gerecht zu werden. Ich habe immer auf Versuche, durch Machtgebot oder Gesetz das Wesen dieser Entwicklung aufzuheben und sozusagen aus dem Handgelenk eine Volksgemeinschaft zu schaffen, für verfehlt und unbedacht gehalten, um so mehr, mit je größeren Ansprüchen sie auftreten. Der großstädtische Typus des Zusammenlebens dehnt sich auf ganze Länder und ihre Einwohnerschaften aus, endlich auf die *Ökumene* als auf die Einwohnerschaft des Erdballes. Was hingegen geschehen kann und der natürliche Gegenstand einer sozialen Politik sein muß, ist die Ausdehnung des Wesens der Gesellschaft auf die weitesten Volkskreise, also insbesondere im Staat auf sämtliche Staatsbürger durch die Beseitigung aller Ungleichheiten und Abhängigkeiten, soweit solche nicht in der Natur wie das Verhältnis von Eltern und Kindern und in viel geringerem Maße zwischen Alten und Jungen überhaupt begründet sind. Diese staatsbürgerliche Gleichheit ist nicht ein Erzeugnis der Natur, die vielmehr immer nur Ungleichheiten schafft, wenn auch nur *eine* solche, die durch alle Lebensalter und durch alle Schichten eines Volkes hindurchgeht: nämlich die des Geschlechts. Auch diese Ungleichheit kann in einem gewissen Maße als soziale Ungleichheit vertilgt werden. Die Unterworfenheit der Frauen als ausgeprägt im Recht war und ist teilweise noch eine Tatsache, der man versucht hat, durch Verbindung allgemeiner und gleicher, aktiver und passiver Wahlrechte in Staat und Gemeinde abzuhelfen. Indessen ist dies bisher nicht in genügender Weise geschehen. In diesen Gebieten tritt die Verschiedenheit des männlichen und des weiblichen Geistes so stark zutage, daß daraus eine gewisse Unterordnung der Frauen, zwar nicht der individuellen Frauen, wohl aber ihrer Mengen und Gesamtheiten, abgeleitet werden muß. Immer werden die Frauen für ungenügend zur kriegerischen Betätigung gehalten werden. Die politische Betätigung ist im Grunde eine Begleiterscheinung der kriegerischen. Gleichwohl kann den Frauen und von ihnen wählbaren Körperschaften eine weite Sphäre der Beratung, auch in politisch wichtigen Angelegenheiten, insbesondere solchen, die der Erziehung und dem Unterricht dienen, eingeräumt werden, worin sie sich teils als Mutter, teils berufsmäßig als Lehrer mit schönsten Erfolgen betätigen, wodurch sie auch auf die eigentlichen politischen Probleme einen höchst bedeutsamen Einfluß gewinnen, wie sie solchen auch von jeher durch die Ehe und durch freundschaftlichen Rapport mit Männern, sogar durch die Salons und die im Sinne des Salons sogenannte Gesellschaft auszuüben in der Lage gewesen sind.

Es bleibt mir noch übrig, einige Begriffe zu erläutern, die mit der Theorie nahe zusammenhängen, ja für sie wesentliche Bedeutung haben:

Da ist 1. der Begriff der *sozialen Wesenheiten*. Ich verstehe darunter die besonderen Dinge oder Phänomene, die aus dem sozialen Leben und nur aus ihm hervorgehen. Sie sind Erzeugnisse menschlichen Denkens und nur für ein solches vorhanden, zunächst nur für die so Verbundenen selbst, die ihrer Verbundenheit einen besonderen Namen geben und sie als ein Etwas, letzten Endes als eine wollens- und handlungsfähige Person vorstellen. Das Dasein eines solchen Etwas, und zuhöchst einer sozialen Person, kann auch von außerhalb stehenden Menschen, mögen sie isoliert oder selbst verbunden sein, erkannt und anerkannt werden. Und zwar wird daraus möglicherweise eine neues, im Wesen gleichartiges Etwas, mithin auch eine neue soziale Person, die ein mächtiges soziales Dasein gewinnen kann, wie etwa ein Staatenbund oder ein Bundesstaat, die zunächst von ihren Gliedern als solche gesetzt werden, aber auch von den Bürgern der einzelnen Staaten als Individuen. Und so kann neben dem Dasein eines Bundesstaates als des Gesamtstaates über den verbundenen Gliedstaaten auch ein unmittelbares Verhältnis der „Reichsbürger" zum Reich als einem durch sie gesetzten Staat bestehen – wenn auch Schwierigkeiten daraus entspringen können, daß diese Begriffe nicht streng voneinander unterschieden werden.

2. Eine Unterscheidung der *sozialen Wesenheiten* von den *sozialen Gestalten* habe ich bisher nicht vorgenommen. Ich mache sie aber in dem Sinne geltend, daß die Gestalt die Einheit bedeutet und betont, während sich in der Wesenheit mehr die Vielheit ausdrückt. Ein berühmtes Beispiel dieses Unterschiedes ist der in der deutschen Wissenschaft gründlich behandelte begriffliche Unterschied zwischen dem ‚Staatenbund' und dem ‚Bundesstaat'. Ein ähnlicher Unterschied läßt sich bei allen föderalistischen Gebilden feststellen, z.B. bei den Kartellen und Syndikaten.

3. lege ich Wert darauf, den Begriff der *Samtschaft* als einer Wesenheit gebildet zu haben, die sozusagen zwischen dem Verhältnis und dem Verband oder Bund steht: wenn nämlich Verband und Bund und dergleichen als willens- und handlungsfähige Person, somit als eine besondere Art von Individuum gedacht werden. Die *Gesamtschaft* ist keine solche, obschon sie zu einer solchen sich verdichten oder konstituieren kann. Ich verstehe als Samtschaft alle Einheiten menschlichen Zusammenwollens und Zusammenlebens, die zwar als solche bewußt sind, aber eben nicht als Personen gedacht werden wie etwa „die Christenheit", die „Sprachgenossenschaft" und manche andere, aber ähnlich geartete Gesamtheit von Menschen. Ihre Bedeutung im sozialen Leben ist nicht gering, ja sie übertrifft oft die Bedeutung der größten Körperschaften. So bezeichnet der Begriff der *Nation*, insbesondere in ihrer Abwandlung als Nationalität, eine Samtschaft, die in ausgesprochenen Gegensatz gegen den Staat oder die Staaten treten kann, denen sie angehört – sei es, weil sie diesem Staat widerwillig angehört, wie es bisher bei einem großen Teil der Nationalitäten der Fall war, die zusammen das Kaisertum Österreich und das Königreich Ungarn bildeten – sei es, daß die Nation wenigstens für

sich nach einem eigenen Ausdruck strebt und im Übrigen die bestehenden Staaten unangefochten läßt. So war zumeist das Verhältnis der deutschen Nation in ihrem Streben nach Einheit gegenüber den noch verbliebenen vielen Staaten (1814-1866) eine Gestaltung, an die auch der Versuch einer Umgestaltung der Monarchien in eine Republik, wie sie 1918 als Ausdruck der Trübsal und Enttäuschung versucht wurde, nicht zu rühren gewagt hat.

Mein Verhältnis zur Soziologie

Ich hatte mich schon früh philosophischen Studien zugewandt und diese etwa von 1877 an auf Thomas Hobbes, besonders auf dessen rechts- und staatsphilosophische Schriften konzentriert. Von da aus ging mein Weg allgemein in die englische Literatur über diese Gegenstände und führte mich bald auch zu Herbert Spencer. Von ihm ging ich dann zurück auf Auguste Comte. Hier hatte ich die beiden großen Autoren der damaligen Soziologie, zu denen sich mir, als Deutscher von Gewicht, bald Albert Schäffle gesellte. Schäffles Werk *Bau und Leben des sozialen Körpers* ist gleich dem Spencerschen ganz organizistisch gedacht, aber noch mehr in die einzelnen Analogien ausgeführt, die mich damals sehr interessierten, indem ich mich gleichzeitig bemühte, meine biologischen Kenntnisse zu erweitern und zu vertiefen. In der Rechtsphilosophie empfing ich eine starke Anregung teils durch Rudolf von Ihering, teils durch Henry Sumner Maine, und beschäftigte mich auch mit der vorzugsweise deutschen Literatur des rationalen Naturrechts von Samuel Pufendorf sowie mit der historischen Rechtsschule als auch den Romantikern, die jenes Naturrecht verleugneten und ablösten. So habe ich damals (etwa 1881) auch Adam Müllers Buch *Die Elemente der Staatskunst* mit lebhaftem Interesse gelesen.

Ich faßte den Vorsatz, sowohl den wahren Sinn des Naturrechts als auch den der Kritik zu erfassen, die es vernichten wollte, und gelangte so dahin, mir ein Bild von der ganzen umfassenden Wirkung des Rationalismus zu gestalten, den ich bald als Prinzip des wissenschaftlichen Denkens überhaupt erkannte. So gelangte ich zu dem Bemühen, alle irrationalen und minder rationalen Gedankenbildungen psychologisch „verstehen" zu wollen, und zwar dahin, daß sie niemals schlechthin unvernünftig sind, sondern ihren eigenen Sinn haben müssen, der zuletzt auf das menschliche Wollen zurückführt. Denn bald gestaltete sich mir die Verallgemeinerung, daß das Soziale schlechthin aus menschlichem Wollen, aus einem Zusammenwollen hervorgeht; und dessen Wesen zu durchdringen machte ich mir zur Aufgabe. Zur Klärung meiner Gedanken trug dann stark das Studium des wissenschaftlichen, also hauptsächlich des Marxschen Sozialismus bei, dem ich gleichzeitig in diesen Jahren lebhaft ergeben war: schon 1878 habe ich mit Eifer

den ersten Band von *Das Kapital* studiert, aber auch Rodbertus und sein Interpret
Adolf Wagner regten mich jahrelang an. Zugleich war ich ethnologischer Erkenntnisse beflissen und habe aus meinen gewonnenen Kenntnissen von Johann Jacob
Bachofens *Das Mutterrecht* und Lewis Henry Morgans *Ancient Society* als Werke hervorgehoben, die mir einen tiefen Eindruck gemacht hatten. Ich hätte auch
eine Reihe anderer Werke dieser Art benennen können. Besonders englische und
französische wirkten auf mich, die in die vermutlich frühesten Phasen des sozialen Lebens der Menschheit einzudringen versuchten, z. B. William Edward Hearns
The Aryan Household, und Fustel de Coulanges' *La cité antique*. Erst später lern-
te ich die bedeutenden Werke des deutschen Juristen Leist kennen und würdigen.

   Aus diesen Studien und Gedanken ist meine Schrift *Gemeinschaft und Gesellschaft* hervorgegangen, deren erste Auflage den Untertitel „Abhandlung des Kommunismus und des Sozialismus als empirischer Kulturformen" trägt. Ich wollte damit sagen, daß man in diesen vielberufenen Schlagworten nicht bloße Phantasmen,
d. h. ausgeklügelte Ideale und Utopien sehen dürfe, sondern Erscheinungen des
wirklichen sozialen Lebens begreifen solle. Dies war in Bezug auf den Kommunismus gar nichts neues, denn die Begriffe „Urkommunismus", „Agrarkommunismus" und dergleichen waren schon damals geläufig. Ich meinte nun darzustellen,
daß der ebenfalls schon damals vielberufene und als für die Neuzeit charakteristisch gefundene „Individualismus" nichts weiter als ein ideeller Grenzpunkt in dem
großen Prozeß ist, der vom Kommunismus zum Sozialismus, von Gemeinschaft
zu Gesellschaft führt. So hatte ich schon in der Vorrede dieses Buches ausgesprochen, daß es keinen Individualismus in Geschichte und Kultur gebe, außer wie er
aus Gemeinschaft ausfließe und dadurch bedingt bleibe oder wie er Gesellschaft
hervorbringe und trage. Und so wird auf der vorletzten Seite des Textes ausgesprochen: „Die ganze Bewegung kann [...] begriffen werden als Tendenz von ur-
sprünglichem (einfachem familienhaften) *Kommunismus* und daraus hervorgehen-
dem, darin beruhendem (dörflich-städtischem) Individualismus zum unabhängigen
(großstädtisch-universellen) Individualismus und dadurch gesetzten (staatlichen
und internationalen) *Sozialismus*." Dabei war meine Meinung, daß schon im ganzen Vertragswesen, und besonders in der Assoziation, die Keime des Sozialismus
enthalten sind, daß es sich also in dem parallel laufenden Fortschritt von bürger-
licher Gesellschaft und Staat nur um eine sozial-gesetzlich bedingte allmähliche
Steigerung des Faktors Staat handele, wobei ich nicht nur an den Gang der gesellschaftlichen Entwicklung, der diese Steigerung notwendig macht, sondern auch
an meines gelehrten Gönners Adolf Wagner „Gesetz" des Wachstums der Staatstä-
tigkeiten dachte. Immer sah ich in der ganzen historischen Bewegung vom Mittelalter her die allmähliche Befreiung des *Rationalismus* und die zunehmende Herr-

schaft des befreiten als schlechthin notwendige Prozesse, und zwar Prozesse des menschlichen Geistes in seiner Gestaltung als *Wille*.

Im Willen den Kern des menschlichen Wesens zu begreifen, war ich schon in früher Jugend durch Schopenhauer angeleitet worden, legte aber auf die metaphysische Verallgemeinerung, also die (wie ich auch heute noch finde) unzulässige Erweiterung des Willensbegriffes keinen Wert, sondern kehrte bald dahin zurück, den Willen als etwas spezifisch Menschliches, als *appetitus rationalis* aufzufassen. Lange Zeit habe ich dann in Gedanken daran gearbeitet, den Unterschied des vernünftigen Willens festzustellen, der dem Unterschied von Gemeinschaft und Gesellschaft entspricht. Ich kam so endlich auf die Formel: „Da alle geistige Wirkung als menschliche durch die Teilnahme des Denkens bezeichnet wird, so unterscheide ich: den Willen, sofern in ihm das Denken, und das Denken, sofern in ihm der Wille enthalten ist." „Wesenwille" und „Willkür" nannte ich damals die Begriffe. Ich habe aber schon in der dritten Auflage von *Gemeinschaft und Gesellschaft* den Terminus „Kürwille" wegen des ganz verschiedenen, aber auch nicht einheitlichen Sinnes eingeführt, der mit dem Terminus „Willkür" verbunden zu werden pflegt.

Das Theorem, dem ich neuerdings entscheidendes Gewicht für das Verständnis der ganzen Lehre zuschreibe, war in diesem Buch noch nicht mit hinlänglicher Klarheit dargestellt worden: daß nämlich Verhältnisse und Verbände immer als *autonom* verstanden werden müssen (außer wenn sie von außen her gemacht und sozusagen aufgenötigt werden), d.h. aus dem eigenen Willen derer, die in ihm verbunden sind, bestehend und unmittelbar nur in deren Bewußtsein vorhanden, wie z.B. geheime Gesellschaften es ausschließlich sein wollen. In zweiter Instanz sind sie dann freilich auch für andere Personen und deren etwaige eigene Verhältnisse und Verbände vorhanden, die das Dasein jener an bestimmten Merkmalen erkennen und sie anerkennen, wenn sie irgendwie in ein Verhältnis oder in eine Verbindung mit jenen einzutreten gesonnen sind; und dies wird hauptsächlich dadurch bedingt sein, daß gleichartige Verhältnisse und Verbindungen vorhanden sind. Das am schwersten wiegende Beispiel dafür ist die völkerrechtliche Anerkennung eines Staates und seiner Regierung durch andere Staaten und ihre Regierungen; positiv und negativ höchst wichtige Ereignisse in der Geschichte der Staaten. Sie begegnet aber auch in einfacheren privaten Sphären, z.B. die Anerkennung einer Gewerkschaft durch die Leiter eines Großbetriebes oder einen Arbeitgeberverband, womit man jene Arbeiterverbindung als vorhanden und als verhandlungsfähig gelten läßt, wie im Völkerrecht die Anerkennung auch die Aufnahme eines diplomatischen Verkehres regelmäßig zur Folge hat. Auch ist etwa unter Studierenden einer Hochschule gegenseitige Anerkennung ihrer Verbände in ihren verschiedenen Wirkungen von ähnlicher Bedeutung.

Nachdem meine Arbeit zur reinen Soziologie – wie ich sie später nannte – etwa zwei Jahrzehnte hindurch fast geruht hatte, weil mir zu geringes Verständnis der Probleme entgegenkam, und ich mich inzwischen, von Jugend auf an der Bevölkerungs- und Moralstatistik stark interessiert, solchen Studien, insbesondere der Verbrecherforschung, hingegeben hatte, bin ich bald nach Beginn des neuen Jahrhunderts zu jener Begriffswelt zurückgekehrt, für die nun ein günstigerer Wind aufgekommen war und habe in einem Vortrag über das Wesen der Soziologie[115] nach einem gemeinsamen Begriff für soziale Verhältnisse und soziale Verbände gesucht, zwischen denen ich aber einen dritten vermittelnden Begriff für notwendig hielt, und ich meinte, daß dieser im „sozialen Willen" gefunden werden müßte. Bald aber erkannte ich, daß dieser Begriff heterogen ist, weil durch ihn eben nicht etwas Dingliches bezeichnet wird und eben dieses nur durch sozialen Willen sein Dasein gewinnt. So bin ich dann auf den Begriff der sozialen *Samtschaft* gekommen, der eine Erweiterung sozialer Kreise bedeuten soll, während ich diese nur als die objektiven Einheiten mehrerer sozialer Verhältnisse – z. B. die Familie oder ein Freundeskreis – verstehen will, die als solche mittelbar auch von denen bejaht zu werden pflegen, die ihnen angehören; Samtschaften aber denke ich als einen festeren Bestand habend, gleich Verhältnissen und Verbänden unmittelbar im Denken und Wollen ihrer Mitglieder vorhanden, z. B. einen Stand, oder was ich als ideellen Typus der Samtschaft begreife, eine Partei, bei der eben der Unterschied zu einem Verband deutlich zutage tritt. Die Samtschaft ist als solche unorganisiert, wie z. B. der Adel in einem Land oder eben eine Partei. Sie kann sich aber eine Organisation schaffen und dies wird oft genug beobachtet. Beispiele großer unorganisierter Samtschaften sind z. B. das Volk, die Gesellschaft, die Christenheit, die Protestanten, die Freidenker und andere; zuletzt die ‚Menschheit', als Idee verbunden.

Nachdem ich so drei Arten von Verbundenheiten unterschieden hatte, wird man mich fragen, warum ich diese nicht, wie es mehrere andere angesehene Soziologen getan haben, unter dem Namen der Gruppe zusammengefaßt habe. Ich glaube starke Gründe zu haben, diesen Namen zu verwerfen. Im Gebrauch dieses Namens verrät sich die Unbekanntschaft mit oder die Abweichung von dem Grundgedanken, der meine Theorie dieser Verbundenheiten bestimmt: daß sie nämlich von innen gesehen und erkannt werden müssen, wovon in der äußeren Gruppierung oder Haufenbildung nichts enthalten ist. Eine Gruppe von Menschen gewahre ich auf der Straße, wenn sich ein Dutzend oder mehr Individuen um die Stätte eines Unfalles oder einer Schlägerei gesammelt haben. Man mag eine solche Erscheinung auch soziologisch betrachten, aber soziologische *Wesenheiten* – diesen Terminus

---

115   Vgl. Schriften der Gehe-Stiftung 1907 (in diesem Band S. 111 ff.).

hatte ich nun gefunden – sind sie nicht. Ich lasse dahingestellt sein, ob es nicht noch zweckmäßiger sei, den Ausdruck soziale Gestalten an diese Stelle zu setzen. Ich habe zunächst den Begriff Wesenheit vorgezogen, weil er mir besser darauf hinzudeuten scheint, daß mir daran gelegen ist, die *subjektive Begründung* aller Verbundenheiten zu betonen; denn diese ist der Kardinalpunkt meiner Theorie[116].

Die Grundzüge dieser meiner Gesamt-Theorie habe ich zuerst in meiner Abhandlung „Einteilung der Soziologie" entwickelt, die 1925 in der *Zeitschrift für die gesamte Staatswissenschaft* erschienen ist.[117] Mit einer geringen Modifikation halte ich an dieser Einteilung auch heute fest und habe sie meiner *Einführung in die Soziologie* zugrunde gelegt, die im Herbst des Jahres 1931 erschienen ist. Diese Einführung bezieht sich fast ausschließlich auf die theoretische oder *reine* Soziologie, weil eben diese die für den Begriff der Soziologie als einer besonderen Wissenschaft charakteristischen Begriffe und Theorien enthalten soll. Ich unterscheide aber von ihr die *angewandte* und die *empirische* Soziologie und habe beiden zusammen einen kurzen orientierenden Abschnitt am Schluß jener Einführung gewidmet. Nachdem aber einmal der wissenschaftliche Sprachgebrauch der Soziologie einen viel weiteren Sinn gegeben hat, habe ich es für zweckmäßig gehalten, den Gegenstand dieses weiteren Sinnes, der die Sozialbiologie und die Sozialpsychologie in sich einschließt, als *generelle* Soziologie zusammenzufassen und von ihr die *spezielle* zu unterscheiden, die ich auch die eigentliche Soziologie nenne. Innerhalb dieser steht dann die reine Soziologie an der Spitze.

Meine Einteilung der Soziologie ist durch Leopold von Wiese zum Gegenstande eingehender und sorgfältiger Prüfung gemacht worden.[118] Wiese hatte schon vorher im ersten Teil seines Werkes *Allgemeine Soziologie* sein Verhältnis zu meinen Theoremen dargelegt und es ist wie natürlich zum großen Teil das gleiche geblieben. Ich halte mich zunächst an die jüngere Kritik. Wiese meint, meine beiden Grundbegriffe als Einheit gewährende Ausgangspunkte anzunehmen, müsse er ablehnen, weil die Gefahr dieser Antithese in einer von mir selbst nicht gewollten, aber bei meinen Schülern sehr deutlich hervorgetretenen Bewertung und Zweiteilung in Gut und Böse (Gesellschaft als böse, Gemeinschaft gleich gut) liege. Er selbst wolle Antithesen, an die sich Vorurteile und Bewertungen heften können, möglichst ganz vermeiden. Der geehrte Kritiker ist des öfteren auf diesen Punkt zurückgekommen und meint hier alsbald, daß die Kraft des Unbewußten in meiner Seele gegen mein Urteil zeuge, ich habe das Werturteil nicht gewollt. Ich füh-

---

116 Auch könnte das Mißverständnis entstehen, es werde hier auf die Gestalt-Psychologie hingedeutet.

117 Wiederabgedruckt in Ferdinand Tönnies, *Soziologische Studien und Kritiken*, II. Sammlung, Jena 1926, S. 430-443).

118 Vgl. Leopold von Wiese, „Tönnies' Einteilung der Soziologie", in: Kölner Vierteljahrshefte für Soziologie, Jg. V (1925), Heft 4, S. 445-455.

le mich dadurch veranlaßt, mich ausführlicher darüber auszusprechen. Es könnte sein, und wäre meinem Gedanken durchaus nicht fremd, daß ich außer der Parallele des individuellen Willens auch die Parallele eines normalen menschlichen Lebensablaufes im Auge gehabt hätte und noch hätte. Wenn es meine Aufgabe wäre, einmal die Merkmale der Evolution des Individuums – der Kindheit und Jugend und des frühen Mannesalters –, oder etwa der Frau bis zum vollendeten Klimakterium biologisch-medizinisch darzustellen und dieser Darstellung gegenüber die Involution, also das spätere Mannes- oder Frauenalter nebst dem Greisenalter, so würde man ohne Zweifel Grund haben, zu bemerken, daß die eine Schilderung (der Evolution) diese als etwas überwiegend Erfreuliches, Günstiges, Gutes, die andere (der Involution) hingegen als etwas Trauriges, Trübes und Böses kontrastiere. Wenn etwa eine solche Charakteristik die aufsteigende und die absteigende Linie einer Kultur treffen wollte, etwa *unserer* Kultur, und die Meinung geltend machte, die aufsteigende jugendliche Hälfte sei seit einigen Jahrhunderten (etwa mit dem Schluß des sogenannten Mittelalters) beendet, hingegen in der anderen Hälfte, der absteigenden Linie, seien wir noch mitten drin und müßten die Prognose stellen, daß sie notwendigerweise zu einer Zerrüttung und teils schon zum Zerfall geführt habe, teils weiterführe, so würde dieses Urteil wohl durch Leopold von Wiese und durch alle, die mit ihm im Geist einer wesentlich liberalen Denkungsart leben, als unrichtig zurückgewiesen werden.

Ausdrücklicher als Leopold von Wiese hat Franz Oppenheimer dies getan.[119] Er macht es mir geradezu zum Vorwurf, daß ich von den leidigen Phänomenen des Alterns gesprochen habe, die im sozialen und im individuellen Leben unerbittlich zunehmen. Er meint, jede Gesellschaft. könnte die schwersten Verfallserscheinungen zeigen, ja könne sogar ganz und gar zugrunde gehen; aber dann handle es sich jedes Mal um eine Krankheit, und nicht um eine Erscheinung des Alterns. Es könne sich um nichts anderes handeln. Das müsse einmal ernstlich verstanden und beherzigt werden, denn es sei der Schlüssel zu der gesamten Theorie und Praxis der Soziologie. Oppenheimer hält allerdings die gegenwärtige Gesittung, die gegenwärtige Zivilisation für krank. Ebenso nennt er die Kultur eine kranke, in Paroxysmen aufschießende und ebenso rasch wieder sinkende krampfhafte, „wie wir eine kranke Wirtschaftsgesellschaft, einen kranken Staat, ein krankes Recht und eine kranke Sitte oder Konvention haben". Und er verwahrt sich gegen den Vorwurf, damit subjektive Werturteile auszusprechen (wie ja von Wiese offenbar diesen Vorwurf gegen mich oder meine angeblichen Schüler erhebt): wer selbst von

---

119   Vgl. Franz Oppenheimer, System der Soziologie. Erster Band: Allgemeine Soziologie, Teilband
        I, Stuttgart 1922, S. 340 ff.; siehe ferner ders., Die moderne Soziologie und Ferdinand Tönnies,
        in: Weltwirtschaftliches Archiv 23 (1926), S. 187-208.

Altersverfall und dergleichen spreche, dürfe nicht diesen Vorwurf erheben. Denn diese Begriffe schließen ebenso ein Werturteil in sich – und zwar ein ganz auf dieselbe Weise gewonnenes.

Ich wende die Begriffe Gemeinschaft und Gesellschaft nicht in der Weise auf eine Kulturentwickelung an, wie Leopold von Wiese zu meinen scheint, daß sie die eine, also etwa die jugendliche Periode für gut, die andere, etwa die des Alters, für böse erklärt, um dann die Güte der einen aus der Gemeinschaft, die üble Beschaffenheit der anderen aus der Gesellschaft abzuleiten. Sollte jemand so geredet haben, so ist er ganz gewiß nicht mein Schüler gewesen, denn ich halte solche Rede durchaus für fehlerhaft. Meine Ansicht ist ganz und gar von anderer Art. Ich kenne keinen Kulturzustand, in dem nicht Elemente der Gemeinschaft und Elemente der Gesellschaft gleichzeitig vorhanden, also gemischt wären; überdies beide immer mit Feindseligkeiten stark legiert. Und zwar, obgleich auch Gemeinschaft zu höheren und edleren Formen gelangt, so ist doch Gesellschaft das eigentliche variable Element, das die Kultur steigert, aber sie auch in Zivilisation überführt – um mich dieser Begriffe, die in solchem Sinne schon in der ersten Auflage meiner Schrift vorkommen, wiederum zu bedienen; auch Oppenheimer betont in aller Schärfe denselben Gegensatz. Der eigentliche Faktor der Gesellschaft, der diese ungeheure Umwälzung bewirkt, ist ein wirtschaftlicher Faktor, und zwar der *Handel*. Für meine Auffassung ist der Handel in seiner Entwicklung nichts anderes als das kapitalistische System. Und in dessen Beurteilung weiche ich von den tausend Sozialisten, die ihn vor mir, mit mir, nach mir beurteilt haben, nicht wesentlich ab; oder wenn ich abweiche, so in dem Sinne, daß ich mich einer objektiven Würdigung dieses ganzen Prozesses der letzten Jahrhunderte ernstlicher befleißige. Ich verkenne nicht die ungeheuren, Orte und Völker verbindenden Wirkungen des Handels, nicht seine Leistungen zur Befreiung und Entbindung individueller Kräfte des Willens und des Geistes. Vor allem sehe ich in seinem Gefolge die *Wissenschaft*, mit deren Kampf gegen die Unwissenheit, also gegen alle Art von Aberglauben und Wahn ich in tiefster Seele sympathisiere.

Und darin habe ich nie geschwankt: Wenn es in *Gemeinschaft und Gesellschaft* nicht so deutlich hervortritt, wie ich schon damals gedacht habe, so hat das nur seinen Grund in der Ökonomie des Werkes gehabt. Und ich könnte aus meinen datierten Aufzeichnungen jener und noch früherer Jahre den Beweis dafür liefern, daß es von Jugend auf meine Denkungsart gewesen ist. Meine besondere Beschäftigung mit Denkern wie Hobbes und Spinoza dürfte ebenfalls dafür Zeugnis abgeben. Ich habe von der romantischen Schwärmerei so viel auf mich wirken lassen, als ich darin sachlich und besonders aus dem Gesichtspunkt der Ästhetik Begründetes gefunden habe (so habe ich auch mit nicht geringem Wohlwollen, freilich durchaus nicht mit überschwenglicher Bewunderung, den Romantiker Adam Müller aufgefaßt). Die Romantik als Bekenntnis muß immer den Protestanten und den Freidenker in den Schoß der allein selig machenden Kirche zurückführen. Denn er sucht mehr nach Beruhigung seines Gemütes und nach ästhetischem Genuß als nach Wahrheit. Die Meinung, daß ich einer solchen Denkungsart fähig wäre, hat mich von jeher lächeln, wenn nicht lachen gemacht. Es ist allerdings mein Gedanke, daß selbst in dem Falle, den ich als den günstigsten für die gegenwärtige Zivilisation schätze: daß es nämlich gelingen werde, sie in allmählichem Fortschritt durch sozialistische Organisation abzulösen, das Ende unabwendbar wäre – nicht das Ende der Menschheit, auch nicht das der Zivilisation oder Kultur, wohl aber das Ende dieser Kultur, deren Merkmale durch das Erbe Roms bezeichnet werden. Als das Erbe Roms betrachte ich in diesem Sinne nicht nur das *Imperium Romanum*, dessen Überbleibsel der Erste Weltkrieg in Gestalt von drei Kaisertümern vernichtet hat, sondern auch – obschon sie viel länger leben wird – die römische christliche Religion, worin die Ströme des Hellenismus und des Spätjudentums zusammengeflossen sind; ein Erbe, dessen eigentliche und echte Träger dieselben Nationen gewesen sind, die sich durch die romanischen Sprachen und zum größten Teil eben durch die Bewahrung der römischen Religion als die echten Erben bewähren, während die germanischen Nationen mehr eigenes Gut in die Erbmasse hineingetragen und diese Elemente miteinander zu verschmelzen gewußt haben.

Ich komme auf Wieses Kritik zurück, die ich nur in dem einen Punkt abgewehrt zu haben meine, wo die Kritik anerkennt – und sie hebt dies Zugeständnis sogar im Druck hervor –, daß meine Antithese als heuristisches Prinzip fruchtbar sei, aber sie erdrücke die Problematik, wenn sie als feststehende Wahrheit aufgefaßt werde. „Hier ist noch alles zweifelhaft und unerledigt: ob wirklich unser Gefühl nur die Gemeinschaft bejaht, die Gesellschaft aber ein bloßes Produkt zwecksetzenden Denkens ist." Besonders fraglich sei die Zuordnung der einzelnen Gebilde zu jener oder dieser Kategorie (es werden Beispiele meiner Zuordnung gegeben). Die ganze Problematik der Familie sei schon durch ihre bloße Zuordnung zur Gemeinschaft gleich zu Anfang erledigt, während die soziologische Analyse, durchaus mit Skepsis genährt, doch erst sehr gewissenhaft und realistisch an der Hand der Tatsachen nachprüfen müsse, wie weit die heutige Familie wirklich eine Gemeinschaft ist – Strindberg habe die Familie gerade nicht als Gemeinschaft zu sehen vermocht! Als Ursache dieses Widerspruchs kann ich nur Mißverständnisse gelten lassen. In Wahrheit habe ich ja nur ein heuristisches Prinzip gesucht; und die Sache ist die, daß ich eben das als Gemeinschaft begreife, was ein gemeinsamer und verbundener Wesenwille bejaht, und das als Gesellschaft, was als Produkt gemeinsamen und sich verbindenden Kürwillens, folglich auch gemeinsame

Zwecke setzenden Denkens anzusprechen ist. Es ist Wiese aufgefallen, daß ich manche soziale Verhältnisse als gegenseitig-gemeinsam gewollt ansehe, bei denen die Freiheit des Willens sehr fraglich sei. Ich bemerke dazu, daß mir dies genau bekannt gewesen ist. Auf der folgenden Seite ist dasselbe gemeint, wenn der geehrte Kritiker schreibt: „Wir möchten glauben: viele Menschen leben in sozialen Verhältnissen (das Wort durchaus im Tönnies'schen Sinne), ohne sie als ‚seiende und dauernde zu bejahen und zu wollen‘ („der Bien muß")." Hier gilt dasselbe. Der Kritiker vergißt, daß ich *Normalbegriffe* schaffen wollte, deren Gegenstände mit einer leichten Abänderung des Max Weberschen Terminus ich *ideelle Typen* nenne (den Terminus „Normalbegriff" habe ich für mich selbst schon um das Jahr 1880 gebildet und auch schon in der ersten Auflage von *Gemeinschaft und Gesellschaft* 1887 gebraucht. Das Wort kommt zwar nur einmal im Text vor; die Sache ist aber auch gemeint, wenn es in der Vorrede heißt: denn alle *reine* Wissenschaft bezieht sich ausschließlich auf solche Gedankendinge). Ich habe nie im Geringsten daran gezweifelt, daß es sich eben zunächst um meine Gedankendinge handelt, wenn ich die Idee geltend mache, daß Gemeinschaft sei, was der Wesenwille bejahe, und daß soziale Verhältnisse aus positiven seelischen Verhältnissen in dem Maße entstehen, als diese auch als seiende und dauernde bejaht und gewollt werden. Ich würde allerdings sagen, daß manche soziale Verhältnisse der Wirklichkeit so weit entfernt von diesem Typus liegen, daß ich sie nicht einmal mehr mit demselben Namen nennen würde: so z. B., wenn das Wollen (äußerlich oder innerlich) erzwungen ist, obschon das römische Recht bekanntlich den Satz enthält: *„quamquam coactus tamen voluit."* Über den Begriff des Wollens oder vielmehr über die Mannigfaltigkeit der psychischen Tatsachen, die der Sprachgebrauch in den Wörtern Wille und wollen zusammenhält, habe ich seit den Anfängen meines Philosophierens fortwährend gedacht, und das Hauptergebnis dieses Denkens ist die Scheidung von Wesenwille und Kürwille gewesen; überdies aber die Unterscheidung der verschiedenen Formen beider, wobei ich besonders Gewicht darauf lege, in Gewohnheit und Gemüt den individuellen, wie in Brauch und Sitte den sozialen Willen erkannt und beschrieben zu haben.[120]

Wieses Kritik richtet sich besonders gegen meine Abweichungen von seiner eigenen Lehre, die als *Beziehungslehre* längst eine erhebliche Geltung gewonnen hat. Wenn er aber meint, mit der Wahl des Wortes „Verhältnisse" wolle ich anscheinend seinen Begriff „Beziehungen" vermeiden, so muß ich darauf aufmerksam machen, daß ich schon im ersten Paragraphen meines Textes von 1887 das Buch mit den Sätzen eröffnet habe: „Die menschlichen Willen stehen in vielfachen Beziehungen zueinander; jede solche Beziehung ist eine gegenseitige Wir-

---

120 Vgl. meine Schrift *Die Sitte* (in diesem Band S. 131 ff.).

kung, die insofern als von der einen Seite getan oder gegeben, von der anderen erlitten oder empfangen wird." Ich unterscheide dann bejahende und verneinende Wirkungen – zu verstehen unter den vielfachen Beziehungen –, und unterschied auch damals Verhältnisse gegenseitiger Bejahung und dadurch bedingte Verbindungen: „Auf die Verhältnisse gegenseitiger Bejahung wird diese Theorie als auf die Objekte ihrer Untersuchung gerichtet sein." Im Begriff *Verhältnis* tadelt der Kritiker die unklare Vermengung von *Beziehung* und *Gebilde*. Er verhehlt nicht, daß er damit seine eigene Terminologie als maßgebend hinstellt, ohne zu fragen, ob bei mir etwa eine andere Scheidung zwischen Beziehungen und Gebilden vorliegt und ob ich diese zu rechtfertigen in der Lage sei. Das bin ich nun allerdings, obgleich ich, wie dem Kritiker bekannt ist, anstatt seines Begriffs „Gebilde" den Begriff der „sozialen Wesenheit" oder „Gestalt" setze. Es ist aber schon in jenen Sätzen, womit die Schrift *Gemeinschaft und Gesellschaft* eröffnet wurde, ausgesprochen, daß ich als „Beziehungen" sowohl verneinende als auch bejahende Wirkungen verstehen wollte, während ich als „soziale Verhältnisse" nur solche gegenseitiger Bejahung typisch verstehe.

Ich erkenne die Wichtigkeit der Beziehungslehre an. Im ersten Kapitel seiner *Beziehungslehre* erklärt Wiese die Beziehung, neben dem sozialen Prozeß und dem Gebilde, für eine der drei Grundkategorien der Soziologie. Die Beziehung sei ein Vorgang, bei dem zwei oder mehrere Größen so miteinander in Verbindung kommen, daß jede als selbständige Größe bestehen bleibt, daß aber jede Veränderungen erfährt und eine teilweise Übereinstimmung und Gemeinschaft in Einzelheiten hervorgerufen wird: „Beziehungen können schließlich so häufig und so stark werden, daß als ihre letzte Wirkung die Vereinigung der Größen eintritt." Darauf folgt unmittelbar der Satz: „Hier in unserer Lehre von den menschlichen Beziehungen handelt es sich nicht bloß um logische, sondern um gelebte, eben soziale Beziehungen." Diese Sätze kann ich nur dahin deuten, daß die menschlichen Beziehungen als positive oder als solche der Anziehung, nicht der Abstoßung (nicht nur die Sprache, sondern auch die Physik unterscheidet ja von alters her das Ziehen vom Stoßen, Anziehung und Abstoßung) gemeint sind. Und demnach müßte es die Beziehungslehre nur mit freundlichen Beziehungen zwischen den Menschen zu tun haben. Das entspricht auch sowohl dem gewöhnlichen als auch dem wissenschaftlichen Sprachgebrauch, von dem doch auch Wiese offenbar nicht zu weit abweichen will.

Beziehungen zu den Menschen abbrechen oder – von einem Staat aus – die Beziehungen zu einem anderen Staat abbrechen oder lösen, ist immer so viel wie an die Stelle von etwas Positivem das Negative treten lassen: es ist das regelmäßige Vorspiel des Krieges. Daß die Beziehungen hier diplomatische heißen, bedeutet offenbar nur eine Qualifizierung, aber keine Unterscheidung von anderen Beziehungen, jedenfalls nicht von feindlichen. Wiese aber erklärt und hebt im Druck hervor: es gebe zwei Grundbeziehungen zwischen Menschen, die Beziehungen des Zu- und, nach der Verbindung zwischen ihnen, des Miteinander auf der einen Seite, des Aus- und (nach der Trennung) Ohneeinander auf der anderen Seite: „Alle Beziehungen und Beziehungsgebilde lassen sich auf die elementaren Vorgänge Binden und Lösen zurückführen."[121] Diese Erweiterung des Begriffes entspricht durchaus dem, was ich in jenen Sätzen meinen Begriffen zugrundelegen wollte: daß nämlich Beziehungen zwischen Menschen bejahende oder verneinende sind. Ich wollte die verneinenden von der reinen Soziologie ausschließen, indem ich sie auf soziale Beziehungen einschränke. Das halte ich auch heute für notwendig. Es ergibt sich aber daraus die Diskrepanz zwischen meiner und der Wieseschen Terminologie, indem ich von Anfang an soziale Verhältnisse und soziale Verbindungen unterschieden habe, Wiese dagegen – ungefähr im gleichen Sinne – Beziehungen (die bei ihm auch feindliche sein können *und doch „soziale"* heißen sollen) und Gebilde – die doch in Wieses Sinn unbedingt als soziale oder, wie er lieber sagt, zwischenmenschliche Phänomene aufzufassen sind – unterscheidet. Alles was er über die Gebilde ausführt, kann wohl nicht anders verstanden werden, und wir begegnen einander durchaus, wenn er „diese sozialen Gebilde, obwohl wir imstande und oft geneigt seien, sie als außer uns menschlich seiende, über uns herrschende zu denken und zu fühlen, in Wahrheit doch nur in unseren Seelen existieren" läßt.[122]

Meine Lehre unterscheidet sich aber dadurch, daß ich auch die *sozialen Verhältnisse* und die erst später von mir zwischen Verhältnissen und Verbindungen eingeschalteten *Samtschaften* „nur in unseren Seelen" existieren lasse – mit anderem Worte: sie sozusagen als Vorstufen der Körperschaft hinstellen will; denn es kündigt sich etwas Personhaftes in ihnen an. Ich denke z. B. an ein Verhältnis wie das Verlöbnis zwischen Mann und Weib, zumal wenn es als heimliches ganz in sich selbst beruht. Es bedeutet eine lebhafte und innige gegenseitige Bejahung auf Grund eines gegenseitigen Versprechens, das aber weit mehr bedeutet als bloßes Versprechen einzelner Leistungen: es ist das Versprechen, d. h. die Erklärung des gemeinsamen Willens, die *communio totius vitae* miteinander einzugehen, also die Bejahung des Verhältnisses selbst. Dies Verhältnis ist viel mehr als eine gegenseitige Beziehung oder als eine Summe von solchen. Diese pflegen vorauszugehen. Man hat sich – wieder ist ein ideelltypischer Fall gemeint – kennen gelernt, man

---

121 Leopold von Wiese, *System der Allgemeinen Soziologie als Lehre von den sozialen Prozessen und den sozialen Gebilden der Menschen (Beziehungslehre),* Band 1, Berlin 1924, S. 10.
122 Ebd., S. 25.

ist in Beziehungen zueinander getreten, etwa indem man Begegnungen und Begrüßungen, wenn auch nur stumme, sowie Tanz und Spiel nicht vermied, sondern suchte. Die Beziehungen vermehrten und verstärkten sich etwa durch Besuche des Jünglings in der Familie des Mädchens. Man kam einander näher (alles was die Beziehungslehre als *Kontakte* – primäre und sekundäre – registriert, kommt hier in Frage). Nicht selten werden die Beziehungen wieder abgebrochen, wofür es verschiedene Ursachen und Gründe geben kann; aber auch nicht selten führen sie zur Verlobung. Verlobungen sind schwerer zu lösen als bloße Beziehungen, weit schwerer noch die Ehe, in der das Verlöbnis sich erfüllt. Warum? Das Verlöbnis unterscheidet sich von noch so nahen Beziehungen dadurch, dass es immer als Pflichten schaffend (also Ansprüche auf der anderen Seite) gedacht wird, vor allem die Pflicht der Eheschließung, aber auch in sich schon der Aufmerksamkeiten, der Korrespondenz usw. Alle sozialen Verhältnisse haben mit den sozialen Gebilden in Wieses Terminologie gemein, daß sie eben die Menschen binden und verbinden, daß sie ihren Willen den Individuen auferlegen, Rechte und Pflichten hervorbringen. Es gilt z. B. schon von einer echten Freundschaft, obgleich sie nicht mit Versprechungen geschlossen wird: das Verlöbnis ist eine sehr besondere Art von Freundschaftsschließung. In seiner Kritik legt Wiese Wert darauf, den Unterschied zwischen Beziehungen und Gebilden in dem Sinne zu betonen, daß nach seiner Terminologie auch Gebilde ,Verhältnisse' seien; er sagt z. B. ,Paarverhältnisse'. Warum kommt denn in dem ganzen Werk von Wiese der Begriff des Verhältnisses nicht vor? Er fehlt im Sachregister des ersten wie des zweiten Bandes, obgleich von ihm das „Verhalten" der Menschen zueinander in seiner ganzen Bedeutung erkannt und zur Geltung gebracht wird.

Ich betrachte die Beziehungslehre als ein wertvolles Präludium der Soziologie, weil sie nach meiner Auffassung ihrem Wesen nach Sozialpsychologie ist. Eben darum halte ich es für notwendig, im psychologischen Sinne auch feindselige Beziehungen als Beziehungen gelten zu lassen, wie es in meiner Abhandlung „Einteilung der Soziologie" ausgesprochen wurde: Die Sozialpsychologie lasse uns erkennen, wie die Menschen durch mannigfache Motive zusammengeführt, zusammengehalten, einander genähert, andererseits aber durch ebenso mannigfache Motive entzweit, verfeindet, voneinander entfernt werden. Als ich dies geschrieben hatte, kannte ich Wieses Beziehungslehre noch nicht oder nur aus den Proben in den *Kölner Vierteljahrsheften*. Ich meine aber, daß ich hier durchaus mit dem Grundgedanken der Beziehungslehre übereinstimme, daß es zwischen den Menschen immer ein Binden und Lösen gibt – aber ein Binden von Beziehungen? Diese Sprachwidrigkeit will auch Wiese, wie mir scheint, nicht, wenn er sagt: alle Beziehungen und Beziehungsgebilde lassen sich auf die elementaren Vorgänge

Binden und Lösen zurückführen. Ich meine, wenn das Zurückführen auf Entstehung, Gestaltung, Ursprung zurückweist, so ist es eben nur die Bindung, wodurch eine soziale Wesenheit (wie ich anstatt Beziehungen und Beziehungsgebilde sage) entstehen kann, und nicht durch den Prozeß der Lösung – wie ein Organismus nur dadurch ins Dasein gelangt, daß er erzeugt und geboren wird, aber nicht dadurch, daß er sich auflöst und stirbt.

Wiese hält meinen Begriff der Samtschaft und der Körperschaft und, was wichtiger ist, die Unterscheidung zwischen beiden für wertvoll. Er meint, ich wolle vielleicht die beiden nicht als sich gegenseitig ausschließende Größen, sondern die Körperschaft nur als eine besondere Art der Samtschaft angesehen wissen. Ich kann dies nicht bestätigen. Freilich halte ich alle Einteilungen von Begriffen, in denen das Gemeinsame hervorgehoben werden soll, für künstlich, und für nützlich nur, insofern als sie zum Verständnis der Gegenstände dienen; so z. B. die Unterscheidung des Menschen von anderen Säugetieren. Es gibt freilich Samtschaften, die einfach indem sie sich organisieren, in Körperschaften übergehen: z. B. – mein Musterbeispiel – eine politische Partei und die organisierte Partei als ein Verein. Wie sehr sie doch verschieden bleiben, ist allbekannt. Zu einer Partei pflegen sich auch viele zu rechnen, die dem Verein nicht angehören, aber etwa regelmäßig in ihrem Sinne wählen: in diesem Sinne pflegt eine Partei leicht zehnmal so viele Anhänger als „eingeschriebene Mitglieder" zu haben. Die Erklärung des Begriffs Körperschaft als Person scheint meinem Kritiker zu juristisch gedacht: „Die Rechtsfiktion juristische Person scheint dabei mehr, als für die Selbständigkeit soziologischen Denkens wünschenswert ist, Pate gestanden zu haben." Ich behaupte, daß es soziologisch außerordentlich wichtig ist, das juridische Denken und seine Figmente als eine Art des soziologischen Denkens zu verstehen, das sich freilich zu anderen als soziologischen Zwecken ausgebildet hat. Und in Wahrheit ist ein solches Denken viel allgemeiner als die praktisch wichtigste Art: das juristische Denken. Jeder studentische Bund begreift sich als eine Person. So tritt er seinen Mitgliedern gegenüber, so tritt er nach außen hin gegen andere auf, nicht anders eine Gewerkschaft oder Genossenschaft – ob im geltenden Rechte anerkannt oder nicht. Juristische Personen im Sinne des Gesetzes sind sie dadurch noch lange nicht – wie die britischen *Trade Unions* sich Jahrzehntelang dagegen gesträubt haben, als juristische Personen rechtlich verantwortlich gemacht zu werden, weil sie mehr Nachteil als Nutzen davon erwarteten; aber sie agierten als Personen. In der Theorie hat schon Pufendorf mit gutem Grund den weiteren Begriff der ‚moralischen' Personen gebildet, die er als private und als öffentliche unterscheidet. Er versteht unter ihnen teils einzelne Menschen, teils solche, die durch ein morali-

sches Band „in ein System verknüpft seien", betrachtet im Zusammenhang mit ihrem Stand oder dem Amt, „worin sie in einem gemeinsamen Leben sich bewegen".
Der Kritiker verwirft auch meine Einteilung in Samtschaften und Körperschaften in ökonomische, politische und geistig-moralische. Wie sonst setzt er seine eigene Einteilung von Massen, Gruppen und Kollektiva als eine soziologisch
bessere entgegen. Es würde zu weit führen, hier meine Einteilung zu rechtfertigen. In seinem Hauptwerk läßt er meine Samtschaften seinen Massen und Gruppen, meine sozialen Verbände oder Körperschaften seinen abstrakten Kollektiva
‚entsprechen'.[123] Auch dies erwähne ich hier nur, um anzudeuten, daß ich meine
Begriffe für zweckmäßiger halte, wie er die seinen für zweckmäßiger und soziologisch richtiger hält. *Sub judice lis est.*

Nur noch ein Wort über seine Tragfähigkeit meiner ‚voluntaristischen' Erklärung der „Gebilde", die ebenfalls durch den geehrten Kritiker angezweifelt wird.
Er will überhaupt nichts davon wissen, dass man von den Motiven der in Betracht
kommenden Menschen ausgeht, über die man „solche Allgemeinheiten nicht aus-
sagen könne"! Das reißt freilich eine Kluft zwischen uns auf. Dagegen, daß ich als
Samtschaft das Volk anführe, wird eingewandt: aber es gibt überall auf der Welt
zahllose Einzelmenschen, die lieber einem anderen Volk angehören würden, wenn
sie überhaupt die Wahl hätten. Ich bedaure, daß ich diesen Einwand als ungültig
bezeichnen muß. Er geht wieder darauf zurück, daß? Wiese die Grundsätze meiner
Begriffsbildung – Normalbegriffe – und ihrer Gegenstände – ideelle Typen – sich
anzuerkennen sich weigert. So meint er hier, meine „in der Heimaterde wurzelnde Denkweise", daß zwischen dem Wesenwillen der Menschen und den Verhältnissen, in die sie geboren sind, eine tiefe und feste Harmonie bestehe, ein Ideal
sei und oft eine mit großer Zähigkeit von Ethikern und Politikern festgehaltene
Fiktion: „es ist aber nicht immer Wirklichkeit". Ich habe es nicht als Ideal, sondern als ideellen Typus darstellen wollen Da versteht es sich von selbst, daß nicht
alle Erscheinungen darunter fallen können, die man etwa danach zu benennen einen Grund hat – so wie unser Erdball ohne Zweifel eine sonderbare Art von Ball
oder Kugel ist und doch an diesem mathematischen Normalbegriff gemessen wird.

Ich war und bin für die mir gewidmete Kritik dankbar, erkenne es aber als
unvermeidlich an, daß wer sein eigenes System als das allein richtige oder gar allein mögliche hinstellt, zu meinem sich ablehnend verhalten muß. Wiese meint in
einer Gemeinsamkeit des Strebens könnten er und ich uns verbünden. Auch ich
halte dies für möglich, ja für wirklich, ungeachtet des starken Widerspruchs, den
nicht ich gegen die Beziehungslehre, aber Wiese gegen die Begriffe „Gemeinschaft" und „Gesellschaft" als soziologische Grundbegriffe erhoben hat. Indessen

---

123   Ebd., S. 37.

hat auch Wieses knappe Darstellung der Soziologie in der Sammlung *Göschen* die Bedeutung meiner Begriffe „zum mindesten als heuristisches Prinzip" anerkannt, wenn auch mit Vorbehalt.[124] Ich anerkenne die Beziehungslehre, wenn auch nicht in allen Einzelheiten ihres reichen Inhaltes, ohne Vorbehalt – allerdings nicht als „Unterbau" neben der Sozialpsychologie, wie Andreas Walther es will, sondern als die Sozialpsychologie in Absicht auf die reine Soziologie. So heiße ich auch den Grundgedanken des Symposions der *Zeitschrift für Völkerpsychologie und Soziologie* willkommen, das Verbindende, nicht das Trennende unter den verschiedenen Richtungen herauszuarbeiten, um so einen festen Kernbestand der Wissenschaft zu gewinnen.[125] Ich halte es aber für unmöglich, im Gespräch, darum auch in einer Rede beim Gastmahl, *allein* das Gemeinsame zu betonen, ohne das zu negieren, was einem nicht gemäß ist oder was man sich nicht assimilieren kann.

Die wissenschaftliche Erörterung ist immer Disputation gewesen; und immer ist der Streit und Widerspruch auch hier der Vater des Fortschritts gewesen. Darum meine ich auch, daß es sich bei einem solchen Symposion nicht nur um verträgliche und freundschaftliche Reden, sondern auch um so etwas wie einen Sängerkrieg handeln muß, auch wenn jeder Sänger allen anderen gern zugesteht, daß sie ebenfalls eine Stimme haben und etwas von der Musik verstehen. Da aber auch im Gebiet der Wissenschaften und der Künste die Macht der *Mode* sehr bedeutend ist, so ist der Alte immer in der Gefahr, als altmodisch oder veraltet oder überwundener Standpunkt angesehen – vielmehr nicht angesehen und außer Kurs gesetzt zu werden; wenngleich dem einen oder dem anderen das angenehme Los zuteil wird, nachdem er längst versunken war, geistig wieder ausgegraben zu werden. Wer heute jung ist, denkt, wenn er morgen alt wird, selbst anders über das Alter als in seiner Jugend. Die Mode hat in der Wissenschaft heute eine Gewalt bekommen, die ihr vor zwei Menschenaltern noch fremd war und die der Sache fremd ist: als ob nämlich die jedesmal neueste Erscheinung eine große Wahrscheinlichkeit für sich hätte, auch die beste zu sein, was man bei einigem Überblick über die Dinge und über die Entwicklung des Denkens leugnen muß. Es kommt vor, ist aber durchaus nicht die Regel.

Ich freue mich, daß ich in den bisherigen Symposionreden ziemlich vieles finde, was ich bestätigen darf oder was von mir früher Gesagtes und Gedachtes bestätigt.

Zuerst erscheint es mir als äußerst wertvoll und wichtig, dass die ersten drei Redner, die Herren Walther, Freyer und Plenge, in wichtigen Stücken übereinstimmen. Und von dem Wichtigen ist mir das Wichtigste, was eben Hans Freyer durch

---

124 Leopold von Wiese, *Soziologie. Geschichte und Hauptprobleme*, Berlin 1926.
125 Vgl. Richard Thurnwald (Hrsg.), *Soziologie von heute*. Ein Symposium der Zeitschrift für Völkerpsychologie und Soziologie, Leipzig 1932.

das Wort Wirklichkeitswissenschaft ausdrückt; und was er über die Mannigfaltigkeit der Probleme, die darin liegen, ausspricht, hat meinen vollen Beifall.[126] So bin
ich auch einverstanden, wenn Freyer es einem richtigen Gefühl für die System-
form der Soziologie zuschreibt, daß die französische wie die deutsche Soziologie als Wissenschaft vom *gegenwärtigen* sozialen Leben begonnen hat. Daß sich
in der soziologischen Durcharbeitung der gegenwärtigen Gesellschaft in empirischer Hinsicht deskriptive und theoretisch-systematische Fragen untrennbar miteinander verschränken, daß es aber besonders dringend für die soziologische Behandlung von Gegenwartsragen ist, auch ohne Theorie die Tatsachen empirisch
zu beschreiben, ist völlig meinem Sinne gemäß. Was er über das Leipziger Institut mitteilt, ist für jeden ermutigend, der als akademischer Lehrer in diesem Sinne
zu wirken vorhat. Um so mehr darf es begrüßt werden, daß auch Johann Plenge,
dessen Forschungsinstitut für Organisationslehre und Soziologie einen so ernsten
wissenschaftlichen und zugleich originellen Charakter hat, mit den beiden ersten
Rednern den Sinn und die Aufgaben der Soziographie so vollkommen würdigt,
wie ich längst gewünscht habe, eine allgemeine Übereinstimmung herbeizuführen
und eine große Kooperation in die Wege zu leiten.[127] Auch Leopold von Wiese arbeitet mit seinen Schülern bekanntlich in dieser Richtung, obschon hier offenbar
die statistische Methode, die sonst fälschlich und in ganz verschiedenem Sinne
zur Wissenschaft erhoben wird, sichtlich zu kurz kommt. Vortrefflich sagt Plenge:
der Soziologe brauche überall die Statistik und müsse überall über sie hinaus gehen. Auch ich bin der Meinung, daß der *Verein für Sozialpolitik* große Verdiens-
te um die „soziographische Erfassung unserer Umwelt" hat; ebenso aber halte ich
viele Arbeiten der reinen Statistiker, gerade unserer deutschen, aber auch z. B. der
nordischen, für gute soziographische Arbeiten, und bin der Meinung, daß diese
Statistiker in der Soziographie anstatt in der zweideutigen Statistik Befriedigung
finden müßten, die doch in Wirklichkeit heute nur eine Methode und freilich außerdem eine bürokratische Institution (noch im Sinne der alten sonst begrabenen
Statistik gedacht) vorstellt.

Ich kann der Soziographie nicht gedenken, ohne hier der bedeutenden Anregung Erwähnung zu tun, die Rudolf Steinmetz nach dieser Richtung hin gegeben
hat – und durch seine Lehrtätigkeit offenbar noch mehr, als in unserer gelehrten
Welt bekannt geworden ist. Auch ihm scheint es für den angehenden Soziologen
durchaus erwünscht, mit der direkten eigenen Feststellung aktueller Erscheinungen
anzufangen, aber nicht zu vergessen, daß Abnormitäten nicht aktueller und reel-
ler sind als die Norm, daß eine Kaschemme nicht interessanter und lehrreicher ist

---

126   Vgl. Hans Freyer, „Soziologie als Wirklichkeitswissenschaft", ebd.
127   Vgl. Johann Plenge, „Fachdisziplin, Totalgesellschaft und Pantologie", ebd.

als eine gesunde Familie: „Eine soziographische Propädeutik wäre vielleicht das allerbeste."[128] Ich spreche den Wunsch aus, daß Steinmetz diese verfassen möge. Über die Symposion-Reden der Herren Sorokin, Ginsberg, Ogburn und Mac-Iver möchte ich nur sagen, daß ich zwar nicht damit zufrieden bin, wenn der letztgenannte Kollege mitteilt, in Amerika sei die Soziologie großenteils geradezu Sozialpsychologie geworden (was er auch selbst nicht zu billigen scheint). Wohl aber ist es mir willkommen zu hören, wenn auch nicht neu, daß sie durchaus beflissen ist, die quantitativen Methoden anzuwenden, und daß sie ein großes eindrucksvolles Material, soziale Verhaltungsweisen betreffend, gesammelt, geordnet und korrelationsstatistisch bearbeitet hat: das ist eben Soziographie. Es ist ja auch nicht überraschend, zu hören, daß die amerikanische Soziologie den Einflüssen stärker als die europäische „theologischen Spitzfindigkeiten" ausgesetzt gewesen sei und daß sich daraus zum guten Teil ihre gegenwärtige Neigung erkläre, die Theorie gänzlich aufzugeben.[129] Nach MacIver ist es besonders lehrreich, Sorokin zu lesen, der auch der typologischen Methode (die ich durchaus zu Grunde lege) Anerkennung zollt und ihre Anwendung in einer großen Zahl soziologischer Disziplinen unvermeidlich findet.[130] Auch haben wir allen Grund, den deutlichen Worten, die er über die Pseudosoziologie und ihre Schädlichkeit ausspricht, einen mächtigen Widerhall zu wünschen. Auch die Rede Ginsbergs enthält manche Momente, die ich durchaus billige: daß die Biologie viel zu einer wissenschaftlichen Soziologie beitragen könne und daß die Beziehungen zwischen Psychologie und Soziologie sehr eng sind und sein müssen, finden wir hier ebenso richtig ausgesprochen, wie ich im Ganzen den Bemerkungen zustimme, die er am Schluß seiner Rede über das Verhältnis zur Philosophie ausspricht.[131] Man kann dies durchaus gelten lassen und doch mit Steinmetz finden, daß abstrakte Räsonnements bzw. rein logisch postulierte Gebilde bei der Untersuchung der Wirklichkeit nur sehr wenig Anhalt bieten. Wenn er aber hinzufügt, dieser Anhalt dürfte obendrein nicht ohne Gefahr für die wirkliche Arbeit sein und daß man der Beweisführung oft zu wenig aufmerksame Sorge widme, so ist das zwar vollkommen richtig, hängt aber damit nicht notwendig zusammen. Von Gefahren ist die wissenschaftliche Arbeit gleich mancher anderen Arbeit immer umringt. Es gilt eben, sich dieser Gefahren bewußt zu sein und sie durch gehörige Behutsamkeit zu vermeiden.

„Ihre (der Soziologie) zentrale Aufgabe wird darin bestehen müssen, die einzelnen gesellschaftlichen Beziehungsphänomene und Gebildestrukturen – ich sage dafür einfach: die sozialen Strukturen und ihre Veränderungen – aus den geschicht-

128 Rudolf Steinmetz, „Die Soziologie als positive Spezialwissenschaft", ebd., S. 9.
129 Robert Morrison MacIver, „Gegenstand und Methode der Soziologie", ebd.
130 Pitirim A. Sorokin, „Die Soziologie als Spezialwissenschaft", ebd., S. 6.
131 Morris Ginsberg, „Grenzen auf Aufgaben der Soziologie", ebd.

lichen Gesamtzuständen, denen sie angehören, zu begreifen, sie als Bestandteil, als Bedingung oder als Ausdruck einer historisch bestimmten sozialen Lebenswelt zu verstehen."[132] Darum lasse ich nicht nur die Hoffnung an der Wiege der Soziologie stehen, sondern ich will gern mitarbeiten, um diese Hoffnung zu nähren, „daß diese Wissenschaft die Krisis des Zeitalters überwinden könne, indem sie sie durchschaut, und daß Politik eines Tages angewandte Soziologie sein werde, wie Technik angewandte Physik ist".[133] „Wenn von dieser Hoffnung auch nur ein bescheidener Bruchteil Wirklichkeit werden soll, so kann das nur geschehen, indem die Soziologie als eine Wissenschaft eigenen Prinzips und eigenen Rechts konstituiert wird."[134] Ich füge diesen Aussprüchen Freyers nur hinzu, daß es ein offenbarer Mißbrauch und eine unlautere Bezeichnung ist, wenn die „Politik" heute noch als die Lehre vom Staat und vom Staatsleben oder als allgemeine Staatslehre in den Vorlesungsverzeichnissen fortlebt. Denn sie hat ihren Sinn und Inhalt als Terminus für die Motive der tatsächlichen oder normalen Praxis eines Staatsmannes oder eines Kollegiums von Gesetzgebern. Man kann allerdings diese Praxis auch theoretisch behandeln, so gut wie andere Praxis und Kunst. Aber solcher Theorie muß, wenn sie nicht in der Luft schweben soll, die theoretische Soziologie zugrunde gelegt werden: dies wäre auch in Auguste Comtes Sinne die „positive Politik", als Lehre vom sozialen Leben des Menschen schlechthin. Den *Gebrauch* der Theorie für ethisch-politisches Wollen und Wirken kann man allenfalls „praktische" Soziologie nennen.

---

132   Freyer, "Soziologie als Wirklichkeitswissenschaft", a. a. O., S. 262.
133   Ebd., S. 258.
134   Ebd.

Drucknachweise

Gemeinschaft und Gesellschaft (Theorem der Kultur-Philosophie). Einleitung (Kapitel I-III). Entwurf von 1880-1881. In: Ferdinand Tönnies, Soziologische Studien und Kritiken. Erste Sammlung, Jena: Verlag von Gustav Fischer 1925, S. 1-33.

Gemeinschaft und Gesellschaft. Vorrede der ersten Auflage. In: Ferdinand Tönnies, Gemeinschaft und Gesellschaft. Abhandlung des Communismus und des Socialismus als empirischer Culturformen, Leipzig: Fues's Verlag (R. Reisland) 1887, S. XVII-XXX.

Status und contractus. Eine sozialpolitische Betrachtung. In: Die Zukunft I (1892), S. 250-257.

Historismus und Rationalismus (1895). In: Ferdinand Tönnies, Soziologische Studien und Kritiken. Erste Sammlung, Jena: Verlag von Gustav Fischer 1925, S. 105-126.

Zur Einleitung in die Soziologie (1899). In: Ferdinand Tönnies, Soziologische Studien und Kritiken. Erste Sammlung, Jena: Verlag von Gustav Fischer 1925, S. 113-127.

Das Wesen der Soziologie (1907). In: Ferdinand Tönnies, Soziologische Studien und Kritiken. Erste Sammlung, Jena: Verlag von Gustav Fischer 1925, S. 350-368.

Die Sitte. In: Die Gesellschaft. Sammlung sozialpsychologischer Monographien. Herausgegeben von Martin Buber, Frankfurt am Main: Rütten & Loening 1909, 94 S.

Wege und Ziele der Soziologie. Verhandlungen des Ersten Deutschen Soziologentages. Eröffnungsrede (1910). In: Soziologische Studien und Kritiken. Zweite Sammlung, Jena : Verlag von Gustav Fischer 1926, S. 125-143.

Gemeinschaft und Individuum (1914). In: Soziologische Studien und Kritiken. Zweite Sammlung, Jena: Verlag von Gustav Fischer 1926, S. 200-208.

Gemeinschaft und Gesellschaft. Vorrede der dritten Auflage (1919). In: Soziologische Studien und Kritiken. Zweite Sammlung, Jena: Verlag von Gustav Fischer 1926, S. 58-64.

Der Begriff der Gemeinschaft (1919). In: Soziologische Studien und Kritiken. Zweite Sammlung, Jena: Verlag von Gustav Fischer 1926, S. 266-276.

Gemeinschaft und Gesellschaft. In: Alfred Vierkandt (Hrsg.), Handwörterbuch der Soziologie, Stuttgart: Ferdinand Enke Verlag 1931, S. 180-192.

Die Entstehung meiner Begriffe Gemeinschaft und Gesellschaft. In: Kölner Zeitschrift für Soziologie und Sozialpsychologie 7 (1955), S. 463-467.

Mein Verhältnis zur Soziologie. In: Richard Thurnwald (Hrsg.), Soziologie von heute. Ein Symposium der Zeitschrift für Völkerpsychologie und Soziologie, Leipzig: Verlag von C. L. Hirschfeld 1932, S. 103-122.